개정판

principle of marketing

마케팅원론

김미현 · 박철주 · 손준상 · 이원일

형설출판사
www.hyungseul.co.kr

Preface 머리말

마케팅(Marketing)이라는 용어가 세상에 출현한 것은 1902년 미국 미시간 대학의 학보에 게재되었을 때부터라고 한다. 그리고 1915년 A. W. Shaw의 저서 "Some Problems in Market Distribution"에서 유통시스템과 가격정책 등의 문제를 중심으로 한 마케팅 연구의 기초가 세워지면서 마케팅이라는 학문이 시민권을 얻게 되었다고 할 수 있다.

마케팅의 목표는 시대와 더불어 변하고 있다. 그것은 기업의 경영활동에 있어서 마케팅의 기능 또는 역할이 시장환경의 변화와 함께 변하고 있기 때문일 것이다. 1980년대 후반 피터 드러커의 설명을 빌리면 "어떤 형태의 판매에 대한 필요는 언제나 존재한다고 간주할 수 있다. 그러나 마케팅의 목표는 판매가 필요 없게 만드는 것이다. 궁극적으로 마케팅이 지향하는 것은 고객을 이해하고 제품과 서비스를 고객에게 맞춰 제공함으로써 저절로 팔리도록 하는 것이다." 그렇다면 오늘날 마케팅의 목표는 무엇일까? 필립 코틀러의 정의에 따르면, "기업이 고객을 위해 가치를 창출하고 강력한 고객관계를 구축함으로써 그 대가로 고객으로부터 상응한 가치를 얻는 과정이다."

본서는 이러한 마케팅의 목표를 달성하기 위해서 구체적으로 무엇을 해야 할 것인가에 대해서 설명하고자 한다. 즉 마케팅 활동이란 무엇인가? 마케팅의 어떤 내용을 이해하고 시작해야 하는가? 목표시장을 선정하는 것으로부터 출발하지만 왜 이러한 것을 해야만 하는가? 목표시장을 어떻게 선정할 것인가? 경쟁우위를 확보하기 위한 차별화 전략은 어떻게 세워야 하는가? 그리고 앞으로의 마케팅에게 어떤 것을 기대할 것인가?

이러한 문제의식을 가지고 계신 몇몇 교수들이 모여 본서를 집필하게 되었다. 마케팅의 이론적 연구성과를 반영하고 마케팅 교육현장과 실무계의 요구를 수용하기 위해서 본서는 다음과 같은 점에 중점을 두고 집필하였다.

첫째, 본서는 마케팅의 본질을 충실히 하는 방향으로 내용을 구성하였다. 혹자는 마케팅을 정신이라고 하고, 혹자는 마케팅을 기능 혹은 수단이라고 한다. 마케팅을 기능 혹은 수단으로 보는 시각은 시장에서 일어나는 현상을 중심으로 마케팅을 이해하는 것으로, 마케팅 현상의 다양한 변화를 충분하게 정의하고 설명하는데 늘 부족함을 느낀다. 따라서 본서는 마케팅과 관련된 기초 개념들의 본질을 충실하게 설명하는 방향으로 내용을 기술하려고 노력하였다.

둘째, 본서는 앞에서 언급한 것처럼 마케팅의 본질에 역점을 두어 내용을 기술하였지만 학문의 성격상 마케팅이 전개되는 현장을 무시해서는 안 된다는 점도 명심하였다. 그래서 각 장에 기술되어 있는 내용이 마케팅 현장에서 어떤 형태로 적용되고 있는가를 보여주는 사례를 엄선하여 포함시켰다.

셋째, 본서는 마케팅과 관련된 기초 개념과 활동을 설명한 원론서라고 할 수 있다. 원론서의 특징 중 하나는 내용의 일반성 또는 보편성을 지향한다는 점이다. 이런 점에 착안하여 본서는 공저 형식을 택하여 공저자들의 상호 토의와 반복된 수정을 통하여 원론서가 피해야 할 사항과 간과해서는 안 될 내용을 선정하였다.

마지막으로 본서는 기획 단계에서 출판 종료 때까지 본서를 이용할 독자들을 늘 염두에 두었다. 본서의 내용을 기술할 때에는 가능한 쉽고 평이한 문장과 문체를 선택하였고, 그림과 표 하나를 선정할 때도 독자들 입장에서 생각하였다.

본서가 출간되는 데는 많은 도움의 마음과 손길이 있었다. 본서가 출간될 수 있도록 음양으로 지원해 주신 형설출판사 장지익 회장을 비롯하여 편집부 임직원께 감사의 마음을 전한다. 또한 본서가 완성될 때까지 많은 격려와 함께 꼼꼼하게 챙겨주신 심효섭 상무께도 특별한 감사의 말씀을 전한다.

본서가 세상에 나와 여러 대학의 교수님들과 대학생들, 마케팅 실무자들, 그리고 마케팅에 관심이 있는 일반 독자들 앞에 모습을 드러내게 될 때 어떠한 반응을 보이게 될지 초조하다. 왜냐하면 본서에는 여전히 아쉽고 부족한 점이 많다는 것을 저자들은 알고 있기 때문이다. 본서가 가지고 있는 부족함에도 우리나라의 암울한 경제위기를 돌파하고 기업의 성장을 견인하는 마케터들에게 유익하게 활용되기를 소망한다.

저자 일동

Contents 차 례

제1부 마케팅 기초의 이해

제1장 현대 마케팅의 의미

1.1 마케팅이란 무엇인가? / 18

1.2 마케팅 관리 철학의 변화 / 31

1.3 마케팅의 중요성 / 40

1.4 마케팅 범위의 확장 / 43

제2장 전략적 마케팅 관리

2.1 전략적 계획의 수립절차 / 49

2.2 전략적 마케팅 관리 과정 / 62

2.3 마케팅 조직과 통제 / 68

제2부 마케팅 기회의 분석

제3장 마케팅 환경의 분석

3.1 유기체 개념과 마케팅 환경 / 80
3.2 기업 내부환경 / 84
3.3 기업 외부환경 / 85
3.4 마케팅 환경의 탐색과 대응 / 98

제4장 소비자행동의 이해

4.1 소비자시장과 소비자행동 / 103
4.2 조직체시장과 조직소비자행동 / 122

제5장 마케팅 조사

5.1 정보와 마케팅 조사 / 143
5.2 마케팅 조사의 실행과정 / 148
5.3 설문조사의 실시 / 155
5.4 조사자료의 수집, 준비, 분석 / 161
5.5 조사보고서의 작성 / 164

제3부 마케팅 전략의 수립

제6장 시장세분화, 목표시장 선정 및 포지셔닝

6.1 목표마케팅의 개념과 단계 / 177
6.2 시장세분화 / 180
6.3 목표시장의 선정 / 195
6.4 포지셔닝 / 200

제7장 브랜드 개발 및 관리

7.1 브랜드의 의미와 역할 / 215
7.2 브랜드 요소 / 217
7.3 브랜드와 소비자의 관계 / 224

제4부 마케팅 믹스의 구성

제8장 제품 전략

8.1 제품의 개념과 분류 / 236
8.2 제품속성 및 제품믹스 관리 / 239
8.3 제품라인의 관리 / 244
8.4 포장, 레이블링, 보증 / 248
8.5 신제품의 개발과 관리 / 251
8.6 신제품 마케팅 / 256
8.7 제품수명주기와 마케팅 전략 / 262

제9장 가격 전략

9.1 가격의 중요성 / 271
9.2 가격결정에 영향을 미치는 요인 / 271
9.3 가격결정 접근방법 / 285
9.4 전략적 가격결정 / 291
9.5 전략적 가격 조정 / 295
9.6 가격인하 / 301

제10장 유통경로 전략

10.1 유통경로의 개념과 필요성 / 307
10.2 유통경로의 구조 / 310
10.3 유통중간상의 유형과 기능 / 312
10.4 유통경로의 계열화 / 325
10.5 유통경로의 설계 / 331
10.6 경로갈등의 관리 / 343
10.7 물적 유통관리 / 346

제11장 마케팅 커뮤니케이션 전략

11.1 마케팅 커뮤니케이션의 의미 / 361
11.2 마케팅 커뮤니케이션 전략의 수립 / 366
11.3 광 고 / 378
11.4 인적 판매 / 390
11.5 판매촉진 / 401
11.6 대중관계(PR) / 415

제5부 마케팅 활동의 조직, 실행, 통제

제12장 마케팅 활동의 조직, 실행, 통제

12.1 마케팅 활동의 조직 / 430
12.2 마케팅 활동의 실행 / 435
12.3 마케팅 활동의 통제 / 437

찾아보기 / 456

제1부
마케팅 기초의 이해

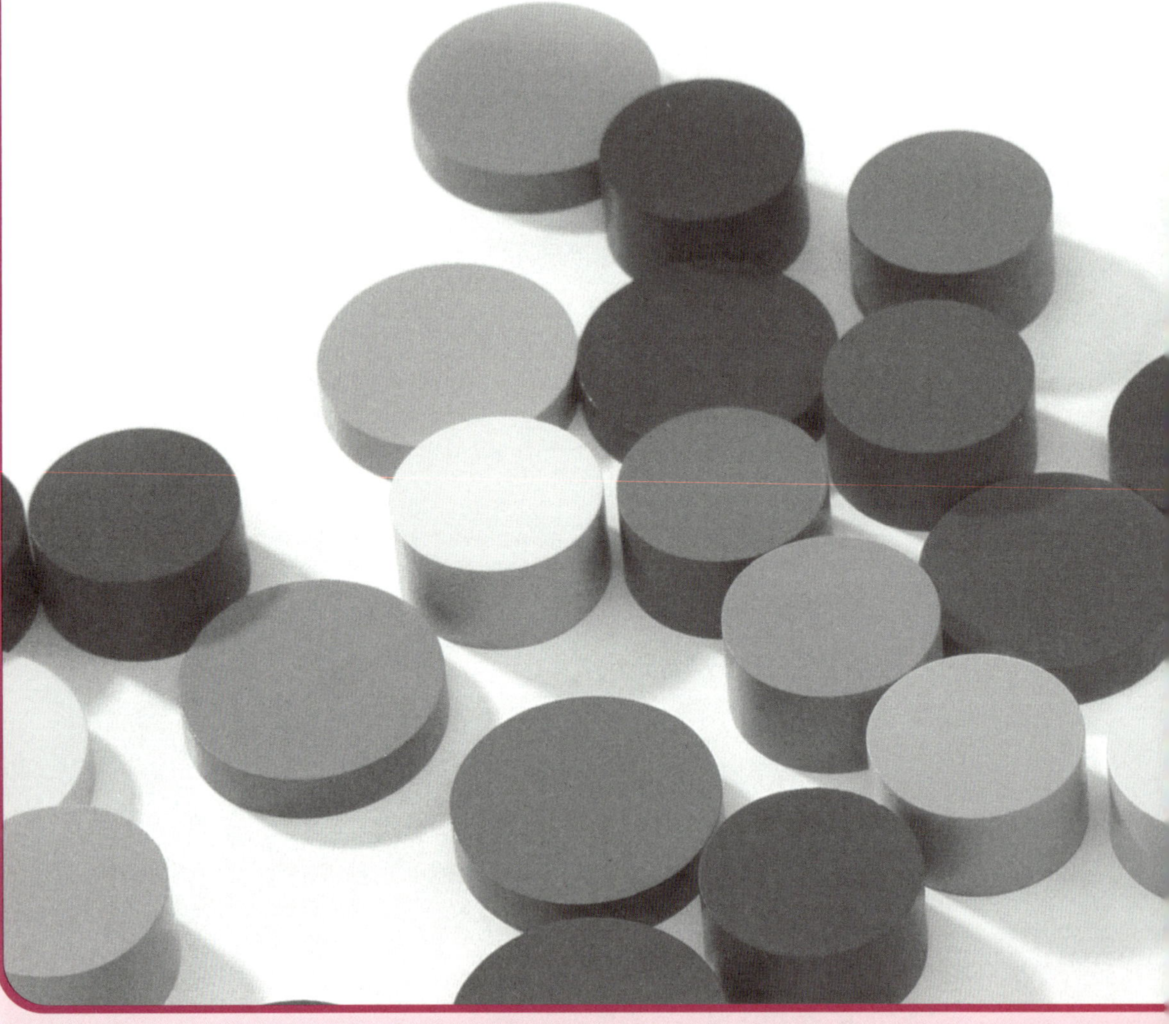

제1장 현대 마케팅의 의미

제2장 전략적 마케팅 관리

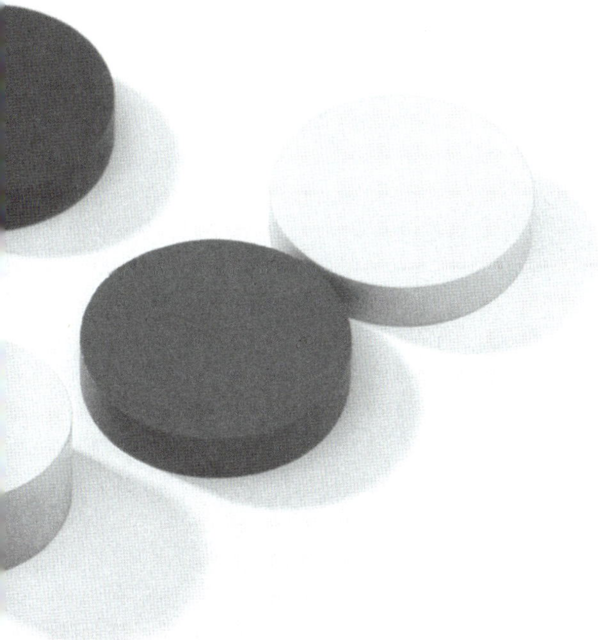

제1장

현대 마케팅의 의미

1.1 마케팅이란 무엇인가?

1.2 마케팅관리 철학의 발전

1.3 마케팅의 중요성

1.4 마케팅 범위의 확장

소외 이웃에게 사랑 받는 '샤롯데 봉사단'

롯데(LOTTE)라는 기업명은 창업주인 신격호 총괄회장이 19세 때 독일의 대문호 요한 볼프강 폴 괴테의 소설 '젊은 베르테르의 슬픔'을 감명 깊게 읽은 뒤 여주인공 이름 '샤롯데'(Charlotte)에서 따온 것이다. 당시 식민지 청년으로서 차별 받는 현실에 고뇌하던 신 총괄 회장은 괴테의 시대 의식에 상당히 공감한 것으로 알려져 있다. 이 때문에 신 총괄회장은 창업 후 롯데가 샤롯데처럼 사랑 받는 기업이 되길 바라면서 '사랑과 자유를 지향하는 롯데'라는 독특한 사훈을 정했다. 롯데건설은 창업주의 이 같은 뜻을 이어 받아 '기업 시민으로서 사회적 책임을 다한다'는 경영이념으로 건설사의 본업을 넘어 지역사회와 함께 '사랑'을 나누는 데에도 힘을 쏟고 있다. 이를 위해 2011년 '샤롯데 봉사단'을 구성했다. 봉사단은 본사와 전국 현장에서 근무하고 있는 롯데건설 직원들로 이뤄져 있으며 18개 봉사팀으로 시작해 현재는 142개의 자발적인 봉사팀으로 확대됐다.

각 봉사팀은 주로 어려운 이웃들을 방문해 도배와 장판 교체는 물론 보일러 교체, 누수 보수 등 건설업에 맞춘 재능기부를 펼치고 있다. '꿈과 희망을 주는 러브하우스'가 대표적 프로그램이다. 직원들이 직접 전국 각지의 복지시설 및 저소득 가정을 방문해 낡은 시설을 개선해주는 활동이다. 지난해 11월에도 롯데건설 부산지역 현장 임직원 20여명은 동구 범일동과 초량동의 4가구를 방문해 벽체 보수, 방수, 도배, 주방공사, 공부방 설치 등 건설인 다운 재능기부를 펼쳤다. 또 모델하우스 개관 시 축하화환 대신 쌀을 받아 지역 불우이웃에게 전달하거나 소외계층을 초청해 문화공연을 관람하게 하는 '메세나 운동'도 벌이고 있다. 올해로 7년째를 맞고 있는 달동네 연탄 나눔활동 역시 빼놓을 수 없다. 지난해 11월에는 임직원 100여명이 서울의 대표적인 달동네인 노원구 중계동 백사마을 600여 가구에 연탄 2만장을 정성스레 옮겼다.

롯데건설은 해외 건설현장에서도 사회공헌 활동을 진행하고 있다. 베트남 다낭 '꽝아이 A4 고속도로' 현장의 샤롯데 봉사팀은 2016년 3월부터 꽝아이시에 위치한 푸화(Phu Hoa) 보육원을 수차례 방문해 놀이시설과 장난감을 마련하고 아이들에게 따뜻한 도움의 손길을 펼쳤다. 이런 봉사활동은 직원들이 매달 급여에서 기부한 금액만큼 회사가 돈을 기부하는 '매칭 그랜트' 방식으로 조성된 기금으로 이뤄진다. 롯데건설은 직원들의 사회공헌을 독려하기 위해 1부문 1현장 1봉사팀 갖기 캠페인을 진행하고 있다. 직원들은 여기에 그치지 않고 서로의 활동을 공유하며 사내 홈페이지에 봉사일지까지 올려 선의의 경쟁을 펼치기도 한다.

롯데건설의 사회적 책임은 협력사에도 확대되고 있다. 파트너사의 경쟁력 강화가 지속가능경영의 원동력이 된다는 판단에서다. 이를 위해 롯데는 2010년 '동반성장 추진 사무국'을 신설한 데 이어 2012년 기업의 사회적 책임(Corporate Social Responsibility · CSR) 전담부서까지 조성했다. 이 곳에서 파트너사와의 동반 성장을 위해 자금지원부터 교육지원, 기술 · 역량 지원, 교류 확대, 공정문화 확립 등을 중점 과제로 선정해 추진하고 있다. 2010년부터 시작된 무료 경영컨설팅의 경우 30여개의 파트너사가 지원을 받았을 정도다. 컨설팅은 재무분야 외에도 인사 · 노무 생산 · 품질관리법률 · 특허마케팅 · 브랜드 등 11개 세부 영역으로 나뉜다. 중소기업이 희망 분야를 선택할 수 있다. 비용은 롯데건설이 지원한다. 신용평가 전문기관인 나이스

그룹이 컨설팅을 진행한다. 무이자대여금제도 역시 협력사에게는 가뭄 속 단비 같은 존재다. 2010년부터 조성한 상생펀드(현재 800억원 규모)를 활용, 자금압박을 받고 있는 파트너사에게 무이자로 최대 50억원까지 지원해주고 있다. 롯데는 특히 실질적인 도움을 위해 대금지급 기일을 최대한 단축하도록 하고 공사대금 전액을 현금으로 결제하고 있다. 또 파트너사가 임금을 지불했다는 증명을 해야만 결제가 이뤄지도록 해 건설현장의 고질적인 임금 체불을 막고 있다. 하석주 대표이사는 "누가 시킨 것도 아니고 어떤 인센티브가 있는 것도 아닌데 직원들 스스로 사회적 약자를 지원하며 자부심과 행복감을 자연스레 느끼도록 하는 게 롯데의 경영철학"이라며 "앞으로도 국내외 샤롯데 봉사단의 다양한 사회공헌 활동이 지속될 수 있도록 지원을 아끼지 않겠다"고 말했다.

한국일보, 2017.6.18.

1.1 마케팅이란 무엇인가?

오늘날 모든 사람은 태어나면서부터 세상을 떠날 때까지 소비생활을 한다. 소비자로서 우리는 거의 모든 일상생활에서 기업의 마케팅 활동과 직접적으로 연결되어 있다. 아침에 일어나 신문을 펼치고 TV를 켜는 순간 수많은 광고들에 노출된다. 길가에 늘어선 간판과 광고판, 매장의 진열장들도 우리를 유혹하며, 컴퓨터를 통해 인터넷 쇼핑몰에 제품을 주문하고, 주말이면 대형 할인매장이나 백화점에 들러 구매를 하거나, 고향에 계신 부모님께 선물을 보내기 위해 홈쇼핑을 이용하기도 한다. 이렇게 우리의 일상생활은 기업의 제품을 소비하는 것으로 채워져 있으며, 기업은 우리에게 자신의 제품이나 서비스를 판매하기 위해 마케팅을 한다.

그렇다면 우리의 일상생활과 밀접한 관련을 맺고 있는 마케팅이란 무엇인가? 이를 한 마디로 설명하기란 쉬운 일이 아니다. 마케팅의 의미를 이해하기 위해서는 필요, 욕구, 수요, 제품, 교환, 시장 등 핵심용어에 관한 이해가 필요하다.

그림 1-1 마케팅 개념의 핵심용어

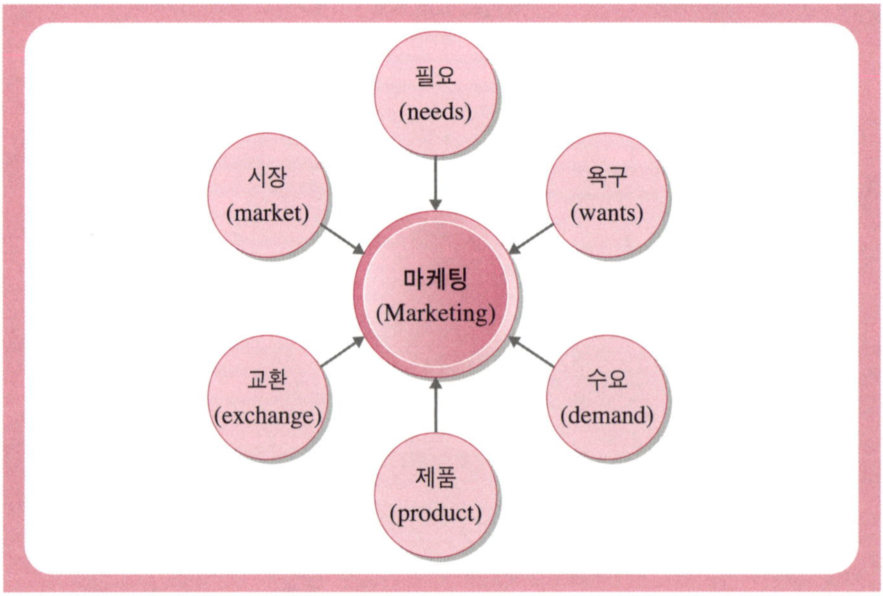

1. 마케팅의 핵심용어

1) 필요, 욕구, 수요

마케팅은 인간의 필요와 욕구로부터 출발한다. 필요와 욕구를 가지고 있지 않은 사람은 없다. 살아가기 위해서는 누구나 식품, 옷, 주택 등을 포함하여 생활에 필요한 제품에 대한 필요와 욕구를 가지고 있다. 뿐만 아니라 교육, 오락, 휴식, 관광 등과 같은 서비스에 대하여도 필요를 느끼며 향유하고자 하는 욕구를 가지고 있다.

필요(needs)는 인간이 가지고 있는 기본적 욕구로써 기본적으로 있어야 할 것이 결핍되어 있는 상태를 말한다. 다시 말해서 필요는 인간이 생존하기 위해 필수적으로 갖추어야 하는 것을 말하는데, 예를 들면 음식, 의복, 주택, 존경, 안전, 편안함 등 본원적이고 근본적으로 채워져야 하는데 이것들이 채워지지 않음으로써 갖게 되는 심리적인 결핍상태를 말한다. 욕구(wants)는 인간이 가지고 있는 필요, 즉 기본적인 결핍상태를 충족시킬 수 있는 수단에 대한 구체적인 요구를 말한다. 예를 들어 배고픔이라는 필요를 해소시킬 수 있는 구체적 수단으로서 어떤 사람은 김밥을, 어떤 사람은 피자를 선택할 수 있는데 이 때 김밥이나 피자에 대한 선택적 필요를 욕구라고 말한다.

동일한 필요에 대하여 욕구는 개인마다 다를 수 있는데 이것은 소비자 개인이 가지고 있는 라이프스타일이나 개성 등과 같은 개인 심리적 특성과, 소속되어 있는 사회 문화적 특성 등이 다르기 때문이다. 예를 들어 한국인과 미국인은 배고픔이라는 동일한 필요를 가질 수 있다. 그러나 식습관의 차이로 인해 한국인은 김밥에 대한 욕구, 미국인도 햄버거에 대한 욕구를 가질 수 있다. 이처럼 인간이 가지고 있는 필요는 지역별 · 세대별 · 문화권별로 큰 차이가 나지 않을 수 있지만, 욕구는 개인에 따라 다르고 문화에 따라 다르며 교육, 가족, 기업 등 사회적인 제도와 영향력에 의해 다르게 형성되고 끊임없이 변화되어 간다는 특징을 가지고 있다.

필요와 욕구에 대한 설명에 이어 언급되어야 할 개념이 수요(demand)이다. 수요는 욕구가 구매능력과 구매의사에 의하여 뒷받침된 것을 말한다. 구매능력이란 경제력, 구매의사란 구매하고 싶은 의지를 말한다.

그러므로 소비자가 어떤 제품에 대한 욕구가 있다고 해서 곧 바로 수요로 연결되는 것은 아니다. 욕구가 구매능력과 구매의사에 의하여 뒷받침될 때에만 비로소 제품에 대한 수요가 창출된다. 따라서 기업이 매출액을 증대시키기 위해서는 소비자의 욕구를 자사 제품에 대한 수요로 구체화시킬 수 있는 마케팅 노력을 기울여야 한다.

2) 제품

인간의 욕구는 제품(product)을 구매하여 사용함으로써 충족될 수 있다. 제품은 그 범위를 어떻게 설정하느냐에 따라 크게 두 가지로 정의할 수 있다. 첫째는 좁은 의미에서 제품을 정의하는 것으로 유형의 제품(tangible products)과 무형의 서비스(intangible services)만을 제품으로 본다. 두 번째는 넓은 의미에서 제품을 정의하는 것으로 인간의 욕구를 충족시킬 수 있는 것은 무엇이든지 제품의 범위 안에 포함시킨다. 이렇게 제품을 인간의 욕구를 충족시킬 수 있는 것으로 정의하면, 제품의 범위는 물리적 형태를 가진 유형의 제품과 무형의 서비스 외에도 사람, 장소, 조직, 활동, 아이디어, 지식이나 노하우 등까지 확대시킬 수 있다. 예를 들면 사람들은 TV 프로그램 중에서도 자신이 좋아하는 연예인이 출연하는 드라마를 특별히 시청하기 좋아하고(사람), 제주도나 설악산과 같은 휴양지에서 휴가를 즐기기도 한다(장소). 때때로 사회봉사단체의 활동을 지원하고 금전적으로 혹은 노력으로 후원하기도 하며(조직), 대학이나 학원에서 강의를 듣기 위해 등록을 하고(지식), 다른 사람의 주장을 지지하고 받아들이기도 한다(아이디어).

제품을 좁은 의미로 정의하든 넓은 의미로 정의하든 소비자가 제품을 선택하고 구매하는 것은 그 제품이 소비자의 필요와 욕구를 충족시킬 수 있을 것으로 믿기 때문이다. 더 정확하게 표현하면 소비자는 제품의 사용으로 얻을 수 있는 편익(benefits)이 자신의 필요와 욕구를 충족시킬 수 있을 것이라고 믿기 때문에 그 제품을 선택하여 구매하는 것이다.

3) 교환

교환(exchange)이란 두 당사자가 상대방이 필요로 하는 것을 주고 그 대가로 자신이 원하는 것을 얻는 행위를 말한다. 따라서 교환은 소비자의 욕구와 제품을 연결하는 수단이라고 할 수 있다. 이것을 기업과 소비자 측면에서 보면 판매와 구매에 해당된다. 기업은 소비자의 욕구를 해결시켜 줄 수 있는 제품을 개발하고 소비자가 지불할 수 있는 가격에 판매함으로써 이익을 창출하고, 소비자는 제품를 구매함으로써 결핍된 자신의 욕구를 충족시킬 수 있다. 이렇게 교환 과정을 통하여 기업과 소비자는 모두 자신의 목적을 달성할 수 있다. 교환이 성립되기 위해서는 다음과 같은 다섯 가지 조건이 충족되어야 한다.

- 최소한 둘 이상의 교환 당사자가 참여하여야 한다.
- 각 교환 낭사사는 상대방이 가치 있다고 생각하는 무엇인가를 가지고 있어야 한다.
- 각 교환 당사자는 상대방이 필요한 것을 가지고 있음을 알려주고 또 전달할 수 있어야 한다.
- 각 교환 당사자는 상대방의 제안을 수용하거나 거절할 자유가 있어야 한다.
- 각 교환 당사자는 상대방과 거래하기를 원하여야 한다.

이상과 같은 조건이 충족된 상태에서 교환 당사자들이 교환을 통해 자신의 효용(utility)이 증대될 것으로 믿거나 적어도 감소되지는 않을 것이라는 신념을 갖게 될 때 교환은 이루어지게 된다. 교환활동을 생산활동과 마찬가지로 가치창출 과정으로 보는 것도 이 때문이다.

4) 시 장

시장(market)을 정의하는 일은 그리 간단하지 않다. 시장은 제품이 교환되는 장소로 혹은 동일한 필요와 욕구를 충족시켜 줄 수 있는 제품의 집합체로 정의된다. 한 제품의 거래를 수행하는 사람들과 조직의 집합도 시장이라고 한다. 이처럼 시장이라는 개념 속에는 교환의 장소, 제품의 집합, 사람과 조직의 집합 등 여러 측면의 특성이 포함되어 있다. 그러나 마케팅에서는 시장을 구매의사와 구매능력을 보유한 소비자들의 집합으로 정의한다. 다시 말해서 시장이란 특정 제품을 구매하여 사용함으로써 충족될 수 있는 욕구와 구매력을 갖춘 소비자들의 집합이라고 할 수 있다. 예를 들어 현대자동차의 시장은 승용차를 구매하기 원할 뿐만 아니라 자동차를 구매할 수 있는 경제적 능력을 가진 사람과 조직의 집합이라고 할 수 있다.

특정 제품의 시장에는 유사한 필요와 욕구를 가지고 있는 소비자들을 대상으로 활동하는 경쟁사들이 포함되어 있는 경우가 대부분이다. 따라서 소비자의 필요와 욕구를 누가 더 잘 충족시키느냐가 경쟁에서 승리할 수 있는 중요한 포인트가 되는데 그 중심에 마케팅이 자리하고 있다. 마케팅 활동을 어떻게 수행하느냐에 따라 자사 제품에 대한 수요가 없는 사람들까지도 설득하여 수요를 창출할 수 있는데, 마케팅을 시장창출활동이라고 부르는 이유도 여기에 있다. 마케팅 활동을 효과적으로 수행하기 위해서는 시장의 특성을 잘 이해할 필요가 있다. .

2. 마케팅의 정의

마케팅이라는 용어는 20세기 초 미국에서 처음 등장하였다. 그 후로 시대가 변하고 환경이 바뀌면서 기업의 생존과 성장을 위한 수단으로서 마케팅의 의미도 진화되어 왔다. 이는 마케팅이 생산활동과 함께 기업의 가장 핵심적인 활동으로서 기업환경의 변화와 함께 마케팅이 수행해야 할 기능과 내용도 변화를 거듭하여 왔다는 것을 의미한다.따라서 마케팅을 보는 관점도 시대에 따라 변화되어 왔다.

미국마케팅학회(American Marketing Association ; AMA)는 1935년 처음 학문적 관점에서 마케팅을 "생산자로부터 소비자나 사용자에게로의 제품이나 서비스의 흐름을 다루는 기업행위의 수행"이라고 정의하였고, 이러한 정의는 1960년에 발표된 정의에서도 유지되었다. 이 정의에서는 당시 마케팅의 주체가 기업에 한정되어 있고 생산자가 마케팅의 중심에 있다는 것을 알 수 있다.

그 후 소비자의 교육수준 향상과 소득 증대가 불러 온 소비자 욕구의 다양화와 고급화 현상은 마케팅의 정의를 소비자 욕구 충족 기능의 강조라는 결과로 이어졌다. 1985년 미국마케팅학회는 "마케팅은 개인과 조직의 목적을 충족시켜 주는 교환을 가져오기 위해 아이디어, 제품 및 서비스에 대한 컨셉, 가격결정, 촉진 그리고 유통을 계획하고 실행하는 과정"이라는 정의를 발표하였다. 미국마케팅학회의 1985년 정의에 함축되어 있는 특징을 살펴보면 다음과 같다.

첫째, 마케팅을 개인과 조직의 목적을 만족시켜 주는 활동으로 보고 있다. 이것은 마케팅의 주체를 영리조직인 기업뿐만 아니라 개인과 비영리조직까지 포함시킴으로써 마케팅의 범위를 확장하고 있음을 의미한다.

둘째, 마케팅을 교환을 창출하는 활동으로 보고 있다. 다시 말해 교환을 마케팅의 중심활동으로 보고 있는 것이다. 특히 마케팅 활동의 중심으로서 교환은 호혜적인 교환이 되어야 함을 지적하고 있다. 이것은 교환이 당사자인 개인과 조직 모두의 만족을 창출할 수 있는 것이어야 함을 의미한다.

셋째, 교환의 대상을 유형의 제품뿐만 아니라 무형의 아이디어와 서비스까지 포함시키고 있다. 이것은 우리사회가 산업사회에서 정보화 사회로 이동함으로써 서비스 산업의 비중이 증대되고, 지식기반 산업의 발전현상이 확산됨에 따라 각종 기술, 지식, 정보, 노하우 등이 교환의 대상이 될 수 있음을 의미한다.

넷째, 마케팅의 수단을 언급하고 있다. 만족스런 교환이 가능하기 위해서는 제품, 가격, 유통, 촉진활동이 함께 이루어져야 함을 지적하고 있다. 이 네 가지 수단은 이것을 어떻게 창조적으로 결합하느냐의 여부에 따라 만족스런 교환활동을 창출할 수 있는 마케팅 활동의 핵심요소인 것이다.

마지막으로 관리과정을 언급하고 있다. 마케팅 활동이 단순한 기획업무나 현장 실무기능으로 끝나지 않고, 기업의 목적달성에 필요한 프로그램을 계획하고 그것을 실행에 옮기는 관리과정임을 설명하고 있는 것이다.

미국마케팅학회가 발표한 2004년 정의에서는 미케팅을 "소비자를 위해 가치를 창조하고, 의사소통하고, 전달하며, 조직과 이해관계자에게 이익이 되도록 소비자관계를 관리하는 조직의 기능과 과정"으로 보았다. 이는 소비자가 마케팅의 중심에 있고, 마케팅의 목표가 소비자관계를 창출하고 관리하는 것이고 이러한 관계는 소비자, 조직, 이해관계자가 모두 만족할 수 있는 결과를 만들어야 한다는 것을 의미한다.

미국마케팅학회는 2007년 마케팅은 "소비자들, 협력자들, 그리고 더 나아가 사회 전반에게 가치 있는 것을 만들고, 알리며, 전달하고, 교환하기 위한 활동과 기능 및 과정"이라는 정의를 발표하였고, 2013년 이러한 정의를 공인하였다. 이 정의가 이전의 정의와 구별되는 점은 마케팅의 적용대상의 범위가 자사의 제품을 구매하거나 구매할 가능성이 있는 소비자들에서 협력자들과 사회 전반으로까지 확대되었다는 것이다.

한편 한국마케팅학회는 1985년 미국마케팅학회가 발표한 정의를 기초로 마케팅의 개념을 정의하였다. 2002년 마케팅은 "조직이나 개인이 자신의 목적을 달성시키는 교환을 창출하고 유지할 수 있도록 시장을 정의하고 관리하는 과정" 이라는 정의를 발표하였다. 이 정의는 시대의 흐름에 따라 변화하는 기업의 마케팅을 새로운 관점에서 정립한 개념으로서 가장 최신의 마케팅 흐름을 반영한다고 할 수 있다.

이러한 한국마케팅학회의 정의는, 마케팅의 출발점이라고 할 수 있는 조직이나 개인의 목적을 중심개념으로 인정한다는 점과 교환을 통해 그 목적을 달성한다는 점에서는 1985년 미국마케팅학회의 정의와 동일한 흐름에 있다. 그러나 조직이나 개인의 목적을 달성하는 장(場)으로서 시장의 의미를 강조한다는 점에서 차이가 있다. 시장이 마케팅관리자들이 초점을 맞추고 능동적으로 활동해야 하는 대상으로 강조하는 것이다.

교환의 창출과 유지가 의미하는 바는 기업이 시장 제공물(market offers)의 교환을 통해 신규소비자를 창출하는 것도 중요하지만, 소비자들과 지속적인 교환을 통해 유지하는 것도 매우 중요함을 강조하는 것이다. 이 개념은 세계화하고 성숙

표 1-1 마케팅 정의의 변천 (미국마케팅학회)

년도	정의
1935 1960 (유지)	마케팅은 생산자로부터 소비자나 사용자에게로의 제품이나 서비스의 흐름을 다루는 기업행위의 수행이다. Marketing is the performance of business activities that direct the flow of goods and services from producers to consumers or users.
1985	마케팅은 개인과 조직의 목적을 충족시켜 주는 교환을 가져오기 위해 아이디어, 제품 및 서비스에 대한 컨셉, 가격결정, 촉진 그리고 유통을 계획하고 실행하는 과정이다. Marketing is the process of planning and executing the conception, pricing, promotion, and distribution of ideas, goods, and services to create exchanges that satisfy individual and organizational objectives.
2004	마케팅은 고객을 위해 가치를 창조하고, 의사소통하고, 전달하며, 조직과 이해관계자에게 이익이 되도록 고객관계를 관리하는 조직의 기능과 과정이다. Marketing is an organizational function and a set of processes for creating, communicating, and delivering value to customers and for managing customer relationships in ways that benefit the organization and its stakeholder.
2007 2013 (승인)	마케팅은 고객들, 협력자들, 그리고 더 나아가 사회 전반에게 가치 있는 것을 만들고, 알리며, 전달하고, 교환하기 위한 활동과 기능 및 과정이다 Marketing is the activity, set of institutions, and processes for creating, communicating, and delivering, and exchanging offerings that have value for customers, clients, partners and society at large.

화하는 시장환경을 반영하여 소비자의 창출뿐만 아니라 유지도 중요한 마케팅 과업임을 제시하는 것이다.

마케팅에서의 시장은 기업이 교환을 창출할 수 있는 교환대상자의 의미를 갖는다. 여기에는 마케팅관리자가 제시하는 시장제공물을 교환하고자 하는 소비자, 유통업자, 산업소비자들이 포함된다. 그러므로 시장을 정의한다는 의미는 마케팅관리자의 교환대상자들의 범위를 정한다는 것이다. 마케팅에서 교환대상자는 욕구에 따라 구분된 세분시장들을 의미하는데, 관점에 따라서는 기업의 제품이 판매되는 제품시장도 이 범주에 포함시킬 수 있다.

시장을 관리한다는 의미는 마케팅관리자가 자신이 원하는 방식으로 시장이 행동하도록 영향을 미치는 활동이라고 할 수 있다. 개별 조직이나 개인이 전반적인 시장의 욕구변화나 흐름을 좌우하기는 어렵지만, 시장의 변화에 적응하면서 동시에 마케팅 활동을 통해 능동적으로 시장의 행동에 영향을 미칠 수 있다는 의미도 갖고 있다. 그 수단이 마케팅 활동이다.

종합해 보면, 2002년 한국마케팅학회의 정의는 기존의 마케팅 정의를 수용하면서도 마케팅의 초점으로서 시장의 중요성을 강조하고 있으며, 시장의 정의와 관리를 통해 신규소비자의 창출뿐만 아니라 기존 소비자를 유지하는 능동적 활동이 필요함을 제시하고 있다.

3. 마케팅 수단들

마케팅 활동을 수행하기 위해서는 네 가지 마케팅 수단들이 필요하다. 이들 마케팅 수단은 마케팅 기능을 성공적으로 수행하기 위해 필요한 하위기능들인 제품(product), 가격(price), 유통(place), 그리고 촉진(promotion)을 말한다. 이들 네 가지 마케팅 수단의 영문 명칭의 머릿문자가 모두 'P'자로 시작되기 때문에 '4P'라고도 한다.

기업의 마케팅 활동은 네 개의 마케팅 기능을 전략적 수단으로 활용하여 소비자 만족을 위한 프로그램을 창출한다. 따라서 얼마나 훌륭한 마케팅 프로그램을 만드느냐가 소비자만족과 기업의 목적달성의 핵심이 될 수 있다. 이 때 네 가지 마케팅 수단들, 즉 4P는 각각 개별적으로 기능을 수행하기보다는 서로 유기적으로 기능을 수행할 때 더 효과적이기 때문에 마케팅 믹스(marketing mix)라고 부른다.

그림 1-2 소비자만족과 마케팅 수단의 관계

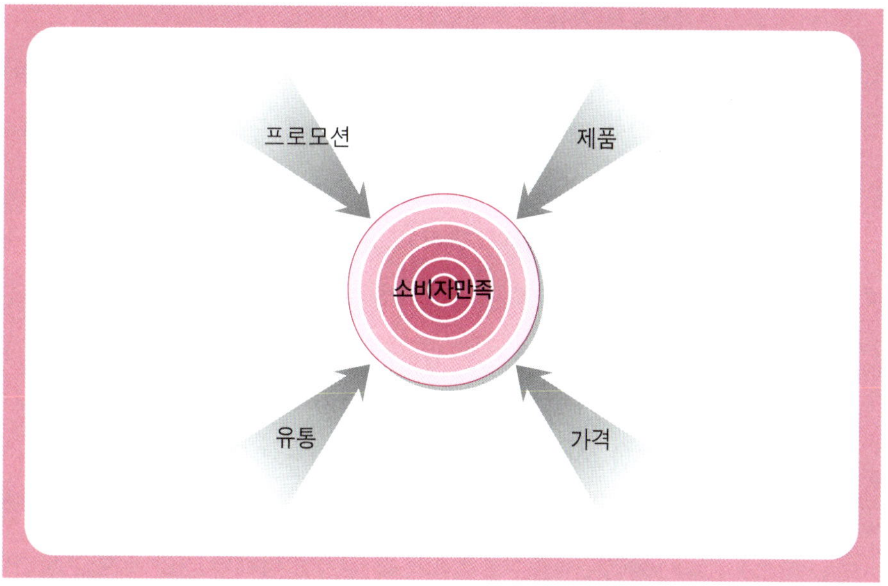

1) 제품

제품(product)이란 보이지 않는 소비자의 욕구를 가시적으로 식별 가능하게 실제화 해 놓은 것을 말한다. 오늘날 소비자들의 욕구는 매우 다양하고 까다롭다. 일상적으로 사용하는 운동화의 경우만 보더라도 디자인, 색상, 용도, 사이즈, 안감의 소재, 겉감의 소재, 바닥재의 종류, 가격, 브랜드 인지도, 기능성 등 매우 다양한 특성들로 구성되어 있다. 그러나 소비자에게 자신의 욕구를 충족시킬 수 있는 운동화를 선택하여 구매하는 일은 그리 쉽지만은 않다. 왜냐하면 소비자는 자신의 욕구에 부합되는 제품은 어떠해야 한다는 바람을 가지고 있기 때문이다. 그래서 제품구성이 아무리 다양하고 선택의 폭이 넓더라도 자신의 욕구를 충족시킬 수 있는 제품이 없다면 제품을 선택하여 구매하는 일을 주저하게 된다. 따라서 특정 소비자 집단의 필요와 욕구에 일치하는 제품 개념(concept)을 개발하고 결정하는 일은 매우 중요하다.

마케팅 활동의 하위 기능으로서 제품이란 팔릴 수 있는 제품 개념을 확인하고 결정하는 것으로부터 출발한다. 그리고 제품개념은 생산활동을 통해 제품으로 구체적인 형태를 갖게 되면서 실체화 된다. 이렇게 제품기능은 실제적인 생산활동 이진부터 기능이 수행된다.

제품 기능과 관련하여 기업은 한 가지 제품만을 생산하고 판매하는 것과 제품 상호간에 나타날 수 있는 보완적 관계 등을 고려하여 두 가지 이상의 제품을 취급하는 것 가운데 어느 것이 자사의 목적달성에 더 바람직할 것인지에 대한 의사결정을 하여야 한다. 그리고 두 가지 이상의 제품을 취급하는 것이 바람직하다는 판단이 선 경우에도 어떤 제품을 얼마나 추가할 것인지, 추가되는 제품의 생산과정과 마케팅 활동은 기존 제품과 동일한 것이 좋은지 그렇지 않은 것이 자사를 위해 전략적으로 더 유리할 것인지에 관해서도 합리적인 의사결정을 내려야 한다. 뿐만 아니라 제품기능에는 소비자의 구매동기를 유발하는 데 중요한 영향을 미칠 수 있는 요인인 제품의 포장과 브랜드명의 결정, 그리고 신제품의 개발과정과 마케팅, 제품수명주기와 각 주기별 마케팅 전략 등도 포함된다.

2) 가격

가격(price)이란 구매한 제품 혹은 서비스에 대한 대가로 소비자가 판매자에게 지불하는 금액을 말한다. 가격이 어떤 의미를 가지고 있는지에 관해서는 판매자와 소비자 사이에 많은 차이가 있다. 소비자는 가능한 낮은 가격에 제품을 구매하기를 원하고, 판매자는 가능한 높은 가격에 팔기를 바라는 것도 이 때문이다. 그러나 제품이나 서비스의 가격은 재고품의 정리 혹은 기업의 폐업 등과 같은 특별한 상황을 제외하고는 제품 및 서비스의 생산 활동과 마케팅 활동을 위해 지출된 비용 이하 수준에서는 결정될 수가 없다. 물론 가격결정 시에는 소비자의 지불능력도 고려하여야 한다. 가격 결정은 소비자와 판매자 모두가 받아들일 수 있는 수준에서 이루어지게 된다.

가격은 투입된 비용을 합리적으로 고려하여 결정하는 것도 중요하지만 시장에서 동일한 필요와 욕구를 가지고 있는 소비자를 대상으로 마케팅 활동을 하는 경쟁사의 가격 수준을 고려하는 일도 매우 중요하다. 왜냐하면 제품 간 가격의 상대적 크기는 매출액에 크게 영향을 미칠 수 있기 때문이다.

기업은 결정된 가격에 대하여 소비자가 어떤 생각을 하게 될 지도 고려하여야 한다. 경제학의 수요의 법칙(law of demand)과 같이 낮은 가격이 언제나 많은 수요를 발생시키는 것은 아니며, 경우에 따라서는 오히려 높게 책정된 가격이 제품의 이미지를 고급스럽게 만들고, 그로 인해 소비자들의 선호를 받는 경우도 많기 때문이다.

가격 기능에는 환경변화에 따른 가격변경의 정도와 방법, 그리고 시기 등에 관한 것도 포함된다. 아무리 최초 가격이 합리적인 수준에서 결정되었다 하더라도 동태적인 환경변화에 따라 가격수준이 달라질 수 있다. 마케팅 담당자는 변화하는 시장상황에 적합한 가격수준을 유지하기 위해 제품 가격을 조정해 나가야 한다. 가격의 조정이란 가격의 인상과 인하, 가격의 할인과 공제방법 등에 관한 의사결정이 중심이 된다.

3) 유통

유통(place)은 제품의 흐름을 말한다. 즉 기업이 생산한 제품이나 서비스가 유통경로를 통해 소비자에게까지 신속하고 정확하게 흘러가게 하는 일과 관련된 것이 유통이다. 이러한 유통 기능은 소비자로 하여금 원하는 시간과 장소에서 적당한 품질과 수량의 제품을 구매할 수 있게 함으로써 소비자만족을 최대화하는 데 기여한다. 여기서 유통경로(marketing channel 혹은 distribution channel)란 특정 제품이나 서비스의 흐름을 돕기 위하여 참여하는 일련의 중간상들로 구성되어 있는 제품이나 서비스가 흐르는 길을 말한다.

제품의 유통과정에 개입되는 중간상들은 그들이 수행하는 기능의 특성에 따라 크게 두 가지로 분류할 수 있다. 직접 제품을 구매하여 일시적이지만 소유하고 있다가 일정한 정도의 이익을 남기고 다시 다른 중간상인에게 되파는 상인중간상과 제품에 대한 소유권을 보유하지 않고 단지 제품의 유통과정에서 기능적으로 개입하여 제품의 소개나 알선 역할 등을 하고 일정 비율의 수수료를 받는 기능중간상이 그것이다.

제품이 생산자로부터 소비자에게로 흐르는 유통경로가 원활하게 작동되기 위해서는 수송, 주문처리, 창고, 보험, 촉진, 자금지원, 재고관리 여러 가지 기능들이 수행된다. 이러한 기능들은 제조업자이든 도매상이나 소매상과 같은 중간상인이든 누군가에 의해서 수행되어야 하는데, 경로참여자들 각각이 역할을 분담하여 기능을 수행하는 경우도 있고 일부 경로참여자가 대부분의 기능을 수행하는 경우도 있다. 대체로 제품의 상적 유통과 관련된 기능들은 도매상과 소매상이 각각 기능을 나누어서 수행을 하고, 물적 유통과 관련된 기능들은 전문 운송회사나 창고업자 등과 같은 물류업자 등에 의해 수행되기도 한다.

제품의 유통과정에는 다양한 형태의 경로참여자가 다수 포함되기 때문에 이들을 어떻게 관리하고 통제하느냐는 매우 중요한 일이다. 유통 기능이 효과적으로 수행될 수 있도록 모든 경로참여자들이 적극적으로 협력할 수 있는 공통의 목적을 수립하고, 이해관계의 균형을 유지하기 위해 노력하며, 합리적이고 체계적으로 성과를 평가하고 보상하는 활동 등이 필요하다.

4) 촉진

촉진(promotion)이란 기업이 자사 혹은 자사에서 생산한 제품에 관한 정보를 목표고객을 포함하여 자사 제품을 취급하는 중간상, 그리고 이해자 집단에게 전달하는 모든 형태의 커뮤니케이션(communication) 기능을 말한다. 흔히 촉진을 광고와 동일시해서 보는 경향이 있다. 그러나 광고는 다양한 촉진활동들 중 하나에 불과하다. 기업이 활용할 수 있는 촉진활동은 촉진활동의 주요 수단이 사람인지 그렇지 않은지에 따라 인적 촉진활동과 비인적 촉진활동으로 나뉜다.

인적 촉진활동에는 판매원을 통한 인적판매가 있다. 그리고 비인적 촉진활동에는 TV, 라디오, 신문, 잡지 등과 같은 대중매체를 이용하여 자사 및 자사 제품을 소개하고 구매하도록 설득하는 광고와 가격할인, 쿠폰제공, 사은품 증정 등을 통해 비교적 직접적이고 단기적으로 매출을 증대시킬 목적으로 활용하는 판매촉진이 있다. 뿐만 아니라 비인적 촉진활동에는 기업의 이미지를 제고시킨다든지 기업의 사회적 기여 등을 알리는 목적으로 비교적 장기적이고 간접적인 효과를 겨냥하여 시행하는 기업광고, 소비자를 포함한 일반대중과 원만한 관계를 유지함으로써 기업활동을 지원할 목적으로 이루어지는 사보의 발행과 배포, 각종 학교에 대한 장학금 또는 연구비 지원 사업 등을 포함하는 대중관계, 그리고 각종 대중매체에서 다루어진 기업 또는 제품 관련 뉴스나 논설 등을 통해 소비자에 대한 신뢰성을 높이기 위해 이루어지는 활동인 홍보(publicity) 등이 있다.

이상에서 언급한 촉진활동들은 각각 특성이 다르기 때문에 효과도 다르고 수행해야 할 기능의 내용과 활동의 집행시기도 다르다. 따라서 성공적으로 촉진기능을 수행하기 위해서는 이러한 촉진활동들을 제품의 특성과 기업의 여건에 맞게 가장 효율적이고 효과적으로 결합시켜야 한다.

1.2 마케팅 관리 철학의 변화

기업의 활동은 환경의 변화와 긴밀하게 관련을 맺고 있다. 환경 변화에 어떻게 대처하느냐에 따라 그것이 사업기회가 되기도 하고 위협요인으로 작용하여 기업을 도산시키기도 한다. 따라서 오늘날 기업들이 활용하는 모든 경영 기법과 철학들은 환경 변화와 관련이 있다. 기업의 활동 가운데 중심적인 기능이라고 할 수 있는 마케팅도 예외가 아니다. 시간이 흐르고 환경이 바뀌면서 시장상황이 많은 변화를 겪게 되었고 그러한 변화는 기업들로 하여금 '어떻게 하면 가장 효과적으로 제품을 생산하고 판매할 수 있을까'라는 질문에 대한 해답인 마케팅 관리 철학에도 변화를 가져왔다.

1993년 로터본(Lauterborn)은 1960년대 초 미국의 매카시(McCarthy)에 의해 제시된 개념인 4P가 마케팅 활동 및 수단을 기업의 관점에서 고려하고 있어 소비자 관점으로 다시 파악할 필요가 있다고 주장하였다. 이에 소비자 입장에서 바라본 4C를 제시하였다. 4C는 4P와 마찬가지로 4개의 C로 구성된다. 기업의 입장에서 접근한 product(제품)은 customer solution(소비자의 문제해결), price(가격)은 customer cost(소비자의 비용), place(유통)은 convenience(유통의 편리성), promotion(촉진)은 communication(의사소통)으로 바라봄으로써 마케팅 수단에 대해 소비자 입장에서 접근할 수 있다.

마케팅 관리 철학이란 기업이 마케팅 활동을 어떤 정신으로 무엇을 더 중요시하며 목적을 어디에 두고 수행해야 할 것인지를 포함하는 기업의 경영 이념을 말한다. 따라서 마케팅 관리 철학이 다르면 기업 내에서 차지하는 마케팅의 비중과 성격, 그리고 활동내용도 크게 차이가 나기 마련이다.

기업 환경의 변화에 따라 마케팅 관리 철학도 지속적으로 변화를 거듭하여 왔는데, 마케팅 활동의 무게 중심을 어디에 두느냐에 따라 크게 두 부분으로 분류할 수 있다. 기업중심적 마케팅 철학과 소비자중심적 마케팅 철학이 그것이다.

그림 1-3 마케팅 관리 철학의 변화

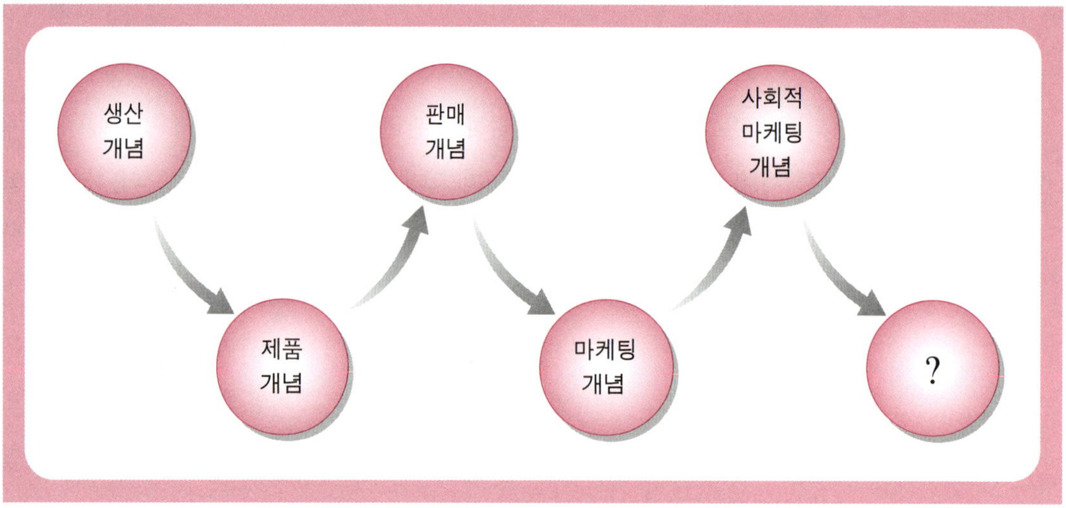

1. 기업중심적 마케팅 철학

1) 생산 개념

생산 개념(production concept)은 제품에 대한 수요보다 공급이 부족하여 소비자들이 제품의 구매 자체에 어려움을 느끼는 상황에서 지배적으로 나타나는 마케팅 철학이다. 수요가 공급을 초과하는 상황에서는 생산만 하면 판매는 문제가 되지 않기 때문에 기업의 주된 관심사도 '어떻게 하면 제품을 보다 많이 생산할 수 있을까'에 있게 된다. 그리고 소비자들은 각 제품의 장점이나 특징이 무엇이며 품질이 어떠한지에 관심을 두기보다는 그 제품을 구매할 수 있느냐 여부에 더 큰 관심을 가진다. 따라서 기업은 무엇보다도 생산을 증대시킬 수 있는 방법을 모색하는 데 모든 노력을 기울이게 된다.

2) 제품 개념

제품 개념(product concept)이란 소비자들이 우수한 품질의 제품을 구매하기 원한다고 믿는 기업에서 흔히 볼 수 있는 마케팅 철학이다. 이 때 기업은 무엇보다도 보다 우수한 품질의 제품을 생산하고 경쟁 제품보다 우수한 제품이 되도록 품질을 개선하는 데 노력을 기울인다. 왜냐하면 제품의 품질을 향상시키는 것만이 소비자로부터 사랑을 받을 수 있는 최선의 방법이라고 생각하기 때문이다.

제품 개념은 자칫 잘못하면 '소비자가 필요로 하는 것은 무엇인가'에 대한 관심, 즉 본원적 욕구보다는 제품 그 자체에만 집착하는 마케팅 근시안(marketing myopia)에 빠질 수 있는 위험성이 매우 높다. 마케팅 근시안이란 레빗(Levitt) 교수에 의하면 기업이 제품의 시장영역을 너무 좁게 규정함으로써 경쟁사의 대응범위를 너무 근시적으로 파악하게 되고, 그 결과 소비자의 욕구가 다른 형태의 제품으로 충족될 수 있나는 가능성을 고려대상에서 배제시켜 버리는 상태를 말한다.

마케팅 근시안에 빠진 기업은 소비자가 특정 제품을 왜 필요로 하고 구매하려 하는지를 나타내는 근원적인 욕구는 파악하지 못하고 눈앞에 나타난 제품과 관련된 욕구만 보기 때문에 장기적인 관점에서 사업이 실패할 가능성도 높아지게 된다. 대표적인 예로 그 화려했던 시절을 접고 오늘날 사양화의 길에 접어든 미국의 철도산업을 들 수 있다. 철도기업의 경영자들은 철도 자체의 성능개선에는 관심을 가지고 노력을 기울였지만(철도라는 제품중심적 사고) '왜 승객들이 철도를 이용하고 있는가?'에 대한 생각은 하지 못하였다. 즉 철도승객의 본원적 욕구인 빠르고 안전하게 여행하는 것이라든지, 화물을 신속하고 편리하게 수송할 수 있기를 바라는 바람(수송이라는 소비자의 욕구지향적 사고)에는 관심을 기울이지 않았던 것이다. 그 결과 철도보다 소비자의 욕구를 더 잘 충족시켜 줄 수 있는 수송수단들인 안락한 비행기와 접근성이 우수한 고속버스가 등장하면서 경쟁력을 상실하게 되었고 대응할 수 있는 시기도 놓쳐버린 것이다.

3) 판매 개념

판매 개념(selling concept)은 경쟁사 제품보다는 자사 제품을, 그리고 작은 양보다는 많은 양을 구매하도록 소비자를 강력히 설득하고, 매출액의 향상을 위해 가능한 모든 판매노력과 다양한 촉진수단들을 활용하여야 한다고 믿는 기업의 마케팅 철학을 말한다. 생산 개념 단계에서 대량생산에 필요한 조치들을 취한 결과 공급물량은 증가하고, 유사한 제품을 생산하는 경쟁사까지 늘어난 상황에 직면한 기업들은 적극적인 촉진노력과 판매활동을 하지 않으면 안 되는 형편에 놓이게 되었다. 이처럼 공급이 수요를 초과하는 상황에서 기업들은 판매량을 증대시키기 위해 광고 등과 같은 촉진활동을 집중적으로 실시하고 판매원을 이용한 판매활동도 적극적으로 수행하게 된다. 이런 상황에서 기업의 좌우명은 '우리는 무엇이든 팔 수 있다!' 혹은 '판매 없이 성장 없고, 성장 없이 미래 없다!' 등 이다.

판매지향적인 기업은 '보통 소비자들은 꼭 필요한 것이 아니면 제품을 구매하지 않는 경향이 있다'라고 믿기 때문에, 소비자의 구매를 자극할 수 있는 가능한 모든 방법을 동원하여 구매하도록 설득하고, 가능하면 더 많이 구매하도록 소비자들을 유인한다. 따라서 강력한 영업조직을 구축하여 판매에 중점을 둔다.

2. 소비자 중심적 마케팅 철학

1) 마케팅 개념

1950년대에 접어들면서 미국 사회는 수요보다 공급물량의 초과가 크게 나타나는 현상을 겪게 되었다. 이것은 소득 수준의 향상에 따른 수요 증가보다 생산성 향상과 기술의 발전, 군수물자 생산용 설비의 소비제품 생산에의 합류 등 생산능력의 확대로 인한 공급량의 증가가 가능했기 때문이다. 따라서 기업 간 경쟁은 치열해질 수밖에 없었고 결과적으로 '기업이 생존하기 위한 최선의 방법은 목표시장으로 선정한 소비자 집단의 욕구를 먼저 정확하게 파악한 후에 제품을 생산하고 그것을 만족스럽게 전달할 수 있는 활동을 얼마나 효과적이고 능률적으로 수행할 수 있느냐에 달려 있다'는 마케팅 철학이 등장하였다. 이러한 마케팅 철학이 바로 마케팅 개념(marketing concept)이다. '소비자는 왕이다!', '만들 수 있는 것을 파는 것이 아니라, 팔릴 수 있는 것을 만들자!' 등과 같이 이 무렵 기업들 사이에서 앞 다투어 강조한 슬로건을 살펴보면 마케팅 개념을 더 잘 이해할 수 있다. 한 마디로 말해서 마케팅 개념은 소비자중심적 경영철학인 것이다.

그림 1-4 전통적 마케팅과 전사적 마케팅의 비교

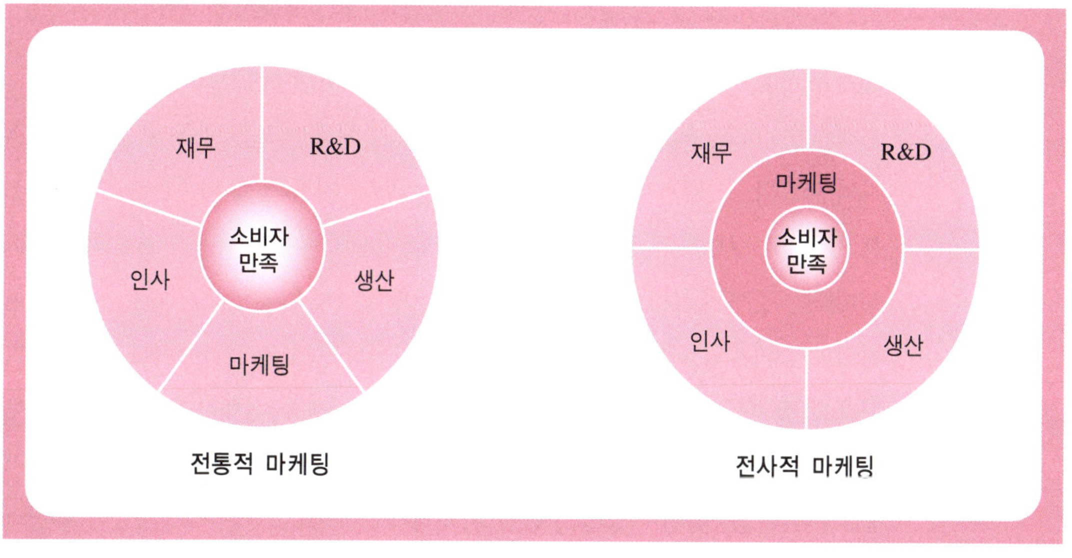

마케팅 개념은 판매 개념과는 여러 측면에서 차이를 보인다(표 1-2참조). 판매 개념이 이미 생산한 제품을 현금으로 바꾸려는 생산자의 욕구에 초점을 둔 반면, 마케팅 개념은 제품을 생산하기 전에 먼저 소비자의 필요와 욕구를 파악하고, 이에 부합되는 제품을 생산하여 소비자만족을 실현하려는 데 초점을 두고 있다.

다시 말해서 판매 개념이 다양한 판매 노력과 집중적인 촉진활동을 통해 매출액을 증대시키고 이렇게 실현된 매출액의 향상을 통해 이익 목표를 달성하겠다는 사고방식이라면, 마케팅 개념은 소비자의 필요와 욕구를 만족시키기 위해 전사적으로 통합된 마케팅 노력을 기울이고 이러한 노력을 통해 장기적으로 이익을 실현함으로써 기업의 목표를 보다 효과적으로 달성하겠다는 것이다(그림 1-4참조).

이하에서는 소비자중심적 경영철학이라고 할 수 있는 마케팅 개념의 특징에 대하여 살펴보고자 한다.

표 1-2 판매 개념과 마케팅 개념의 비교

구분 관리철학	출발점	초점	활용수단	목표
판매 개념	공장	생산된 제품	판매노력 촉진활동	매출액 증대를 통한 이익 실현
마케팅 개념	시장	소비자의 필요 와 욕구	통합된 마케팅 노력	소비자만족을 통한 장기적 이익 실현

(1) 고객지향성

고객지향성(customer orientation)이란 기업이 수행하는 모든 활동의 방향이 소비자의 필요와 욕구를 만족시키고자 하는 데 맞추어져 있음을 의미한다. 기업이 고객지향성을 실현하기 위해서는 무엇보다 소비자의 욕구가 무엇인지를 파악하고 이해하는 것이 중요하다. 그러나 소비자의 욕구는 매우 다양하기 때문에 어느 한 기업이 소비자의 다양한 욕구를 모두 만족시킨다는 것은 불가능하다. 따라서 기업은 특정 욕구를 가진 소비자들로 구성된 목표시장을 선택하여 마케팅 노력을 집중할 필요가 있다. 그리고 선택한 목표시장에서 수행하는 마케팅 활동, 즉 제품, 가격, 유통, 촉진 기능을 활용한 마케팅 프로그램은 다른 경쟁사들이 수행하는 것보다 더 효과적이고 차별적인 것이어야 한다.

(2) 통합적 노력

통합적 노력(integrated efforts)이란 소비자의 욕구를 만족시키기 위한 일이라면 전사적으로 모든 부서가 한 마음으로 노력을 기울이는 것을 말한다. 소비자만족이라는 목표를 달성하기 위해서는 소비자와 직접 접촉하는 마케팅 부서뿐만 아니라 연구개발, 생산관리, 재무관리, 인사관리 등 겉으로 보면 마케팅과는 상관이 없어 보이는 부서들이라 할지라도 합심하여 통합된 노력을 기울여야 한다는 의미이다. 왜냐하면 소비자의 욕구를 만족시키기 위해 기업이 시장에 내놓는 제품은 기업 내 모든 부서의 노력이 결합되어 만들어진 결과이기 때문이다. 그래서 이것을 전사적 마케팅(total marketing)이라고 부르기도 한다. 전사적 마케팅은 기업 내 부서들이 각각 나름대로 소비자 만족을 위해 목표를 세우고 활동하는 전통적 마케팅과는 달리 마케팅부서가 기업 내 모든 부서와 활동을 통합하고 조정하는 역할을 담당한다.

(3) 고객만족을 통한 장기적 이익 실현

마케팅 활동은 기업이 자사의 목적달성을 위해 수행하는 기능 중 하나이다. 따라서 마케팅 개념은 목적지향적이어야 한다. 기업의 목적은 생존, 성장, 기업가치의 극대화, 사회봉사 등 여러 가지가 있을 수 있지만, 그 어느 것도 이익의 실현 없이는 달성될 수 없다. 마케팅 개념은 이익의 창출을 단기적으로 실현하려고 하지 않고, 자사와 자사 제품에 대한 고객의 신뢰를 바탕으로 이익이 실현된다고 믿는다. 따라서 고객만족을 위해 성심껏 노력하고 신뢰 구축을 위한 활동을 하다보면 그러한 노력들에 대한 소비자들의 긍정적인 평가와 충성도가 형성되게 된다. 비록 시간이 걸리지만, 결과적으로 지속적인 이익 실현이 가능하다는 입장이다.

그림 1-5 마케팅 개념의 특징

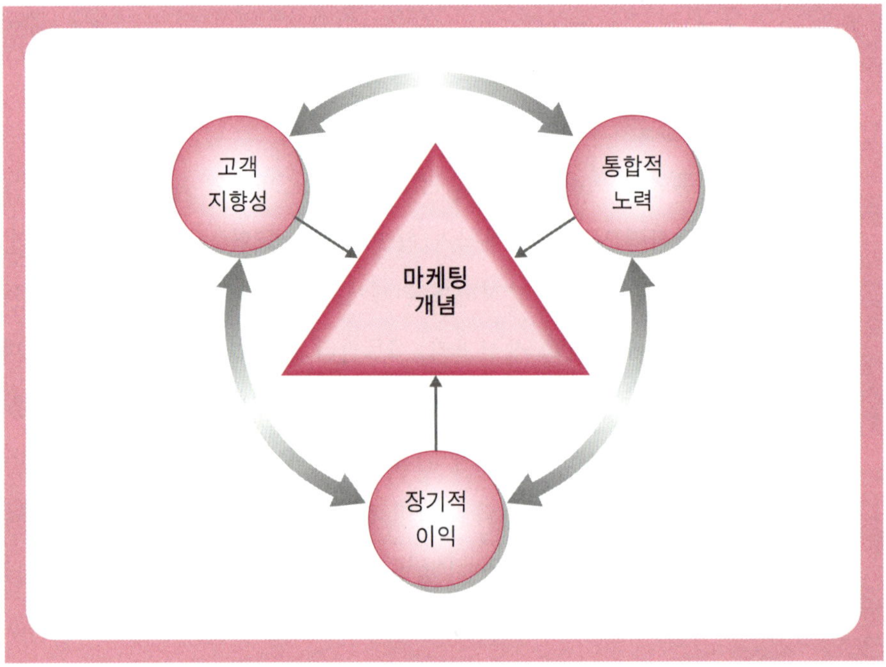

2) 사회적 마케팅 개념

최근 들어 소비자지향적 경영철학인 마케팅 개념이 과연 소비자만족과 기업의 이익 실현을 위한 만병통치약이 맞는지에 대한 의문이 제기되고 있다. 환경오염이 심화되고 자원이 부족하며 폭발적으로 인구가 증가하는 등 사회문제가 심각한 과제로 등장한 상황에서도 소비자의 욕구 충족을 최우선으로 하는 마케팅 개념이 과연 적합한 것일까 하는 것이다. 예를 들면 세탁력이 뛰어난 합성세제는 찌든 때까지도 세척할 수 있어서 깨끗한 옷을 입고 싶어 하는 소비자의 욕구를 만족시키기에는 충분하지만, 수질오염이라는 심각한 환경문제를 야기시킨다. 캔 음료는 청량감과 시원함을 추구하는 소비자의 욕구는 충족시켜 주지만 자원의 낭비와 쓰레기 처리라는 사회적 비용을 증가시키는 결과를 초래하게 된다. 소비자의 욕구를 만족시키는 일이 장기적으로는 소비자는 물론 사회 전체의 복지와 일치하지 않는 경우를 발생시키는 결과를 가져올 수 있기 때문에, 이러한 경우에도 마케팅 개념이 여전히 최선일 수 있느냐는 문제가 제기되는 것이다.

이제 기업은 마케팅 활동의 결과가 소비자는 물론 사회 전체에 어떤 영향을 미치게 될 것인가에 대해서도 관심을 가져야 한다. 기업은 가능하면 소비자를 포함하여 사회 전체에 대해 부정적으로 영향을 미칠 수 있는 마케팅 활동은 자제하여야 한다. 기업 활동이 장기적으로 사회에 미치는 영향까지 고려하여 이루어져야 한다는 사고가 사회적 마케팅 개념(societal marketing concept)라고 한다. 공해유발을 억제하기 위해 전개하는 녹색운동, 공해방지시설의 설치를 의무화라는 환경운동, 썩는 비닐 등 저공해 물질을 소재로 하는 제품 설계와 생산 등과 같은 그린 마케팅은 사회적 마케팅 개념을 실천하는 좋은 예라고 할 수 있다.

마케팅 관리 철학의 발전단계를 요약해 보면, 최초의 생산 개념과 제품 개념 단계에서는 제품의 생산이 기업의 가치만을 추구하는 데 초점이 맞추어져 있었지만, 마케팅 개념 단계에서는 기업뿐만 아니라 소비자의 욕구충족도 함께 고려하였다. 마지막 단계인 사회적 마케팅 개념은 기업과 소비자 양자의 가치 증대뿐만 아니라 사회 전체의 복지에까지 관심을 두고 있다.

이상에서 살펴본 바를 기초로 마케팅의 지향점과 기능을 생각해 볼 때, 현대

그림 1-6 사회적 마케팅 개념

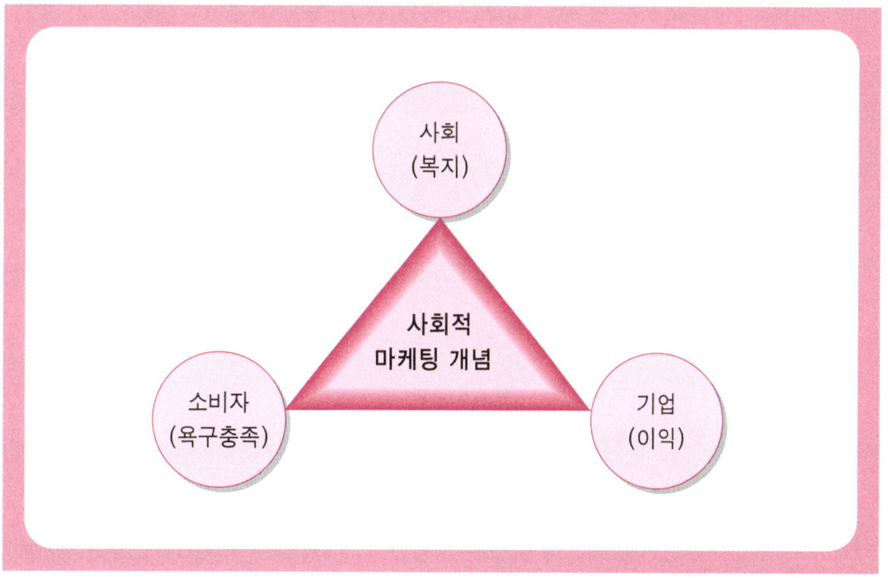

마케팅은 삼자 사이의 이해관계와 가치창출, 즉 소비자의 욕구충족과 기업의 이익실현, 그리고 사회 전체의 복지향상이 균형을 유지할 수 있도록 마케팅 활동이 계획되고 실행되어야 할 필요가 제기되고 있다.

1.3 마케팅의 중요성

1. 인간의 삶의 질 향상 기여

마케팅은 '소비자의 욕구가 무엇인가'에 대한 생각에서 시작한다. 그리고 소비자의 욕구가 얼마나 만족스럽게 충족되었는가를 되돌아보는 것으로 종료한다. 소비자 욕구로부터 시작해서 소비자 욕구로 끝나는 것이 마케팅이다. 다시 말해서 마케팅은 인간이 가지고 있는 가장 기본적인 욕구를 얼마나 정확히 파악해서 충족시킬 것인가를 연구하는 기업 활동이라고 할 수 있다.

자본주의가 사회주의를 앞설 수 있었던 가장 큰 요인은 시장 기능의 활성화와 마케팅 능력의 차이에 있었다. 사회주의 국가의 기업들도 공기업이긴 하지만 연구개발, 생산, 재무, 인사 기능을 모두 수행하고 있다. 제대로 작동되지 않는 것이 있다면 마케팅 기능이다. 소비자의 욕구를 담아내고 그것을 전달하는 기능인 마케팅 활동의 부재는 그 사회를 만성적인 생필품 부족이라는 고통에 시달리게 만들었고, 결국 사회주의 국가의 종주국이라고 할 수 있는 소련을 비롯하여 동유럽 국가들의 체제까지 붕괴시키는 결과를 초래하였다. 이는 마케팅 활동이 인간의 삶을 풍요롭게 하는 데 얼마나 지대한 기여를 하는지를 보여주는 좋은 예가 아닐 수 없다. 특히 마케팅의 본질이 소비자의 욕구로부터 출발하고 마케팅 활동의 지향점이 소비자 욕구의 충족에 있다고 볼 때 마케팅은 소비자의 삶을 질적인 면에서 크게 향상시키는 데 기여하고 있는 것은 물론, 물적인 측면에서 사회 전체를 풍요롭게 만드는 중추적인 역할을 수행하고 있다고 할 수 있다.

2. 기업 활동에 필수적인 효용의 창출

인간의 욕망은 무한하다. 그러나 그러한 욕망을 충족시키기 위해 필요한 자원은 매우 제한되어 있다. 서로 만날 수 없고 풀릴 수 없는 딜레마가 아닐 수 없다. 이러한 딜레마를 풀기 위해 인간이 고안해 낸 한 가지 방안이 기업 활동이다. 기업활동은 인간의 욕구를 보다 더 효과적으로 충족시킬 수 있는 기능을 수행하는데, 그것이 효용(utility) 창출 기능이다. 기업이 경영 활동을 통하여 창출할 수 있는 효용은 다음과 같다.

첫째, 기업은 형태효용(form utility)을 창출한다. 원목이나 원단 혹은 철판 등의 원자재는 그것 자체로는 큰 가치를 가지고 있다고 할 수 없다. 그러나 그것을 활용하여 책상이나 옷, 그리고 자동차 등과 같은 유용한 형태를 갖춘 제품을 생산하게 되면 더 큰 만족을 얻을 수 있는데 이 때 발생하는 것이 형태효용이다. 기업의 생산 활동은 형태 효용을 창출하는 기능이라고 볼 수 있다.

둘째, 기업은 소비자에게 다양한 형태의 제품을 만족스럽게 구매할 수 있는 방법을 제안해서 소비자로 하여금 제품의 소유권을 갖도록 하는 데 도움을 준다. 이렇게 소비자가 제품을 소유하여 사용함으로써 보다 큰 만족을 얻을 수 있게 하면서 창출되는 가치가 바로 소유효용(possession utility)이다.

셋째, 기업은 적절한 장소까지 제품을 유통시킴으로써 소비자의 구매활동이 편리해지도록 돕는 일을 한다. 예를 들면 소비자가 집 근처의 백화점이나 의류점에서 옷을 구매하게 되면, 먼 곳에 있는 의류 공장이나 도매상의 창고를 방문해서 구매하는 것보다 노력을 훨씬 덜 들이면서도 다양한 제품을 접할 수가 있고, 그 결과 자신이 원하는 것을 효율적으로 선택하여 구매할 수 있는 기쁨과 편리성을 얻을 수 있다. 이 때 발생하는 효용이 장소효용(place utility)이다.

넷째, 기업은 소비자가 거주하는 인접 지역이나 교통 요지에 창고나 냉장고를 갖춘 저장시설을 운영함으로써, 소비자의 필요에 따라 편리한 시기에 신선한 양질의 제품을 구매하도록 돕는다. 이를 시간효용(time utility)이라고 한다.

다섯째, 정보효용(information utility)도 기업이 창출하는 중요한 효용이다. 성

그림 1-7 기업활동을 통해 창출되는 효용

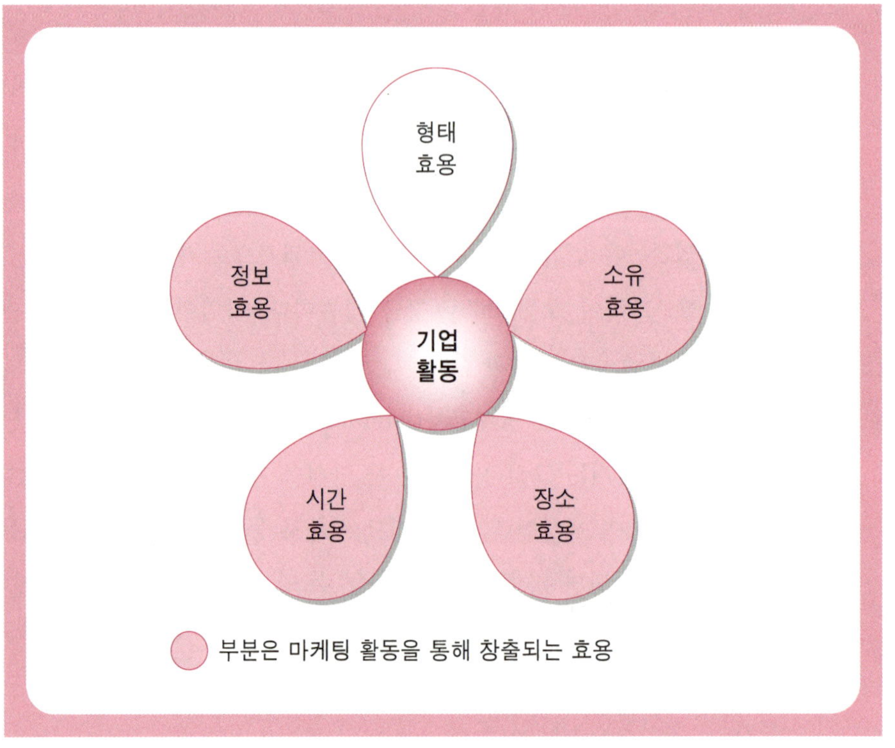

보효용은 기업이 광고, 판매원, 기타 촉진수단을 이용하여 자사 제품 및 기업에 대해 소비자에게 알려주는 커뮤니케이션 활동을 수행함으로써 창출된다. 오늘날 시장에서는 제품의 수가 다양하고, 이들 가운데 상당수가 매년 신제품으로 교체되며, 기술적인 측면에서도 날이 갈수록 복잡해지고 첨단화 되어가고 있다. 이러한 현상은 기업은 자사 제품을 효과적으로 알리는 일이 쉽지 않고, 소비자는 제품을 정확하게 이해하고 선택하는 일을 어렵게 만든다. 소비자에게는 시장 정보 즉, 제품과 기업, 그리고 구매장소에 대하여 제공되는 정보가 매우 절실하고 소중한데 이러한 어려움을 해결해 주는 것이 정보효용이다.

이상에서 언급한 기업 활동을 통하여 창출될 수 있는 효용 가운데 생산 기능에 의해 창출되는 형태효용을 제외한 나머지 효용들, 즉 소유효용, 장소효용, 시간효용, 그리고 정보효용은 모두 마케팅 기능에 의해서 창출되는 것이다. 오늘날과 같이 경쟁이 치열하고 소비자 욕구가 다양화된 환경에서는 마케팅 활동을 통하여 창출되는 효용의 가치는 더 중요하다고 할 수 있다.

1.4 마케팅 범위의 확장

1970년대 이전까지만 해도 마케팅의 활동범위는 제한되었다. 기업이 목적달성을 위해 수행하는 생산, 유통, 소비 활동 가운데 제품 및 서비스의 유통 활동을 마케팅으로 인식함으로써 마케팅의 범위가 제한될 수밖에 없었다. 그러나 근래에 와서는 마케팅의 활동범위 또는 마케팅 지식의 적용범위를 확장해야 한다는 주장이 제기되고 있다.

마케팅의 범위는 마케팅 활동을 단순히 영리목적을 달성하기 위한 사업적 거래 행위로 한정할 것인지 아니면 모든 형태의 교환 활동까지 포함시킬 것인지에 따라 크게 달라질 수 있다. 코틀러와 레비(Kotler and Levy) 교수 등은 마케팅 활동의 범위를 영리조직인 기업의 사업적 거래로만 한정시킬 것이 아니라 비영리조직에서 이루어지는 다양하고 광범위한 교환활동까지 포함하여야 한다고 주장하였다. 이들은 기업을 위하여 개발된 각종 마케팅 절차와 기법, 그리고 개념들을 학교, 교회, 박물관, 그리고 공공기관과 같은 비영리 조직에도 적용함으로써 조직의 목적이 효과적으로 달성되는 데 기여하는 것은 물론 비영리조직의 소비자라고 할 수 있는 학생, 신자, 관람객, 그리고 일반시민의 욕구도 더욱 효과적으로 충족시킬 수 있다고 주장하였다. 즉 마케팅의 활동 영역을 기업의 제품 교환에만 한정할 필요가 없으며 공공기관 및 기타 비영리 조직이 창출하는 서비스를 그들의 소비자인 시민이나 일반대중이 더 잘 받아들이도록 정보를 제공하고 설득하는 데도 마케팅 기법이 활용될 수 있다는 것이다.

특히 코틀러 교수는 마케팅을 "개인과 집단이 제품이나 가치를 창출하여 이를 다른 개인이나 집단과 교환함으로써 자신들이 필요로 하는 것을 획득하는 사회적인 과정 혹은 관리과정"이라고 정의함으로써 마케팅의 범위를 집단과 개인으로까지 확대하였다. 예를 들면 유권자의 지지를 받고 신망을 얻기 위해 노력하는 정치인, 연예인과 스포츠 스타, 더 많은 학생들에게 흥미 있고 유익한 교육프로그램을 제공하기 위해 노력하는 대학교수 등이 수행하는 활동이나, 특정국가 또는 관광지와 같은 장소에 대하여 보다 많은 국내외 투자자와 관광객이 찾아오도록 정보를 제공하고 광고하는 일, 그리고 많은 관람객을 유치하기 위해 노력하는 문화회관, 또는 금연이나 에너지 절약 등과 같은 아이디어를 효과적으로 확산시키기 위한 공공기관의 활동 등도 코틀러의 마케팅 정의에 따르면 모두 마케팅 활동으로 볼 수 있는 것이다.

다른 한편으로는 마케팅의 범위를 거의 무한대로 확장할 수 있다는 견해에 반대하는 주장도 있다. 럭(Luck) 교수는 마케팅 범위를 너무 확대하여 적용하는 경우 마케팅 자체가 지니고 있는 독특한 특성이 상실될 가능성이 있다는 이유를 들어 확장론에 반대하고 있다.

그러나 객관적인 입장에서 살펴보면, 마케팅의 범위를 확장하는 데 반대하는 측의 주장은 다분히 명분론적인 성격이 강한 것으로 평가된다. 반대 명분은 이익창출이라는 목표를 위해 활동하는 기업을 연구하는 경영학의 한 분야로서의 마케팅을 강하게 의식하고 있으며, 이러한 마케팅의 본래 사명을 중심으로 개발되고 확립되었다는 인상을 강하게 풍기고 있는 것으로 평가된다. 그렇지만 특정분야에서 개발되고 확립된 지식 체계가 다른 분야의 활동에까지 원용될 수 있다면 그것은 오히려 다행스러운 일이 아닐 수 없다. 오늘날 학문에 대한 접근 추세도 관련이 있는 인접 학문 상호간에 교류가 활발하다. 즉 각 학문 영역에서 정립된 지식을 서로 교환하고 적극 활용함으로써 각 학문 분야의 체계와 내용을 풍부하게 하는 학제적 접근방법을 도입하고 있다. 따라서 영리조직인 기업뿐만 아니라 비영리 조직이나 단체 심지어 개인이 제공하는 가치와 서비스를 교환의 대상으로 하여 마케팅 활동의 범위 속에 포함시키고 연구대상으로 삼는 일이 크게 잘못된 것이라고 볼 수는 없는 것이다.

참고문헌

1. 마케팅정의위원회, "한국의 마케팅정의", 마케팅연구, 제17권 3호, 2002.
2. 반병길, 「마케팅 관리」, 박영사, 1999.
3. 위키백과사전 (2017. 7. 3 검색), 마케팅 믹스.
4. Kotler, Philip, *Marketing and Nonprofit Organizations*, Prentice-Hall, 1992.
5. Kotler, Philip and Gary Amstrong, *Principles of Marketing*, 7th ed., Prentice-Hall, 1996.
6. Perreault, William D. and E. Jerame McCarthy, *Basic Marketing*, Irwin, 1996.

연구문제

1. 소비자의 욕구와 제품의 관계에 대해 설명하시오.
2. 시장의 개념과 종류에 대해 설명하시오.
3. 마케팅의 주요 수단들에 대해 논의하시오.
4. 마케팅의 정의가 변천된 과정을 살펴보고 미국마케팅학회의 정의와 한국마케팅학회의 정의를 비교 · 설명하시오.
5. 마케팅 철학의 발전을 단계별로 설명하고 마케팅 개념에 대해 논하시오.
6. 마케팅의 중요성을 설명하시오.
7. 마케팅 범위의 확장에 대해 의견을 제시하고 확장될 수 있는 분야에 대해 논하시오.

제2장

전략적 마케팅 관리

2.1 전략적 계획 수립절차
2.2 전략적 마케팅 관리 과정
2.3 마케팅 조직과 통제

시작하면서…

LG, 선택과 집중…비주력 셋톱박스 손떼고 전장사업엔 '날개'

LG전자가 TV 셋톱박스 사업을 프랑스 기업에 매각했다. 비주력 사업을 정리하고 가전, 스마트폰, 자동차용 전자부품(전장부품) 등 핵심 사업에 역량을 집중하기 위한 전략적 포석으로 풀이된다.

투자은행(IB)업계에 따르면 LG전자는 최근 셋톱박스 사업을 프랑스 테크니컬러에 매각하는 거래를 완료했다. 매각가는 5000만달러(약 570억원) 수준이다. 스마트폰시장에서 고군분투 중인 LG전자가 우량 사업으로 포트폴리오를 개편하기 위해 본격적인 행동에 나섰다는 신호로 해석된다. 셋톱박스는 TV의 수신장비를 말하는 것으로, TV 위에 설치한 상자라는 뜻에서 붙여진 이름이다. 방송이 아날로그에서 디지털로 전환되면서 셋톱박스 사업은 한때 TV 경쟁력에 영향을 미쳤다. 이에 따라 LG전자뿐만 아니라 삼성전자도 영위하고 있는 사업이지만 종합가전 기업의 사업 포트폴리오 측면에서는 중요도가 상대적으로 크지 않다. 여기에다 최근 인터넷을 통해 동영상을 시청하는 등 다양한 경로가 생기면서 셋톱박스시장이 차츰 줄어드는 분위기다. 실제로 시장조사업체 IHS에 따르면 세계 셋톱박스 출하량은 2015년에 최고 수준인 2억9000만대를 기록한 이후 시장 자체가 꾸준히 축소되는 추세다. 지난해 출하량이 2억7600만대로 소폭 줄어들더니 올해는 2억7100만대에 그칠 전망이다. 다양한 멀티미디어 기기가 셋톱박스 수요를 대체하면서 시장이 줄어든 것으로 분석된다. 이 때문에 사업구조 재편을 위한 정리 대상으로 꾸준히 거론돼온 부문이다.

삼성전자도 2015년 셋톱박스사업부를 매각하기 위해 글로벌 사모펀드(PEF) 운용사인 칼라일과 협상을 진행했으나 거래가 성사되지 못한 것으로 알려졌다. 전자업계 관계자는 "셋톱박스 업체들은 TV에서 일종의 허브 역할을 하면서 주목받았지만 규모가 줄고 순이익이 낮아지면서 주요 업체를 중심으로 시장이 재편되는 중"이라고 말했다. 테크니컬러는 미디어 · 엔터테인먼트 기술 전문업체로 2015년 시스코의 셋톱박스사업부를 6억달러(약 6800억원)에 인수해 이 부문에서 선두권으로 올라선 업체다. 이후 인수 · 합병(M&A)을 이어가면서 업계 내 영향력을 확대해왔다.

LG그룹은 올해 들어 군살 빼기에 속도를 내고 있다. 올 초 (주)LG가 보유한 LG실트론 지분 51% 전량을 SK에 6200억원에 넘겼다. 지난 3월에는 LG디스플레이가 보유한 뉴옵틱스 지분 전량을 400억원에 매각하기도 했다. LG그룹 입장에서는 비주력 사업을 매각해 자금을 확보하고 이를 신성장동력 확보에 활용할 수 있다. LG그룹이 계열사와 사업부 매각에 나선 것은 옛 LG카드(신한카드) 등 금융 계열사를 매각한 이후 14년 만이다.

LG전자는 향후 가전과 전장부품 등 우량 사업 위주로 사업 포트폴리오 구축을 추진하고 있는것으로 분석된다. 스마트폰 사업구조 개편을 통한 성과도 가시화하면 기업가치 재평가가 가능할 것이란 전망을 금융투자업계에서도 내놓고 있다. TV, 에어컨 등 가전 부문과 전장부품 부문은 제품군 확대와 친환경차 출하량 증가 등으로 2분기 실적 개선세가 유지될 것이란 전망이 우세하다.

스마트폰 부문에서는 2분기 적자가 전망된다. 플래그십 스마트폰인 G6의 글로벌 판매를 확대하면서 비용 지출 증가가 불가피하기 때문이다. 이에 따라 LG전자의 2분기 영업이익 컨센서스는 7772억원으로 전년 대비 20% 증가하지만 전분기(9215억원)보다는 축소될 것으로 관측된다.

매일경제, 2017. 6. 29.

2.1 전략적 계획 수립절차

모든 기업은 미래를 내다볼 수 있어야 한다. 그리고 환경변화에 대응할 수 있는 장기적인 전략을 수립해야 한다. 기업이 장기적 생존과 성장에 필요한 전사적 차원의 전략을 수립하는 일을 전략적 계획의 수립이라고 한다. 마케팅은 기업의 전략적 계획 수립과 매우 긴밀한 관계를 유지하며 중요한 역할을 수행한다.

본 장에서는 기업의 전략적 계획 수립에 대해 살펴보고, 전략적 계획의 수립과 실행과정에서 마케팅이 담당하는 역할에 대해 살펴보고자 한다. 그리고 마케팅관리자가 기업에서 수행하는 일, 즉 마케팅 관리과정에 대해 살펴보고자 한다.

많은 기업들이 전략적 개념 없이 마케팅을 하고 있다. 경영자가 전략을 수립할 시간조차 없을 정도로 바쁘고, 전략을 수립하지 않고도 잘 해왔기 때문에, 그리고 시장 여건의 변화가 너무나 빠르게 이루어져, 미리 수립된 전략은 이미 시기에 적절하지 못한 것이 되어 버린다는 이유로, 공식적으로 전략을 수립하는 일을 소홀히 하는 경우가 적지 않았다.

그러나 공식적인 전략 수립은 여러 가지 장점을 가지고 있다. 첫째, 전략은 경영자들을 보다 체계적으로 사고하게 하고 경영자들 사이의 상호작용을 향상시킨다. 둘째, 전략은 기업의 목표와 방침을 보다 더 구체화하고 다양한 기업 활동을 조정하고 통제하기 위해 필요한 분명한 성과기준을 제공한다. 셋째, 잘 수립된 전략은 기업으로 하여금 갑작스러운 환경변화에도 효과적으로 예측하고 대응할 수 있는 대안을 마련하고 있어 기업이 정상적인 활동을 전개해 갈 수 있도록 도움을 준다. 전략적 계획에는 연차계획(annual plan), 장기계획(long-range plan) 및 전략적 계획(strategic plan)이 있다.

연차계획이란 특정 연도의 마케팅 상황, 기업목표, 마케팅 전략 등을 결정하고, 이를 위한 활동계획, 예산, 통제활동 등을 포함하고 있는 계획이다. 최고경영자는 마케팅 활동을 생산관리, 재무관리, 인사관리 등 여타의 경영 활동과 조정하기 위하여 이 계획을 활용한다. 장기계획이란 향후 수년간에 걸쳐 기업성과

그림 2-1 기업의 전략적 계획 수립절차

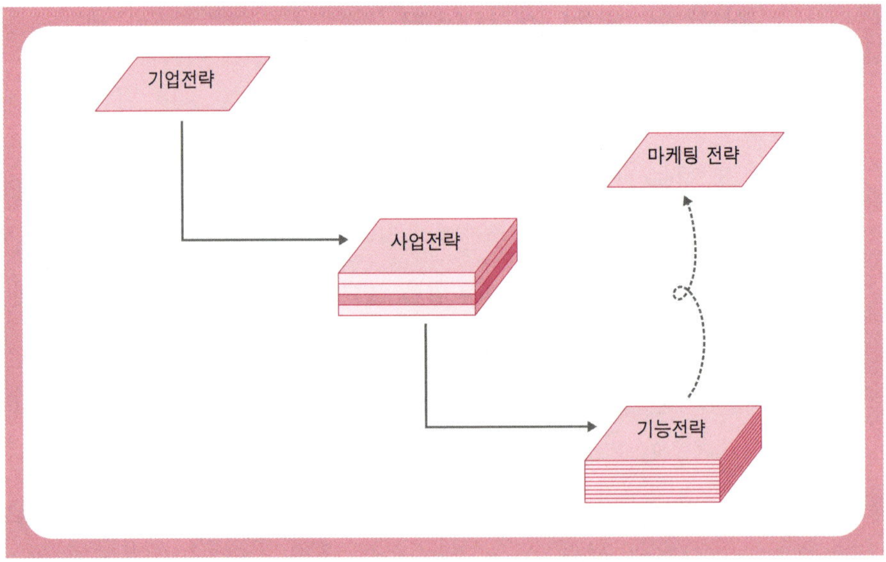

에 영향을 미칠 수 있는 중요한 요인들을 발견하고, 장기목표와 이의 달성하기 위한 마케팅 전략, 그리고 전략을 집행하는 데 필요한 자원의 확보 등을 포함하고 있는 계획을 말한다. 일단 수립된 장기계획은 매년 재검토되고 그 해의 상황에 맞게 매년 수정되어야 한다.

기업의 연차계획이나 장기계획은 현재의 사업과 그 사업들을 어떻게 유지해 갈 것인가에 대한 계획이라고 할 수 있다. 그러나 경영자들은 자사가 지속해야 할 사업과 중단해야 할 사업, 그리고 새로 추진해야 할 사업이 어떤 것인지에 대한 전략도 갖고 있어야 한다. 따라서 전략적 계획을 수립하게 된다. 전략적 계획이란 기업이 급변하는 환경 속에서 나타나는 사업 기회를 포착하고 활용함으로써 환경 변화로 인해 받게 될 충격을 최소화할 수 있게 대처하는 전사적 차원의 준비라고 할 수 있다. 전략적 계획은 기업전략, 사업전략, 기능전략 순으로 수립된다.

1. 기업전략의 수립

기업전략(corporate strategy)은 전사적 차원에서 기업의 목표 및 능력과 변화하는 마케팅 기회간에 전략적 적합성을 개발하고 유지해 나가기 위한 과정을 말한다. 기업의 사명을 명확히 수립하고 목적과 목표를 설정하며 효과적인 자원 배분을 위해 사업 포트폴리오의 구성과 조정을 위한 활동 등이 포함된다. 이하에서는 기업전략 수립단계에 대해 살펴보고자 한다.

그림 2-2 기업전략의 수립

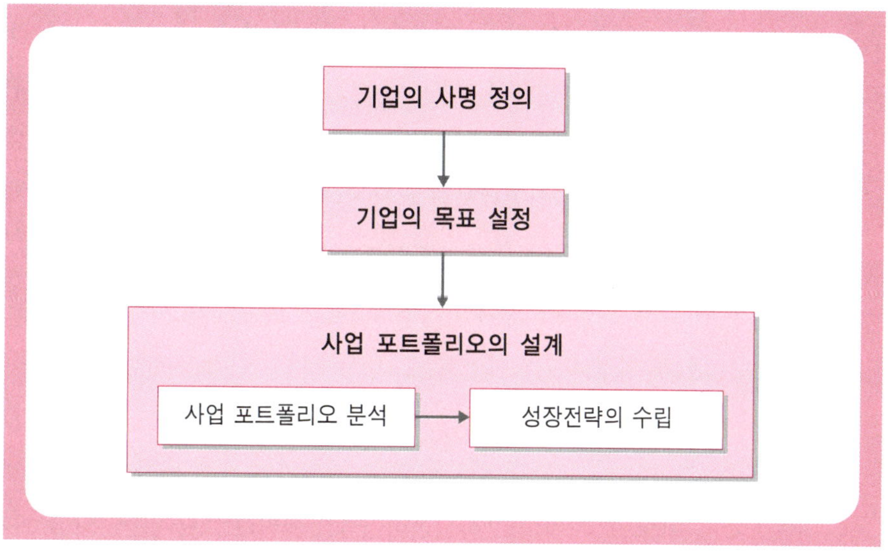

1) 기업의 사명 정의

기업은 무엇인가를 성취하기 위해 존재하므로 사업을 시작할 때 자사의 사명(mission)을 명확하게 정해야 한다. 이러한 기업의 사명은 시간이 경과함에 따라 조직이 비대해지고 새로운 제품과 시장이 추가되면서 불명확해지는 경우가 많다. 하지만 경영자는 '우리의 사업은 어떤 것인가?', '우리의 소비자는 누구인가?', '우리의 소비자가 원하는 가치는 무엇인가?', '우리의 사업은 어떻게 될 것이고, 어떻게 되어야 하는가?'라는 질문에 항상 답할 수 있어야 한다. 시장 선도기업들일수록 이러한 질문을 지속적으로 제기하고 신중하고 철저하게 답을 구하기 위해 노력한다.

많은 기업들은 공식적인 기업사명문(mission statement)을 가지고 있다. 기업사명문이란 기업의 목표를 달성하기 위해 기업의 모든 구성원들이 협력적으로 활동할 수 있도록 안내하는 지침서이다. 기업들은 일반적으로 '우리는 가구를 제조한다'와 같이 제품 중심으로 규정하거나 '우리는 화학물질을 처리하는 회사이다'와 같이 기술 중심으로 사업영역을 정의한다. 그러나 제품과 기술은 진부화 되지만 기본적인 시장욕구는 영원히 지속될 것이기 때문이다. 사업영역의 정의는 제품이나 기술보다는 시장 중심으로 정의하는 것이 바람직하다.

시장지향적인 기업사명문은 사업을 특정 소비자집단의 기본적 욕구를 충족시키는 것으로 정의해야 한다. 예컨대 AT&T사는 전화사업이 아니라 통신사업이며, Visa는 신용카드 사업이 아니라 소비자들에게 가치를 교환하도록 하는 일, 즉 세계 어느 곳에서나 예금된 현금이나 증권과 같은 자산으로 자신이 실질적으로 원하는 것은 무엇이든지 교환할 수 있도록 하는 사업인 것이다.

그리고 시장지향적인 기업사명문을 작성할 때 사명을 너무 좁거나 또는 광범위하게 설정하지 않아야 한다. 연필 제조업사가 자사는 통신용구를 생산한다고 사명을 정의하는 것은 너무 광범위한 것이라고 할 수 있다. 또한 기업사명문은 구체적이고 실현가능하여야 한다. 경영자가 행동 대안을 선택할 때 사용할 수 있는 구체적인 지침이 포함되어야 한다. 예컨대 '가능한 한 낮은 가격으로 가장 좋은 수준의 제품과 서비스를 제공함으로써 업계에서 선두기업이 되는 것'이라는 기업사명문은 얼핏 들으면 훌륭한 것 같지만, 너무나 일반적이며 모순된 표현으로 가득하다. 이러한 사명문은 의사결정을 하는 데 도움을 주지 못한다.

2) 기업의 목표 설정

기업의 사명을 정의한 후 기업 또는 사업 단위의 전사적 수준에서 전략적 방향과 지침을 제공하는 비전(vision)이 수립되어야 한다. 사명이 조직의 존재 이유라면 비전은 조직의 미래상이라고 할 수 있다. 즉, 비전은 현실적이고 신뢰할 만한 진정으로 열망하는 미래의 기대 모습이다. 비전은 일반적으로 시간적 관점에서 5년에서 10년 단위의 중장기적 목표로, 궁극적으로 기업의 사명을 실현시키기 위하여 조직 구성원이 구체적 과업을 수립하는데 있어 이정표의 역할을 수행한다.

비전을 달성하기 위해 보다 구체적으로 설정되는 것이 목표(goal)이다. 목표는 가능한 한 구체적인 숫자로 표시되어야 한다. 예를 들어, GS그룹은 '소비자와 함께 내일을 꿈꾸며 새로운 삶의 가치를 창조한다'는 사명을 실현시키기 위해 '지속적인 가치성장, 존경받는 신뢰경영 글로벌 기업으로의 도약을 통해 누구나 선망하고 모든 분야에서 최고로 인정 받는 가치 선도기업'이 되겠다는 의미를 담고 있는 비전을 설정하였다. 그리고 이러한 비전 달성을 위해 '재계 톱 5위의 위상을 확보하고, 기업 선호도 1위를 달성'하는 것을 목표로 하고 있다.

3) 사업 포트폴리오의 설계

기업사명문과 기업 목표의 지침에 따라 경영자는 자사의 사업 포트폴리오(business portfolio)를 계획하여야 한다. 기업의 사업 포트폴리오란 기업을 구성하고 있는 사업단위와 제품의 집합체를 말한다. 기업은 현재의 사업 포트폴리오 분석을 통해 어떤 사업에 더 많은 투자를 하고 어떤 사업에 투자를 줄일 것인지, 그리고 어떤 신제품이나 신규 사업을 추가할 것인지 등에 관한 정보를 얻을 수 있으며, 이러한 정보를 바탕으로 기업의 성장전략을 수립할 수 있다.

(1) 사업 포트폴리오의 분석

기업전략을 수립할 때 필요한 도구 중 하나가 기업을 구성하는 사업단위를 평가하는 사업 포트폴리오 분석(business portfolio analysis)이다. 기업은 수익성 높은 사업에는 많은 자원을 투입하고 수익성이 낮은 사업에는 투자를 줄이거나 철수하는 결정을 할 수 있다. 이러한 방법을 통해 기업은 성장사업을 강화하고 쇠퇴사업은 청산함으로써 자사의 사업 포트폴리오를 시기에 맞게 유지하고 강화시킬 수 있다.

사업 포트폴리오 분석을 할 때 첫 번째 단계는 기업을 구성하는 주요 사업인 전략사업단위를 확인하는 일이다. 전략사업단위(strategic business unit : SBU)란 다른 사업단위와는 독립적으로 계획된 별개의 목적과 목표를 가진 기업을 구성하는 여러 개의 단위들 가운데 하나이다. 하나의 기업 부문, 특정 사업부 내의 제품라인, 단일 제품 또는 단일 브랜드 등이 모두 전략사업단위가 될 수 있다.

두 번째 단계에서는 각 전략사업단위의 매력도를 평가한다. 기업전략을 수립하는 목적은 변화하는 환경 속에서 매력적인 사업기회를 탐색하고 그것을 최대한 활용하기 위해 자사의 자원을 가장 잘 운용할 수 있는 방법을 찾는 데 있다.

포토폴리오 분석 방법 중에서 가장 잘 알려진 것이 보스턴 컨설팅 그룹(Boston Counsulting Group : BCG)이 제안한 성장–점유율 매트릭스(growth-share martrix)이다. BCG의 성장–점유율 매트릭스는 시장 내에서 기업의 경쟁력을 측정하는 척도인 상대적 시장점유율(realtive market share)을 가로축으로, 그리고 자사제품이 판매되는 시장의 매력도를 나타내는 척도인 시장의 연간 성장률, 즉 시장성장률을 세로축으로 하여 기업의 모든 전략사업단위를 배치시키고 있다. 성장–점유율 매트릭스에서는 기업의 전략사업단위를 모두 4가지 영역으로 분류하고 있다.

그림 2-3 BCG의 성장–점유율 매트릭스

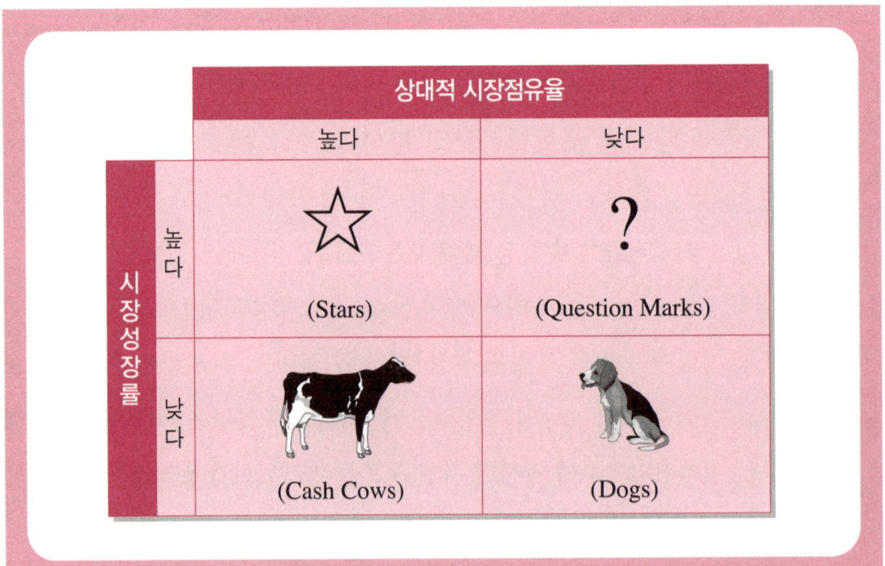

■ 별(stars) : 별은 고성장률과 고점유율을 가진 전략사업단위 영역이다. 이 영역은 고성장을 위해 더 많은 투자가 필요하므로 자금이 많이 소요된다. 이 영역의 전략사업단위는 언젠가는 시장성장률이 낮아져서 자금젖소로 이동하게 된다.

■ 자금젖소(cash cows) : 자금젖소는 저성장률과 고점유율의 전략사업단위나 영역이다. 이 영역은 사업기반이 잘 구축되어 있기 때문에 시장점유율을 유지하는 데 더 많은 투자가 필요하지 않아 자금의 여유가 많다. 여유자금은 투자가 필요한 다른 전략사업단위를 지원하는 데 사용할 수 있다.

■ 물음표(question marks) : 물음표는 고성장률과 저점유율을 가진 전략사업단위 영역이다. 시장점유율의 증가는 고사하고 유지하는 데도 많은 자금이 필요하다. 경영자는 어떤 '물음표' 사업단위를 '별'로 키울 것인지 아니면 철수시켜야 할 것인지를 신중히 결정해야 한다.

■ 개(dogs) : 개는 저성장률과 저점유율의 전략사업단위 영역이다. 이 영역은 자체 사업을 현재 상태로 유지하기 위해 필요한 소규모의 자금창출은 가능하지만 보다 큰 자금의 원천이 될 전망은 희박하다.

사업 포트폴리오 분석을 통해 전략사업단위가 정리되면 기업은 각 전략사업단위가 자사의 미래에 어떤 역할을 하게 할 것인지를 결정해야 한다. 각 전략사업단위는 다음과 같은 네 가지 유형의 전략대안들 가운데 하나의 전략을 선택할 수 있다.

■ 구축(build)전략 : 전략사업단위의 시장점유율을 높이기 위해 많은 투자를 필요로 한다.

■ 유지(hold)전략 : 현재 수준의 시장점유율을 유지하는 것을 목표로 투자를 조절한다.

■ 수확(harvest)전략 : 전략사업단위에 투자를 거의 하지 않고 단기적인 현금흐름만 증가시킨다.

■ 철수(divest)전략 : 기업의 자원을 다른 데 활용하기 위해 특정 전략사업단위를 처분한다.

시간이 지남에 따라 전략사업단위는 성장–점유율 매트릭스상의 위치가 변화한다. 전략사업단위는 수명주기를 가지고 변하기 때문에, 대부분의 전략사업단위가 '물음표'에서 시작해서 성공하면 '별'이 되고, 시간이 지나면서 시장성장률이 떨어지면 '자금젖소'가 되었다가 결국에는 수명주기의 끝인 '개'가 된다. 따라서 기업은 계속하여 신제품과 새로운 사업단위를 추가해서 그들 중 어떤 것은 '별'이 되고, 다른 전략사업단위에 자금을 지원할 수 있는 '자금젖소'가 될 수 있게 해야 한다.

이상과 같은 사업 포트폴리오 분석은 많은 한계점에도 불구하고 기업의 전반적인 상황, 즉 경쟁적 위치를 선명하게 파악할 수 있고 각 전략사업단위나 제품이 기업에 얼마나 공헌하는가를 평가할 수 있으며, 보다 효과적인 자원의 할당 방향과 기업이 지향하여야 할 미래의 발전방안을 이해하는 데 도움을 준다.

(2) 성장전략의 수립

보다 경쟁력 있는 사업 포트폴리오를 구성하기 위해 경영자는 현재의 사업 포트폴리오의 분석과 평가를 바탕으로 자사가 추구하여야 할 미래의 사업과 제품을 발견하여야 한다. 이러한 성장기회를 탐색하기 위해 필요한 도구 중 하나가 앤소프(Ansoff)가 제안한 제품/시장 확장 그리드(product/market expansion grid)이다. 제품/시장 확장 그리드를 이용하여 시장기회를 탐색하는 방법은 다음과 같다.

- ■ 시장침투(market penetration) : 어떤 형태로든 제품을 변경시키지 않고 기존 고객들에게 자사의 주요 제품들이 보다 많이 판매될 수 있도록 하는 전략이다.
- ■ 시장개발(market development) : 기존 제품에 대한 새로운 시장을 확인하여 개발하려는 전략이다. 예를 들어 인구통계적 시장(유아, 미취학아동, 10대, 젊은 성인, 중년 등), 조직체 시장(레스토랑, 병원, 간이즉석 식품점 등), 지리적 시장(미국, 일본, 프랑스, 태국, 인도 등) 등을 재검토하여 개발가능성이 높은 시장을 개발할 수 있다.
- ■ 제품개발(product development) : 기존 시장에 신제품 또는 수정된 제품을 공

그림 2-4 제품/시장 확장 그리드

	기존제품	신제품
기존 시장	시장침투	제품개발
신시장	시장개발	다각화

급하는 전략이다. 예를 들어 성분을 바꾸거나, 기존 제품의 크기를 새롭게 하거나, 포장을 변경하는 등의 제품 수정과 상이한 소비자들에게 소구하기 위한 새로운 브랜드의 도입 또는 기존 소비자들이 구매할 것으로 예상되는 신제품의 개발 등의 방법을 사용할 수 있다.

- 다각화(diversification) : 기존의 제품이나 시장과는 완전히 다른 새로운 사업을 시작하거나 인수하는 전략이다.

2. 사업전략의 수립

사업전략(business strategy)은 전략사업단위에서 취급하고 있는 제품 또는 제품라인을 어떻게 운영하여 경쟁에서 우위를 점하고 시장에서의 위치를 확고히 할 것인가에 대한 의사결정이다. 사업전략에서는 전략사업단위가 보유하고 있는 기술, 생산, 재무, 마케팅 등 기능적 강점을 어떻게 활용할 것인가에 초점을 맞춘다.

사업전략을 수립하기 위해 사용할 수 있는 분석 도구로는 포터(Porter) 교수가 제시한 경쟁전략(competitive strategy)을 들 수 있다. 포터는 산업분석을 통하여 시장에서의 일반적인 경쟁구조를 파악하였다. 산업의 경쟁구조를 구성하는 요소들은 산업 내 경쟁사, 잠재적인 진출기업, 공급업자, 소비자, 대체품의 존재 등이다. 산업의 경쟁구조하에서 특정 전략사업단위가 경쟁우위를 확보할 수 있는 전략에는 세 가지 유형이 있으며, 이를 본원적 전략(generic strategies)이라고 한다.

- **차별화우위(differentiation) 전략** : 경쟁의 강점을 다른 경쟁사들이 제공할 수 없는 고품질의 다양한 제품을 공급하는 데 중점을 두는 전략이다. 따라서 기업은 연구개발투자를 통한 첨단제품의 개발, 소비자의 욕구를 파악하고 충족시키기 위한 마케팅 능력을 갖추는 데 자원을 집중하여야 한다.
- **원가우위(cost leadership) 전략** : 가능한 최소한의 비용투입으로 저렴한 가격의 제품을 생산하는 것이 경쟁우위의 원천이 되는 전략이다. 이를 위해 기업은 비용 절감에 필요한 생산 공정의 개발, 자동화의 추진, 규모의 경제 실현, 조직관리의 효율성 제고 등을 중시하여야 한다.
- **집중(focus)적 전략** : 틈새시장(niche market)을 찾아 자원을 집중 투입함으로써 경쟁적 우위를 확보하려는 전략이다. 특히 동원가능한 자원이 넉넉하지 못한 중소기업들에게 유용한 전략이다.

그림 2-5 수익성과 시장점유율의 관계

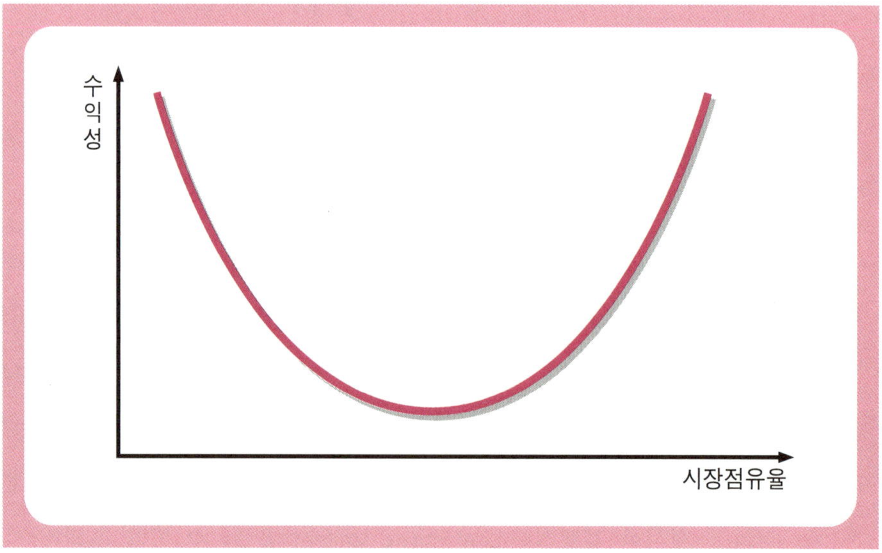

이상 세 가지 전략과 사업의 수익성과의 관계는 〈그림 2-5〉에 잘 나타나 있는데, 사업의 수익성과 시장점유율 간에는 U자형의 관계가 존재함을 알 수 있다. 이는 기업이 수익성을 높이기 위해 사용할 수 있는 방법이 크게 두 가지가 있음을 시사한다. 첫째는 시장을 비교적 좁게 잡고 차별화된 제품이나 특수한 욕구의 충족을 목표로 고가격 전략을 활용하는 것이다. 이것이 차별화 전략과 집중전략이다. 둘째는 박리다매(薄利多賣)를 통하여 시장점유율을 상대적으로 높이는 전략이다. 시장점유율의 상승은 한꺼번에 동일 제품을 대량생산함으로써 발생하는 경험곡선의 효과(experience curve effect)와 규모의 경제(economies of scale)의 실현을 통해 원가를 절감시키는 데 기여하며, 결국 수익성을 상승시켜 경쟁우위를 확보할 수 있게 한다.

그런데 이상의 두 가지 전략적 방향은 서로 상충하기 때문에 동시에 추구하기 힘든 경우가 많다. 차별화우위 전략이나 집중적전략과 같이 고가격 전략을 추구하든지 아니면 박리다매형 원가우위 전략을 추구하든지 분명한 결정을 해야한다. 만약 사업이 경쟁적 측면에서 '어중간한 위치(stuck in middle)'에 처하게 될 경우 실패할 가능성이 높다. 실제로 성공한 제품들을 보면 대개 품질이 우수하든지 가격이 저렴한 경우가 많다. 반면에 품질이 뛰어나지 않거나 가격이 품질에 비해 어중간한 제품의 경우에는 경쟁에 뒤쳐지는 것을 흔하게 볼 수 있다.

3. 기능전략으로서 마케팅 전략의 수립

기업은 전략적 계획을 통해 자사가 추구하는 사업의 종류와 각 사업에서의 목표 등을 설정하고 상세한 계획을 수립하여야 한다. 기능부문(생산, 마케팅, 재무, 회계, 인사 등)은 전략적 계획을 수립하는 과정에서 중요한 역할을 수행하여야 하는데, 이와 관련된 것이 기능전략(functional strategy)이다.

마케팅은 소비자의 욕구와 이 욕구를 충족시킬 기업의 능력에 관심이 많은데, 이 요소들은 기업의 사명이나 목표 설정과도 깊은 관련이 있다. 일반적으로 기업들은 전략적 계획을 수립할 때 시장점유율, 시장개발, 그리고 시장성장 등과 같은 변수를 다룬다. 따라서 전략적 계획과 마케팅 계획을 구분하는 일이 매우 힘든 경우가 많다. 사실상 어떤 기업에서는 전략적 계획을 전략적 마케팅 계획이라고 부르기도 한다.

마케팅은 기업의 전략적 계획을 수립하는 데 여러 측면에서 중요한 역할을 한다. 첫째, 마케팅은 계획의 지침이 되는 근본 원리를 제공한다. 기업의 전략은 중요한 소비자 집단의 욕구를 충족시킬 수 있도록 전개되어야 하기 때문이다. 둘째, 마케팅은 매력적인 시장 기회와 그 시장 기회를 최대로 이용할 수 있는 기업의 잠재력을 평가하는 데 도움을 주기 때문에 전략적 계획의 수립에 유용한 정보를 제공한다. 셋째, 마케팅 기능은 각 전략사업단위가 목표를 달성할 수 있도록 전략을 고안할 수 있게 지원한다.

이와 같이 전략적 계획을 추진함에 있어 마케팅의 역할은 중요하다. 그러나 기업 내에서 마케팅의 중요성에 대한 논란도 많다. 어떤 기업에서는 마케팅을 여러 기능 분야 가운데 단지 하나의 기능으로만 취급한다. 이런 기업에서는 어느 기능 분야도 주도권을 행사하지는 못하는 경우가 많다. 그러나 어떤 기업의 경우는 마케팅을 기업의 중심 기능으로 본다. 이러한 입장은 기업의 목적이 소비자를 창조하는 데 있기 때문에 마케팅이 기업의 사명, 제품, 시장을 정의하고 소비자에게 서비스를 효과적으로 제공할 수 있도록 다른 기능 분야를 지도하는 것이 바람직하다고 판단하기 때문에 가능하다. 보다 진보적인 기업에서는 기업의 중심에 소비자를 위치시켜야 한다고 생각한다. 그리고 기업의 모든 기능들이 소비자를 이해하고 이에 봉사하여 그들을 충족시킬 수 있도록 함께 일을 해야 한다는 소비자 지향성(customer orientation)을 강조한다. 어떤 기업에서는 소비자의 욕구가 정확히 이해되고 충족되려면 기업의 중심에 마케팅을 위치시켜야 한다고 주장한다. 왜냐하면 소비자가 없다면 기업은 성공할 수가 없고, 소비자와의 관계를 형성하고 유지하는 것이 마케팅의 중요한 과업이라고 믿기 때문이다.

각 기능 부서들은 각각 누구와 그리고 어떤 활동이 더 중요한지에 대해 다른 견해를 갖고 있다. 제조 부문은 원료 공급자와 효율적인 생산활동에 초점을 두고 있고, 재무 부문은 주주와 건전한 투자 활동에 관심이 많다. 마케팅은 소비자를 중시하고, 제품, 가격, 유통 및 촉진활동을 강조한다. 모든 기능 부서들은 기업의 전반적인 목적 달성을 위해 유기적으로 상호협력하여야 한다. 그러나 실제적으로는 각 기능 부서들이 서로 경쟁하거나 갈등 관계에 있는 경우가 많다. 기능 부서 사이의 갈등은 기업의 주요 관심사에 대한 견해 차이일 수도 있고, 부서 이기주의에 의한 것일 수도 있으며, 특정 부서에 대한 고정관념이나 편견 때문에 발생하는 경우도 있다.

시장지향적 경영하에서는 모든 기능 부서들이 소비자만족이라는 목표를 중심으로 협력하고 업무를 조정하는 것이 바람직하다. 마케팅 부서는 소비자의 의견을 중시하지만 다른 부서들은 자신의 업무를 더욱 중시하여 마케팅 부서의 뜻대로 움직여 주지 않는 경우가 있을 수 있다. 마케팅 부문의 활동이 구매비용을 증가시키고, 생산일정을 엉망으로 만들어 버리며, 재고를 늘어나게 하고, 예산낭비를 증가시키는 결과를 초래할 수도 있다. 그러나 경영자는 기업의 모든 부서들이 고객지향적으로 생각하고, 기업 활동의 중심에 소비자가 위치되어야 한다는 인식을 가질 수 있도록 노력하여야 한다. 뿐만 아니라 기업 내 모든 부서들의 기능을 잘 이해하여 마케팅과 다른 기능 부서 사이의 협력이 원활하게 유지될 수 있고, 결과적으로 소비자만족이라는 마케팅 목표도 가장 효과적으로 달성할 수 있음을 알아야 한다.

그림 2-6 시장지향적 기업의 마케팅 역할

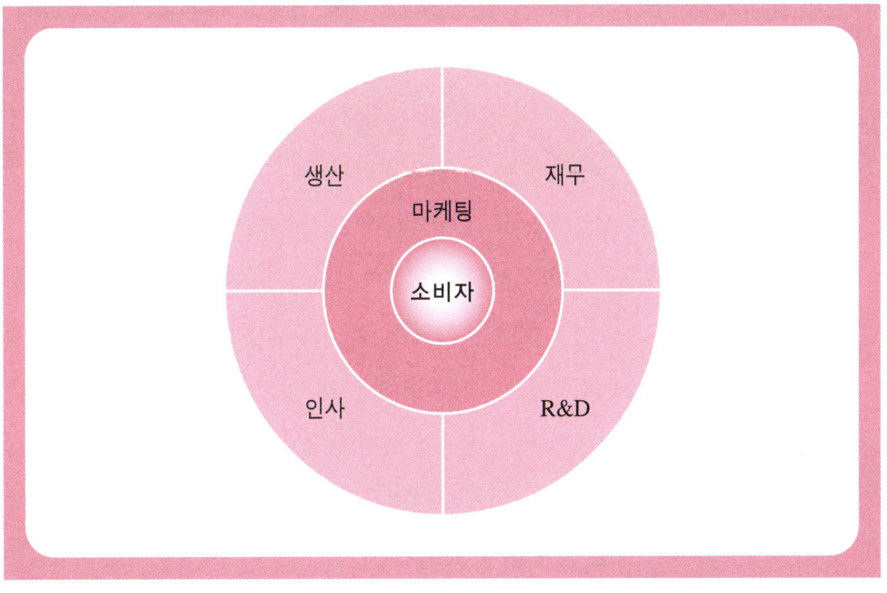

2.2 전략적 마케팅 관리 과정

마케팅 전략(marketing strategy)이란 주어진 시장에서 목표하는 시장의 위치를 확보하기 위한 계획을 수립하는 기능전략이다. 마케팅 전략은 필요에 따라 장기 · 중기 · 단기로 구분할 수 있는데 기간을 어떻게 정할지는 부서가 처한 환경에 따라 달라진다. 마케팅 전략에는 환경분석, 마케팅 목표의 설정, 목표 시장의 식별, 브랜드 전략의 결정, 그리고 마케팅 믹스의 개발 등이 포함된다.

1. 환경분석

1) 마케팅 기회 분석

마케팅 기회 분석에서는 기업 또는 사업단위에서 마케팅 활동을 수행하는 데 영향을 미치는 환경적 요인에 대해 검토한다. 전략적 마케팅 관리에서는 주로 마케팅 활동과 관련이 높은 환경변수에 관심을 갖고 있지만, 실제로는 이런 변수들이 거의 대부분 기업이나 사업단위가 관심을 가져야 하는 환경변수와 유사하다. 그런 측면에서 보면, 마케팅 기회의 분석은 기업의 경영환경 분석 또는 사업단위의 환경분석의 내용과 거의 일치한다. 많은 기업이나 사업단위들은 마케팅 기회 분석으로 경영환경 또는 사업환경 분석을 대신하기도 한다.

마케팅 기회의 분석에서는 거시환경 분석과 미시환경에 대한 분석을 실시한다. 거시환경 분석에서는 마케팅 활동과 관련된 법적 환경, 정부정책, 경제적 환경, 사회 · 문화적 환경, 기술변화 추세 등이 분석의 대상이 된다. 거시환경 분석은 중장기적 관점에서 변화와 추세 등을 판단하는 데 중요한 역할을 한다. 미시환경 분석에서는 단기적 관점에서 기업의 내부 환경, 공급업자, 유통업자, 경쟁사, 소비자, 대중 등에 관해 분석한다.

그림 2-7 전략적 마케팅 관리 과정

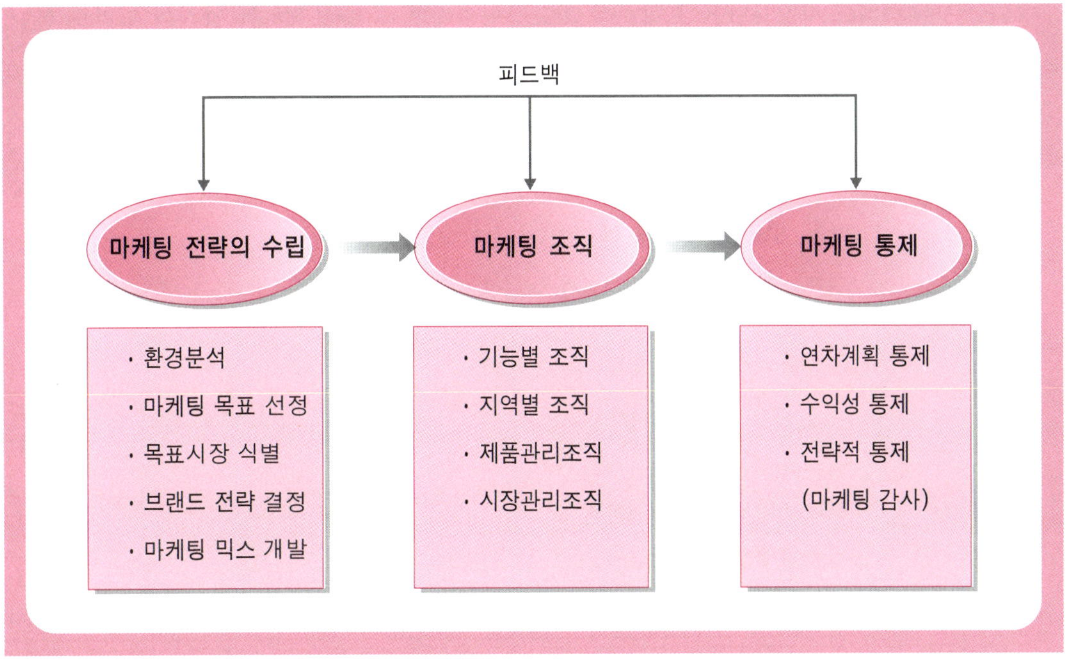

2) 마케팅 경쟁력 분석

경쟁사와 자사의 강점과 약점 분석에서는 기업 또는 사업단위의 경쟁력에 관하여 경쟁사와 자사를 비교 맞 분석한다. 분석의 대상은 주로 마케팅 능력에 관한 것이지만 기술능력, 재무능력, 인력자원능력 등에 관해서도 분석을 실시한다. 특히 시장에서 잠재적으로 경쟁사가 될 수 있는 기업이나 사업단위에 대한 분석을 놓치지 않는 것이 중요하다.

3) SWOT 분석

SWOT 분석은 거시환경 분석, 마케팅 상황 및 경쟁사 분석과 자사의 강점과 약점 분석을 종합하는 방법이다. 기회(opportunity)와 위협(threat)의 분석과 강점(strength)과 약점(weakness)의 분석을 동시에 고려하므로 기업 환경 내 · 외부 요인을 종합적으로 정리할 수 있다. 그리고 각 단계별 분석을 종합적으로 정리하고 핵심 사항들만을 요약하여 최고경영층에게 직접 보고하는 양식이 되기도 한다. SWOT 분석은 마케팅 상황에 대한 분석결과를 종합적으로 요약 및 정리함으로써 다음 단계의 마케팅 목표 및 전략의 수립에 근거가 된다. 〈표 2-1〉은 한국 브랜드로서 세계적으로 브랜드 인지도를 가지고 있는 (주)하나코비의 Lock & Lock의 SWOT 분석표 예시이다.

표 2-1 Lock & Lock의 SWOT 분석(예)

강점(strength)	약점(weakness)
• 기술력바탕의 고품질 • 해외 유명제품 대비 저가격 • 각종 품질보증 획득 • 높은 브랜드 인지도	• 제품 디자인의 차별성 미비 • 고급 이미지의 부족 • 심미적 디자인 수준 미달
기회(opportunity)	**위협(threat)**
• 홈쇼핑 및 인터넷 쇼핑몰 성장 • 맞벌이 증가로 밀폐용기 수요 증가 • 새로운 용도 개발에 의한 수요 확대	• 치열한 시장경쟁 • 해외 유명 브랜드의 견고한 시장 지위 • 모방제품의 범람

2. 마케팅 목표의 설정

마케팅 목표(marketing goal)는 주어진 계획기간 안에 달성하고자 하는 양적 및 질적 내용으로 표현된다. 질적 목표는 '업계 선두기업이 된다', '업계 최고의 브랜드 이미지를 구축한다' 등 다양한 내용이 될 수 있지만, 반드시 양적 목표에 의해 구체화되어야 한다. 일반적으로 양적 목표는 시장점유율, 매출액, 수익성, 브랜드 인지도 등의 기준을 활용하여 설정되고, 특히 수익성과 시장점유율 목표가 중요하다. 왜냐하면 시장점유율을 높이기 위해서는 마케팅 비용을 증가시키거나 마진을 낮추는 것을 고려하지 않으면 안 되고, 이것은 계획기간 동안 수익성 감소를 감수하지 않으면 안 되는 상황이 초래될 수도 있기 때문이다.

3. 목표시장의 식별

특정 기업이 시장 내의 모든 소비자 욕구를 충족시키는 것은 현실적으로 거의 불가능하다. 왜냐하면 매우 다양한 소비자들이 너무나 다른 욕구를 가지고 있는 반면, 기업이 가지고 있는 자원은 제한적이기 때문이다. 그래서 기업은 전체 시장을 시장세분화 기준에 따라 분할한다. 그리고 분할되어진 여러 개의 세분시장 가운데서 자사의 능력과 형편에 가장 적합한 세분시장을 목표시장(target market)으로 선택하고, 효과적인 마케팅 프로그램을 개발하여 집행할 방안을 추진한다. 이를 통해 소비자 만족 극대화와 이익창출이라는 목적을 달성하고자 한다.

1) 시장세분화

시장은 여러 형태의 소비자, 제품 및 욕구로 구성되어 있으므로 마케팅 관리자는 기업의 목표를 달성하기 위해 최적의 기회가 될 수 있는 세분시장을 결정해야 한다. 소비자 집단은 지리적 변수(예: 지역, 도시), 인구통계적 변수(예: 나이, 성별, 소득, 교육수준), 심리적 변수(예: 시회계층, 생활양식), 행동적 변수(예: 구매형태, 추구하는 편익, 사용률) 등을 기준으로 구분할 수 있다. 욕구와 행동이 유사한 소비자들을 동일 집단으로 구분하고 묶는 일련의 과정을 시장세분화(market segmentation)라고 한다. 세분시장(market segment 혹은 segment)은 어떤 특정한 마케팅 자극에 대해서 유사한 반응을 보이는 소비자들로 구성되어야 한다. 예를 들어 자동차 시장의 경우 가격이 비싸더라도 크고 편안하며 안전한 차를 구입하고자 하는 소비자집단을 하나의 세분시장으로 나눌 수 있고, 저렴한 가격에 유지비가 경제적인 자동차를 원하는 소비자 집단을 하나의 세분시장으로 분류할 수 있다.

2) 목표시장 선정

기업은 여러 세분시장들을 충분히 검토한 후에 하나 이상의 세분시장을 목표로 사업을 추진할 수 있다. 목표시장의 선정(targeting)은 각 세분시장의 수익성과 성장성 등 시장의 매력도를 평가하여 자사의 사업을 추진할 하나 이상의 세분시장을 선정하는 과정을 말한다. 다수의 기업들은 하나의 세분시장에 우선 진입하고 그 결과가 성공적이면 추가적으로 세분시장의 수를 늘려가는 방법을 사용한다. 자원과 역량이 풍부한 기업들은 전체시장 또는 다수의 세분시장을 추구함으로써 각 세분시장의 독특한 욕구들을 충족시킬 수 있는 수많은 상이한 제품을 생산하게 된다.

3) 포지셔닝

기업이 목표시장을 선정한 후에는 그 목표 시장 내에서 자사 제품이 어떤 위치를 차지하게 할 것인지를 결정해야 한다. 제품의 위치(position)란 경쟁사 제품과 비교하여 자사 제품이 소비자의 마음 속에서 차지하는 장소를 말한다. 포지셔닝(positioning)은 자사의 제품이 목표 소비자의 마음 속에 경쟁사 제품과 비교하여 차별화된 위치를 잡을 수 있도록 하는 활동을 의미한다. 따라서 마케팅 관리자는 어떻게 소비자로 하여금 자사 제품과 경쟁 제품의 차이를 인식하게 할 것인지를 계획하여야 한다. 그리고 경쟁 제품과의 차이점을 목표 시장에서 중요한 전략적 경쟁수단으로 활용하여야 한다.

4. 브랜드 전략의 결정

오늘날 성장을 추구하는 기업은 소비자에게 어필할 수 있는 브랜드를 구축하는 것이 필요하다. 이를 위해서 브랜드를 부착할 것인지, 브랜드의 주체를 누구로 할 것인지, 그리고 개별제품 모두에 각각의 브랜드를 붙일 것인지 또는 제품라인별로 공동브랜드를 사용할 것인지를 결정해야 한다.

브랜드는 소비자에게 기업의 제품을 식별하고 균일한 품질을 보장하는 기능을 갖고 있기 때문에 대부분의 제품에 브랜드를 부착하는 것이 일반적이다. 또한 브랜드를 통해 제품의 존재를 인식시키고, 긍정정인 이미지를 형성하며, 제품에 대한 선호도와 충성도를 형성할 수 있는 장점이 있다. 브랜드는 소비자에게 제품을 나타내는 표지나 상징으로 기능하기 때문에 마케팅에서 브랜드의 개발과 구축을 고려하지 않을 수 없다.

브랜드를 하나의 자산으로 취급하는 경향도 두드러져 브랜드 인지도, 브랜드 이미지, 브랜드 선호도, 브랜드 충성도 등의 지표를 통해 브랜드의 가치를 측정하기도 한다. 점차 중요해지는 소비자와의 장기적 관계 구축에서도 브랜드를 중심적으로 활용하기도 한다.

5. 마케팅 믹스의 개발

마케팅 믹스(marketing mix)란 기업이 목표 시장에서 성과를 얻어내고자 사용하는 통제 가능한 제품, 가격, 유통, 촉진 등의 마케팅 수단들을 결합한 것이다. 기업은 이러한 마케팅 수단들을 효과적으로 결합함으로써 목표시장 내 소비자들의 욕구를 충족시키고 기업의 마케팅 목표도 달성할 수 있도록 노력하여야 한다. 마케팅 수단들을 간단하게 설명하면 다음과 같다.

- 제품(product) : 기업이 시장에 제공하는 재화 및 서비스의 결합
- 가격(price) : 제품을 구매하기 위해 소비자가 지불하여야 할 금액
- 유통(place) : 제품을 제조업자로부터 소비자에게 이동시키는 경로
- 촉진(promotion) : 제품의 유익함을 시장에 알리고 구매하도록 설득하는 활동

2.3 마케팅 조직과 통제

1. 마케팅 조직

마케팅 계획이 세워지면 기업은 마케팅 기능을 수행할 마케팅 부서를 설계하여야 한다. 규모가 작은 기업은 한 사람만으로도 시장조사, 판매, 광고, 고객 서비스 등 마케팅 활동을 모두 수행할 수 있다. 그러나 규모가 커질수록 기업은 마케팅 부서가 커지게 되고, 마케팅부서 내에서도 산하 부문조직들이 등장하여 자체적으로 계획을 수립하고 마케팅 활동을 집행하게 되며, 많은 마케팅 전문가들도 필요하게 된다. 예컨대 제품관리자, 판매원관리자 또는 판매관리자, 마케팅 조사전문가, 광고전문가 등의 전문가들의 고용이 필요하게 되는 것이다. 여기서 마케팅 관리자가 유의해야 할 점은 기업의 규모가 크든 작든 마케팅 조직은 자사의 마케팅 목표를 가장 효과적으로 달성할 수 있는 규모와 특성을 갖출 수 있도록 설치하고 운영하여야 한다는 점이다. 기업들이 가장 일반적으로 활용하는 마케팅 조직의 유형은 다음과 같다.

1) 기능별 조직

기능별 조직(functional organization)은 마케팅 조직 유형 가운데 가장 일반적인 것으로 분야별 전문가들에 의해 마케팅 활동이 수행된다. 기능별 조직은 마케팅 관리부, 마케팅조사부, 광고 및 판촉부, 판매부, 그리고 신제품부 등을 포함한다. 이 밖에도 고객서비스부나 마케팅계획부, 물적유통부 등이 추가로 포함될 수 있다. 기능별 조직은 관리가 단순하다는 장점이 있으나 제품의 종류가 많아지고 시장이 커지면 효율성이 낮아진다는 단점도 있다.

2) 지역별 조직

자사 제품을 전국적으로 판매하고 있는 기업은 판매원을 지역별로 조직화하는 경우가 많다. 지역별 조직(geographic organization)은 전국을 지역판매부, 구역판매부, 지구판매부 등의 산하부서를 둘 수 있으며, 판매원들에게 각자가 활동할 지역을 할당함으로써 최소한의 교통시간과 비용으로 소비자를 상대할 수 있도록 한다는 이점이 있다.

3) 제품관리 조직

제품관리 조직(product management organization)은 매우 상이한 형태의 제품 및 브랜드를 생산하는 기업이 활용하는 경우가 많다. 제품관리조직은 제품관리자(또는 브랜드관리자)로 하여금 특정 제품이나 브랜드를 책임지고 관리할 수 있게 한다. 제품관리자는 특정 제품이나 브랜드에 대한 포괄적인 전략과 마케팅 프로그램의 실행계획을 수립하고 집행하는 역할을 담당한다. 따라서 시장상황 변화를 신속하게 인식하고 반응할 수 있다는 장점이 있다.

그림 2-8 기능별 조직의 예

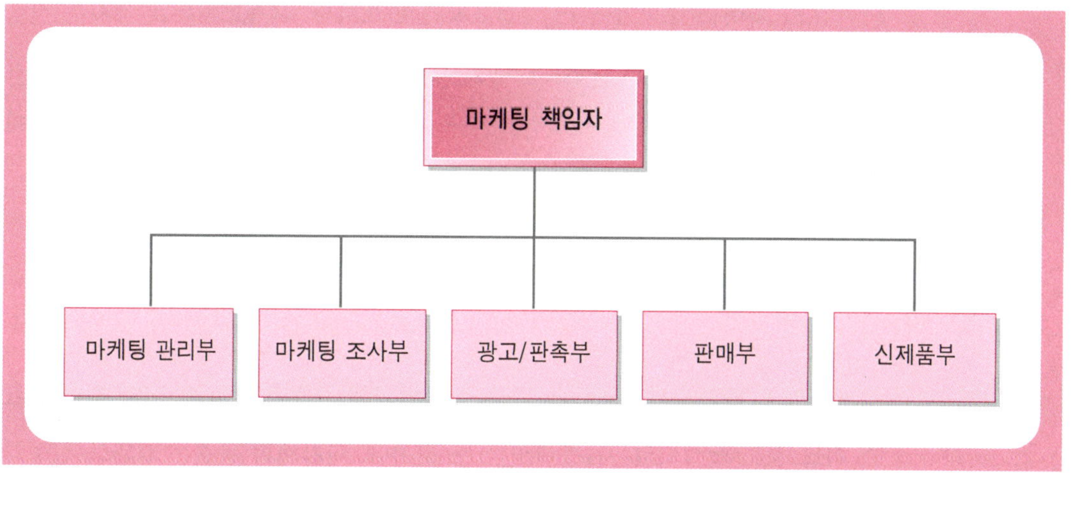

4) 시장관리 조직

하나의 제품라인을 여러 다양한 시장(예, 소비자 시장, 산업체 시장, 정부 시장 등)에 판매하는 기업은 시장의 상이한 욕구와 선호 성향을 파악하여 시장 특성에 맞는 마케팅 활동을 하여야 한다. 시장관리 조직(market management organization)은 이러한 필요성을 가지고 있는 기업이 채택하는 조직 구조이다. 시장관리 조직은 제품관리 조직과 유사한 형태를 가지고 있다. 시장관리자는 자신이 책임진 시장의 판매와 이윤 극대화를 위해 장기 계획과 연간 계획을 수립하고, 마케팅 조사, 광고 등의 기능이 원활하게 수행될 수 있게 하는 업무를 담당한다. 따라서 시장관리조직을 채택한 기업은 각 시장의 상이한 소비자의 욕구를 효과적으로 충족시킬 수 있다.

2. 마케팅 통제

마케팅 통제(marketing control)란 마케팅 전략 및 계획이 어떻게 실행되고 있는지 그 결과를 측정 · 평가하고, 마케팅 목표가 달성될 수 있도록 시정조치를 취하는 활동을 말한다. 목표와 성과 사이에 상당한 차이가 발생한 경우에는 그 원인을 발견하고, 차이를 줄이기 위한 시정조치가 필요하다. 시정조치에는 계획을 실행하는 방법의 변경 외에도 기업이 환경 변화에 적절하게 대처하였는지 여부도 검토되어 시정조치 속에 포함시켜야 한다. 마케팅 통제의 세 가지 유형에 대하여 설명하면 다음과 같다.

1) 연차계획 통제

연차계획 통제(annual plan control)는 연차계획에서 수립된 판매, 이익 등의 목표가 어느 정도 달성되었는가를 확인하는 것이다. 연차계획 통제는 성과를 검토하기 위해 판매분석, 시장점유율 분석, 매출액 대비 마케팅 비용 비율 분석, 소비자 태도조사 등 통제수단을 이용한다.

판매분석은 판매목표와 비교하여 실제 판매량을 측정하고 평가하는 활동으로 특정 제품 또는 지역의 매출이 어느 정도 목표를 달성하였는지 검토한다. 판매분석 결과 자사의 판매량이 증가되었을 경우 그 원인이 경쟁사에 비해 자사의 기업성과가 개선되었기 때문인지 아니면 전반적으로 경제적 여건이 개선되었기 때문인지를 확인할 방법이 없다. 이러한 문제점을 극복하기 위해 기업은 자사의 시장점유율 변화 동향을 추적해 볼 필요가 있다. 만일 자사의 시장점유율이 늘어났다면 경쟁사에 비해 앞서가는 것이고, 반대로 자사의 시장점유율이 하락하였다면 경쟁사에게 뒤지고 있다고 해석할 수 있다.

연차계획 통제에는 매출액 대비 마케팅 비용의 분석이 포함된다. 매출액 대비 마케팅 비용의 비율을 검토하는 것은 마케팅 비용이 효율적으로 집행되었는가를 확인하기 위해서이다. 기업은 소비자, 중간상 등 마케팅 시스템 참여자들의 태도를 추적 조사하기 위해 소비자 태도조사 시스템을 활용하기도 한다. 소비자 태도조사의 목적은 소비자의 태도가 판매에 영향을 주기 전에 소비자의 태도변화를 인지하고 사전에 조치를 취함으로써 소비자관리에 효과적으로 대처하기 위해서이다. 기업은 소비자의 태도를 조사하기 위해 소비자불만 신고제, 제안제도, 소비자패널제, 소비자조사 등을 활용한다.

2) 수익성 통제

수익성 통제(profitability control)란 기업이 판매하는 제품, 판매지역, 소비자, 거래경로, 주문규모 등 마케팅 비용을 사용하는 계정 또는 요인별로 수익성을 측정하고 기업의 성과에 기여한 정도를 확인하는 활동을 말한다. 수익성 통제 결과 얻어지는 정보는 마케팅 활동분야별 효율성을 개선시키는 데 활용할 수 있는 기초자료가 될 수 있다. 그리고 수익성 정보는 어떤 제품이나 마케팅 활동을 확대하거나 축소시킬 것인지 또는 제거시켜야 할 것인지 여부 등을 결정하는 데도 도움을 준다.

3) 전략적 통제

전략적 통제(strategic control)는 기업이 자사의 전반적인 마케팅 효과를 비판적으로 검토하고자 할 때 필요하다. 마케팅 전략을 비롯한 각종 프로그램은 환경변화 등 요인에 의하여 진부화 되는 경우가 발생할 수 있다. 따라서 기업은 마케팅 성과를 향상시키기 위해 마케팅 환경, 목표, 전략, 활동 등에 대해 전체적, 체계적, 독립적, 그리고 정기적으로 재평가할 필요가 있다. 이 때 사용하는 방법이 마케팅 감사(marketing audit)이다. 마케팅 감사는 특정 제품이나 시장 등에서 발생하는 부분적인 문제뿐만 아니라 기업 차원의 모든 마케팅 활동이다. 마케팅 감사는 기업에 문제가 발생하였거나 위기의식을 느낄 때만 하는 것이 아니라 주기적으로 수행된다는 특징을 가지고 있다. 즉 마케팅 감사는 문제에 직면한 기업뿐만 아니라 잘 운영되고 있는 성공적인 기업에도 도움을 주는 활동이다.

마케팅 감사는 마케팅 부서와는 비교적 독립적이고 객관적인 입장에 있으며, 경험이 풍부한 외부기관에 의뢰해 수행되는 것이 보통이다. 마케팅 감사자는 경영자, 소비자, 중간상, 판매원 등 마케팅 성과에 영향을 줄 수 있는 누구라도 면담을 할 수 있는 권한을 가지고 있어야 한다. 그리고 조사나 면담을 통해 얻어낸 정보를 토대로 하여 제안서를 작성한다. 제안서를 보고받은 경영자는 그 내용이 경영현장에 반영될 수 있도록 조치를 취함으로써 경영성과가 개선될 수 있도록 하여야 한다. 일반적으로 제안서에서 지적되고 추천된 사항들은 다음 기의 계획을 수립할 때 피드백되어 반영된다.

표 2-2 마케팅 통제의 유형

통제의 유형	주요 책임자	통제의 목적	방법
연차계획 통제	최고경영자 중간경영자	계획의 달성 여부 검토	판매분석, 시장점유율 분석, 마케팅 비용, 판매비율 분석, 소비자 태도 분석
수익성 통제	마케팅 통제 담당자	기업활동의 이익 혹은 손실 여부 조사	제품, 지역, 목표시장, 경로, 주문규모별 수익성 조사
전략적 통제	최고경영자 마케팅감사자	기업활동의 효과적인 시장기회 대응여부 조사	마케팅 감사

참고문헌

1. 손준상,「전략적 마케팅계획」, 도서출판 노보, 2000.
2. Aaker, David A., *Strategic Market Management*, 4th ed., Wiley, 1995.
3. Mintzberg, Henry and James Brian Quinn, *The Strategy Process*, 3rd. ed., Prentice-Hall, 1996.
4. Porter, Michael E., *Competitive Strategy*, The Free Press, 1980.
5. Porter, Michael E., *Competitive Advantage; Creating and Sustaining Superior Performance*, Free Press, 1985.
6. GS 홈페이지 (http://www.gs.co.kr/ko/principle-vision)

연구문제

1. 기업의 전략적 계획 수립절차에 대해 설명하시오.
2. 기업전략의 개념과 내용에 대해 논하시오.
3. 전략적 마케팅 관리 과정을 설명하시오.
4. 마케팅 관리를 위한 마케팅 조직에 대해 설명하시오.
5. 마케팅 통제에 대해 설명하시오.

제2부
마케팅 기회의 분석

제3장 마케팅 환경의 분석

제4장 소비자행동의 이해

제5장 마케팅 조사

제3장

마케팅 환경의 분석

3.1 유기체 개념과 마케팅 환경

3.2 기업 내부환경

3.3 기업 외부환경

3.4 마케팅 환경의 탐색과 대응

시작하면서…

세계적 기업의 65년 성과, 4년 만에 뛰어넘은 기업

올해 1월 UNWTO(유엔세계관광기구)는 지난해 전 세계의 여행자 수가 전년 대비 3.9% 늘어난 12억3500만 명에 이른다고 발표하였다. 2009년 세계 금융위기 후 7년 연속 증가한 추세다. 이 발표에 따라 신규 숙박시설 건설 등 전통적인 투자를 계획한 기업들이 있지만, 전문가들은 이러한 방식이 더 이상 기존 산업계를 이끌지 못할 것으로 보고 있다. 그에 대한 예로 에어비앤비(airbnb)를 근거로 드는데, 여행자를 상대로 값싸고 괜찮은 숙박을 보장하는 개인공간을 임대해주는 이 기업은 현재 191개국의 5만개 도시에서 운영되며, 300억달러(한화 34조원)의 기업 가치를 보유하고 있다. 이는 4400개 호텔과 65만개의 객실을 보유한 세계 최대의 호텔 체인 인터컨티넨탈 그룹이 65년간 이룬 성과를 단 4년 만에 20대 청년 3명의 기발한 아이디어로 뛰어넘은 수치다.

▶▶ 에어비앤비 애플리케이션을 구동시킨 스마트폰 화면.

4차 산업혁명 시대를 맞아 이른바 '유니콘 기업'들이 주목받고 있다. 에어비앤비는 유니콘 기업의 대표 주자이다. 이는 가치가 최소 10억달러(한화 1조원)에 이르며 기존에 없던 방식으로 성공한 기업을 일컫는다. 마치 신화 속에 등장하는 유니콘처럼 전설적이고 마술 같은 가치를 창출해 낸 페이스북과 샤오미, 에어비앤비 같은 스타트업(신생 벤처) 출신 기업들을 지칭하는 용어이다. 미국의 경제 전문잡지 포춘(Fortune)에 따르면 전 세계 주요 500대 기업들이 시가 총액 10억달러 이상에 도달하는데 평균 20년이 걸렸다면, 유니콘 기업들은 5년밖에 걸리지 않았다. 또한 이들 기업은 놀라울 정도로 변화에 빠르고, 개척되지 않은 새 시장을 만들어 내었으며 기존 거대 기업들과 비교할 수 없을 만큼 역동적이고 새로운 방식으로 사업을 한다고 분석하였다.

세계 최대의 택시 업체인 우버(Uber)는 자동차를 한대도 소유하지 않고, 세계 최대의 콘텐츠 기업인 페이스북은 직접 이를 생산하지 않는다. 세계 최대의 상점이라 불리는 알리바바(Alibaba)에는 상품 재고가 없으며, 전 세계 최대 숙박업체 에어비앤비 역시 부동산을 소유하지 않는다. 이들의 공통적인 특징은 전통적 사고방식에서 벗어나 새로운

▶▶ 우버 애플리케이션을 구동한 스마트폰 화면.

아이디어와 시스템으로 산업계를 변화시키고 있다는 점인데, 빠른 의사결정과 다양성을 무기로 4차 산업혁명 시대를 주도하고 있다는 평을 듣는다. 그 결과 기존 거대기업들이 만들어 냈던 경제가치 공식을 크게 흔들고 있다.

올해 현재 8000만명의 여행자들이 에어비앤비를 이용하여 숙소를 예약하였고, 우버의 주행 수는 20억회를 넘어섰으며, 페이스북의 월간 이용자 수 또한 18억명에 이른다. 소비자의 생각과 시선을 정확히 읽고, 그에 따른 놀라운 아이디어들로 변화를 주도하는 유니콘 기업들이 앞으로 또 어떠한 마법을 만들어 낼 수 있을지 많은 이들의 기대가 커지고 있다.

세계일보, 2017.7.3.

3.1 유기체 개념과 마케팅 환경

유기체(有機體)란 서로 밀접하게 상호의존적인 관계를 맺고 있는 개체(個體) 혹은 부분들이 전체적으로 하나의 통합체를 구성하고 있는 것을 말한다. 유기체가 되기 위해서는 다음과 같은 세 가지 조건을 구비하여야 한다.

- 유기체는 둘 이상의 개체 혹은 부분들로 구성되어 있음
- 이들 개체 혹은 부분들은 서로 상호의존적인 관계를 갖고 긴밀하게 교류함
- 유기체를 구성하고 있는 개체 또는 부분들은 개별적으로 존재하거나 단순한 합(合)이 아닌 전체(whole)를 이룸

이상에서 설명한 유기체의 정의에 따르면 사람의 인체나 컴퓨터도 유기체라는 것을 알 수 있다. 인체는 근육, 혈관, 뼈, 각종 내장기관 등으로 구성되어 있으며 이들 신체기관은 상호의존적이며 보완적인 관계를 갖고 있고, 이들 인체를 구성하고 있는 각 부분들은 그들의 수적인 합이 아닌 인체라고 하는 전체를 이루고 있어 유기체로서의 조건을 갖추고 있다. TV나 라디오 등과 같은 제품들도 그 구성요소와 움직임의 원리가 사람의 인체와 크게 다를 바 없다는 것을 알 수 있다.

기업이라는 조직체도 유기체적 특성을 가지고 있다. 기업은 끊임없이 변화하는 환경 속에서 자사의 목적 달성을 위해 필요한 여러 가지 기능들을 수행하여야 하고, 기능을 수행하는 부서들도 서로 상호의존적인 관계를 갖고 협력하여야만 가장 효과적이고 능률적인 과업수행이 가능하고, 그 결과 성장 및 발전할 수 있기 때문이다. 그렇다면 기업의 한 기능으로서의 마케팅도 역시 유기체라고 말할 수 있다. 마케팅 목표를 달성하려면 여러 기능들이 필요하고, 시장조사기능, 판매촉진기능, 판매기능, 영업관리기능, 소비자 불만처리기능 등과 같은 마케팅 업무를 위해 없어서는 안 될 단위기능들은 효과적이고 능률적인 마케팅 활동을 위해 서로 협력하고 조화를 이루며 움직이지 않으면 안 되기 때문이다.

유기체는 그것을 둘러싸고 있는 환경과 어떠한 관계를 유지하며 상호작용 하느냐에 따라 개방유기체(open system)적 관점과, 폐쇄유기체(closed system)적 관점으로 나뉜다. 개방유기체적 관점은 유기체와 환경 간에 상호작용이 활발하게 이루어지므로 환경변화로부터 성장과 발전의 기회를 탐색하고 활용할 수 있다고 본다. 반면, 폐쇄유기체적 관점은 유기체를 환경에 대하여 문을 굳게 닫은 채 교류에 대한 필요성을 느끼지 않는 것으로 간주하기 때문에, 유기체와 환경 간에는 상호작용 관계가 활발하게 발생하지 않는 것으로 본다. 한편, 폐쇄유기적 관점은 주로 규모가 작거나 전근대적인 경영을 하는 기업에서 많이 발견할 수 있다. 그런데 규모가 작은 기업만 폐쇄유기체라고 말할 수는 없다. 아무리 규모가 큰 기업이라도 환경에 대한 중요성과 환경변화로 인해 초래될 수 있는 전략성을 통찰하지 못하고 적절하게 대응하지 못한다면 그 기업은 폐쇄유기체적 관점에서 경영을 하고 있다고 말할 수 있다.

기업의 경영자도 개방유기체적 관점을 갖는 것이 중요하다. 오늘날 경영자들이 갖추어야 할 중요한 자질 가운데 하나로 환경 변화에 대한 높은 수준의 민감도와 대응능력을 포함시키는 것도 기업을 개방유기체적 관점에서 보기 때문이다. 만약에 경영자가 폐쇄유기체적 관점을 가지고 있어서 환경 변화에 대한 민감도가 낮거나 중요하게 생각하지 않는다면, 그러한 경영자로부터 환경 변화에 적극적으로 대응할 수 있는 전략적 경영을 기대한다는 것은 처음부터 무리일 것이다. 특히 기업을 둘러싸고 있는 환경이 불확실하고 동태적으로 변화할 때는 기업의 유지와 성장을 위해 경영자가 개방유기체적 관점을 갖는 일은 더욱 중요하다.

이와 관련하여, 롯데백화섬의 사례는 기업의 개방유기체적 관점이 경영에 어떠한 영향을 미치는지를 잘 보여준다. 1980년대 초 서울의 가장 번잡스런 도심지에 자리잡고 있었던 롯데백화점은 5년 연속 평균 30% 이상의 고도성장을 이루고 있었다. 이 무렵 롯데백화점의 경영진들은 우리나라 소비자 1인당 평균 소득수준이 2,000달러에서 3,000달러로 증가하는 상황이 되면 어떻게 대응하는 것이 바람직할 것인지에 대한 문제 의식을 갖기 시작하였고, 급격한 소득증가라는 현상이 미칠 영향에 대해서도 분석하였다. 그 결과 국민소득이 3,000달러가 되면 여가산업이 증가하고 자동차 수가 급격하게 늘어나는 현상이 나타날 것이며, 자동차의 증가는 교통체증을 불러일으켜 도심을 막히게 할 것이라는 결론을 내렸다. 그래서 경영자들은 앞으로 부도심이 될 만한 서울의 외곽에 대형 주차장과 레저 스포츠 시설, 그리고 문화공간 등을 골고루 갖춘 대규모 복합 쇼핑센터를 건립하는 것이 좋겠다는 결론을 내렸다. 그리고 서울의 부도심이 어디가 될 것인지, 서울은 앞으로 주변 위성도시들과 어떻게 연결될 것인지 등에 대하여 체계적으로 조사 및 분석하였고, 그 결과 가장 적합하다고 판단되는 서울 변두리 지역에 매우 저렴한 가격으로 광활한 면적의 땅을 쇼핑센터 부지로 구입하였다. 4년 후 쇼핑센터가 완공되었을 때 백화점의 꾸준한 성장추세는 말할 것도 없고, 토지의 가격만도 상상을 초월할 정도로 폭등하여 부수적인 혜택까지 알차게 얻는 만족스런 결과를 얻게 되었다. 만약에 이 백화점이 연 30%의 고도성장이라는 대단히 만족스런 상황에 안주하여 환경 변화를 등한시하였거나, 환경 변화를 적절하게 인식하지 못한 채 단기적이고 전술적인 경영활동에만 몰두하였더라면, 지금과 같은 결과는 얻지 못하였을 것이다.

마케팅 환경(marketing environment)은 소비자와의 거래를 성공적으로 개발하고 유지하기 위해 필요한 마케팅 관리능력에 영향을 미치는 여러 요인들로 구성되어 있다. 이러한 마케팅 환경은 동태적이고 제약적이며 불확실한 성격을 갖고 있다.

그림 3-1 개방유기체와 폐쇄유기체

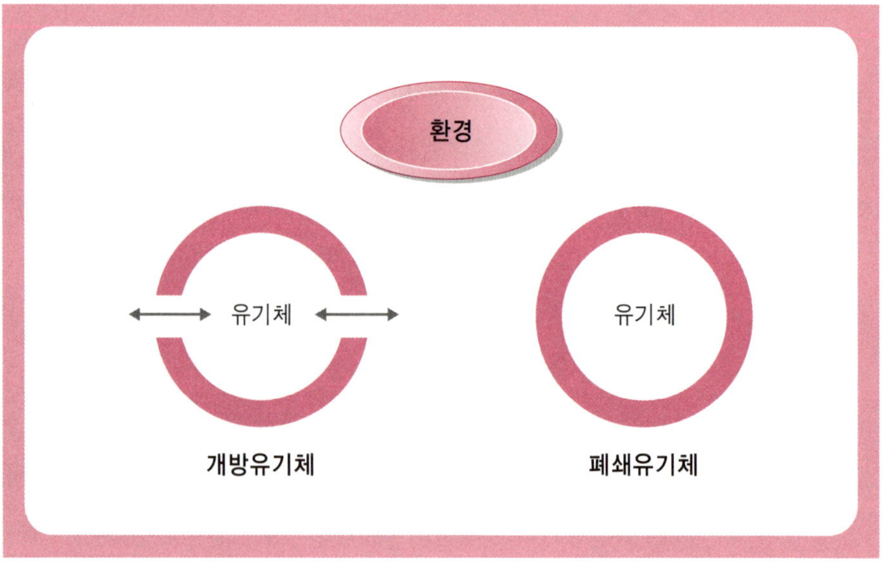

마케팅 환경은 점진적이고 예측가능하게 변화하기도 하지만 기습적이고 충격적으로 변화하여 최근에는 기업에 전혀 예상 밖의 결과를 초래하는 경우가 갈수록 많아지고 있다.

우리나라 3대 재벌 가운데 하나였던 대우그룹의 그 많은 경영자 중 누가 그룹 해체라는 비극이 도래할지 예상할 수 있었던가? 추억을 오랫동안 간직하고 싶어 하는 많은 사람들로부터 그토록 사랑을 받았던 세계적인 카메라 필름 메이커들이 오늘날과 같은 위기에 직면하게 될 줄을 예견한 사람이 과연 얼마나 있었던가? 삼성과 LG가 전자제품의 대명사 SONY를 누르고 세계 최고의 권좌에 오를 것이라고 누가 예견할 수 있었던가? 마케팅 환경은 기업에 기회도 주지만 위협도 되는 양면성을 가지고 급작스럽게 다가오기도 한다. 따라서 기업은 마케팅 조사와 마케팅 정보수집 활동 등을 통하여 변화하는 환경에 보다 적극적으로 대처하고 극복할 수 있는 역량을 갖추는 것이 중요하다.

마케팅 환경은 크게 기업 내부환경과 외부환경으로 나뉘고, 외부환경은 다시 미시환경(micro environment)과 거시환경(macro environment)으로 구성된다. 미시환경은 기업활동에 직접적이고 강도 높게 영향을 미치는 외부환경 요인들로 구성

그림 3-2 마케팅 환경

되며, 마케팅 경로기관, 소비자, 경쟁사, 그리고 대중 등을 말한다. 거시환경은 장기적이면서 간접적으로 영향을 미치는 광범위한 사회적 요인으로 구성되며, 미시환경을 구성하는 요인들에 영향을 미치는 것들, 즉 인구통계적, 경제적, 자연적, 기술적, 정치적/법적, 사회문화적 요인들을 말한다.

3.2 기업 내부환경

마케팅 계획을 수립할 때 마케팅 관리자는 최고경영층 뿐 아니라, 생산, 연구개발, 재무, 구매, 생산 및 회계 부문 등 기업 내 여러 기능부서들을 고려해야 한다.

최고경영층은 사업부 전반관리자, 사장, 회장, 이사회 등으로 구성된다. 이들은 기업의 사명, 목표, 전사적 전략 및 방침 등을 수립한다. 마케팅 관리자는 반드시 최고경영층이 설정한 계획의 범위 내에서 의사결정을 해야 할 뿐만 아니라, 마케팅 계획을 실행하기 전에 최고경영층의 승인을 받아야 한다. 마케팅 관리자는 타 기능부서와도 긴밀히 협조해야 한다.

연구개발부서는 소비자가 선호하는 안전하고 매력적인 제품을 개발하고 설계하는 일에 관심을 집중한다. 구매부서는 예측된 수량의 제품을 생산하는 데 필요한 원자재를 충분히 확보하는 일에 협력적이어야 하며, 생산부서는 충분한 생산설비 능력과 노동력을 확보하고 생산목표를 달성하는 데 책임을 다하여야 한다. 그리고 재무부서는 마케팅 계획수립을 위한 자금의 조달 가능성 및 운영에 관심이 높을 것이며, 회계부서는 계속적으로 이익과 비용을 측정하여 기업의 목표가 잘 성취되고 있는가를 마케팅부서가 알 수 있도록 지원하여야 한다. 즉 기업 내 모든 부서들이 마케팅부문의 효과적인 계획과 실행에 영향을 미치기 때문에 부서 상호 간에 유기적인 협력체제가 유지되는 일이 매우 중요하다.

3.3 기업 외부환경

마케팅은 목표시장에 매력적인 제품을 제공하는 것으로부터 출발한다. 그러나 마케팅의 성공 여부는 기업의 내부 환경요인 뿐만 아니라, 원료 공급업자, 소비자, 경쟁사, 중간상, 기타 대중 등에 의해 결정된다. 기업의 미시적 마케팅 환경은 마케팅 활동에 직접적으로 영향을 미치고 기업의 기회와 위협에 영향을 미치는 거시환경 요인에 의해 영향을 받는다. 기업 마케팅 관리자는 의사결정시 미시환경 요인들을 동시에 고려해야 하며, 거시환경 요인에 대하여 지속적이고 체계적으로 조사하고 적극적으로 적응할 필요가 있다.

1. 미시적 마케팅 환경

1) 원료 공급업자

원료 공급업자(supplier)란 기업이 제품과 서비스를 생산하는 데 필요한 원자재 및 부품을 공급하는 기업이나 개인을 말한다. 원료 공급업자의 환경변화는 마케팅 활동에 커다란 영향을 미친다. 원자재 및 부품의 공급부족 등 사건들이 단기적으로는 판매비용을 증가시키고, 장기적으로는 소비자신뢰도까지 상실하게 만든다. 마케팅 관리지는 제조과정의 주요 투입요소에 대한 가격동향을 득히 예의주시할 필요가 있다. 원자재 및 부품의 가격상승은 제품가격의 상승을 압박하고 결국에는 수익의 감소라는 어려운 상황까지 이어질 수 있기 때문이다.

2) 경쟁사

모든 기업은 다양한 형태의 경쟁을 한다. 경쟁에서 이기기 위해 기업은 경쟁기업보다 소비자의 욕구를 더 잘 충족시킬 수 있어야 한다. 따라서 기업은 단순히 소비자의 욕구에 부응한다는 생각을 넘어, 소비자의 마음 속에 경쟁사의 제품보다 더 강력한 위치를 점유할 수 있는 전략적 우위를 확보하여야 한다. 모든 기업에 적용할 수 있는 최선의 마케팅 전략은 있을 수 없다. 따라서 기업은 자사의 규모와 산업 내 위치를 경쟁사와 비교해서 경쟁사와는 다른 차별화 전략을 구사할 수 있어야 한다.

시장을 지배하는 위치에 있는 대규모 기업은 중소규모 기업이 사용할 수 없는 다양한 수단을 동원하여 전략을 수립할 수 있다. 한편 중소규모의 기업은 규모가 큰 기업이 적용하기 곤란한 전략을 수행함으로써 높은 수익률을 올릴 수 있다. 이렇게 대기업이든 중소기업이든 자사의 시장지위에 가장 적합한 마케팅 전략을 수립할 수 있어야 경쟁시장에서 생존할 수 있는 것이다.

3) 마케팅 중간상

마케팅 중간상(marketing intermediaries)이란 최종 소비자에게 제품을 촉진, 판매, 유통시키는 과정에서 기업을 도와주는 기관들을 말한다. 마케팅 중간상에는 도매상, 소매상, 물류회사, 각종 마케팅 서비스 대행사 등이 포함된다.

- 중간상 : 최종 소비자에게 제품을 판매하는 데 도움을 주는 유통기업들을 말한다. 대표적인 중간상에는 제품을 구매하여 재판매하는 도매상과 소매상이 있다.
- 물류회사 : 물적유통기업이라고도 하며, 제품을 최초 생산지에서 목적지까지 이동 · 보관함으로써 기업을 지원한다. 창고는 제품을 다음 목적지로 이동하기 전까지 저장 · 보호하는 기관이다. 운송회사는 철도, 트럭, 항공기, 선박 등을 이용해 제품의 수송을 전문적으로 하는 기업이다. 기업은 비용, 편의성, 속도, 안전성 등을 고려하여 비용을 가장 많이 절감할 수 있는 방법이 어떤 것인지 심사숙고하여 의사결정을 하여야 한다.
- 마케팅 서비스 대행사(marketing service agencies) : 마케팅 조사기업, 광고대행사, 대중매체 및 마케팅 자문회사 등이 포함된다. 이들은 기업이 목표시장을 선정하고 제품을 촉진하는 일 등을 지원 보조한다. 마케팅 프로그램을 외부에

의뢰하는 경우에는 이러한 기관들의 창의성, 품질, 서비스, 가격 등이 상이하므로 신중하게 선정해야 한다. 그리고 정기적으로 이 기관들의 성과를 검토하고 성과가 좋지 못한 서비스 대행사에 대해서는 대체하는 것을 고려하여야 한다.

■ 금융기관(financial intermediaries) : 제품의 구입 및 판매와 관련된 리스크에 대해 재무적 비용이나 보증 등을 위해 협력하는 은행과 보험회사 등을 말한다. 대부분의 기업과 소비자들은 거래에 필요한 자금을 조달하기 위해 금융기관에 의존한다. 기업의 마케팅 성과는 신용비용의 증가나 신용제한 등에 크게 영향을 받기 때문에 기업은 주요 금융기관과 강한 결속관계를 조성해야 할 필요가 있다.

4) 소비자

소비자(customer)란 기업에서 생산한 제품 혹은 서비스를 구매하는 당사자를 말한다. 따라서 기업은 시장을 면밀히 분석하고 연구해야 한다. 기업의 소비자는 크게 다섯 가지 유형으로 구분할 수 있는데 이들을 열거하면 다음과 같다.

■ 소비자 시장(consumer markets) : 최종 소비를 목적으로 제품과 서비스를 구매하는 개인 또는 조직이다.

■ 산업체 시장(industrial markets) : 이익창출 및 목적달성을 위해 사용하기 위해 필요한 제품과 서비스를 구매하는 조직이다.

■ 재판매업자 시장(reseller markets) : 이익을 목적으로 하는 재판내 활동을 위해 제품과 서비스를 구매하는 도매업자와 소매업자를 포함한다.

■ 정부시장(government markets) : 공공의 목적을 달성하기 위해 필요한 제품과 서비스를 구매하는 정부기관이다.

■ 국제시장(international markets) : 외국의 소비자, 생산자, 재판매업자, 정부 등을 포함하는 해외소비자이다.

5) 대 중

대중(publics)이란 기업이 목적을 달성하는 데 필요한 능력과 자원에 실질적 혹은 잠재적으로 이해관계를 갖고 있거나 영향을 미치는 집단을 의미한다. 일반적으로 기업의 대중은 다음과 같은 일곱 가지 유형으로 분류할 수 있다.

- 금융대중(financial publics) : 기업의 자금조달능력에 영향을 미치는 집단으로 은행, 투자회사, 주주 등이 포함된다.
- 매체대중(media publics) : 뉴스, 특집기사, 사설 등을 제공하는 조직으로, 특히 일간신문, 잡지, 라디오, TV 방송국 등을 말한다.
- 정부대중(government publics) : 마케팅 계획의 수립과 집행에 영향을 미치는 정부기구이다.
- 시민운동대중(citizen action publics) : 마케팅 의사결정에 영향을 미치고 광범위하게 기업활동을 감시하는 각종 소비자단체, 환경보호단체, 시민운동단체 등을 말한다.
- 지역대중(local publics) : 기업이 입지해 있는 지역의 인근주민, 지역사회단체를 말한다. 대기업은 보통 지역공동체 관계 담당자를 임명하여 공동체와의 관계, 지역사회 회의참석, 지역사회에서 제기한 질문에 대한 답변, 가치 있는 지역사회운동 참여 등 적극적으로 지역사회에 공헌할 수 있는 방안을 모색한다.
- 일반대중(general publics) : 특정의 조직을 가지고 있거나 집단으로 영향력을 행사하지 않는 일반 소비자 대중(大衆)을 말한다. 기업에 대한 대중의 이미지는 구매활동에 영향을 미치기 때문에 기업은 자사 제품과 경영활동에 대한 일반대중의 태도에 관심을 가져야 한다.
- 내부대중(internal publics) : 기업 내부의 사무관리직원, 노동자, 자원봉사자, 경영자, 이사회 등을 말한다. 기업은 내부대중에게 정보를 제공하고 동기를 부여하기 위해 다양한 형태의 사내통신문을 사용한다. 기업은 구성원들이 자사에 대해 호의적인 태도를 가질 때 그것이 외부대중에도 긍정적으로 파급된다는 사실에 유의할 필요가 있다.

기업은 소비자시장처럼 주요 대중에 대해서도 마케팅 계획을 수립하여야 한다. 만약 기업이 특정대중으로부터 호의적 반응 또는 시간적 · 금전적 도움 등을 받고자 한다면 그에 합당한 노력과 프로그램을 체계적으로 수립하여 관리할 필요가 있다.

2. 거시적 마케팅 환경

거시적 마케팅 환경은 〈그림 3-2〉에서 볼 수 있는 바와 같이 여섯 가지 주요 요인으로 구성되어 있다. 이하에서는 거시환경 요인의 변화추세와 이러한 요인들이 마케팅 전략에 어떻게 영향을 미치는지에 대하여 살펴보고자 한다.

1) 인구통계적 환경

인구통계적 환경(demographic environment)이란 인구 수, 인구밀도, 주거지, 연령, 성별, 인종, 직업 등의 통계치와 관련된 환경 요인을 말한다. 인구통계는 사람을 포함하고 사람은 시장을 구성하므로, 인구통계적 환경은 마케팅 관리자의 주된 관심사가 된다. 특히 인구 증가율의 감소, 인구의 도시집중, 도시화 현상, 핵가족화의 확산, 독신자 세대의 증가 등은 마케팅 전략의 수립과 실행에 많은 영향을 미치기 때문에, 이에 대한 적극적인 대응이 필요하다.

인구 규모를 예측할 수 있는 지표 중 대표적인 것이 신생아 출산율이다. 우리나라 신생아 출산율은 전세계적으로 보아도 가장 낮은 수준으로 어린 아이의 인구 비율은 낮아지고 노인 인구는 증가하였다. 이에 따라 어린이 관련 시장은 위축되고 있지만 노인 인구는 실제적인 하나의 시장으로 부상하고 있다. 따라서 기업은 떠오르는 실버 시장에 대해 추가적인 마케팅 노력을 기울여야 할 필요가 있다. 남녀 간의 성별 인구 구성비율도 여자 쪽이 더 많이 증가하는 경향이 있고, 핵가족화 경향이 심화되어감에 따라 가족의 크기도 점차 작아지고 있다. 특히 독신주의자의 증가는 1인 세대의 등장이라는 현상으로 나타나고 있다.

인구의 지리적 분포 측면에서도 기업이 주의를 기울여야 할 변화들이 많이 있는데, 그 중에서 대표적인 것이 도시화 현상의 가속화이다. 인구의 도시화 현상은 상권의 형성, 마케팅 활동의 효율성 제고 등의 측면에서는 긍정적으로 작용할 수 있지만 교통체증, 공해문제의 심화 등과 같은 부정적인 측면도 동시에 초래할 수 있다. 따라서 기업은 가능한 한 긍정적인 측면은 크게 부각시키고 부정적인 면은 축소될 수 있도록 환경변화에 적극적으로 대응할 필요가 있다.

2) 경제적 환경

경제적 환경(economic environment)은 소비자의 구매력과 소비유형에 영향을 미치는 요인들로 국민소득, 구매력의 크기, 인플레이션, 부동산 가격 등으로 구성되어 있다. 시장은 단순히 사람들이 많다고 무조건 좋은 시장이라고 말할 수는 없고, 구매력을 가진 사람들이 많아야 한다.

우리나라 국민 소득수준은 지난 30년간 매우 크게 신장되었다. 1953년에 겨우 67달러에 지나지 않던 1인당 국민소득은 2017년 기준으로 27,632달러 시대를 달성하게 되었다. 국민소득이 증가하고 구매력이 커져가는 현상은 소비자가 제품구매시 자신의 욕구를 질적인 측면에서도 충족시키려는 경향이 강화될 것이며 레저, 여행, 외식 등에 대한 수요도 확대될 것이라는 증거가 될 수 있다.

경제적 환경에서 빼놓을 수 없는 것이 인플레이션이다. 1970년대 이후 인플레이션은 우리나라뿐만 아니라 전세계적으로 만연되어 왔다. 실질소득과 구매력이 상대적으로 감소되었고, 이에 따라 소비자들의 구매패턴도 제품 가격에 매우 민감한 반응을 보이는 경향이 있다. 이 기간 동안 우리나라에서는 고도의 경제성장이 이루어졌으며, 그 부산물로 부동산 가격이 급등하는 현상을 동반하였다. 이러한 현상은 일부 부동산 소유주들의 재산소득을 급속히 상승시켰는데, 그 결과 노력의 대가로서가 아니라 단순한 땅값 상승으로 인해 갑작스럽게 부유해진 이른바 부동산 투기꾼 혹은 졸부(猝富)로 불리는 부자들을 양산하였다. 그리고 우리 사회는 빈부의 격차가 크게 벌어지고 소비의 양극화 현상이 두드러지게 나타나는 부작용도 심화되게 되었다.

한편 소비자의 지출유형이 어떻게 변화되어 가는지를 파악하는 것은 마케팅 관리자에게 매우 중요하다. 소득수준에 따라 구매하는 제품과 지출유형도 달라진다. 소득증가에 따라 지출내용이 달라진다는 사실은 이미 1세기 전에 엥겔(Engel)에 의해 연구된 바 있다. 그는 소득이 높아질수록 식품구입비가 소득에서 차지하는 비율이 낮아지고, 가스, 전기, 공공요금 등의 비율도 낮아지며, 기타 주거용품의 비율은 별다른 변화가 없고, 그 외의 지출이나 저축이 차지하는 비율은 높아진다는 것을 발견하였다. 이러한 엥겔의 법칙(Engel's law)은 그 이후에도 많은 연구에 의해 인정받고 있다.

3) 자연적 환경

자연적 환경(natural environment)이란 마케팅 활동에 의해 영향을 받거나, 마케팅 관리자에 의해 투입요소로 사용되는 자연자원의 변화를 말한다. 갈수록 기업활동에 의해 자연환경이 어떤 악영향을 받게 되는지에 대한 사회적 관심이 커지고 있다. 자연자원의 고갈, 기업활동의 결과로 인한 수질오염과 대기오염, 토양오염 등과 같은 환경문제가 인류의 삶에 위기의식으로 다가오면서 자연환경 감시단체들의 활동이 주목을 받고, 의회가 추진하는 자연보호를 위한 입법활동도 지속적으로 관심을 끌고 있다. 따라서 마케팅 관리자는 자연환경의 변화에 대해 예의주시하여야 하는데 원자재의 부족, 에너지 비용의 상승, 공해수준의 증가, 그리고 자연자원 관리에 대한 정부의 강력한 개입 등과 같은 추세에 대하여는 특별한 관심을 갖고 기업차원의 대책을 마련하기 위해 노력하여야 한다.

4) 기술적 환경

기술은 인류의 미래에 가장 큰 변화를 야기하는 요인 중 하나이다. 기술적 환경(technological environment)은 새로운 시장 기회의 개척과 신제품 개발에 영향을 미치는 기술들로 구성되어 있다. 기술의 발전은 페니실린, 심장절개수술, 슈퍼컴퓨터 등과 같은 경이적인 결과도 가져왔지만, 수소폭탄, 신경가스, 기관총 등과 같은 인류의 삶에 공포의 그림자를 만들기도 하였다. 자동차, TV, AI 등과 같이 경이와 공포를 동시에 가져온 제품의 등장에도 기여하였다.

모든 신기술은 지금까지 사용되어온 기술의 효용성을 크게 절하시킨다. 트랜지스터는 진공관 산업을, 전자복사기는 먹지산업을, 자동차는 철도산업을, TV는 영화산업을 쇠퇴시켰다. 신기술은 새로운 시장과 사업 기회를 창조하므로 마케팅 관리자는 기술환경 변화에 적극적으로 적응하여야 하며, 특히 다음과 같은 추세를 주시할 필요가 있다.

기술변화의 속도가 갈수록 가속화되고 있다. 오늘날 우리가 쓰고 있는 기술제품들은 100년 전에는 이용할 수 없었던 것들이었다. 이것은 기술변화에 적응하지 못하는 기업, 즉 신제품 개발과 새로운 시장진출 기회를 찾지 못하는 기업은 시장을 잃어버리고 마침내 도태될 수도 있다는 사실을 보여주는 것이다. 오늘날 과학자들은 제품과 생산공정을 혁신시킬 수 있는 새로운 기술개발을 위해 연구하고 있다. 가장 관심을 끄는 분야는 생명공학, IT공학, 로봇공학, 자원공학 등이며, 소형 비행자동차, 입체 TV, 우주식민지 등 꿈 같은 제품을 연구하고 있다. 이러한 과학기술의 발전을 위해 국가는 국가대로 기업은 기업 나름대로 연구개발 예산을 증대하며 미래를 대비하고 있다.

기업은 제품과 생산공정의 미세한 개선에도 관심을 기울이고 있다. 신기술과 신제품을 개발하고 도입하는 데 엄청난 비용이 소요되기 때문에, 많은 기업들이 혁신제품을 개발하기 위한 위험부담이 큰 투자보다는 미세한 개선에 치중하는 경향이 있다. 즉 경쟁 제품의 모방, 미세한 특성이나 스타일의 개선, 현 브랜드의 확장 등에 자금을 투입함으로써 공격적이라기보다는 방어적인 목적으로 투자를 하는 경우도 많다.

제품 및 기업활동에 대한 규제가 강화되고 있다. 제품이 복잡해짐에 따라 소비자들은 제품의 안전성 여부에 높은 관심을 나타내고 있고, 정부기관은 잠재적으로 안전하지 못한 제품을 파악하기 위해 조사를 확대하고, 판매를 금지시킬 수 있는 권한을 증대시키는 등 조치를 취하고 있다. 마케팅 관리자는 기술환경 변화에 대한 인식과 함께 신기술이 인간의 욕구를 어떻게 만족시킬 수 있는가를 먼저 이해하고, 모든 신제품개발 활동과 연구가 시장지향적이 될 수 있도록 연구개발

팀과 함께 호흡을 맞춰 상호작용하여야 한다. 그리고 제품이 소비자를 해치거나, 불신 또는 반대를 초래할 가능성 등 기술혁신의 부정적 측면에 대하여도 사전에 예방적 차원의 조치가 수반되도록 노력하는 것을 잊지 말아야 한다.

5) 정치적 환경

마케팅 의사결정은 정치적 환경의 변화에 의해 크게 영향을 받는다. 정치적 환경(political environment)은 법률, 정당, 정부기관, 그리고 각종 압력단체 등으로 구성되며 여러 조직과 개인에게 영향력을 행사한다.

기업에 영향을 미치는 법률은 다음과 같은 이유로 입법 추진되고 있다. 첫째, 기업 상호간에 공정한 거래가 이루어지게 하여 시장질서를 확립하고자 한다. 둘째, 불공정 기업행위로부터 소비자를 보호하기 위한 것이다. 기업은 저질의 제품을 생산하거나, 과대광고 등을 통해 소비자를 오도하고, 정직하지 못한 포장으로 소비자를 현혹시킴으로써 문제를 발생시키는 경우가 종종 있다. 정부 및 관계기관에서는 이러한 사례가 반복해서 발생하지 않도록 불공정 거래행위를 규정하고 소비자보호법을 강화하는 일에 인력과 자원을 투입한다. 셋째, 자의적인 기업 행동으로 인해 침범당할 수 있는 국가사회를 위한 공익적 사업을 보호하기 위해 기업 활동을 규제하는 경우가 많다. 기업의 이익이 곧 소비생활의 질을 의미하는 것은 아니기 때문에 기업은 자사의 제품 및 생산 활동에 대한 사회적 비용을 부담해야 할 책임이 있으며, 이를 규정하기 위한 입법 활동이 필요하다.

정치 세력의 성격과 정책기조도 기업활동에 영향을 미친다. 정치적으로 얼마나 안정적인가 불안정적인가, 경제정책의 방향이 생산을 강조하는가 분배를 강조하는가, 정책의 중심이 성장 우선인가 복지 우선인가 등은 기업활동에 직접적으로 영향을 미쳐, 자원배분의 우선순위 결정과 정책의 방향이 달라질 수 있게 한다. 이러한 현상은 시장의 구매력에 영향을 미친다. 따라서 제품을 생산하고 판매를 해야 할 기업으로서는 중요한 문제가 아닐 수 없다.

환경 변화에 따라 기업활동에 영향을 미치는 법률은 계속 증가될 전망이다. 특히 정치권력을 장악한 집단의 정책방향과 내용은 시장상황에 직접적으로 영향을 미쳐 기업 활동을 위축시키기도 하고 활성화시키기도 한다. 따라서 경영자는 제품과 마케팅 프로그램을 계획하기 전에 이러한 요인을 충분히 고려하여야 한다. 마케팅 관리자는 경쟁, 소비자 및 사회보호 등과 관련한 법률 지식이 필요하다. 이러한 이해를 바탕으로 각종 법률이 마케팅 활동에 미칠 수 있는 영향을 사전에 파악하고 대처할 수 있어야 한다.

6) 문화적 환경

문화적 환경(cultural environment)은 사회의 기본적 가치, 지각, 선호, 행동 등에 영향을 미치는 요인으로 구성된다. 인간은 특정 사회 내에서 성장하며, 그 사회로부터 자신의 기본적 신념과 태도가 형성되도록 영향을 받는다. 그리고 자신과 타인을 연결해 주는 관계를 규정할 수 있는 세계관을 형성해 간다.

특정 사회 속에서 살아가는 인간에게 영향을 미치는 문화적 신념과 가치에는 핵심적인 것과 부차적인 것이 있다. 핵심적 가치와 신념은 고도의 지속성을 갖는다. 예를 들면 우리나라 사람들은 부모에 대한 효(孝), 국가에 대한 충성(忠), 순결, 근면, 정직, 절약 등의 신념을 갖고 있다. 이러한 신념이 일상생활에서의 특정한 태도와 행동을 형성시키는 데 영향을 미치며, 이러한 핵심적 신념과 가치는 부모로부터 어린이에게 전달되고, 학교, 교회, 기업, 정부 등 사회의 주요 기관에 의해서 강화된다.

부차적 신념과 가치는 보다 변화하기 쉽다. 국가에 대한 충성이 핵심적 신념이지만, 국산품 애용은 부차적 신념이다. 마케팅 관리자는 부차적 가치를 변화시킬 수 있지만, 핵심적 가치는 변화시키기 어렵다는 사실을 인식하고 마케팅 활동에 주의를 기울여야 한다. 예를 들어 수입 자동차 전문기업의 마케팅 관리자는 국가에 대하여 충성을 하지 말라고 하는 것보다는 외국제품의 경쟁력과 품질도 뒤지지 않는다는 식으로 하는 주장이 문화적 반감을 최소화시키는 지혜로운 방법이라고 말할 수 있다.

문화는 하위문화로 나누어진다. 모든 사회는 동일한 인생경험이나 가치관을 가진 사람들의 집단인 하위문화를 갖고 있다. 기독교 신자, 10대, 직업여성 등은 각 집단별로 구성원들이 공통의 신념, 선호, 행동을 공유하고 있는 별개의 하위문화를 가지고 있다. 하위문화 집단은 각각 다른 욕구와 소비행동을 나타내기 때문에 마케팅 관리자가 자사의 목표시장을 선정할 때 하위문화를 고려할 필요가 있다.

문화적 가치는 장기적으로 변화한다. 비록 핵심적 가치가 상당히 지속성을 갖는다 해도 문화적 변화는 일어난다. 이러한 현상은 대중음악 그룹, 영화배우 등을 닮은 젊은 층의 머리모양, 의복, 성적 규범에 미치는 영향을 생각해 보면 쉽게 알 수 있다. 마케팅 관리자들은 새로운 시장기회와 위협을 찾기 위해 문화적 변화를 예의주시할 필요가 있다. 특정 사회의 주요한 문화적 가치는 자신, 타인, 제도, 사회, 자연 및 우주에 대한 관계로 표현되며, 기업들이 미래의 시장을 예측하는 신호로 활용한다. 이들에 대하여 간략히 설명하면 다음과 같다.

- 자기 자신과의 관계(people's relation to themselves) : 자기만족과 타인을 위한 봉사 중 어느 것을 더 강조하는가는 사람마다 다르다. 1960년대와 1970년대에는 많은 사람들이 자기만족에 더 중점을 두었다. 어떤 사람들은 오락, 변화 등을 추구하는 쾌락추구자였고, 어떤 사람들은 의료봉사단체나 종교단체에 가입함으로써 자아실현을 추구하였다. 이러한 '자기중심사회'에서 마케팅이 갖는 의미는 많다. 사람들은 자기표현의 수단으로 제품, 브랜드, 서비스를 사용한다. 그들은 '꿈에 그리는 자동차'를 추구한다. 그들은 야외건강생활(조깅, 테니스), 자기성찰 및 예술품과 공예품 등을 즐기기 위해 보다 많은 시간을 사용한다. 레저산업(캠핑, 보트, 예술, 공예, 스포츠)은 사람들이 자기완성을 추구하는 사회에서 성장할 가능성이 높다.
- 타인과의 관계(people's relation to others) : 최근 들어 자기중심사회가 점차 타인과 가까이 생활하려는 '우리중심사회(we-society)'로 변화되어 가고 있다. 이러한 사실은 헬스클럽, 휴가, 오락 등 대인 간에 직접적으로 의사소통을 증진시킬 수 있는 '사회적 보조' 제품과 서비스에 대해 전망을 밝게 해준다. 또한 비디오게임, 컴퓨터와 같이 혼자 있는 사람이 홀로 있다는 느낌을 받지 않도록 해주는 사회대용물 시장의 성공 가능성을 의미하기도 한다.

■ 기관과의 관계(people's relation to institutions) : 회사, 정부기관, 조합, 대학, 기타 기관에 내한 태도는 사람마다 다르다. 대부분의 사람들은 특정기관을 혹평하기도 하지만, 대개 이러한 기관을 인정한다. 더욱이 사람들은 주요 기관에서 일하기를 원하며, 그 주요 기관들이 설립목적에 따라 임무를 완수하기 바란다. 그러나 점차적으로 기관에 대한 충성도가 낮아지고 있다. 즉 사람들은 기관에 집착하려고 하지 않고, 신뢰하려 하지 않는다. 이것이 갖는 마케팅적 의미는 다음과 같다. 즉 기업은 소비자가 신뢰할 수 있는 방법을 찾아야 한다. 광고내용의 진실성을 제고시키기 위해 커뮤니케이션을 검토하여야 하고, 훌륭한 '기업시민'으로서 자사의 정체성을 확립하기 위해 노력해야 한다. 정기적으로 자사의 기업 이미지를 측정하는 일 외에도 자사의 이미지를 긍정적으로 변화 유지시키기 위해 적극적인 홍보활동을 전개하는 일이 필요하다고 할 수 있다.

■ 사회와의 관계(people's relation to society) : 사람들은 사회에 대해 각기 다른 태도를 갖고 있다. 현 사회를 옹호하려는 보수적인 사람이 있는가 하면 사회를 변혁시키려는 개혁주의자가 있고, 아예 현 사회를 벗어나고 싶어하는 불만족자도 있다. 우리나라 사람들의 애국심은 1960년대와 1970년대에 높았다가 1990년대 후반부터 하락하고 있는 경향을 보이고 있다. 사회에 대한 사람들의 태도는 저축수준, 시장에 대한 태도, 소비패턴 등에 영향을 미친다. 마케팅 관리자는 소비자의 사회지향성에 대한 변화를 파악하고, 마케팅 전략을 이에 적합하도록 조절하는 일이 필요하다.

■ 자연과의 관계(people's relation to nature) : 자연계에 대한 태도 역시 사람마다 다르다. 어떤 사람은 피정복자로, 어떤 사람은 조화관계로, 또 어떤 사람은 정복자적 태도를 가지고 있다. 지금까지 자연에 대한 인간의 생각은 자연은 기술을 통해 지배될 수 있고, 그럴 때마다 자연은 모든 것을 아낌없이 베풀어 준다는 것이었다. 그러나 이제 인간은 자연은 무한한 것이 아니라 유한하며, 자신들의 활동으로 인해 쉽게 파괴될 수 있고, 파괴된 자연을 회복시키는 일이 매우 어려우며, 비싼 대가를 지불하지 않으면 안 된다는 사실을 인식하게 되었다.

자연에 대한 사랑으로 인하여 사람들의 캠핑, 하이킹, 보트, 낚시 등 야외활동이 더욱 활발해졌다. 따라서 기업은 하이킹 장비, 등산 장비, 레크리에이션 용품 등 자연예찬론자들을 위한 제품과 서비스 시장기회를 잘 활용할 필요가 있다. 여행사들은 다양한 여행코스를 마련하고, 식품제조업자는 자연식품, 자연 아이스크림, 건강식 등 자연제품에 대한 시장의 성장에 대비하고, 마케팅 커뮤니케이션 담당자가 아름다운 자연과 생태계를 배경으로 하여 자사 제품을 광고하는 것 등은 자연환경에 대한 소비자의 변화를 잘 반영한 좋은 예가 될 수 있을 것이다.

- 우주와의 관계(people' s relation to universe) : 우주의 기원과 우주 안에서의 인간의 위치에 대해서도 사람마다 신념이 다르다. 생활수준이 향상되고 문명의 이기가 우리 사회를 감싸고 있는 상황에서는 갈수록 사람들의 종교생활도 양적 · 질적으로 감퇴하는 추세를 나타내고 있다. 기독교 단체들에 의해 복음전도운동이 조직적으로 전개되고 있기는 해도 신도의 수는 점차로 감소하고 있다. 종교 지향성을 잃어가면서 사람들의 태도는 지상에서의 자신의 삶을 충분히 즐기려는 방향으로 변화되어 가고 있다. 즉 쾌락과 오락을 제공하는 제품과 서비스를 찾는 것이다.

이상의 내용을 종합하면, 문화적 가치는 〈그림 3-3〉과 같이 변화하고 있다.

그림 3-3 문화적 가치의 변화

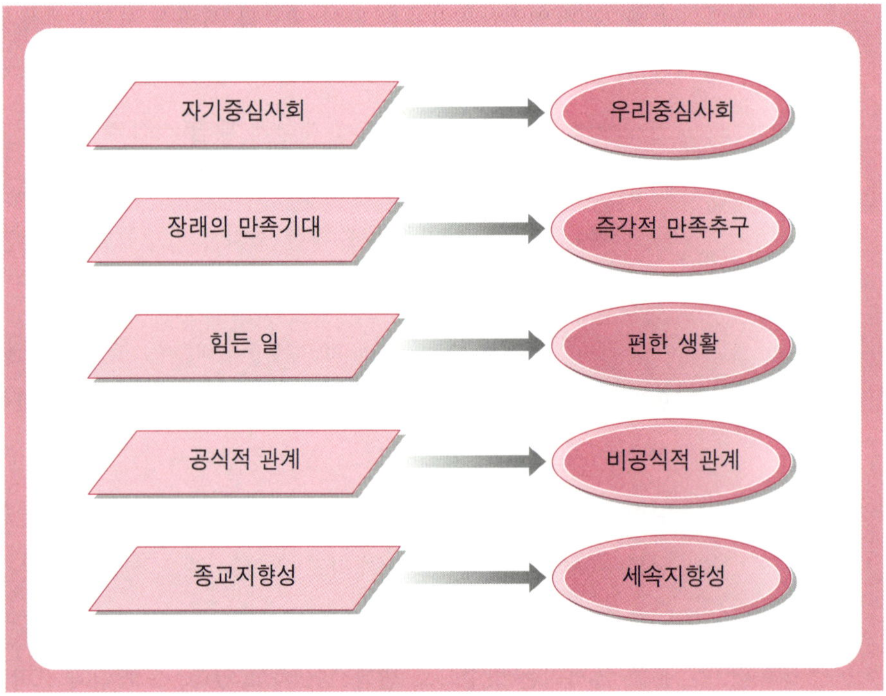

3.4 마케팅 환경의 탐색과 대응

기업은 대부분이 마케팅 환경, 특히 외부적인 환경은 통제할 수 없기 때문에, 이에 적응하여야 한다. 환경을 변화시키기 위해 노력하기보다는 환경 요인을 분석해서 환경의 변화로 인해 제공되는 기회는 효과적으로 이용하고, 위협요소는 능동적으로 회피할 수 있는 전략을 수립하는 것이 기업의 일반적인 환경대응 방안이다.

그러나 기업에 따라서는 적극적으로 환경을 관리하는 경우도 있다. 그런 기업은 환경을 관찰하고 변화를 포착하여 적절한 대응을 하는 것은 물론 환경변화를 야기시키는 마케팅 환경 요인들과 대중들을 대상으로 적극적인 행동을 하기도 한다. 예를 들면 자사에 유리한 입법 활동이 이루어지도록 로비스트를 고용하기도 하고, 언론의 우호적인 편집을 유도하기 위해 대중매체에 대한 활동도 수행하기도 한다. 대중의 여론을 우호적으로 형성하기 위해서 논설형 광고를 싣기도 한다. 또한 자사에 불리한 문제가 발생하였을 때는 법적으로 대응 하거나 경쟁자들과 결속하여 유관단체에 불평사항을 표출하고, 유통업자에 대한 통제력을 높이기 위해 유통업자와의 계약을 강화하기도 한다. 그러나 마케팅 관리자가 항상 모든 환경요인에 대해 영향을 미칠 수 있는 것은 아니다. 예를 들어 지리적 인구 이동, 경제적 환경, 기본적인 문화적 가치 등에는 영향력을 행사하기 어려우며 영향을 미치기 위해 노력을 해도 성공할 가능성은 낮다.

환경 변화에 대한 가장 바람직한 기업의 태도는 변화된 환경에 대해 수동적으로 대응하기보다는 영향을 미칠 수 있는 환경요인에 대해서는 필요할 경우 사전활동을 통해 환경 변화가 자사의 경영전략이나 마케팅 활동에 유리하도록 영향력을 행사할 수 있는 방안을 모색하여야 한다는 점이다.

참고문헌

1. 안광호, 김동훈, 김영찬,「마케팅전략」, 학현사, 2002.

2. Aaker, David A., *Strategic Market Management*, 4th. ed., Wiley, 1995.

3. Abell, Derek, *Defining The Business: The Starting Point of Strategic Planning*, Prentice-Hall, 1980.

4. Smith, J. Walker and Ann Clurman, *Rocking the Ages*, Harper Business, 1998.

5. www. seri. org,「경제포커스」, 삼성경제연구소, 2006.

연구문제

1. 기업의 마케팅과 환경의 관계를 시스템 접근방법에 입각하여 설명하시오.
2. 미시적 마케팅 환경에 대해 설명하시오.
3. 거시적 마케팅 환경에 대해 설명하시오.
4. 마케팅 관리자가 환경에 대해 가져야 할 태도에 대해 설명하시오.

제4장

소비자행동의 이해

4.1 소비자시장과 소비자행동

4.2 조직체시장과 조직소비자행동

시작하면서…

유통업계 대세는 '일코노미'…신선식품도 '1인용' 인기

유통업계가 '일코노미(1인가구+이코노미)' 상품을 강화하고 있다. 1인용 간편조리식에서 주로 시도되던 1인용 제품이 이제는 과일과 채소 등 신선식품에까지 적용되는 추세다. 26일 유통업계에 따르면 GS25와 세븐일레븐은 이달 초부터 기존 수박보다 작은 2~3kg짜리 수박을 판매하고 있다. 5kg을 넘는 수박은 1~2인 가구가 먹기엔 양이 너무 많고 보관도 용이하지 않은것을 보완하기 위한 '1인가구용 수박'이다.

한 모에 300~350g이던 두부도 절반 이하 크기로 줄인 제품이 인기다. 롯데슈퍼는 210g 소포장을 도입한 '초이스L 간편 반모 국산콩두부'를 내놨다. 특히 양만 줄인 것이 아니라 높이도 절반으로 낮춰 가로로 반을 잘라 쓰던 불편함을 개선했다. 소포장 두부를 구매하는 1인가구가 대부분 두부를 찌개용으로 작게 잘라 넣는다는 점을 고려한 것이다. 사조는 캔 제품의 대표격인 참치를 1인용 파우치형으로 내놨다. 기존 캔 제품보다 용량은 작고 휴대와 이용이 간편해 1인 가구에 적합한 제품이라는 설명이다. 임대영 사조해표 마케팅 차장은 "1인가구, 맞벌이, 혼술 · 혼밥족, 안전한 먹거리 등 최신 트렌드를 반영해 소비자들이 원하는 제품을 만들기 위해 노력했다"고 말했다.

온라인 몰에서도 소포장 신선제품의 인기가 높다. 당일배송 · 예약배송 등의 강화에 싼 가격에 대량 구매를 하던 기존의 구매 방식이 바뀌고 있다는 분석이다. 티몬은 올해 들어 슈퍼마트에서 판매된 신선제품 중 소포장 제품의 판매량이 중 · 대용량 제품보다 평균 4배 가까이 높다고 밝혔다. 깐마늘은 200g 제품이 400g 제품보다 2039% 많이 팔렸고 양파도 1.5kg망이 3kg보다 1211% 더 팔렸다. 청양고추와 참외도 중대형 제품보다 소형 제품이 200~300% 이상 높은 인기를 보였다. 티몬 측은 "2인 이하 소형 가구가 절반을 넘어서면서 필요한 만큼만 소비할수 있는 소포장 식품이 인기를 끌고 있다"고 설명했다.

한국경제, 2017. 6. 26.

4.1 소비자시장과 소비자행동

1. 소비자행동 분석의 중요성

옛말에 '지피지기(知彼知己)면 백전백승(百戰百勝)'이라는 말이 있다. 자신과 상대방을 알면 백 번 싸워 백 번 모두 이긴다는 의미이다. 이런 격언이 아니더라도 기업의 마케팅 관리자가 마케팅 대상인 소비자에 대해서 이해하는 것이 중요하다는 사실을 모르는 사람은 없다. 그러나 기업의 마케팅 관리자가 소비자행동을 이해하는 것은 쉬운 일이 아니다. 마케팅 관리자는 소비자행동에 대해 가능한 많은 것을 알아야 하며, 이러한 소비자행동에 관한 지식과 정보는 기업의 마케팅 전략 수립에 매우 중요한 영향을 미친다. 최근 마케팅 환경이 급변하고 유통기구들이 발달함에 따라 마케팅 관리자의 의사결정시 주관적 판단이나 경험에 의존하는 것만으로는 충분하지 않게 되었다. 따라서 기업은 자사 제품 및 브랜드에 대한 소비자의 선택과 구매를 증가시키기 위하여 경쟁 제품보다 우월한 특성을 가진 제품을 개발하고 소비자가 수용할 수 있는 수준의 가격으로 손쉽게 구매할 수 있도록 가장 효과적인 마케팅 전략을 수립하기 위해 노력하고 있다.

기업은 마케팅 전략을 통해 소비자행동에 영향을 미치고자 한다. 그리고 마케팅 전략은 소비자의 구매행동에 의해 영향을 받는다. 기업과 소비자, 마케팅 전략과 소비자행동 사이에는 긴밀한 관계가 형성되어 있으며, 끊임없이 상호작용을 한다.

그림 4-1 소비자행동의 기본모델

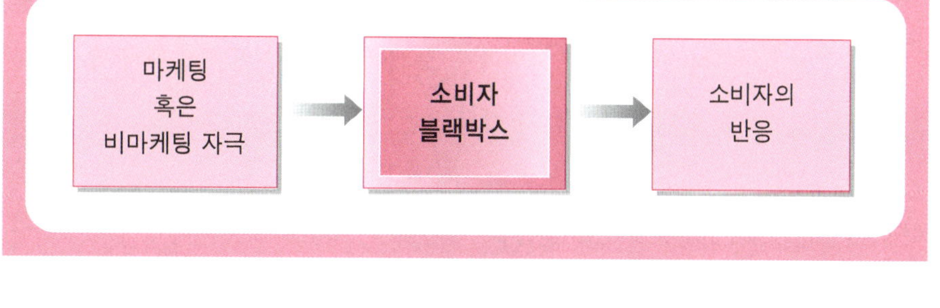

오늘날 기업활동을 성공적으로 수행하기 위해서는 마케팅 활동을 잘 해야 하고 마케팅 활동을 효과적으로 수행하기 위해서는 소비자를 잘 이해할 수 있어야 한다. 소비자행동 모델은 소비자는 누구인가, 소비자의 행동에 영향을 미치는 요인은 무엇인가, 동일한 마케팅 자극을 받고서도 왜 소비자들의 반응은 각각 다른가 등등 소비자를 이해하기 위해 제기되는 많은 질문을 이해하기 위해 개발되었다. 소비자 행동을 완전하게 이해한다는 것은 사실상 불가능한 일이다. 그러나 소비자행동 모델은 마케팅 자극 혹은 비마케팅 자극을 받은 소비자가 어떤 요인들의 영향을 받아 어떻게 정보를 처리해서 어떤 구매의사결정과정을 거쳐 어떻게 반응 하는지를 보여줌으로써 소비자행동을 이해하는 데 도움을 준다.

2. 소비자의 구매의사결정과정

소비자의 구매의사결정 과정은 제품 구매여부, 사용경험, 가처분소득, 기호, 사회계층, 직업, 교육수준, 나이, 성별 등의 다양한 관점에서 특징지을 수 있다. 다양한 측면에서 그 특성을 달리하는 각양각색의 개인 소비자가 바로 기업의 이해와 관심의 대상인 소비자행동의 주체이다. 소비자는 본원적이거나 구체적인 욕구가 발생하면 이를 충족시켜 줄 수 있는 수단에 대한 정보를 찾게 된다. 소비자가 자신의 기억으로부터 회상한 정보를 가지고 충분히 의사결정을 할 수 있다면 고려하고 있는 여러 선택대안들 가운데 어느 하나를 구매할 것이다.

그러나 자신의 기억으로부터 회상한 정보가 의사결정을 할 만큼 충분치 못하면 보다 더 많은 정보를 외부로부터 찾는다. 정보탐색과 동시에 혹은 직후에 이를 바탕으로 선택대안들에 대한 비교 및 평가가 과정을 거쳐 가장 마음에 드는 대안을 최적안으로 선정하여 구매하고 소비한다. 그리고 사용해 본 경험을 바탕으로 하여 만족 혹은 불만족을 느끼게 된다. 소비자의 구매의사결정 과정을 구체적으로 설명하면 다음과 같다.

그림 4-2 소비자 구매의사결정 과정

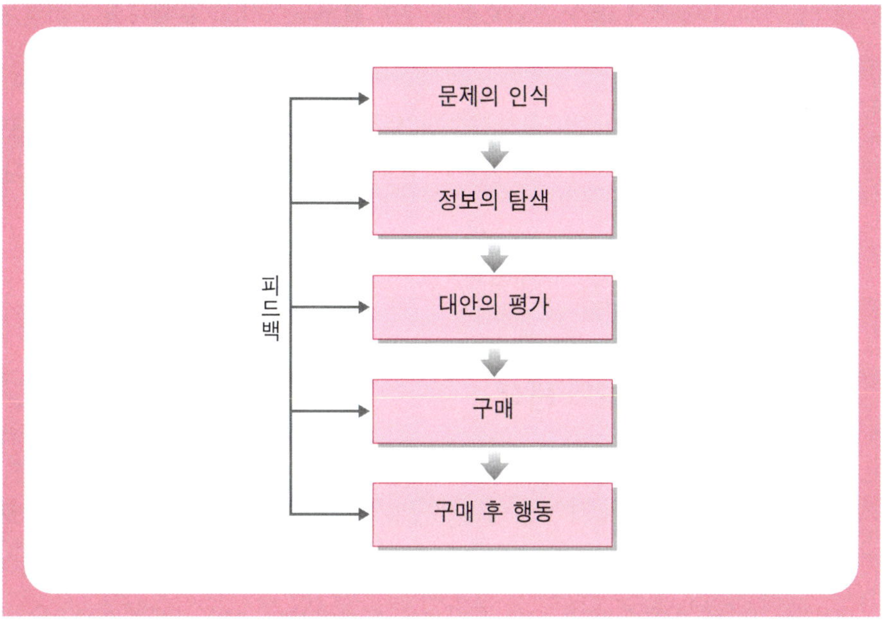

1) 문제의 인식

소비자는 어떤 시점에서 자신의 현재 상태와 희망하는 바람직한 상태 사이에 상당한 차이를 느끼게 되면 그 차이를 해소시켜 줄 수 있는 수단에 대한 욕구를 갖게 된다. 예를 들어 사람은 배고픔을 느끼게 되면 자연히 이에 상응하는 바람직한 상태인 배고픔이 나지 않는 배부름의 상태를 원하게 되고 무엇인가 먹고 싶은 욕구가 발생한다. 욕구의 환기란 소비자가 어느 시점에서 자신의 욕구를 충족시키고자 하는 행위이며 구매의사결정은 환기된 욕구를 어떻게 충족시킬 것인가에 대한 문제해결 과정이므로 욕구의 환기가 곧 문제의 인식이라고 할 수 있다.

그러나 욕구의 환기가 반드시 구매의사결정과정을 유발하지는 않는다. 상당한 수준의 욕구가 환기되었다 하더라도 금전적 한계, 시간적 제약, 사회적 규범 등이 구매행동을 제약할 수 있기 때문이다. 비록 대부분의 소비자들이 특정 시점에서 여러 가지 충족되지 못한 욕구를 가지고 있다 할지라도 욕구충족을 위해 필요한 금전적 능력이 없거나 다른 제약요인으로 인하여 구매행위로 이어지지 못하는 경우가 많다. 그러므로 욕구의 환기는 소비자 구매행위의 필요조건이지 충분조건은 아니다.

소비자 구매의사결정 과정은 욕구를 충족시켜 줄 수 있는 대안을 선택하는 과정이므로 욕구의 환기를 문제의 인식, 그리고 의사결정을 문제해결로 볼 수 있다. 즉 문제는 욕구를 무엇으로 충족시킬 것인가에 관한 것이고 문제해결은 충족시킬 수단을 결정하는 것을 의미하는 것이다.

2) 정보의 탐색

소비자의 기억 속에는 욕구를 충족시켜 줄 수 있는 수단과 관련하여 자신이 직접 경험한 것이나 능동적 혹은 수동적으로 획득된 여러 가지 정보가 내재되어 있는 경우가 많다. 이러한 정보는 문제인식에 따라 자연스럽게 회상되며 이를 내적 탐색(internal search)이라고 한다. 어떤 소비자는 배고픔을 느끼게 되면 햄버거, 라면, 피자, 김밥 등을 쉽게 떠올리거나 디지털카메라를 구매하고자 하는 경우 자연스럽게 소니, 삼성, 올림푸스, 캐논 등을 떠올리게 되는 것이 그 예이다. 의사결정을 할 수 있을 정도로 충분한 정보를 기억 속에 보유하고 이를 회상할 수 있으면 곧바로 대안들 간의 비교 및 평가 과정을 거쳐 구매로 이어질 수 있다. 즉 내적 탐색을 통하여 정보 탐색과 기억이 연결된다.

그러나 소비자가 승용차를 구매하려는 경우와 같이 구매 경험이 없거나 혹은 있더라도 오래 전의 것이라면 소비자에게는 문제 자체가 상당히 어렵다. 더구나 문제해결을 위해 필요한 정보를 충분히 보유하고 있지 않다면 더 많은 정보를 획득하기 위하여 의도적인 노력을 하고 외부로부터 정보를 찾기 위해 노력하게 된다. 이를 외적 탐색(external search)이라고 한다. 소비자는 외적 탐색을 위하여 의도적으로 자신을 정보에 노출시킨다.

소비자의 외적 정보 탐색 노력의 정도에 따라 소비자 구매의사결정은 제한적 문제해결과 포괄적 문제해결, 그리고 일상적 문제해결 등으로 구분할 수 있다. 제한적 문제해결은 문제 자체가 비교적 간단하거나 의사결정을 위해 필요한 경험과 정보를 어느 정도 보유하고 회상할 수 있는 경우를 말한다. 포괄적 문제해결은 그 반대 경우로 문제도 복잡하고 의사결정을 위해 필요한 경험과 정보도 거의 없는 상태에서의 문제해결 방식이다. 여기서 제한적 문제해결 혹은 포괄적 문제해결이라는 표현은 어디까지나 상대적인 것이다. 어떤 문제해결 방식을 절대적으로 제한적 혹은 포괄적으로 이분화할 수는 없다. 예를 들어 소비자가 처음으로 아파트, LCD TV, 그리고 휴대폰을 구매하고자 한다면, LCD TV의 구매는 아파트 구매에 비해 상대적으로 제한적 문제해결이나 휴대폰 구매에 비해서는 상대적으로 포괄적 문제해결이 되는 것이다. 결국 문제해결이 제한적인지 포괄적인지는 탐색정보의 양과 관련되어 있다고 할 수 있다.

구매의사결정을 위해 필요한 탐색정보의 양을 결정짓는 중요한 변수의 하나가 관여도(involvement)이다. 관여도란 어떤 대상이 특정상황에서 한 개인에게 관련된 정도 혹은 부여하는 의미의 정도를 의미한다. 소비자는 자신의 욕구와 관련된 제품에 대하여 관여도가 높으면 높을수록 더 많은 정보를 찾는 경향이 있다. 그렇지만 관여도에 관계없이 소비자가 여러 차례의 동일한 문제에 대한 해결과정을 거쳐 그 문제해결을 위한 최신색을 알고 있다면 문제인식과 동시에 즉각적으로 어떤 제품 혹은 브랜드를 선택하게 된다. 즉 운동 후 소비자가 갈증을 느껴서 음료수를 구매할 필요가 있을 때 별 생각 없이 평소 자기가 마시던 음료수를 습관적으로 사는 경우가 그 예가 된다. 이와 같은 문제해결을 일상적 문제해결이라 하는데, 정보탐색으로부터 기억과 구매로 직접 이어지는 과정을 거치며, 이 때의 정보탐색은 단지 내적 탐색만으로 이루어진다.

3) 대안의 평가

일반적으로 포괄적 문제해결과 제한적 문제해결 상황에 있는 소비자는 정보 탐색 과정과 정보 탐색 직후에 선택대안들에 대해 비교하고 평가 한다. 예를 들어 배고픔을 해결하기 위한 대안으로서 비빔밥, 햄버거, 자장면 등을 고려한다면 전자에 해당하고, 맥도널드와 버거킹 등을 고려한다면 후자에 해당한다.

대안 평가를 위하여 소비자는 먼저 평가기준을 설정한다. 평가기준이란 대안들을 비교 · 평가하는 데 사용하는 평가항목들을 의미한다. 예를 들어 소비자는 음식점을 선택할 때 평가기준으로 보통 맛, 영양, 청결성, 쾌적함, 종업원의 친절 등의 속성을 고려한다. 각각의 속성에 대하여 부여하는 중요도는 개인에 따라 차이가 있다. 여러 선택대안들에 대한 소비자의 상대적 평가는 평가기준과 이에 대한 신념의 결과라고 할 수 있다. 예를 들어 어떤 소비자가 음식점 A는 맛과 영양면에서는 우수하나 청결이나 쾌적함, 그리고 종업원의 친절면에서는 보통이라는 신념을 가지고 있고, 음식점 B에 대해서는 상당히 청결하고 분위기도 쾌적하며 종업원도 친절한 편이나 음식의 맛과 영양은 별로 신통치 않다는 신념을 가지고 있을 때, 이 소비자의 평가기준이 맛이나 영양보다는 음식점의 청결함과 쾌적함, 그리고 교양 있는 종업원의 친절함을 더 중요하게 생각한다면 그는 음식점 B를 선호할 것이다. 이처럼 소비자는 평가기준과 이에 대한 신념에 의해 각 대안에 대한 태도를 형성한다.

4) 구 매

소비자는 선택대안들을 비교 · 평가하여 자신의 지불능력에 적합한 가장 마음에 드는 대안에 대해 구매의도를 가지고 구매를 하게 된다. 어디에서 구매하든지 가격, 판매조건, 서비스, A/S 등이 동일한 경우에는 대개 가까운 점포에서 구매를 할 것이다. 동일한 제품이라 하더라도 점포에 따라 가격, 판매조건, 서비스, A/S 등이 다르다면 다시 점포선택의 문제가 발생하게 된다. 소비자는 구매할 제품이나 브랜드를 먼저 결정하고 점포를 결정하는 경우도 많으나 일단 특정 백화점에 가서 쇼핑을 하며 마음에 드는 옷을 구매해야겠다는 식으로 점포를 먼저 결정한 후 제품이나 브랜드를 결정하는 경우도 많다.

소비자는 대개의 경우 가장 선호하는 대안에 대하여 구매의도를 갖고 구매를 하지만, 선호하는 대안이 있고 자신이 가격을 지불할 능력과 의사가 있더라도 이를 구매하지 않는 경우도 흔히 있다. 이와 같이 태도가 구매의도 및 구매로 그대로 이어지지 않는 것은 소비자의 구매의도는 태도뿐만 아니라 자신의 주관적 규범, 즉 '내가 이 대안을 선택한다면 다른 사람들이 나를 어떻게 생각할까?'라고 타인의 평가에 마음을 쓰는 면이 있기 때문이다.

대안의 비교 · 평가과정을 거쳐 선호하는 대안이 있더라도 금전적인 상태의 변화, 시간적 이유, 원하는 제품 혹은 브랜드의 품질 등으로 구매가 포기 또는 연기될 수도 있다. 이후에 그 대안을 다시 선택하느냐의 여부는 구매시기의 연기 정도, 당초 선호한 대안에 대한 선호 정도와 기억의 크기가 클수록, 그리고 새로운 경쟁대안의 수가 적을수록 그 대안을 다시 선택할 가능성은 높다.

그런데 소비자는 구매를 위한 대안의 비교 · 평가과정을 거친다 하더라도 자신이 지불 가능한 금액 대비 충분히 만족스러운 대안을 발견하지 못하거나 처음에 환기된 욕구가 그다지 강하지 않았다면 구매결정을 포기하거나 연기할 수도 있다.

5) 구매 후 행동

대안에 대한 비교 · 평가 과정을 거쳐 제품을 구매할 때 소비자는 자신의 평가가 지불하는 금액에 따라 자연스럽게 품질이나 기능 등 제품의 성과에 대해 기대한다. 제품을 구매하고 사용한 후에 소비자가 지각하는 제품의 성과가 구매 이전의 기대 수준과 같거나 더 높은 경우 자신이 구매한 제품에 대해 만족할 것이고, 그렇지 않은 경우 불만족하게 될 것이다. 만족과 불만족은 다음 번의 동일한 구매의사결정 뿐만 아니라 구전(word-of-mouth)에 의하여 타인의 구매의사결정에까지 긍정적 혹은 부정적인 영향을 미치게 된다.

소비자는 구매 이후 만족 · 불만족과는 달리 자신의 구매의사결정에 대해 일종의 불안감을 가질 수 있다. 구매의사결정은 두 가지 이상의 대안 중에서 한 가지를 선택하는 행위이므로 소비자는 자신이 선택한 대안이 과연 선택하지 않은 대안보다 더 나은 것인가에 대한 심리적 불안감을 느낄 수 있는 것이다. 이것을 구매 후 부조화(post-purchase dissonance)라고 한다. 불만족은 제품성과가 기대에 미치지 못하는 것이라는 판단에서 나오지만 구매 후 부조화는 자신의 의사결정이 과연 잘한 것인가라는 일종의 의구심이므로 불만족과는 그 성격이 전혀 다른 것이다. 소비자는 구매 후 부조화를 느끼게 되면 자연히 부조화에 대한 해소 내지는 감소를 위한 노력을 하게 되는데 구매 후 부조화가 긍정적인 방법으로 해소되거나 감소되면 만족으로 이어질 것이고 그렇지 못한 경우에는 불만족으로 이어질 것이다. 만족과 불만족은 자연스럽게 기억 속에 저장된다.

소비자는 어떤 제품에 대한 욕구가 환기되면 그 제품에 대한 관여도가 높고 기억 속에 내재된 정보가 불충분할수록 적극적으로 정보탐색을 한다. 이를 위하여 자신을 관련 자극에 노출시키며, 주의를 하고 지각과정을 거쳐 선택대안들에 대한 평가를 하고 구매결정을 하게 된다. 그러나 모든 구매의사결정이 그와 같은 것은 아니다. 소비자의 구매의사결정이 항상 복잡한 문제해결이나 제한적인 문제해결을 위한 경우만이 아니기 때문이다. 일상적인 문제해결을 위한 구매의사결정이나 환기된 욕구에 관련된 제품에 대한 소비자의 관여도가 낮은 경우의 구매의사결정에는 정보탐색이 소극적으로 이루어진다. 이 경우 단지 내적 탐색에 의존하여 이름이 생각나는 대안이 있으면 그 대안에 대한 평가과정을 거치지 않은 채로 바로 구매로 이어지기도 한다. 예를 들어 평소에 두통을 전혀 경험하지 않은 소비자는 진통제에 대한 정보도, 그리고 광고에 대해서도 별로 관심이 없지만 잘 만들어진 특정 진통제 브랜드 광고에 반복적으로 노출이 될 수 있다. 그리고 두통이 발생하였을 때 얼른 기억으로부터 그 진통제 브랜드명이 회상되면 그 소비자는 그 브랜드가 다른 브랜드보다 더 효과적일 것이라는 아무런 신념이 없는데도 불구하고 그 브랜드를 구매하는 경우가 있다. 이 경우 소비자는 외적 탐색 없이 단지 내적 탐색에 의해서만 의사결정을 하는 것이다. 이와 같이 소비자의 관여도가 낮은 경우의 구매의사결정과정은 관여도가 높은 경우의 구매의사결정과는 상당히 다른 과정을 거친다.

3. 소비자의 정보처리과정

소비자는 자신이 원하든 그렇지 않든 수많은 정보의 홍수 속에서 살고 있다. 소비자가 필요로 하여 정보를 탐색하든 원하지 않는 정보에 피동적으로 노출되든, 소비자는 자연적인 과정으로서 정보를 처리하게 된다. 소비자의 정보처리가 이루어지기 위해서는 먼저 정보에 대한 노출이 일어나야 한다. 소비자는 TV를 시청하던 중 혹은 대중교통을 이용하다가 마케팅 자극에 우연히 노출되기도 하고, 의도적으로 인터넷상에서 정보탐색을 시도하기도 한다. 우연적이든 의도적이든 간에 소비자가 마케팅 자극에 노출되어 주의를 기울이고 내용을 지각하여 이에 긍정적 혹은 부정적으로 반응하기까지의 과정을 소비자 정보처리과정이라고 한다. 정보처리의 결과는 신념과 태도의 형성 혹은 변화이다. 정보처리과정을 통하여 형성 혹은 변화된 신념과 태도는 제품의 구매의사결정을 위한 대안평가에 즉각 이용되기도 하고, 자신이 그 정보와 관련된 의사결정을 곧바로 하지 않는 경우에는 기억 속에 저장되었다가 다음에 유사한 의사결정을 위하여 이용되기도 한다. 이하에서는 정보처리가 이루어지는 과정을 각 단계별로 살펴보고자 한다.

그림 4-3 소비자 정보처리과정

1) 노 출

정보처리과정은 소비자가 마케팅 자극에 노출(exposure)되는 것으로부터 시작된다. 노출은 우연적 노출과 의도적 노출로 나눌 수 있다. 우연적 노출은 뉴스나 드라마를 보기 위하여 TV를 시청할 때 혹은 등하교시 전철이나 버스 속에서 벽에 부착되어 있는 각종 광고에 노출되는 것과 같이 소비자가 의도하지 않은 상태에서 정보에 노출되는 경우이다. 반면 의도적 노출은 자신의 기억 속에 내재된 정보가 의사결정을 위해서 부족하다고 느낄 경우 인터넷 검색 등을 통해서 보다 많은 정보를 외부로부터 찾는 경우이다.

2) 주 의

주의(attention)는 마케팅 자극에 관심을 집중하는 과정이다. 소비자가 자신을 어떤 자극에 의도적으로 노출시킨 경우에는 자연히 주의를 기울이게 된다. 그러나 자극에 우연히 노출되었을 때는 그 자극이 자신이 관여되어 있는 제품에 대한 정보를 담고 있으면 상당한 주의를 기울이지만 그렇지 못하다면 별로 주의를 기울이지 않게 된다. 이를 선택적 주의(selective attention)라고 하는데 주의의 정도는 개인의 관여도뿐만 아니라 자극 자체의 크기나 차별적인 정도에서도 영향을 받는다. 따라서 소비자는 관여되어 있지 않는 제품의 광고에 노출되는 경우라도 그 광고가 특히 잘 만들어져 관심을 끌 수 있다면 소비자는 그 광고에 주의를 기울이게 되는 것이다.

3) 지 각

지각(perception)은 소비자가 마케팅 자극에 주의를 하여 자극의 내용을 이해하고 나름대로 의미를 부여하는 것이다. 동일한 자극에 노출되더라도 소비자들마다 지각이 다른 경우가 많다. 소비자의 지각은 지각적 부호화(perceptual encoding)의 결과이다. 지각적 부호화는 자극 내 여러 요소들에 대하여 의미를 부여하는 과정이다. 자극의 요소들은 지각적 부호화 과정 이전에는 소비자에게 아무런 의미를 제공하지 않지만 지각적 부호화 과정을 거침으로써 언어나 숫자 혹은 회화적 이미지로 변형되어 소비자에게 의미가 전달된다. 지각적 부호화 과정에 관련되는 지각적 메커니즘으로 지각적 조직화(perceptual organization)와 지각적 범주화(perceptual categorization)가 있다.

지각적 조직화는 자극을 구성하는 여러 요소들을 따로따로 지각하지 않고 전체적으로 통합하는 과정이다. 예를 들어 아름다운 배경음악이 흐르고 풍광이 수려한 산과 푸른 호수를 끼고 펼쳐진 도로를 승용차 한 대가 질주하는 TV광고에 소비자가 노출되면 소비자는 음악과 산, 그리고 호수 등을 따로 분리하여 지각하지 않고 모든 자극적 요소들을 통합 · 조직화하여 나름대로 지각하는 것이다.

지각적 범주화는 소비자가 노출을 통하여 유입된 자극을 기억 속에 있는 기존의 스키마(schema)에 있는 것들과 관련시키는 과정이라 할 수 있다. 소비자는 지각적 범주화 과정을 통하여 자극을 쉽게 이해한다. 스키마는 소비자가 가지고 있는 가설적 인지구조(hypothetical cognitive structure)로, 주변에 있는 여러 대상에 대한 지식단위들 상호 간에 형성된 네트워크라고 말할 수 있다. 예를 들면 소비자가 LG TV는 화면이 선명하고 디자인이 세련되고 고장이 잘 나지 않는다는 식으로 특정 브랜드에 대하여 스키마를 갖기도 하고, DMB폰은 이동 중 어디에서도 통화는 물론 TV 시청이 가능하다는 식으로 어떤 제품에 대하여 스키마를 갖기도 한다. 소비자가 DMB폰 광고에 노출되어 정보를 처리할 때 이미 그 휴대폰에 대한 나름대로의 스키마를 가지고 있으면 그렇지 않은 경우보다 쉽게 정보를 이해할 수 있다.

이와 같이 소비자는 지각적 부호화, 지각적 조직화, 그리고 지각적 범주화라는 지각적 과정을 통하여 마케팅 자극을 이해하고 의미를 부여하며 나름대로 기억 속에 저장한다. 우리가 과거 언젠가 보았던 TV광고의 내용과 장면들을 기억하는 것도 같은 이치이다.

4) 반 응

소비자가 마케팅 자극에 노출되어 주의를 기울이고 나름대로 자극의 내용을 지각하면 광고된 제품에 대해 긍정적이나 부정적 혹은 중립적 태도를 형성한다. 이러한 제품에 대한 태도는 정보처리의 결과이다.

소비자가 광고를 보는 동안 가질 수 있는 반응에는 인지적 반응(cognitive responses)과 정서적 반응(emotional responses)이 있다. 인지적 반응은 소비자가 광고를 보는 동안 자연스럽게 떠올린 생각들이다. 광고내용이나 광고원천(예: 광고모델, 광고주, 광고매체 등)에 대한 긍정적 혹은 부정적 생각들과 광고와는 무관한 생각들로 구성된다. 이 때 광고에 대한 반응은 기억 속에 내재되어 있는 기존 신념의 영향을 받는다. 광고 자극이 기억 속에 있던 기존의 신념과 일치하는 경우에는 지지주장이 발생하나 불일치할 경우에는 반대주장이 나타난다. 정서적 반응은 소비자가 광고를 보면서 갖는 여러 가지 감정과 느낌 등을 말한다. 정서적 반응도 역시 긍정적인 것과 부정적인 것이 있다. 인지적 반응과 정서적 반응 모두 제품 혹은 브랜드의 태도 형성에 영향을 미치는데, 긍정적인 반응은 긍정적으로 영향을 미치고 부정적인 반응은 부정적으로 영향을 미친다.

마케팅 자극에 대한 소비자의 반응은 태도 형성뿐만 아니라 태도 변화도 가져온다. 특히 소비자가 의사결정을 위하여 의도적으로 정보처리를 하는 경우에는 이러한 태도가 선택대안들의 평가에 직접적으로 영향을 미친다. 그러나 소비자가 우연히 자극에 노출되어 정보처리가 이루어진 경우는 기억 속에 바로 저장된다.

5) 저장 및 기억

처리된 정보는 기억 속에 저장된다. 기억은 기존의 여러 정보, 경험, 환경적 영향요인, 그리고 새로운 마케팅 자극들로부터 제공된 여러 정보들로 구성된다. 소비자는 과거 구매의사결정을 통하여 여러 대안들 중 하나의 대안을 선택하고 구매해서 사용해 본 후 만족했거나 불만족했던 수많은 경험을 가지고 있다. 이러한 경험은 신념이나 태도 혹은 만족 정도로써 소비자의 기억 속에 저장되어 있다. 또한 새롭게 처리된 정보는 하나씩 독립된 정보로 혹은 관련 정보끼리 통합되어 기억 속에 저장된다. 다시 말해서 특정 제품 혹은 광고의 단편적인 정보가 저장될 수도 있고 그 제품 혹은 광고에 대한 태도가 저장될 수도 있는 것이다.

인간이 가지고 있는 기억능력의 한계로 인하여 소비자는 일상생활에서 제공되는 수많은 제품 정보들 중에서 극히 일부분만을 기억하게 된다. 즉 소비자의 욕구와 부합되거나 광고가 특히 인상적이어서 주의가 유발된 제품 정보만이 감각기관을 통과한다. 감각기관을 거쳐 외부로부터 유입된 정보는 주로 단기기억에서 처리된다. 단기기억은 처리능력의 한계로 인하여 한 번에 제한된 양의 정보만을 처리한다. 유입된 제품 정보는 장기기억으로부터 인출된 정보와 결합하여 단기기억 속에서 처리되며, 처리된 제품 정보는 장기기억으로 이전되어 영구히 저장된다. 앞에서 언급한 바와 같이 소비자는 어느 시점에서든지 문제인식을 하면 자연스럽게 내적 탐색을 하게 되는데 이 때 정보는 장기기억으로부터 인출된 것이다.

4. 소비자행동의 영향요인

소비자의 구매의사결정 과정에 영향을 미칠 수 있는 다양한 요인들이 존재한다. 이하에서는 그 요인들에 대해서 살펴볼 것이다.

1) 개인심리적 요인

(1) 태 도

태도(attitude)란 어떤 대상에 대한 긍정적 혹은 부정적인 느낌이나 전반적인 평가를 말한다. 소비자는 선택대안들을 비교하고 평가하는 과정에서 각 대안에 대한 태도를 형성한다. 소비자는 기억 속에 저장된 태도에 의하여 매일 직면하는 여러 가지 의사결정에 효율적으로 대처할 수 있게 된다. 다시 말해서 소비자는 제품을 구매할 때마다 각 대안에 대한 구체적인 정보를 모두 회상할 필요 없이 각 대안에 대한 전반적인 느낌만을 회상하면 되는 것이다. 예를 들어 어떤 소비자가 특정 브랜드의 노트북에 대하여 호의적인 태도를 가지고 있다면 노트북 구매에 대한 필요가 발생할 때 여러 브랜드에 관한 정보를 모두 회상해서 비교하고 평가하는 과정을 거치지 않고도 해당 브랜드를 구매할 가능성이 높을 것으로 예상할 수 있는 것이다.

태도는 대안에 대한 긍정적 또는 부정적 느낌뿐 아니라 대안에 대한 신념(지식과 생각)과 행동 성향을 포함하는 다차원적인 개념으로도 인식된다. 소비자는 제품 소비의 경험이나 외부 정보에 의하여 속성별로 신념을 형성한다. 이러한 신념들은 다시 평가되고 통합되어 그 제품에 대하여 전반적으로 긍정적 혹은 부정적 느낌이 형성된다. 소비자는 이러한 느낌을 토대로 하여 제품에 대한 구매의도를 가지게 된다. 따라서 태도는 대안에 대한 생각, 느낌, 행동성향을 함께 가지는 복합적인 개념으로 볼 수 있다.

정보처리 과정을 통하여 소비자의 태도가 형성되는 과정은 대상에 대한 관여도에 따라 다르다. 관여도가 높은 경우 소비자는 관련 제품정보를 능동적으로 탐색하고, 선택대안들을 비교 · 평가하는 등 높은 인지적 노력에 의해 태도 형성이 이루어진다. 관여도가 낮은 소비자는 적극적인 정보처리를 하지 않지만, 이 때에도 인상적인 광고를 보거나 반복되는 광고 노출에 의하여 특정 브랜드에 친숙해질 수 있고 구매 전에 이미 그 브랜드에 대한 태도가 어느 정도 형성된다. 특히 제품에 대한 소비자의 관여도가 낮은 경우에는 소비자가 광고에 노출되었을 때 형성된 광고에 대한 태도가 광고 대상인 제품에 대한 소비자의 태도에 영향을 미친다. 따라서 소비자가 광고를 좋아하거나 싫어하는지의 여부가 광고제품에 대한

그림 4-4 소비자행동의 영향 요인

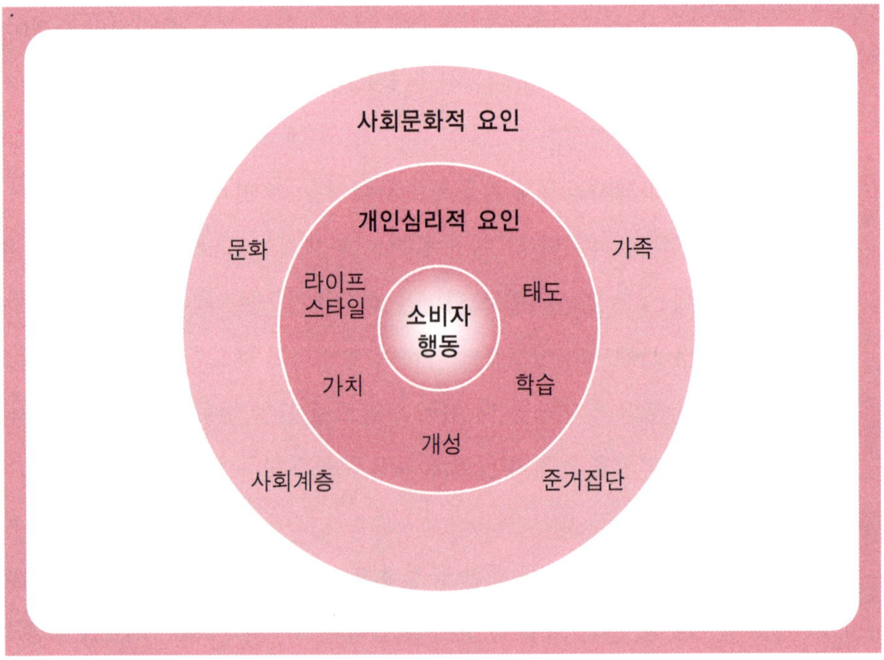

태도형성에 상당한 영향을 미치는 것이다. 저관여 소비자의 경우에는 일반적으로 사용경험을 통하여 태도가 강화되거나 약화되는 등 매우 가변적이지만, 고관여 구매상황하의 소비자는 저관여 소비자에 비하여 제품정보를 주의 깊게 관찰하고 생각하는 등 많은 인지적 노력을 기울여 태도가 형성되기 때문에 한 번 형성된 태도는 장기간 지속되는 경향이 있다. 결국 마케팅 관리자는 소비자가 자사 제품에 대하여 호의적인 태도를 가지고 있는 경우 이를 유지하도록 하고, 비호의적인 태도를 가지고 있는 경우 이를 호의적으로 변화시키기 위해 노력하여야 한다.

(2) 학 습

학습(learning)이란 어떤 대상에 대한 신념이나 태도가 처음으로 형성되거나 기존의 신념이나 태도가 변화되어 행동에 영향을 미치는 것을 말한다. 학습을 설명하는 이론에는 두 가지가 있다. 인지적 학습(cognitive learning)과 행동주의적 학습(behaviorist learning)이 그것이다. 소비자의 관여도가 높은 제품의 구매의사결정을 위한 정보탐색 및 처리 과정에서 상당한 인지적 노력을 기울여 대상에 대한 신념이나 태도가 형성되고 변화하는 경우를 인지적 학습이라고 한다. 인지적 학습 과정은 정보탐색 · 노출 · 주의 · 지각 · 반응 등 일련의 과정을 거친다.

소비자가 어떤 광고에 노출되었을 때 광고제품에 대한 관여도가 낮으면 수동적이고 소극적 정보처리를 하는데 이 때에도 소비자는 광고 그 자체를 즐길 수 있다. 이와 같이 소비자가 호감을 갖는 광고에 반복적으로 노출되면 저절로 그 제품에 대해 호의적 태도를 갖게 될 수 있는데 이것을 고전적 조건화(classical conditioning)라고 한다. 한편 소비자가 가격할인 등 어떤 계기를 통해 제품을 구매해 보고 상당히 만족을 하면 그 브랜드를 반복 구매하는 경우가 많은데 이것을 수단적 조건화(instrumental conditioning)라고 한다. 수단적 조건화에 의한 학습은 시용구매를 전제로 하는데 이것은 외적 정보탐색이나 대안평가를 필요로 하지 않는다. 고전적 조건화와 수단적 조건화에 의한 소비자의 태도나 행동의 변화는 인지적 노력을 수반하지 않고 학습이 이루어지므로 이와 같은 것을 행동주의적 학습이라고 부른다.

(3) 개 성

개성(personality)을 설명하는 이론으로는 정신분석이론, 사회심리이론, 특성이론, 자기개념이론 등이 있다. 정신분석이론은 본능, 자아, 초자아 사이의 상호작용이 무의식적인 동기를 유발하며 무의식적인 동기가 개인의 성격형성에 영향을 미쳐 인간행동으로 구체화된다고 보는데, 오랫동안 동기연구에 상당한 영향을 미쳤다. 사회심리이론은 정신분석이론과는 달리 개성 형성의 중요한 변수로 사회적 변수를 고려하며 의식적 동기를 중요시 한다. 사회심리학자인 코헨(Cohen)은 개성을 순응형, 공격형, 그리고 고립형으로 구분하였다. 이러한 구분을 마케팅에 적용시킨 결과 개성 유형에 따라 특정 제품을 소비하는 양이 다른 것으로 나타났다. 특성이론은 개성이 여러 개의 특성들의 집합으로 구성되어 있다고 본다. 또한 특성요소들은 누구에게나 공통적으로 있지만 그 정도에 있어서는 개인마다 다른 것으로 본다. 자아개념이론에 의하면 소비자는 여러 브랜드 대안들 중 자신의 자아개념과 일치하는 브랜드 이미지를 가지고 있는 브랜드를 선호한다. 그러므로 기업은 시장을 유사한 자아개념을 갖는 소비자들로 세분화할 수 있으며, 특별한 자아개념을 갖는 소비자들이 자아개념과 일치하는 브랜드 이미지를 갖는 제품이 시장에 존재하지 않는다면 신제품의 개발가능성을 고려할 수 있을 것이다.

(4) 가 치

가치(value)는 소비자가 가지고 있는 가장 근본적인 욕구와 지향하고자 하는 목표의 인지적 표현으로, 소비자들이 제품으로부터 기대하는 혜택보다 더욱 추상적인 개념이다. 소비자가 추구하는 가치는 추상적인 정도에 따라 최종가치와 수단적 가치로 구분된다. 최종가치는 개인에 의하여 선호되는 최종상태를 말하며 수단적 가치는 개인에 의하여 선호되는 최종상태인 최종가치를 성취하고자 하는 행위방식이나 행동양상을 말한다.

소비자가 추구하는 핵심적 가치, 즉 지향하는 목표와 욕구는 소비자의 자아개념을 구성하는 중요한 요소가 된다. 소비자는 자신의 자아개념을 구성하는 요소인 가치를 실현하기 위한 행위의 하나로 제품을 구매 하기도 한다. 가치는 소비자행동의 여러 측면에 영향을 미치므로 마케팅 관리자는 우리 사회의 중요한 가치가 무엇인지 파악하고 장기적으로 가치의 변화를 잘 관찰하여 이에 적절히 대응할 필요가 있다.

(5) 라이프스타일

라이프스타일(life style)은 개인의 동기, 사전학습, 사회계층, 인구통계적 특성 등의 함수로 한 개인이 살아가는 방식을 말한다. 라이프스타일은 소비자의 개성과 가치를 반영하며 개인마다 가지고 있는 독특한 생활패턴이라고 할 수 있으며 소비행동에 영향을 미친다. 그래서 우리가 볼 수 있는 많은 제품들은 라이프스타일 제품이라 말할 수 있다.

라이프스타일을 측정하는 도구로 폭넓게 사용하는 사이코그래픽스(psychographics)의 핵심 구성요소는 활동(Activity), 관심(Interest), 의견(Opinion)으로, 이를 줄여서 AIO라고 한다. 소비자의 라이프스타일은 수십 혹은 수백 개의 문장으로 구성되어 있는 AIO에 대한 진술을 응답자에게 제시하고 응답자로 하여금 그 진술에 대한 동의 정도를 표현하게 함으로써 측정된다. AIO 진술은 크게 일반적인 활동과 관심, 그리고 의견에 관한 것과 특정 제품 혹은 서비스와 관련된 부분으로 구성되어 있다. 라이프스타일은 특히 시장세분화를 위한 변수로 많이 활용되고 있다.

2) 사회문화적 요인

(1) 가 족

소비자는 대부분 2명 이상으로 구성된 한 가족의 구성원으로서 제품 구매 시 가족구성원의 영향을 받는 경우가 많다. 가족구성원들은 가족 전체가 소비하고 사용하는 제품뿐만 아니라 개인이 소비하고 사용하는 제품의 구매에도 서로 영향을 미친다. 가족의사결정에서 특히 중요시되는 것은 의사결정에 대한 남편과 아내의 상대적 영향력이다. 남편과 아내의 상대적 영향력은 제품유형, 의사결정단계, 의사결정유형, 그리고 가족의 특징에 따라 다르다. 제품에 따라 남편의 영향이 큰 제품, 아내의 영향이 큰 제품, 각각의 영향이 비슷한 제품, 공동으로 결정이 이루어지는 제품으로 구분할 수 있다.

의사결정단계와 관련된 한 연구에서는 연구대상이 된 25개 제품의 경우 문제인식단계에서 정보탐색으로 갈 때는 남편의 영향력이 커지나 최종 결정 시에는 부부의 영향력이 동등해지는 경향이 있는 것으로 나타났다. 의사결정의 유형과 관련해서는 일반적으로 지출금액의 크기에 관해서는 남편의 영향력이 크고, 브랜드 결정에 관해서는 아내의 영향력이 더 큰 것으로 밝혀지고 있다. 끝으로 남편이 아내보다 교육수준, 소득, 신분이 높을 때 남편지배적인 경향이 있는 것으로 나타났다.

가족의사결정에 있어서 자녀들의 영향력도 점차 커지고 있다. 또한 어머니와 자녀의 관계에서 어머니는 자녀의 나이가 많아짐에 따라 구매결정능력을 보다 많이 갖춘다고 여기기 때문에 자녀의 나이가 많아질수록 자녀의 요구에 더 많이 따르는 경향이 있다. 자녀의 영향력 정도는 제품에 따라 다른데 일반적으로 자동차 등 어른과 관련된 제품에 대해서는 영향력이 적으나 스낵 음식류, 게임, 장난감, 청량음료, 자신들의 의류 등 자녀와 관련된 제품의 경우는 영향력이 큰 것으로 알려져 있다.

(2) 준거집단

준거집단(reference group)은 개인행동에 직접적 혹은 간접적으로 영향을 미치는 개인이나 집단을 말한다. 소비자는 구매의사결정과정에서 준거집단 구성원의 의견을 신뢰성 있는 정보원천으로 생각한다. 특히 소비자가 자신의 준거집단의 기대에 순응하고자 할 때와 자신의 준거집단인 유명인의 행동을 모방함으로써 자아를 강화시키고자 할 때는 준거집단으로부터 상당한 영향을 받는다. 준거집단의 영향은 구매할 제품이나 브랜드의 특성에 따라 다르며, 일반적으로 제품이나 브랜드가 남의 눈에 두드러지게 드러날수록 준거집단의 영향이 커진다.

(3) 사회계층

사회계층(social class)은 한 사회 내에서 동일한 가치, 관심 및 행동을 공유하는 사람들로 구성된 집단으로, 직업, 학력, 재산, 소득 등에 의하여 구분할 수 있다. 사회계층은 높은 지위로부터 낮은 지위까지 수직적인 계층구조를 가진다. 사람들은 사회계층에 따라 보다 높거나 낮은 지위를 차지하지만, 사회계층 간의 이동이 고정되어 있는 것은 아니다. 사회구성원들은 보다 높은 사회계층으로 올라가거나 낮은 사회계층으로 전락할 수도 있다. 사회계층이 다르면 제품을 구매할 때 제품의 종류와 브랜드 선택에 차이를 보인다. 그러나 같은 사회계층에 속한 사람들은 일반적으로 유사한 구매행동을 보인다. 즉 상류계층에 의해서 주로 구매되는 제품이 있는가 하면 하류층에 의해 구매되는 제품도 있는 것이다.

(4) 문 화

문화(culture)는 사회구성원들에 의해 공유된 그 사회 특유의 라이프스타일을 반영한다. 따라서 문화는 소비자행동에 가장 폭넓고 깊은 영향을 미친다. 특히 소비자들이 어떤 상황하에서 적절한 생각이나 행동이 무엇인지에 대한 지침을 제공한다. 문화를 구성하는 요소들 가운데 개인의 가치는 개인의 태도와 행동에 강한 영향을 미치는데 개인의 가치 중 사회구성원들이 공통적으로 보유하고 있는 가치를 문화적 가치라고 한다.

최근 우리나라 사람들의 문화적 가치 가운데 하나를 예로 들자면, 자신들의 인생에서 여가활동에 대해 더 많은 가치를 부여하고자 하는 것이다. 경제적인 여유와 주5일제 근무의 확산으로, 시간이 나면 여행이나 스포츠, 레저에 대해 관심을 보이고 여가시간을 늘리기 위하여 시간을 절약해 주는 제품들인 전자레인지, 자동세탁기, 전기밥솥, 진공청소기를 사용하며 패스트푸드 음식점, 인터넷 금융거래, TV홈쇼핑 등의 간편함에 대한 수요가 증대되고있다. 이러한 현상은 달라진 우리나라 소비자의 문화적 가치를 보여주는 좋은 사례라고 할 수 있다.

4.2 산업재 시장과 산업재 소비자행동

1. 산업재 시장의 개념

산업재 시장이란 제품 혹은 서비스를 생산하거나 재판매할 목적으로 제품을 구매하는 소비자, 즉 산업재 소비자(organizational buyer)로 구성되어 있는 시장을 말한다. 개인의 욕구 충족을 위해서 제품을 구매하는 최종소비자로 구성되어 있는 소비자시장과는 이러한 점에서 차이가 있다. 따라서 소비자시장의 주체가 개인소비 자와 가계일 가능성이 큰 반면, 산업재 시장의 주체는 대부분 공식조직이다. 산업재 시장을 구성하고 있는 산업재 소비자들 가운데도 마케팅의 대상이 누구인지에 따라 구매행동에 차이가 있는데, 산업소비자, 재판매업자, 그리고 정부가 그것이다.

- 산업재 소비자(industrial buyer) : 제품 혹은 서비스를 생산하기 위하여 이에 필요한 원자재, 부품, 기계설비 등을 구매한다. 산업소비자가 구매활동을 하는 궁극적인 목표는 생산된 제품이나 서비스를 판매, 대여, 교환함으로써 이익을 얻는 데 있다. 제품을 생산하는 제조기업과 서비스를 창출하는 항공사, 보험회사 등이 이 범주에 속한다.
- 재판매업자(reseller) : 소매상이나 도매상처럼 제품을 다시 팔아서 이익을 얻을 목적으로 제품이나 서비스를 구매하는 개인이나 조직을 말한다. 재판매업자로 분류될 수 있는 사람이나 조직에는 행상으로부터 대규모 백화점에 이르기까지 다양하다.
- 정부(government) : 마지막으로 산업재 시장을 구성하는 주체이다. 나라살림의 규모가 커지면 정부의 규모도 아울러 성장한다. 국방이나 치안이 고작이던 과거와는 달리 현대의 정부는 여기에 추가해서 외교, 경제는 물론, 교육, 문화, 사회, 복지 등에 이르기까지 매우 광범위한 임무를 수행하고 있다. 이러한 업무를 수행하기 위해서는 많은 종류의 제품과 서비스, 그리고 설비 등을 구매해

야한다. 뿐만 아니라 정부기관이 구매하는 제품, 서비스, 그리고 설비의 양도 방대하다. 이렇게 정부의 기능을 원활히 수행하기 위해 구매하는 엄청난 규모의 제품과 서비스가 모두 산업재 시장을 겨냥한 기업들의 마케팅 대상이 되는 것이다.

이상에서 언급한 세 종류의 산업재 소비자들의 구매행동에는 다소 차이가 있지만, 이들의 구매행동이 공식조직의 행위라는 측면에서 차이보다는 공통점이 더 많다. 특히 개인 소비자행동과 비교할 때 이들을 하나로 묶어 설명해도 아무런 무리가 없을 것이라고 판단된다. 이하에서는 산업소비자의 행동에 초점을 맞춰 조직에 의한 구매행동 전반에 대하여 그 특징적인 점을 설명하고자 한다.

2. 산업재 소비자행동

1) 산업재 소비자행동의 특징

조직에 의한 구매행동은 여러 가지 면에서 최종 소비자가 자신의 개인적 소비를 위해서 구매하는 행동과는 구별되는 점이 많다. 이하에서는 양자 사이의 차이점이라고 할 수 있는 산업재 소비자행동의 특징에 관하여 살펴보고자 한다.

(1) 합리적이다

산업재 소비자행동의 특징 가운데 가장 두드러지는 특징은 합리성이다. 산업재 소비자의 구매의사결정 과정의 합리성 여부는 다음과 같은 세 가지 관점에서 살펴볼 수 있다. 첫째, 의사결정에 필요한 정보를 충분히 수집했으며 모아진 정보는 신뢰할 만한 질을 갖추고 있는가 하는 점이다. 둘째, 의사결정이란 둘 또는 그 이상의 대안들 중에서 어느 하나를 선택하는 것인데, 이를 위해서는 대안들을 평가해야 한다. 그리고 대안을 평가하기 위한 기준이 있어야 한다. 이 때 대안평가에 동원된 기준이 경제적이고 객관적인가에 대한 것이다. 셋째, 구매의사결정 과정의 각 단계를 얼마나 착실히 경유하여 최종결정에 도달했는가 하는 점이다.

구매의사결정을 하려면 제품 및 점포 등에 대한 정보를 모으고 이것을 바탕으로 구매할 제품대안들과 점포대안을 평가하여 대안 각각에 대한 태도가 형성된다. 그리고 별다른 여건상의 변화가 없는 한 가장 긍정적인 평가와 태도가 형성된 브랜드를 구매하게 된다. 이 때 정보수집 단계와 구매 단계는 구매의사결정과정에서 생략될 수는 없지만 대안을 평가하고 태도를 형성하는 단계는 종종 생략되는 경우가 있다. 구매의사결정 과정에서 대안평가 및 태도 형성 단계가 포함되었는지 여부는 의사결정이 합리적인지 아닌지를 결정하는 기준이 된다. 이 단계가 생략되거나 다른 사람의 평가에 의존한 결정은 비합리적인 결정으로 간주된다.

조직에 의한 구매의사결정은 위의 세 가지 관점 중 어느 관점에서 보아도 소비자의 구매결정에 비해 합리적이다. 조직구매는 합리적일 수밖에 없는데, 여기에는 그럴 만한 이유가 있다. 모든 조직은 반드시 그 조직이 설립된 취지와 목적이 있다. 그리고 목적을 가장 효율적인 방법으로 달성하려고 한다. 이러한 경향은 특히 기업조직에서 뚜렷하다. 기업 경영의 목적은 수익 창출이며 이것은 다른 어떤 조직의 목적보다도 선명하고 계량적이며 목적을 성취하려는 동기 또한 다른 어떤 조직보다 강하다. 따라서 기업은 매년 의욕적으로 설정한 이익목표를 달성하기 위해서 생산의 효율 및 비용절감, 또는 이중 어느 하나와 밀접한 관계가 있는 구매에 관한 결정에 대해 그만큼 신중을 기할 수밖에 없다. 원료와 생산설비를 잘못 선택하면 생산능률이나 제품품질을 떨어뜨릴 가능성이 높아지며, 생산원가 측면에서도 부정적인 영향을 미칠 수 있다. 이 때문에 대부분의 기업은 구매에 관한 합리적인 방침과 절차를 사전에 정해 놓고 이에 따라 구매하도록 함으로써 구매와 관련된 비합리적인 결정이나 행동을 예방한다. 그리고 규모가 큰 회사들은 구매부서를 이익단위로 독립시켜 스스로 손익에 대해 책임을 지도록 조직하고 있다.

위에서 조직에 의한 구매의사결정이 합리적이라는 점을 강조했다. 그러나 이것은 모든 조직구매가 그렇다는 의미가 아니며, 언제나 그렇게 할 수도 없는 일이다. 조직의 구매결정이라 할지라도 궁극적으로는 사람이 하는 일인 만큼 감정이나 주관이 완전히 배제될 수가 없다. 구매에는 많은 이권과 유혹이 개재되는 경우가 많고 따라서 부정이 종종 발견된다는 사실만으로도 그러한 사실이 입증될 수 있다. 그리고 주요 생산설비를 구매할 때와 사무용 문구를 구매할 때의 합리성이 똑같지는 않을 것이다. 이 두 종류의 제품을 잘못 구입했을 때 그 기업의 이익에 미치는 영향의 정도가 같지 않을 것이기 때문이다.

(2) 전문적이다

소비자로서 조직은 소비자와는 다르다. 앞에서도 지적한 것처럼 조직은 달성해야 할 목표가 있고 그 목표에 도달하기 위해 효율을 추구하므로 최소한의 노력과 비용을 투입해서 최대의 효과를 얻기 위해 노력한다. 그리고 조직의 구매는 자신이 생산하는 제품의 가격과 품질에 영향을 미쳐 궁극적으로는 이익의 수준을 결정한다. 따라서 구매기능을 소홀히 할 수 없는 것이다. 되도록 낮은 가격에 가장 이상적인 품질의 제품을 구매하기 위해 구매할 제품과 그 제품을 판매하는 공급업자에 대하여 파는 사람 못지않게 많은 전문성을 갖고 있지 않으면 안 된다. 이 때문에 기업은 생산뿐만 아니라 구매목적을 위해서도 전문인력을 고용한다. 때로는 전문인력을 고용하는 것만으로는 불충분하다. 구매할 제품을 과학적으로 분석할 수 있는 실험설비나 도구가 필요할 때도 있다. 기업은 신제품을 개발하는 데도 실험실을 활용하지만 구입할 원료나 부품 등의 성능을 점검해 전문적이고 합리적인 구매를 뒷받침할 수 있는 자료를 제공받기 위한 목적으로도 실험설비 및 인력을 동원한다.

전문적인 구매를 하는 기업 중에는 이른바 원가분석(cost analysis)이나 가치분석(value analysis) 등을 실시한다. 원가분석은 구매할 품목의 생산원가를 분석하는 것으로 공급업자와의 가격흥정 시 기초자료를 제공한다. 그리고 원가분석의 결과 그 가격이 높을 수밖에 없다고 판단되는 품목에 대해서는 가치분석을 수행한다. 가치분석이란 해당품목의 원자재 대체, 생산공정의 단순화, 디자인의 단순화 가능성 등을 분석 및 검토하여 품목 자체의 생산원가를 절감하기 위한 방안을 강구하는 기법이다.

(3) 집단적 구매의사결정을 한다

소비자가 제품을 구매하는 경우에도 가족이 공동으로 사용하는 품목을 구매할 때는 두 사람 이상이 의사결정에 참여하는 예를 자주 발견할 수 있다. 조직의 구매의사결정에는 소비자 구매의사결정에 비해 훨씬 더 많은 사람들이 참여한다. 다음과 같은 경우에는 특별히 그 참여의 범위가 넓어질 가능성이 높다.

첫째, 중요한 구매에는 보다 많은 사람이 그 결정에 개입한다. 여기서 중요한 구매라 함은 혁신적인 원자재처럼 구매할 제품이 조직의 경제적 성과에 중요한 영향을 미칠 것이 예상되는 품목이거나 값비싼 생산설비와 같이 그 품목을 구매하기 위하여 막대한 금전적 지출을 필요로 하는 구매를 의미한다.

둘째, 조직이 과거에 경험해 본 적이 없는 새로운 구매라면 좀 더 신중을 기할 필요가 있고 이때 연구개발부서, 생산부서, 구매부서는 물론 기획부서, 심지어 마케팅 부서의 기술 및 관리직 인력들이 골고루 참여할 수 있다. 첨단기술의 생산설비를 처음으로 구입하는 기업은 아마도 그 결정을 위해서 전사적으로 의견을 수렴하는 것은 물론 대학이나 연구소의 자문을 구하는 것까지도 마다하지 않을 것이다.

셋째, 구매의사결정의 참여범위는 조직의 규모나 분위기와도 밀접한 관계가 있다. 일반적으로 조직의 규모가 크면 당연히 경영진의 수도 많을 뿐만 아니라 배경도 다양하고 전문적인 식견도 높을 가능성이 크다. 따라서 중요한 구매의사결정을 할 때는 이들의 지혜가 동원되기 쉽다. 그러나 단순히 많은 수의 전문인력을 고용하고 있다고 해서 많은 사람들이 구매결정에 참여한다는 것은 아니다. 조직의 분위기가 모든 일에 의견수렴을 적극적으로 하고 보다 많은 사람이 의사결정에 참여할 수 있는 기회를 허용하는 수평적이고 민주적인 분위기라면 구매의사결정은 물론 다른 경영활동에도 참여의 폭이 넓을 것은 당연하다.

그러나 위의 세 가지 조건이 구비되지 않은 경우라도 조직, 특히 기업에 의한 구매결정에는 소비자 구매의사결정보다는 많은 사람이 참여할 것이라고 예상하는 것은 결코 무리가 아니다.

(4) 구매패턴에 차이가 있다

조직소비자의 구매패턴은 구매량 및 빈도, 직접구매, 상호구매 측면에서 소비자 행동과 차이가 있다.

① 구매량 및 빈도

조직소비자는 개인이나 가계의 소비를 위하여 구매하는 것이 아니라 대중이나 많은 소비자를 위하여 구매하거나 제품이나 서비스를 생산할 목적으로 원자재, 부품, 설비, 도구 등을 구매한다. 따라서 한꺼번에 많은 양을 구매할 수밖에 없다. 물론 조직소비자는 합리적이므로 불필요하게 많은 양을 구매하여 과다한 창고비 지출을 초래하지도 않는다. 오히려 조직소비자는 일정한 기간 동안에 필요한 양을 예측한 후 다소의 안전재고를 가산하여 구매량을 산출하는 등 필요 이상의 재고를 갖는 것을 가급적 피한다. 특히 공급업자의 신뢰도가 높고 구매할 품목이 시장에 풍부하게 존재하는 경우엔 재고를 과다하게 보유할 필요를 느끼지 않는다.

조직소비자가 1회 구매량을 결정하는 것은 단순히 생산계획에 의한 소요량에만 근거하는 것은 아니다. 한꺼번에 많은 양을 구입하면 수량할인의 혜택도 받을 수도 있고 수송비를 절감할 수도 있다. 따라서 주문량을 결정할 때는 주문에 의해 발생할 수 있는 각종 손익요인을 고려하는 것이 상식이다. 조직소비자가 소비자의 구매에 비해 많은 양을 구매한다는 것은 곧 구매가 그만큼 자주 발생하지 않는다는 것을 의미한다. 일반적으로 조직소비자는 소비자에 비해 저장설비와 저장관리 능력면에서 월등하므로 가끔 대량으로 구매하는 것이 관례로 되어 있다.

② 직접구매

조직소비자는 필요한 품목을 생산자로부터 직접 구매하려는 경향이 있다. 직접구매함으로써 우선 중간상인이 취할 마진만큼 구매원가를 절약할 수 있고, 생산자와 직접 거래함으로써 공급의 안정을 도모할 수 있다는 이점이 있기 때문이다.

생산자 입장에서도 대형 소비자와 직접 거래하면 유통경로를 관리하는 노력이 줄어들고, 조직소비자가 구매해 가는 물량의 규모가 크기 때문에 조금도 불리할 것이 없다. 따라서 생산자도 오히려 직접거래를 바라는 입장이며, 실제로 대부분의 제조기업들은 영업부서 내에 이른바 특판부를 두어 조직소비자를 대상으로 마케팅 활동을 벌이는 경우가 많다.

③ 상호구매

언젠가 모자동차 회사가 자사의 경쟁사가 만든 차를 타고 들어오는 납품업자의 출입을 막았다는 보도가 있었다. 물론 이것은 한쪽이 상호구매를 강요한 비합리적인 행동으로 사회의 비난을 받았다. 그러나 조직구매, 특히 산업구매에서 상호구매 현상은 빈번하게 발견할 수 있다. 상호구매라 함은 A가 B의 제품을 사주면 B도 A가 생산 또는 판매하는 제품을 구매해 주는 현상을 말한다. 예를 들어 자동차 회사 A가 타이어 회사 B로부터 타이어를 사주는 대신 타이어 회사 B도 A 회사의 자동차를 구매해 주는 경우가 바로 그것이다. 이러한 상호구매 현상은 시장에 경쟁이 심하거나 불경기 때 특히 성행한다. 그러나 특정 기업이 자신의 구매력을 무기로 해서 납품업체에게 상호구매를 일방적으로 강요하는 것은 납품업체에 부담을 주는 일이 되어 장기적으로 부실한 제품을 납품하게 만드는 결과를 초래할 수 있다. 그리고 비자발적 상호구매는 불공정거래 행위로 규제의 대상이 된다.

(5) 수요의 성격에 차이가 있다

조직소비자는 수요의 성격 측면에서도 소비자의 수요와 차이가 있다. 특히 조직구매자의 수요는 유발된 수요이며 복합수요이고 수요가 가변적이라는 점에서 소비자의 수요패턴과 차이가 있다.

① 파생수요(derived demand)

조직, 특히 산업체에서 구매하는 품목에 대한 수요는 그 품목을 원료로 해서 생산되는 제품으로부터 유발된 수요이다. 예를 들면 포장용기로서 병이나 알루미늄 캔에 대한 수요는 주스 등 음료수에 대한 수요에서 유도된다. 여름철 날씨가 무더운 날이 많아 음료수 매출액이 많이 올랐다면 용기에 대한 수요 역시 증가하나, 반대로 여름이지만 비가 자주 내리고 이상저온현상을 나타내 음료수 판매고가 뚝 떨어진다면 용기에 대한 수요도 격감하게 될 것은 당연하다. 이렇게 한 제품에 대한 수요가 다른 제품에 대한 수요로부터 연유되는 것을 파생수요라고 한다.

② 복합수요(composite demand)

어떤 제품을 생산할 때 둘 이상의 원자재나 부분품을 함께 사용하는 것은 일반적인 현상이다. 예를 들면 책을 만들기 위해서는 종이와 잉크가 동시에 필요하며 연필을 제조하기 위해서는 최소한 나무와 연필심을 구성하는 탄소 등 원자재가 소요된다. 이렇게 단일원자재나 부품으로 구성되는 제품은 찾아보기 어렵고, 대부분 제품을 생산하기 위해서는 두 가지 이상의 원료나 부품에 대한 복합수요가 필연적으로 발생하게 된다.

③ 가변적 수요(variable demand)

조직소비자에 의한 수요는 변화의 폭이 대단히 넓다. 이러한 현상은 새로운 공장설비나 도구의 경우 더욱 심하다. 이렇게 산업재에 대한 수요에 변화가 큰 이유는 앞에서 언급한 바 있는 조직소비자 수요의 특징, 파생수요와 복합수요 현상과 밀접한 관계가 있다. 조직소비자에 의한 수요는 수직적으로는 다른 제품에 대한 수요로부터 파생되고, 수평적으로는 복합적으로 소비되므로 한 마디로 말해서 다른 제품의 수요와 연계되어 있다. 따라서 산업 전체의 경기나 기타 경제여건에 따라 그 수요의 폭이 크게 달라진다. 경우에 따라서는 소비자 수요가 10% 증감할 때 이와 관련된 산업재에 대한 수요는 무려 40%까지 증감하는 현상이 나타나기도 한다. 이를 가속의 원리라고 한다.

그림 4-5 산업재 구매 의사결정 과정

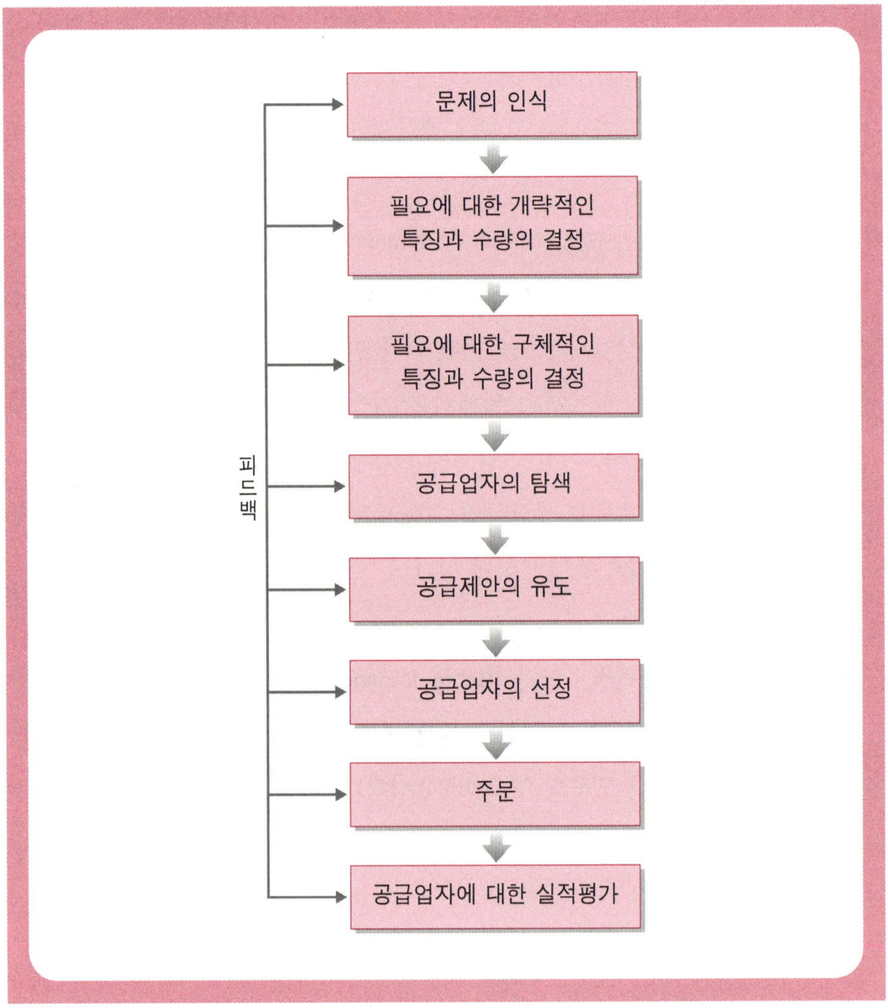

2) 산업재 구매 의사결정 과정

조직의 구매 의사결정 과정은 개인 소비자 구매 의사결정 과정과 유사한 측면이 있다. 산업재 소비자가 주로 합리성을 바탕으로 구매를 하며 의사결정에 참여하는 사람의 수가 더 많다는 차이가 있을 뿐이다.

조직의 구매상황은 신구매, 준재구매, 순수재구매 등 세 가지로 구분할 수 있으며, 구매상황에 따라 구매 의사결정과정이 달라진다. 이하에서는 산업재 구매의사결정과정을 8단계로 나누어 설명하고, 이 8단계의 구매 의사결정과정이 구매상황에 따라 어떻게 달라지는지 살펴보고자 한다.

(1) 문제의 인식

구매의사결정 과정의 첫 단계는 문제를 인식하는 것이다. 일상 경영에서 기업은 제품의 구매로 해소될 수 있는 많은 문제를 수시로 인지하게 된다. 기존에 사용하던 원자재의 재고가 떨어지거나 생산설비가 마모되는 것에서부터, 기존제품이 성숙되어 신제품을 개발할 필요성을 느끼고 따라서 기존설비를 최신설비로 대체하지 않으면 안 되는 여건에 놓이게 된다든지 하는 경우가 모든 문제를 인식하게 만드는 계기들이다.

문제의 인식은 이렇게 경영활동의 전개과정에서 나타날 수도 있지만 외부로부터 보다 경제적인 원자재, 에너지를 덜 쓰는 기계, 인력을 절감해 주는 장치 등에 관한 정보에 접하게 되었을 때도 나타날 가능성이 있다. 이러한 정보는 판매원이 가져다 주는 경우가 많지만 적극적인 경영자는 산업전시회나 전문지 등을 통해서 찾아낸다. 누구보다도 사용자에 의해 문제의 인식은 이루어질 가능성이 높다.

(2) 필요에 대한 개략적인 특징과 수량의 결정

인식된 문제나 필요가 어느 수준 이상 심각하면 필요로 하는 것에 대해 개략적인 윤곽을 파악하려는 노력을 하게 된다. 이 단계에서는 필요로 하는 품목의 일반적인 성격과 수량 등에 대한 조사가 이루어진다. 만약 필요로 하는 품목이 전혀 새로운 것이거나 이것을 이해하는 데 많은 기술적 지식을 필요로 하는 경우라면 연구개발부서나 생산부서에 있는 기술자가 그 조사에 참여할 가능성이 높다. 그러나 문제의 품목이 일상적인 것이어서 성격을 파악하는 데 전문적인 지식이 필요없다면 문제를 인식한 당사자나 구매부서가 책임을 지고 구매 진행을 하게 된다. 이 때 공급업자는 판매사원을 보내 소비자인 조직소비자가 이 단계를 성공적으로 마칠 수 있도록 도울 수 있을 것이다.

(3) 필요에 대한 구체적인 특징과 수량의 결정

필요한 품목의 특징과 수량에 대한 개략적인 윤곽이 결정되면, 다음 단계는 구체적이고 기술적으로 해당품목에 대한 명세서 혹은 스펙을 정하는 절차를 밟게 된다. 이 때 문제의 품목이 원가나 이것을 이용해서 생산할 제품의 품질 등에 중요한 영향을 미칠 수 있는 것이라면 원가분석이나 가치분석을 할 수 있다. 원가분석을 통해 값이 비쌀 수밖에 없다고 믿어지는 품목은 다시 가치분석을 해서 원가절감을 모색한다. 품목 및 생산공정의 표준화, 품목의 단순화 또는 품목사용의 최소화 등을 통해 원가를 줄이고자 노력한다. 이러한 노력은 물론 구입할 당사자가 하겠지만 공급업자도 같은 노력을 기울여 보다 저렴한 가격에 필요로 하는 품목을 살 수 있도록 조직소비자를 도와야 하며, 그 품목에 대한 기술적인 특징이 구체적으로 밝혀질수록 만족스런 구매가 될 가능성도 높아진다.

(4) 공급업자의 탐색

어떤 품목에 대하여 구매하겠다는 확신이 서고 어떤 특징을 가진 품목을 얼마만큼 구매하겠다는 것이 확실해지면, 그 다음 단계는 제품을 구매할 공급업자를 탐색해야 한다. 대체로 특정 품목을 공급할 수 있는 공급업자는 다수이다. 그리고 이 여러 공급업자가 제시하는 제품의 품질, 가격, 그리고 수량 등이 같은 경우는 거의 없다. 또한 공급업자마다 제공하는 서비스, 결제기간 등 거래조건도 각각 다르고 신용상태도 다르다. 따라서 여러 공급업자 중에서 가장 적절하고 유리한 조건을 제시한 업자를 탐색하는 일이 필요하다.

만약 구매하고자 하는 제품이 자사 입장에서 전혀 새로운 경우라면 인터넷 등을 통해 자체적으로 조사를 해 보거나 그 제품을 사용해 본 경험이 있는 회사의 조언을 참고로 능력 있는 공급업자의 리스트를 작성할 수 있을 것이다. 그러나 구매대상 품목이 비교적 중요하고 앞으로 반복해서 구매할 가능성이 있는 것이라면 평소에 공급업자들에 관한 정보를 수집하고 분석해서 언제라도 합리적인 선택을 할 수 있도록 해야 할 것이다. 공급업자 입장에서도 최소한 정부기관 및 산업별 단체 등에서 발간하는 각종 업종별 혹은 업무별 색인명단에 회사명이 누락되지 않도록 세심한 관심을 가져야 하고 평소에 가능성이 있어 보이는 조직소비자를 지속적으로 접촉하는 일을 게을리해서는 안 된다.

(5) 공급제안의 유도

자격을 구비한 공급업자의 명단이 작성되면 이들에게 납품의사를 표시해 오도록 유도해야 한다. 물론 공급업자가 먼저 적극적으로 납품을 자원해 오는 경우도 많다. 어떤 경우가 되든 납품을 희망하는 공급업자는 카탈로그를 보내거나 직접 판매사원을 파견해 자사의 능력을 설명하고 납품의사를 분명하게 해야 한다.

제품의 납품업체로서는 공급업자로 선택받느냐를 가름하는 기회인 만큼 무엇보다도 납품제안 및 제품설명회가 설득력이 있도록 기획되어야 한다. 예를 들어 광고회사는 광고주를 확보하기 위해 잠재소비자가 될 만한 회사의 마케팅 전략 등을 사전에 조사하고 그러한 마케팅 전략이 성공하기 위해서 광고가 제작되어야 한다. 자사가 그러한 광고를 제작할 충분한 경험과 능력을 갖추고 있다는 점을 과시하기 위해 과거의 실적이나 실무진이 동원되고, 브리핑은 여러 차례 예행연습을 거침으로써 광고를 제작할 때 못지않게 치밀한 연출을 한다.

(6) 공급업자의 선정

조직소비자는 자사에 납품제안서와 설명회 등을 통해 제출한 자료, 그리고 조직 스스로 수집한 자료를 바탕으로 공급업자를 선정한다. 공급업자를 합리적으로 선택하기 위해서는 체계적인 방법과 과정을 거치지 않으면 안 된다.

구매부서에서는 납품업자에 대해 분석한다. 기업은 모두 각자 고유의 목적에 맞는 분석의 틀을 만들거나 가지고 있기 때문에 분석 항목의 수나 내용이 일반적으로 표준화되어 있는 것은 아니다. 그러나 가장 간단하고 일반적인 방법은 제품, 품질, 가격, 배달시간, 제품 관련 서비스, 공급업자 명성 등의 평가기준을 가지고, 각 납품업자를 10점 만점으로 평가하는 것이다. 납품업체가 선정되면 협상을 벌여 거래조건을 보다 유리하게 만들기 위한 노력을 한다.

구매할 제품의 수량이 대단치 않거나 납품업자의 공급능력과 신용 등이 문제가 없는 것으로 판단되는 경우에는 하나의 공급업자만을 선택한다. 그러나 공급에 문제가 있을 가능성이 있을 것으로 예상되거나 구매할 품목의 수량이 많을 경우에는 공급업자를 다변화하는 것이 바람직하다. 그 이유는 둘 이상의 공급업자와 거래함으로써 공급의 안정을 꾀할 수 있고, 공급업자 사이에 경쟁을 유발시킴으로써 보다 유리한 조건으로 구매계약을 체결할 수 있기 때문이다. 그리고 공급업자가 많으면 많을수록 생산기술 및 마케팅 기법 등 각종 경영활동 노하우를 배우고 전수받을 수 있는 기회가 많아진다.

(7) 주 문

공급업자가 선정되고 나면 다음은 주문 단계이다. 이 단계에서는 조직소비자가 주문서를 작성하여 공급업자에게 보낸다. 주문서에는 구매할 품목의 명칭과 구체적인 특징을 포함한 명세서 혹은 스펙, 주문수량, 배달시간, 그리고 반품 및 보증 등에 관한 조건이 명시된다.

그러나 일부 품목이 필요할 때마다 공급업자에게 주문서를 일일이 작성해 보내는 것은 여간 번거로운 일이 아니다. 그래서 계속 구매해야 할 필요가 있는 품목에 대해서는 보다 포괄적인 구매계약을 맺어 일정기간 동안은 동일한 조건으로 해당 품목을 조직소비자의 요청에 따라 공급하도록 하는 방법을 선택하기도 한다. 이러한 방법은 소비자와 공급자 모두에 유익하므로 쌍방 모두에 의해서 환영받고 있다. 조직소비자는 필요할 때마다 주문해야 하는 번거로움을 제거하고, 필요한 품목과 물량을 수시로 공급받을 수 있어 재고비용을 낮추는 효과도 얻을 수 있다. 공급업자 입장에서도 소비자와 장기적인 관계를 유지하게 되어 시장의 안정을 기할 수 있고 경쟁사의 개입을 차단할 수 있는 결정적인 이점을 가질 수 있다.

(8) 공급업자에 대한 실적평가

마지막 단계는 자사에 납품한 공급업자의 실적을 평가하는 단계다. 앞서 설명한 것처럼 조직체시장의 모든 소비자는 조직 고유의 목적을 달성하기 위해 제품을 구매하기 때문에 구매의사결정과정이 얼마나 효율적으로 이루어졌느냐 하는 것은 조직의 목적 달성의 정도에 영향을 미치게 된다. 따라서 가장 이상적인 공급업자를 선택하는 일이 무엇보다도 중요하다.

가장 이상적인 공급업자를 선택하기 위해서는 품목을 납품받기 전에 평가하는 것도 중요하지만 납품한 이후에 공급업자의 실적을 평가하는 것도 역시 중요하다. 왜냐하면 특정 공급업자에 대한 평가가 납품 이전과 이후에 반드시 일치하지 않을 수도 있고, 특정 공급업자로부터 장기간 납품을 받는 경우에는 그 공급업자의 성실성에 변화가 있을 수 있기 때문이다. 그리고 조직소비자의 기대수준이나 평가기준이 달라질 가능성도 있다. 따라서 조직소비자가 공급업자의 실적을 정기적으로 평가하는 일은 조직구매의사결정 과정에서 없어서는 안 될 필수적인 단계라고 할 수 있다.

이상에서 조직소비자가 구매를 위해 거치는 일반적인 구매의사결정과정에 대해서 살펴보았다. 조직소비자가 구매할 일이 있을 때마다 항상 이러한 절차를 모두 거치는 것은 아니다. 구매의사결정 과정은 구매상황에 따라 크게 달라진다. 구매상황 중 신구매 상황은 중요한 품목을 최초로 구매하는 상황을 말한다. 이러한 구매상황에서는 보다 많은 사람이 구매의사결정과정에 참여하게 되고, 필요로 하는 정보의 양도 많다. 그리고 대안품목이나 공급업자를 선정하기 위한 평가도 철저하게 이루어진다. 신구매 상황에서는 공급업자도 조직소비자의 선택을 받기 위해 창의적인 노력을 쏟아야 한다. 순수 재구매는 일상적으로 되풀이되는 구매상황을 뜻한다. 이 때는 신구매 의사결정과는 정반대로 최소한의 정보만을 필요로 하고, 대체 브랜드나 공급업자에 대한 평가 필요성도 느끼지 않는 구매상황이다. 구매담당부서 자체에서 혹은 책임 있는 몇 사람이 구매 여부를 결정할 가능성이 높다. 이들의 머리 속이나 구매리스트에 올라 있는 공급업자에게만 기회가 돌아가며,

공급업자의 판매노력이 공급업자 선정에 큰 영향을 미치지 못한다. 마지막으로 준재구매 상황은 신구매와 순수재구매의 중간상황이다. 따라서 필요로 하는 정보의 양, 평가의 수준, 그리고 의사결정 참여자 수 등에서도 역시 중간 정도이다.

참고문헌

1. 이학식, 안광호, 하영원, 「소비자행동: 마케팅 전략적 접근방법」, 법문사, 1996.
2. 임종원, 김재일, 홍성태, 이유재, 「소비자행동론」, 경문사, 1999.
3. Anderson, Erin, Weyien Chu, and Barton Weitz, "Industrial Purchasing: An Empirical Exploration of the Buyclass Framework," *Journal of marketing*, July 1987, 71~86.
4. Assel, Henry, *Consumer Behavior and Marketing Action*, 5th ed., South-Western, 1995.
5. Gilliland, David I. and Wesley J. Johnson, "Toward a Model of Business-to-Business Marketing Communications Effect," *Industrial Marketing Management*, January 1997, 15~29.
6. Webster, Frederick E., Jr. and Yoram Wind, *Organizational Buying Behavior*, Prentice-Hall, 1972.

연구문제

1. 소비자의 구매의사결정 과정을 설명하시오.
2. 소비자의 정보처리과정에 대해 설명하시오.
3. 소비자의 구매의사결정에 영향을 미치는 영향요소에 대해 설명하시오.
4. 조직구매자의 구매특성을 설명하시오.
5. 조직구매자의 구매의사결정 과정을 설명하시오.
6. 조직구매자의 구매유형에 따른 구매의사결정 과정의 차이에 대해 논하시오.

제5장

마케팅 조사

5.1 정보와 마케팅 조사

5.2 마케팅 조사의 실행과정

5.3 설문지조사의 실시

5.4 조사자료의 수집, 준비, 분석

5.5 조사보고서의 작성

시작하면서…

인간의 무의식을 과학적으로 분석하는 뉴로마케팅

◆ 코카콜라와 펩시콜라의 차이는 뭘까?

코카콜라 대 펩시. 콜라 시장에서 두 라이벌의 승부만큼 마케터들의 골치를 아프게 한 것도 많지 않을 것이다. 1980년대 중반 펩시가 전 세계 수십만 명을 대상으로 수행한 블라인드 테스트(눈을 가리고 시음하는 것)에서 펩시가 코카콜라를 앞서는 것으로 나타났음에도 불구하고 시장에서는 열세였기 때문이다. 마케터들은 이런 결과가 나온 원인을 '브랜드 파워'로 설명했다. 소비자들은 콜라의 '맛' 이상으로 '브랜드'를 중요하게 생각하고 실제로 코카콜라가 펩시보다 강력하고 호의적인 브랜드 이미지를 가지고 있다는 것이다. 과연 소비 의사 결정 과정에서 브랜드가 미치는 영향력을 측정할 수 있을까. 설문 조사나 포커스 그룹 인터뷰(FGI) 등과 같은 전통적인 조사 기법으로는 충분한 해답을 얻기가 쉽지 않은 것이 현실이다. 그런데 몇 해 전부터 새로운 학문 분야가 소비자의 구매 태도 및 행동에 대한 의미 있는 연구 결과를 발표하면서 주목을 끌고 있다. 바로 뇌연구 분야다. 미국 마케팅 학자들과 뇌과학자들이 코카콜라와 펩시를 구매하는 소비자들의 뇌 반응을 기능성 자기공명영상장치(fMRI)로 연구해 브랜드에 얽힌 수수께끼를 풀었다. 연구팀은 먼저 블라인드 테스트를 실시했다. 본인이 마신 콜라가 어떤 브랜드인지 모르는 상태에서 콜라를 마시게 하자 양쪽 모두 동일한 뇌 영역이 활성화됐다.

그중에서도 특히 보상 반응을 담당하는 전두엽이 활성화됐다(뇌의 영역에서 달콤한 맛은 보상을 의미한다). 하지만 브랜드를 알려주면서 콜라를 제공하자 그 즉시 뇌 영상이 달라졌다. 코카콜라를 음미할 때는 전두엽 외에도 중뇌와 대뇌에 있는 정서 및 기억을 담당하는 또 다른 영역이(전전두엽과 해마) 활성화됐지만 펩시를 마실 때는 그렇지 않았다. 소비자의 뇌가 코카콜라 브랜드를 인식할 때 펩시에 비해 보다 더 강력하게 반응했다. 이처럼 최근 뇌연구에서 도출한 심리학적 결과를 바탕으로 소비자의 구매 태도를 연구하고 이를 기업의 마케팅 활동에 적용하는 '뉴로 마케팅(neuro marketing)'이 미국과 유럽을 중심으로 부상하고 있다. 반면 국내에서는 아직 뉴로 마케팅이 잘 알려지지 않았다. 뉴로 마케팅은 뇌 영상 촬영, 뇌파 측정, 시선 추적 등 뇌과학 기술을 이용해 소비자의 뇌세포 활성화나 자율신경계 변화를 측정해 소비자 심리 및 행동을 이해하고 이를 마케팅에 활용하려는 시도다. 뉴로 마케팅의 본질은 소비자의 잠재의식에 대한 과학적 탐구다. 즉 소비자 구매 행동의 상당 부분은 자신도 모르게 내재돼 있는 잠재의식에 의해 이뤄진다는 관점이다. 세계 유수의 언론에서는 뉴로 마케팅의 잠재력을 인정했다. 포춘(Fortune)은 뉴로 마케팅을 미래 10대 기술로 선정했다. 뉴욕타임스 · 뉴스위크 등은 음료 · 식품 · 화장품 · 패션 · 정보기술(IT) · 자동차 · 영화 등 다양한 산업에서 뉴로 마케팅이 활용되고 있다고 소개했다. 국내에서 뉴로 마케팅의 활용은 아직 초기 단계라고 할 수 있다. 뇌신경 과학의 의학적 진보가 미국이나 유럽에 비해 상대적으로 뒤처졌기 때문이다. 하지만 최근 뇌신경 과학의 연구 성과가 급속히 발전하고 이를 기반으로 화장품 · 전자 · 이동통신 · 인터넷 포털 서비스 분야의 대표 기업을 중심으로 뉴로 마케팅이 확대되는 추세다. 뉴로 마케팅의 핵심은 '소비자가 무의식적으로 느끼는 감성의 측정'에 있다. 감성은 이제 기업 경영 활동의 화두로 자리 잡았다. 감성 마케팅이 대표적인 예다. 감성 마케팅은 시각 · 청각 · 촉각 · 후각 · 미각 등 인간의 신체감각을 통해 브랜드를 경험하도록 하는 마케팅 활동이다. 예컨대 휴대전화 업체들은 터치폰 등을 통해 소비자의 오감을 공략하느라 분주하다. 뉴로 마케팅은 이런 문제에 상당한 해답을 준다. 오감의 자극을 받은 소비자들의 뇌 영역에서 일어나는 뇌세포 활성 정도를 보여주고 또한 자율신경계의 변화 상태를 측정해 소비자의 흥분이나 집중 · 각성 등의 감성을 알려주는 것이다.

◆ 마케팅 분야에 접목되는 과학기술

최근 뉴로 마케팅이 부상하는 배경은 3가지다. 첫째, 뉴로 마케팅은 전통적 소비자 조사의 한계를 극복하기 위한 수단으로서 유용하다. 설문 조사나 포커스 그룹 인터뷰와 같은 전통적 조사 기법들은 기업이 투입한 비용과 시간에 비해 만족할 만한 성과를 내지 못할 때가 종종 있다. 남의 눈을 의식해 자신의 속마음과 다르게 말하는 이도 흔하고 소비자 스스로도 자신이 무엇을 원하는지 정확히 알지 못할 때도 많다. 사실 소비자들은 자신도 잘 모르는 이유로 어떤 제품을 구매하거나 어떤 광고에 호감을 갖게 되는데 기존의 조사 방법으로는 소비자 스스로도 의식하지 못하고 있는 부분에 대해서는 알아낼 수 없다. 또한 회사들이 저마다 소비자 연구를 활발히 벌이고 있기 때문에 전편일률적인 기존 방식으로는 경쟁사와 차별화하기가 쉽지 않다는 문제도 있다.

둘째, 뇌 영상기술의 발달이다. 뉴로 마케팅에서 가장 유용한 기술은 fMRI라는 뇌 영상 장치다. 이는 뇌의 특정 부위가 활동하면서 혈액이 모이는 현상을 마치 불이 켜지는 것처럼 보여준다. 자극을 주고 동시에 뇌 영상을 촬영하면 소비자의 무의식적 반응을 파악할 수 있다.또한 뇌파 조사(EEG), 시선 추적(Eye tracking), 피부 전도도 반응(GSR) 등과 같은 자율신경계 반응 조사 기술의 발달도 뉴로 마케팅의 부상을 견인하고 있다. 특히 시선 추적 및 뇌파 조사는 실험이 용이하다는 장점이 있어 널리 활용되고 있다.

셋째, 뇌신경 과학과 다양한 학문들의 융합이다. 통섭이란 말로 통칭되는 지식 간 융합과 통합은 21세기 학문의 화두로 대두됐다. 의학 · 생물학의 분야를 넘어 정치 · 경제 · 정보기술 · 마케팅 · 심리학 등 다양한 학문들이 뇌를 중심으로 서로 통합되고 융합 연구가 가속화하고 있다. 뉴로 마케팅은 의학 · 생물학 · 마케팅 · 심리학의 융합 연구로 볼 수 있다.

뉴로 마케팅이 활용 가능한 분야는 크게 제품 개발, 디자인 개선, 광고 효과측정, 매장 동선 및 디스플레이 개선, 웹사이트 사용자 환경(UI) 개선 등으로 구분할 수 있다. 먼저 제품 개발 기업은 뇌 영상 촬영, 뇌파 조사 등에 의한 뇌 반응을 통해 신제품 개발 콘셉트의 아이디어를 얻을 수 있다. 혼다는 뉴로 마케팅을 활용해 정면에서 보면 마치 화가난 사람의 얼굴 같은 디자인의 오토바이를 개발해 주목을 받았다.사람의 뇌에는 얼굴을 인식하는 신경 회로인 '얼굴 뉴런'이 있어 얼굴과 유사한 형태에 특별히 민감하게 반응한다. 이 원리를 이용해 충돌이 일어날 수 있는 상황에서 오토바이가 달려오고 있다는 사실을 보다 빨리 인지해 사고를 미연에 방지하고자 한 것이다. 실제로 뇌 영상 촬영을 이용한 실험 결과 얼굴 모양 디자인의 경우 사람의 얼굴을 봤을 때와 비슷한 뇌 반응을 일으켜 상대편 차가 오토바이를 발견할 가능성이 43%나 높아졌다고 한다.

디자인도 개선할 수 있다. 기업은 뇌 영상 촬영, 시선 추적 등에 의한 뇌 반응을 통해 디자인 개선 아이디어를 얻을 수 있다. 한 가전 업체는 냉장고를 보는 소비자의 시선을 추적해 제품의 디자인 가치를 높이기 위한 시도를 했다. 소비자가 냉장고를 보는 시선은 다양한 방식으로 분석될 수 있다. 가전 업체는 소비자의 시선이 제품의 어느 부분에 분포돼 있는지, 각 영역별로 소비자가 집중해 본 부분은 어디인지, 시선을 가장 먼저 끄는 곳은 어디인지 등을 분석했다. 이러한 결과를 종합적으로 분석해 디자인의 효과를 극대화하기 위해 제품을 개선했다. 광고 효과 분석도 가능하다. 소비자에게 광고 호감도 등을 질문하는 방식으로 수행하는 기존 조사 방식으로는 순간의 느낌이 중요한 광고의 효과를 제대로 알기가 어렵다. 하지만 기업은 뇌 영상, 뇌파 조사, 시선 추적 등을 통해 광고를 보는 동안 소비자의 감정 변화를 어느 정도 알 수 있다. 또한 기업은 뉴로 마케팅을 활용해 매장 내 소비자 경험을 개선할 기회를 마련할 수 있다. 특히 시선 추적은 소비자가 편하게 쇼핑할 수 있도록 매장 동선을 개선하고 물건이 더 잘 팔릴 수 있도록 디스플레이 방식을 변화시킬 수 있는 아이디어를 제공한다. 한 업체는 시선 추적 방식을 통해 매장 동선 및 디스플레이 방식을 변경해 성공을 거뒀다. 이 업체는 쇼핑객에게 카메라가 달린 안경을 끼도록 하고 매장을 자유롭게 쇼핑하도록 했다. 쇼핑객이 동선을 따라 걸을 때 느끼는 편안함의 정도를 파악하고 디스플레이를 바라보는 시선의 방향을 분석했다. 이 업체는 실험 결과에 따라 하나의 매장을 대폭 변경했고 변경 이후 매장의 매출이 다른 매장에 비해 무려 21%나 늘었다는 사실을 확인했다. 이런 결과에 고무된 기업은 실험 과정에서 얻은 노하우를 전 매장으로 확대, 적용했다.

한국경제, 2016. 12. 27.

5.1 정보와 마케팅 조사

1. 마케팅 조사의 의의

미국마케팅학회(American Marketing Association : AMA)의 정의에 따르면, 마케팅 조사는 마케팅에서 발생한 문제를 파악하고 해결하는데 필요한 의사결정을 개선하기 위하여 정보를 시스템적이며 객관적으로 파악, 수집, 분석, 전파, 사용하는 것이다. 이러한 정의는 여러 측면에서 주목할 가치가 있다. 마케팅 조사는 시스템적이다. 따라서 마케팅 조사 과정의 모든 단계에서 시스템적인 계획이 요구된다. 각 단계에 따라 이 과정은 방법론적으로 건전하고, 문서화가 잘 되고, 가능한 미리 계획되어 있어야 한다.

마케팅 조사는 객관적이다. 마케팅 조사는 사건의 진실을 반영하는 정확한 정보를 제공해야 한다. 이는 엄정하게 수행되어야 한다. 조사는 항상 조사자의 조사 철학에 의해 관리자의 개인적이거나 정치적인 편견으로부터 자유로워야 한다. 개인이나 정치적 이득이 개입된 조사는 전문가의 윤리를 위반하는 것이다.

마케팅 조사는 정보를 파악하고, 수집하고, 분석하고, 전파하고, 사용하는 것을 포함한다. 이 과정의 각 단계는 모두 중요하다. 먼저 마케팅 조사를 수행할 때 문제나 기회를 파악하거나 정의한 후, 그것을 조사하기 위해 어떤 정보가 필요한지를 결정하게 된다. 다음으로 자료를 유용하게 사용하기 적합한 정보원천이 파악되며, 복잡한 자료수집방법의 범위를 평가하게 된다. 자료는 가장 적합한 방법을 사용하여 수집되고, 분석되고, 해석되며, 추론하게 된다. 마지막으로 결론, 시사점, 제언 등을 보고서 작성에 싣게 된다. 이 보고서는 마케팅 의사결정을 위해 정보로 사용하거나 적절한 행동을 취하게 해 준다.

마케팅 조사는 이러한 문제에 도전하기 위해서 필요한 정보를 구체적으로 밝히고, 자료수집방법을 설계하고, 자료수집의 실시와 관리를 수행하고, 자료를 분석하고, 조사결과로부터 도출되는 사항을 전달한다.

2. 마케팅 조사의 분류

마케팅 조사는 시장 도입에서부터 철수할 때까지의 모든 마케팅 활동과 관련성을 가지고 있다. 기업의 마케팅 활동에는 시장 기회의 분석, 목표 시장의 선정, 마케팅 믹스의 실행, 마케팅 활동의 감시와 평가 등이 있다. 그리고 마케팅 조사는 기업의 마케팅 활동의 모든 상황에서 활용되고 있다.

기업이 마케팅 조사를 하는 데는 마케팅 문제들을 파악하고, 이 문제들을 해결하기 위해서 실시된다. 이러한 목적에 따라 마케팅 조사를 그림 5-1처럼 문제파악조사와 문제해결조사로 분류할 수 있다.

1) 문제파악조사

이 조사는 표면에 나타나지 않아 분명하지 않지만 존재하며 미래에 나타날 수 있

그림 5-1 마케팅 조사의 분류

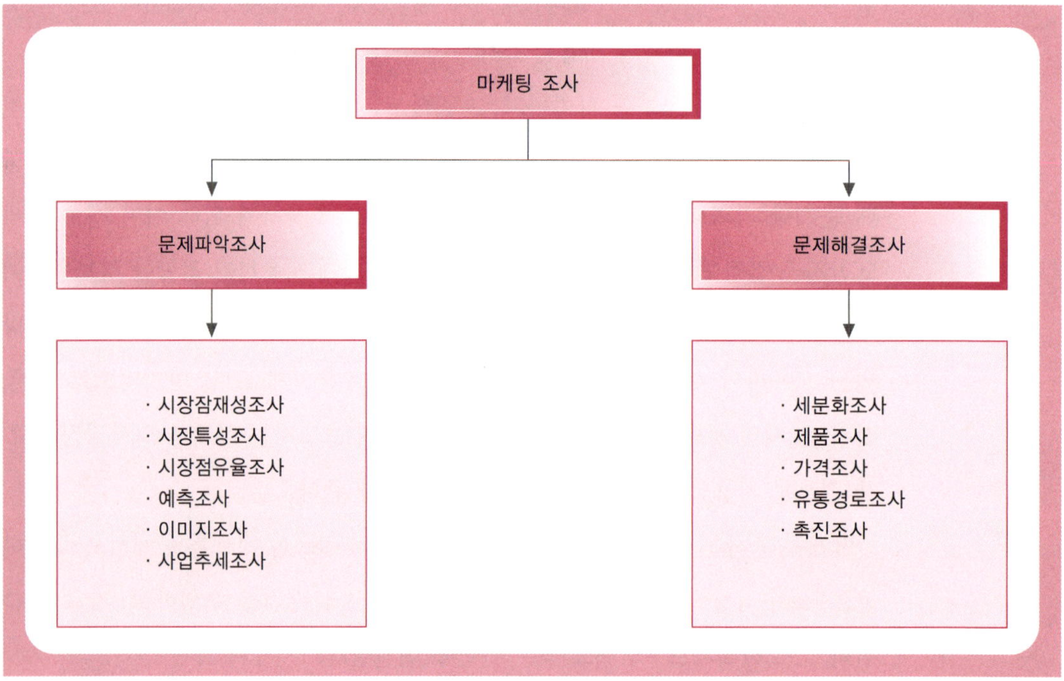

을 문제를 파악하는데 도움을 준다. 문제파악조사에는 시장잠재성, 시장점유율, 브랜드나 기업 이미지, 판매분석, 시장특성, 단기예측, 장기예측, 사업추세조사 등이 해당한다.

2) 문제해결조사

일단 문제나 기회가 파악되면, 그 문제를 해결하기 위해 문제해결조사를 하게 된다. 문제해결조사에서 발견되는 것은 특정한 마케팅 문제들을 해결할 수 있는 의사결정에 사용된다. 대부분의 기업들은 시장세분화, 제품, 가격, 유통, 촉진과 관련된 조사를 포함하는 문제해결조사를 실시하고 있다.

표 5-1 문제해결조사

<table>
<tr><th colspan="2">세분화조사</th></tr>
<tr><td colspan="2">• 세분화의 기준결정
• 각 세분시장에 대한 시장잠재성과 반응구축
• 목표시장선정과 라이프스타일 윤곽, 매체, 제품이미지 특성 창출</td></tr>
<tr><th>제품조사</th><th>가격조사</th></tr>
<tr><td>• 컨셉 테스트
• 최적제품 설계설정
• 포장 시험
• 제품수정
• 브랜드 포지셔닝과 리포지셔닝
• 시험 마케팅
• 통제 상점 시험</td><td>• 제품선택에서 가격의 중요성
• 가격정책
• 제품라인 가격정책
• 수요의 가격탄력성
• 가격변동에 대한 주도권 및 반응</td></tr>
<tr><th>유통조사</th><th>촉진조사</th></tr>
<tr><td>• 유통형태 결정
• 경로의 태도
• 도소매의 이용범위에 대한 강도
• 경로의 마진
• 도소매상의 위치</td><td>• 최적촉진예산
• 최적촉진믹스
• 광고카피결정
• 매체결정
• 창조적 광고시험
• 주장의 실질성
• 광고효과의 평가</td></tr>
</table>

3. 마케팅 조사의 절차

마케팅 조사를 실행함에 있어 우선 마케팅 관리자가 알고자 하는 사항 또는 해결하고자 하는 사항이 어떤 것인지 명확하게 하는 것이 무엇보다 중요하다. 마케팅 조사는 그림5-2와 같은 절차로 진행한다.

■ 1단계 : 조사과제의 설정

해결하고자 하는 것, 알고자 하는 사항을 명확하게 한다. 조사과제는 가설의 설정, 사실의 정량 및 정성적 기술, 관련성 · 인과관계의 해명 · 검증, 비교 · 평가, 미래의 예측, 의사결정의 지지 등으로 분류된다.

■ 2단계 : 2차자료의 검토

과거에 실시된 조사자료가 있는지를 확인하여 조사설계와 가설설정에 참고한다.

■ 3단계 : 조사대상의 선정

조사목적에 따라 조사대상의 조건과 성별, 연령 등의 특성을 결정한다.

■ 4단계 : 조사방법의 선정

2차자료 수집분석조사, 정성적 조사, 관찰조사, 실험 · 테스트, 설문조사 중에서 단독 또는 복수의 조합 등을 선정한다.

■ 5단계 : 실사계획의 작성

조사결과의 제출기일과 예산을 고려해서 조사대상의 추출방법, 표본의 크기, 자료수집방법, 조사항목과 측정방법, 분석방법 등을 검토하고 일정을 결정한다.

■ 6단계 : 실사 • 자료 수집

실행계획에 따라 실사와 자료수집을 수행한다. 설문조사에서는 조사원이 수집한 자료의 신뢰성을 확인하기 위해 대상자를 직접 확인한다.

■ 7단계 : 집계 · 분석

컴퓨터를 이용하여 능률적으로 수집된 자료를 입력하고 집계하며, 결과를 알기 쉽게 그래프와 표로 정리한다.

그림 5-2 마케팅 조사의 절차

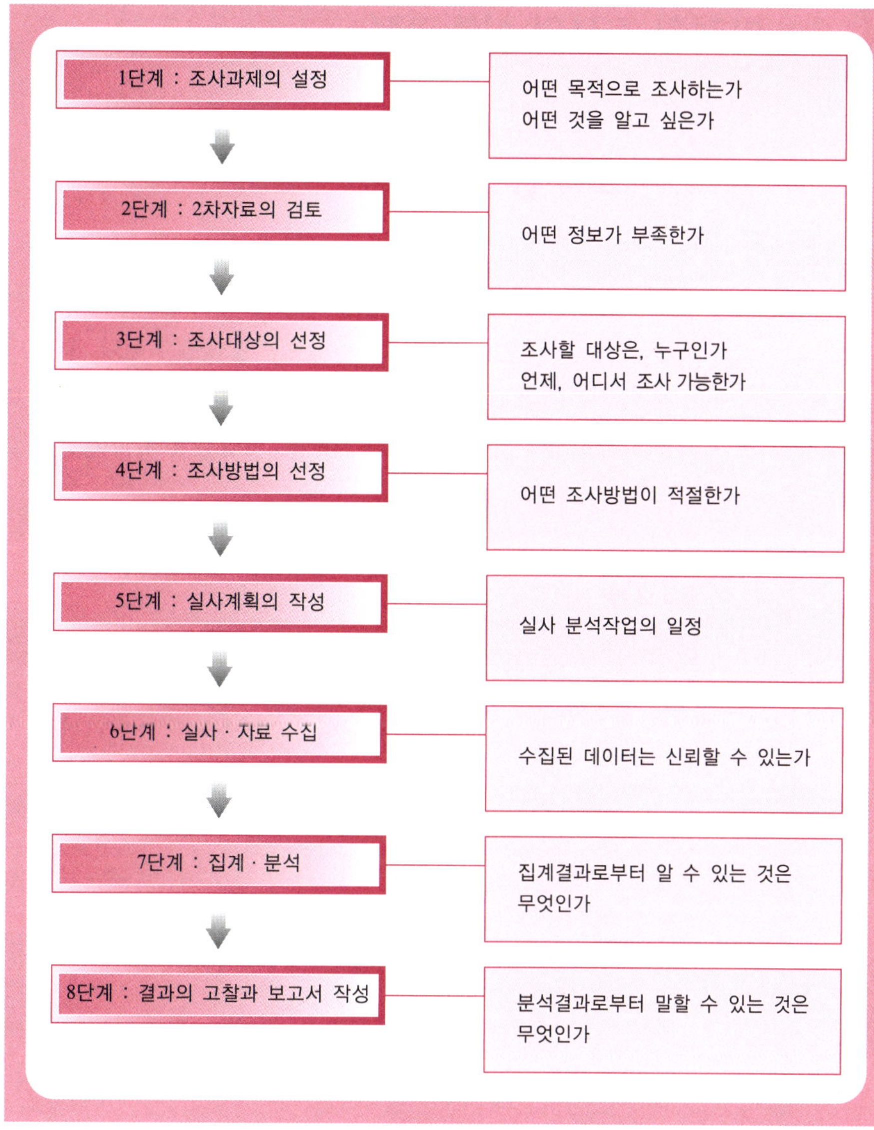

■ 8단계 : 결과의 고찰과 보고서 작성

집계와 분석 결과를 근거로 조사목적에 적합하도록 조사결과를 고찰하고 보고서를 정리한다.

5.2 마케팅 조사의 실행과정

1. 자료 수집방법 선정

마케팅 조사는 2차자료를 모으는 2차자료 수집분석조사, 1차자료를 모으는 정성조사, 관찰조사, 실험 및 테스트, 설문조사로 분류된다. 1차자료는 조사 때마다 수집한 새로운 자료를 말하며, 2차자료는 기존의 출판물과 조사자료 등으로부터 얻은 자료를 말한다. 일반적으로 먼저 2차자료를 검토하여 어떤 1차자료가 필요

표 5-2 마케팅 조사의 종류와 분류

조사방법의 분류	장점	조사명칭의 실제
2차자료 수집분석조사	기존자료를 활용하여 시간적, 지리적으로 광범위한 정보를 얻기 쉬움	• 자료검색조사 • 자료분석조사 • 데이터해석조사
정성조사	적은 인원을 대상으로 생생한 목소리, 구체적인 정보를 얻을 수 있음	• 그룹인터뷰 • 심층면접 • 청취조사 • 사례조사
관찰조사	질문보다 관찰을 통해 효율적으로 정보를 얻을 수 있음	• 기계에 의한 관찰 • 사람에 의한 관찰 • 참가관찰법 • 현지시찰
실험 · 시험 조사	마케팅 활동의 도입 전에 효과를 파악할 수 있음	• 사회실험 • 테스트 마케팅 • 사전사후시험 • 제품시험
설문조사	• 표본조사는 전체의 의식이나 행동을 추론할 수 있음 • 비표본조사는 다수의 의견을 파악할 수 있음	• 방문면접조사 • 전화조사 • 우편조사 • 도로 · 방문자 조사 • 집회장조사 • 인터넷조사

한지를 파악한다. 그리고 1차자료와 2차자료를 조합시켜 보거나 분류함으로써 효율적으로 정보를 수집할 수 있다.

1) 2차 자료 수집분석조사

2차자료 수집분석조사에서는 출판물과 각종 공표보고서, 내부자료 등 기존 자료의 유무를 조사하여 수집 · 분석하는 방법이다. 2차자료 수집분석조사의 장점은 동일한 정보를 1차자료로 조사하는 것보다 시간적, 지리적, 비용적으로 제약이 적다는 것이다. 그러나 조사목적에 맞는 정보를 획득할 수 없는 경우도 있고, 개별 자료가 없을 때에는 평균값을 산출하는 등 가공이 불가능하다. 또한 조사기간, 대상자 조건, 조사방법 등이 다른 복수의 정보를 종합하기 때문에 정보에 왜곡이 발생하는 등의 단점도 가지고 있다.

2) 정성조사

정성조사의 대상은 작은 표본을 대상으로 한 조사로, 대상자의 목소리를 듣거나 반응을 직접 보거나 느낄 수 있다. 다수를 대상자로 한 설문조사에는 설문지에 나타낸 질문 이외의 것은 알 수 없지만, 정성조사에서는 대상자의 반응을 보면서 상황에 맞게 질문내용을 변경하거나 추가할 수 있다. 또한 질문사항을 자세히 설명하거나 그 상황에서 보거나 느끼거나 마시거나 하여 느낀 감상을 질문으로 할 수 있다. 정성조사는 가설의 설정, 관련성과 인과관계의 정성적인 해명과 검증, 아이디어 및 컨셉의 개발, 설문조사의 예비적 정보수집에 활용된다. 정성조사는 조사대상, 실사 때의 대상자 수, 2차자료와의 병용, 인터뷰 유무 등에 따라 집단면접, 심층면접, 청취조사, 사례연구 등으로 분류할 수 있다.

3) 관찰조사

관찰조사는 누군가에게 질문하는 것이 아니라, 조사자의 관찰에 의해 정보를 획득하는 방법이다. 관찰조사는 TV시청률조사와 교통량조사 등 수량을 관찰하는 조사와 현지시찰 등 질을 관찰하는 조사가 있다. 예를 들어 상권분석에서 통행자수와 입지조건은 관찰조사로 알 수 있는 정보이다.

4) 실험 · 시험조사

실험 · 테스트조사는 마케팅 활동의 효과를 실제로 시장에 도입하기 전에 시험적으로 조사하기 위한 방법이다. 예를 들어 신제품 출시 전에 신제품에 대한 평가를 확인하거나, 제품광고를 시작하기 전에 광고평가 실험을 실시하여 평가가 높은 제품을 출시하기도 한다. 그리고 시제품을 가정에 제공하는 가정 내 사용 시험을 실시하거나, 점포의 매출효과를 측정하기 위해 특정 지역에 제한시켜 시장의 반응과 영향을 조사할 수도 있다.

5) 설문조사

마케팅 조사의 대표적인 방법인 설문조사는 조사대상의 실태, 의식, 행동을 파악하기 위해 정해진 규칙에 따라 조사대상을 선택하고, 양식화된 설문지를 이용하여 특정 기간 내에 많은 사람들에게 답변을 구한 후 조사대상자로부터 획득한 응답을 모아 통계처리를 하는 것이다.

마케팅 조사를 실시함에 있어 대부분은 표본조사를 실시한다. 표본조사란 모든 의식과 행동을 추론하기 위해서 통계적인 이론을 근거로 추출한 표본을 대상으로 행하는 조사이다.

2. 표본 선정

표본 선정이란 조사대상 즉, 마케팅 의사결정에 필요한 정보를 제공해 줄 수 있는 대상자를 선정하는 것이다. 조사대상 전체를 모집단이라고 하며 표본(sample)은 전체 모집단(population)을 대표할 수 있도록 선정되어야 한다. 다시 말해 표본으로부터 얻은 정보는 전체 모집단의 정보를 대변할 수 있어야 한다. 조사대상 전체의 경향을 알기 위해서는 대상자에게 치우침이 없도록 통계적으로 추출하는 작업이 필요하다.

1) 전수조사와 표본조사

일반적으로 조사는 관심의 대상이 되는 전체 모집단의 특성을 파악하기 위해서 실시한다. 이를 위한 조사방법으로는 모집단 구성원 전체에 대해 조사하는 전수

그림 5-3 표본추출방법

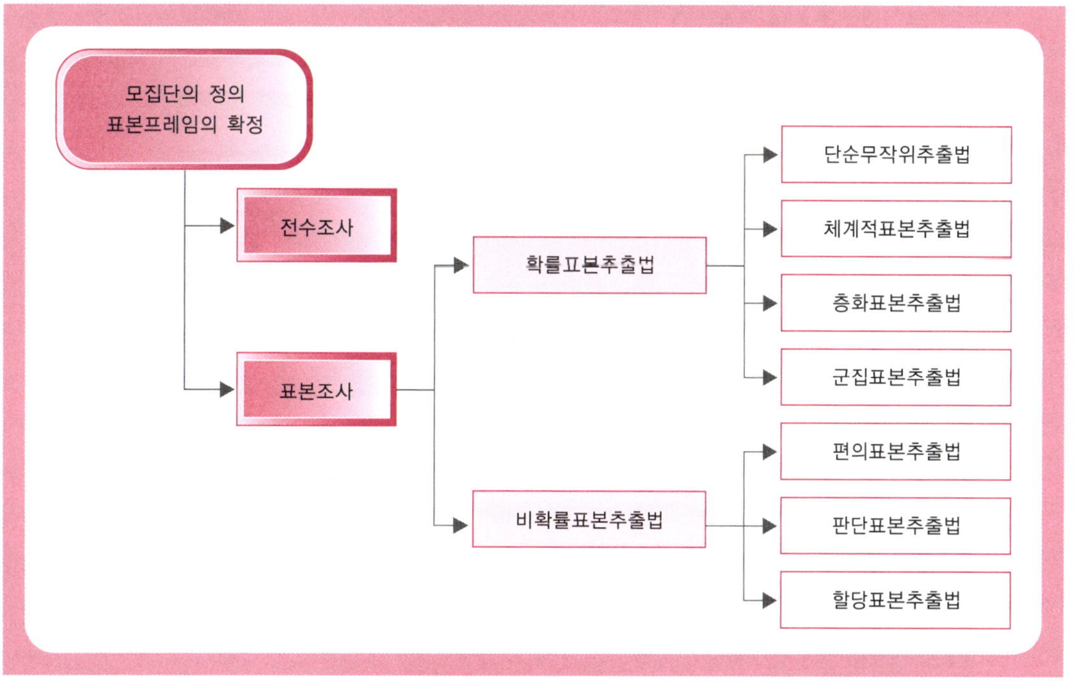

조사(complete enumeration)와 모집단을 대표할 수 있는 일부를 표본으로 선정하여 조사하는 표본조사(sample survey)가 있다. 전수조사의 대표적인 예는 정부에서 실시하는 전체 가구를 대상으로 실시하는 인구센서스 조사(population census)를 들 수 있다.

2) 표본추출과정

표본조사를 실시하는 경우, 모집단을 정확하게 대표할 수 있는 표본을 선정하고 조사하여, 이로부터 얻은 표본통계량(statistic)으로 모집단의 모수(parameter)를 추론하게 된다. 그러나 표본통계량으로 모집단의 모수를 추론하는 과정에서 많은 오류가 발생할 가능성이 있다. 이 중에서 가장 큰 오류가 표본오류(sampling error)이다. 표본오류를 줄이기 위해서는 모집단을 가장 정확하게 대표할 수 있는 표본을 추출하는 것이 무엇보다 중요하다. 효과적인 표본추출을 위한 표본추출 과정은 그림 5-4와 같다.

그림 5-4 표본추출 과정

(1) 모집단의 확정

표본추출 과정은 모집단을 결정하는 것으로부터 시작된다. 모집단은 조사자가 조사하고자 하는 관심의 대상이 되는 사람, 제품, 회사, 지역 등과 같은 집단의 전체 집합체를 말한다. 일반적으로 모집단을 정의하고 확정하는 것은 조사자가 필요로 하는 정보를 제공해 줄 수 있는 원천을 결정하는 것이므로 매우 중요하다.

(2) 표본프레임의 선정

조사를 실시할 대상인 모집단이 정해지면, 조사자는 실제적인 표본추출의 틀이 되는 표본프레임(sample frame)을 설정하여야 한다. 표본프레임이란 모집단에 속하는 연구대상이나 표본단위가 포함된 목록을 의미하며, 일반적으로 조사자는 표본프레임으로부터 최종적인 표본을 추출한다.

(3) 표본추출방법의 결정

표본추출방법에는 확률적 표본추출방법(probability sample method)과 비확률적 표본추출방법(non-probability sample method)이 있다. 확률표본추출방법이란 모집단 구성원의 명단이 기재된 표본프레임을 이용하여 표본을 추출함으로써 모집단의 개별 조사대상자가 표본으로 선택될 확률을 알 수 있기 때문에 표본추출과정에서 발생할 수 있는 오류의 크기에 대한 추정이 가능한 표본추출방법이다.

- ■ 단순무작위 표본추출법(simple random sampling) : 표본프레임에 들어있는 각각의 표본에 대해 일련번호를 부여하고, 이를 이용해서 동일한 선택확률을 갖는 일정 수의 표본을 무작위로 추출하는 방법이다. 확률표본추출방법 중에서 가장 기본이 되는 방법이다.
- ■ 체계적 추출법(systematic sampling) : 추출단위에 일련번호를 부여하고, 이를 등간격으로 나눈 후 첫 구간에서 하나의 번호를 무작위로 선정한 다음, 등간격

으로 다음 번호들을 계속해서 추출해 나가는 방법이다.

■ 층화표본추출법(stratified sampling) : 모집단을 특정한 기준에 따라 서로 상이한 소집단으로 분류하고, 이들 각각의 소집단들로부터 빈도에 따라 적절한 일정 수의 표본을 무작위로 추출하는 방법이다.

■ 군집표본추출법(cluster sampling) : 모집단을 적절하게 대표할 수 있는 소집단 또는 군집으로 나누고, 하나 혹은 일정 수의 소집단을 무작위로 추출한 다음, 추출된 소집단 내의 모든 구성원들을 조사하는 방법이다.

비확률적 표본추출방법은 모집단 내의 각 구성원이 표본으로 선택될 확률을 알 수 없기 때문에 이들로부터 수집된 자료가 모집단을 어느 정도 잘 대표하는지에 대한 정확한 추정이 어렵다. 이러한 비확률적 표본추출방법은 조사대상이 되는 모집단의 규모가 매우 크거나 표본프레임을 구하기가 쉽지 않은 상업적 조사에서 흔히 사용된다.

■ 편의표본추출법(convenience sampling) : 가장 간단한 형태의 표본추출방법으로서, 임의로 선정한 지역과 시간대에 조사자가 임의로 원하는 대상자들을 표본으로 선택하는 방법이다.

■ 판단표본추출법(purposive sampling) : 조사과제를 잘 알고 있거나 모집단의 의견을 효과적으로 반영할 수 있을 것으로 판단되는 특정 집단을 표본으로 선정하여 조사하는 방법이다.

■ 할당표본추출법(quota sampling) : 미리 정해 놓은 분류기준에 의해 전체 표본을 몇 개의 집단으로 나누고 각 집단별로 필요한 만큼의 조사대상을 추출하는 방법으로, 마케팅 조사에서 가장 보편적으로 사용되는 표본추출방법이다.

(4) 표본크기의 결정

표본추출방법이 선정되면, 조사자는 추출하고자 하는 표본의 크기를 결정해야 한다. 즉 비용과 시간 등을 고려하여 조사대상이 되는 모집단 전체를 가장 효과적으로 대표할 수 있는 표본의 크기를 결정하여야 한다. 일반적으로 표본의 크기가 클수록 모집단을 보다 정확하게 대표하는 표본이 된다. 그러나 표본의 크기가 커질수록 이에 비례하여 시간과 비용이 증가된다.

(5) 표본추출

표본추출과정의 마지막 단계는 선정된 조사대상을 찾아내서 표본으로 추출하는 것이다.

5.3 설문조사의 실시

1. 설문조사의 특징

설문조사는 사람들의 의식이나 행동에 대해서 설문지에 의해 많은 사람에게 응답을 요구한 결과를 통계적인 정보로 표시한다. 설문조사의 특징은 사람의 의식이나 행동을 파악하기 위해서 정해진 규칙으로 조사대상자를 선택하고, 양식화된 설문지에 따라 많은 사람들에게 특정 기간 내 응답을 요구하고, 대상자로부터 얻은 응답을 통계적으로 처리하는 것이다. 조사대상을 대표하는 통계적 자료를 얻기 위해서는 정해진 규칙으로 조사대상을 선택하여 표본을 선정한 후, 공통의 조사표와 실시방법, 특정 기간 내에 많은 사람에게 응답을 요구한다. 설문조사는 같은 조건으로 실시하게 되면, 누가 실행하더라도, 또한 대답하는 사람이 같은 조사대상에 속한 다른 사람일지라도, 동일한 결과를 얻게 되는 재현성이 높은 과학적인 조사이다. 더구나 통계적이지 않은 설문조사는 동일한 결과를 얻을 수 없다는 점에 유의해야 한다. 설문조사의 장점은 2차 자료 수집분석조사와는 달리, 조사목적에 대한 대상자 속성과 조사지역을 설정하고 생생한 정보를 즉시 얻을 수 있다는 것과, 질적 조사와는 달리 조사대상을 대표하는 통계적 자료를 수집할 수 있다는 것이다.

2. 설문조사의 기획

1) 조사대상자의 정의

조사목적을 토대로 조사대상 모집단을 고려하고, 모집단에 대한 조사대상의 조건을 정의한다. 마케팅 조사의 경우 제품 · 서비스의 이용자와 잠재소비자층을 대상으로 실시하는 조사가 일반적이다. 예를 들어 청년층을 목표고객으로 하는 제품이라면 조사대상은 15~24세의 남녀로, 소매업의 경우에는 편의점인 경우 점포로부터 반경 500m 내의 주민으로 정의한다.

2) 조사방법의 검토

조사방법을 결정할 때에는 조사목적, 대상자의 조건과 주소지 유무, 질문내용, 조사지역, 회수율, 조사비용을 종합적으로 검토한다.

- 조사목적 : 대표성이 있는 통계적 자료를 얻고자 할 때에는 인터넷 조사로 대상자를 모집하는 조사방법은 적합하지 않다.
- 대상자의 조건 : 조사목적과 대상자의 조건에 따라 조사방법은 어느 정도 압축된다. 일반인을 대상으로 조사할 것인지, 특정한 속성을 가진 사람과 특정한 사람에 한정시켜 조사할 것인지에 따라 조사방법의 선택과 추출리스트에 대한

필요성이 달라진다.

■ 주소지 유무 : 대상자의 주소지가 없다면 전화조사, 사람들이 모이는 장소에서의 조사, 대상자의 모집에 의한 조사 등으로 한정된다.

3) 설문지 항목의 검토

조사하고자 하는 과제를 대항목에서 소항목으로 세분화하고, 항목 간의 관련성을 검토한다. 일반적인 설문지 항목을 검토하는 절차는 다음과 같다.

① 과거의 조사보고서를 참고한다.
② 내부 연구회나 그룹 인터뷰의 발언기록으로부터 조사과제를 추출한다.
③ ①과 ②의 작업 후에 설문지 항목을 구체화한다.
④ 항목 간의 관련성을 표나 그림으로 도식화한다.

4) 조사기간의 검토

조사목적, 내용, 지역, 대상자, 조사방법, 표본추출방법 등을 고려해서 조사기간을 정한다. 조사의 기획에서 표본, 조사표 작성, 실사를 거쳐 집계 · 분석작업까지의 필요기간을 결정할 때에는 조사목적, 조사내용, 조사분량, 조사방법, 자료처리 등의 요소를 고려한다.

5) 조사비용

표본 크기와 표본방법, 실사 · 분석방법, 조사회사의 의뢰 유무의 조건에 따라 조사비용은 크게 변동된다. 설문조사의 경비는 기획단계에서 보고서 작성까지의 조사단계별로 산출한 비용을 더하여 견적을 낸다.

6) 표본 크기의 결정

표본의 규모가 클수록 표본오차는 낮아진다. 그러나 표본크기는 주어진 예산과 오차의 균형, 경험에 의한 관점에서 결정되어야 한다.

7) 설문지 작성

설문지를 작성할 때는 조사대상자에게 적합한 단어를 사용하여 인사문으로 시작해서 대답하기 쉬운 질문순서, 질문할 문장, 대답 선택방법, 레이아웃을 생각해야한다. 설문지의 내용은 조사협력의 부탁, 조사질문, 대상자 특성으로 구성된다. 조사협력의 요청은 대상자가 처음에 해당하는 인사문으로서 조사대상자의 적극적인 참여와 협력을 얻는게 중요하다. 조사목적을 알기 쉽게 설명하고, 조사자 개인정보의 보호도 약속한다. 조사질문은 질문 문장과 응답 카테고리로 작성한다. 알기 쉽고 대답하기 쉬운 질문구성, 단어사용, 응답 카테고리를 고안하여, 짧은 시간에 마칠 수 있는 분량으로 정리한다. 성별, 나이, 직업 등의 대상자 특성은 분석에 필요한 특성을 고려하여 질문순서는 마지막에 한다.

(1) 설문지의 작성순서

① 질문유형 결정

요구하는 응답은 자유의견인지, 선택방식인지, 응답 수는 하나인지 복수인지를 결정한다.

② 응답 카테고리안

각 질문의 응답 선택지안을 결정한다.

③ 응답척도 유형

어떤 집계를 할 것인지를 고려해서 응답척도의 유형을 결정한다.

④ 질문문장

응답 카테고리와 가능한 응답수를 제시한다.

⑤ 레이아웃안

조사량, 용지크기, 인쇄방향, 용지에 친 줄과 문자, 일러스트 등 레이아웃을 검토한다.

⑥ 질문 순서안

질문할 문장의 관계가 부드럽도록 질문순서를 고려하고, 대답하기 쉬운 질문부터 시작한다. 중요한 질문은 가능한 앞부분에서 한다.

⑦ 설문지 점검을 위한 사전테스트

조사대상자 중 일부를 대상으로 본조사 실시 전에 완성된 설문지 초안의 질문 문장과 응답 카테고리에 문제가 없는지를 조사한다.

⑧ 재검토와 문제점 개선

사전테스트로 파악된 문제점을 재검토하여 수정, 보완한다.

⑨ 레이아웃 결정

레이아웃을 정한 후, 인쇄한다.

(2) 질문유형과 응답유형

질문 문장을 작성하기 전에 조사방법과 질문내용에 관한 질문과 응답유형을 결정한다. 설문지에서 사용되는 질문 유형은 개방형 질문과 선택형 질문으로 구분된다. 개방형 질문은 대상자가 생각하고 있는 답변을 자유롭게 표현하도록 하는 방법이다. 선택형 질문은 이미 조사자가 준비한 항목들을 대상자가 선택하도록 하는 방법이다. 선택형 질문에는 다지선다형 질문과 양사택일형 질분으로 구분된다. 예를 들어, '귀하가 선호하는 라면 브랜드를 모두 적어주세요'라는 질문은 개방형 질문에 해당하고, '다음 중 귀하가 가장 선호하는 라면 브랜드를 골라주세요'라는 질문은 선택형 질문에 해당한다.

(3) 측정의 수준

측정(measune)은 관찰대상이 가지고 있는 속성의 값을 일정한 규칙으로 만들어진

척도(scale)를 이용하여 계량화하는 것이다. 즉 관찰대상의 속성에 대하여 기술적으로 수치를 부여하는 행위를 말한다. 통계적으로 처리가능한 자료를 얻기 위해서는 척도라고 하는 기준으로 측정할 필요가 있다. 측정의 수준에 따른 척도유형은 명목척도, 서열척도, 등간척도, 비율척도로 분류된다.

- 명목척도(nominal scale) : 관찰대상이 갖는 속성에 따라 관찰대상을 상호 배타적인 범주로 구분하는 것으로서, 관찰대상을 단순히 범주로 분류하기 위한 목적으로 숫자를 사용하는 척도를 말한다. 성별과 직업 등과 같은 대상자 특성을 편리하게 숫자로 표시한 것으로, 예를 들어 남성은 1, 여성은 2로 카테고리를 숫자로 배정한다. 운동선수의 등 번호와 신용카드번호도 명목척도의 하나이다. 4가지 척도유형 중 가장 낮은 측정 수준의 척도로, 명목척도의 숫자는 수의 의미가 없다. 따라서 명목척도로 측정된 자료는 연산을 할 수 없다.
- 서열척도(ordinal scale) : 관찰대상이 가지고 있는 속성의 크기를 측정하여 크기 순서대로 대상의 순위를 나타내는 것이다. 명목척도와 마찬가지로 대상을 서로 구분할 수 있을 뿐만 아니라, 속성의 크기에 따라 대상의 순위를 정할 수 있다. 그러나 서열척도는 관찰대상의 속성을 비교하여 단순히 상대적인 순위만 구분할 뿐, 각 서열 간의 차이 정도를 측정하지 않는다. 따라서 서열척도는 서열 간의 구체적인 차이 정도에 관한 내용까지는 포함하지 않고 단순히 순서에 대한 정보만을 나타낸다.
- 등간척도(interval scale) : 속성 크기에 따른 관찰대상의 서열뿐만 아니라 대상들 간에 어느 정도 차이가 있는지에 관한 정보도 포함하고 있다. 즉 대상들이 가지고 있는 속성의 상대적 크기를 측정하여 대상 간에 서로 비교할 수 있도록 하는 척도를 말한다. 등간척도는 대상이 지닌 속성의 상대적 크기와 차이를 측정하기 위하여 균일한 간격, 즉 등간격으로 분할한 길이를 이용하여 측정하는 척도이다. 따라서 등간척도를 이용하여 대상이 가지고 있는 속성의 크기를 측정하고자 할 경우에는 등간격을 표시하는 길이를 나타내는 그림을 제시하여 측정해야 한다.
- 비율척도(ration scale) : 절대적인 기준을 가지고 속성의 상대적 크기를 비교할

뿐 아니라, 절대적 크기까지 측정할 수 있도록 비율의 개념이 추가된 척도를 말한다. 일반적으로 절대적인 기준은 0으로 표시한다. 예를 들어 무게에 있어서 절대적인 기준은 아무런 무게가 없는 0이 된다. 모든 관측대상의 무게는 이러한 절대 기준을 바탕으로 평가할 수 있다. 예를 들어 어떤 사람의 몸무게가 100kg이라면 다른 사람들과 비교하지 않아도 우리는 그 사람이 무겁다고 생각할 수 있다. 이는 절대적인 기준점인 0으로부터 그 크기를 판단할 수 있기 때문이다.

5.4 조사자료의 수집, 준비, 분석

1. 자료의 준비과정

설문지에 포함된 원자료(데이터)가 통계적으로 분석되기 전에 원자료는 분석을 위한 적절한 형태로 전환되어야 한다. 통계적 처리결과에 대한 질은 자료준비단계가 주의 깊게 실행되었는지에 의존한다. 그림 5-5에는 자료의 준비과정을 제시하고 있다. 전체적인 과정은 조사설계 단계에서 작성되었던 자료분석에 대한 예비계획에 의하여 진행된다.

(1) 설문지 검사

설문지 검사의 첫 번째 단계는 설문지의 완성도와 면담의 질을 확인하기 위하여 모든 설문지를 검사하는 것과 관련된다. 종종 이러한 검사들은 현장작업이 진행되는 동안에 이루어진다.

그림 5-5 자료의 준비과정

(2) 편집

편집(editing)은 정확성을 향상시키기 위해 설문지를 검토하는 것이다. 설문지에서 알아볼 수 없거나, 불완전하거나, 일관성이 없거나 애매한 응답을 확인한다.

(3) 코딩

코딩(coding)은 각 질문에 대한 가능한 응답에 대해 코드를 지정하는 것을 의미하며, 보통 숫자로 지정한다. 코드(code)는 차지할 열의 위치와 자료의 기록 위치를 지정하는 것과 관련이 있다. 예를 들면 응답자의 성별이 남자라면 1, 여자라면 2로 코드가 부여될 수 있다.

(4) 자료 입력

코드화된 자료를 설문지나 코딩용지로부터 디스켓이나 마그네틱 테이프에 옮겨 기록하거나, 직접 스프레드 시트나 통계 패키지에 입력하여 옮겨 기록한다.

(5) 자료의 청소

자료의 청소는 입력된 자료에 대한 일관성 검사와 누락된 응답의 처리를 의미한다.

- 일관성 검사 : 일관성 검사는 전체 자료값 중 범위 밖의 값은 없는지, 논리적으로 일관성이 결여된 자료값은 없는지, 혹은 극단값은 없는지 확인한다.
- 누락된 응답의 처리 : 누락된 응답은 변수의 값을 알 수 없는 경우로서 응답자가 모호한 답을 제공하였거나 그들의 응답이 적절히 기록되지 않았기 때문에 발생한다. 누락된 응답을 처리하기 위해 전체 자료를 삭제하거나 해당 응답의 값을 나른 유사 항목이나 대상자의 응답값으로부터 계산하는 최빈값 또는 평균으로 대체하는 방법을 취할 수 있다.

(6) 자료의 통계적 수정

통계적으로 자료를 수정하는 과업들은 자료값에 가중치를 부여하고, 변수의 코딩을 번경하거나 여러 변수들에 대해 열산하는 작업들을 포함한다.

2. 통계적 기법의 분류

통계분석 기법은 변수의 수에 따라 단일변량 통계분석(univariate statistical analysis)과 다변량 통계분석(multivariate statistical analysis)으로 구분된다. 단일변량 통계분석은 특정 변수의 분포 상의 특성을 파악하기 위하여 빈도나 비율, 평균,

분산 등 기술통계량을 사용한다. 다변량 통계분석은 2개 이상의 변수들간의 관계를 파악하는 것을 목적으로 한다. 다변량 통계분석은 분석의 목적에 따라 변수들간의 종속관계를 밝히고자 하는지 아니면 상호관련성을 밝히고자 하는지에 따라 종속관계에 대한 분석과 상호의존관계에 대한 분석으로 구분된다. 종속관계에 대한 분석은 분석의 대상이 되는 변수들을 원인이 되는 독립변수가 결과를 의미하는 종속변수에 어떠한 영향을 미치는지를 파악한다. 종속관계에 대한 분석은 카이제곱(χ^2)검정, 분산분석, 판별분석, 회귀분석, 구조방정식모형분석 등이 대표적이다. 상호의존관계에 대한 분석은 여러 변수들간의 관련성을 파악하는 분석방법으로, 이에는 상관분석, 요인분석, 군집분석 등이 있다.

마케팅 조사에서 사용될 수 있는 통계분석 기법은 매우 많고, 그 쓰임도 다양하다. 그러나 실제 마케팅 조사 실무에서 사용되는 통계분석 기법은 한정적이다. 일반적으로 단일변량 통계분석과 다변량 통계분석에서 종속관계에 대한 분석이 주요하게 사용된다.

5.5 조사보고서의 작성

마케팅 조사의 마지막 단계는 조사결과를 포함한 조사 전반의 내용을 보고서로 정리하는 것이다. 작성된 보고서는 마케팅 조사를 통해 얻은 의미있는 정보를 의사결정자에게 전달할 뿐 아니라 향후 다양한 마케팅 문제 상황에 직면했을때 유용한 경영자료의 역할을 한다. 보고서의 목차구성은 다음과 같다.

(1) 제목

마케팅 조사의 내용을 반영하여 가능한 한 간단명료한 명칭이 바람직하다. 일반적으로 기획서에 쓰여진 조사명칭을 사용하는 경우가 많다.

(2) 요약

요약에는 조사배경, 조사체계, 조사의 주요결과 및 필요에 따라 감사의 말을 기술한다.

(3) 목차

목차는 보고서의 구성을 일목요연하게 이해할 수 있도록 최대한 간략하게 작성한다.

(4) 조사개요

조사개요에는 조사목적, 조사내용, 조사주체, 실사주체, 조사방법, 표본추출방법과 회수상태, 조사기간 등을 기술한다.

- 조사목적 : 어떤 목적을 위해 조사를 실행하는지, 조사결과는 어떻게 활용하는지를 설명한다.
- 조사내용 : 질문항목 명칭을 기술하거나, 항목을 정리한 대항목 명칭을 기술하기도 한다.
- 조사주체 : 조사주체와 실사주체가 다른 경우 이를 명시한다.
- 조사방법 : 어떤 조사 방법을 활용했는지를 기술한다.
- 표본추출의 방법 : 설문조사의 경우는 표본추출방법과 표본프레임, 회수상태 등을 기술한다.
- 조사기간 : 자료를 수집한 조사기간을 기술한다.

그림 5-6 조사보고서의 목차

(5) 대상자의 특성

조사대상자는 개인 및 조직을 대표하는 구성단위이며, 성별, 연령, 조건, 지리적 범위 그리고 시간적 규정으로 정의한다.

(6) 조사결과

보통 질문한 순서에 따라 구성하는 경우가 많다. 단 가설검증을 위한 조사일 경우에는 인과관계를 논리적으로 설명해야 이해하기 쉽다. 먼저, 원인이 되는 사실을 기술하며, 그 사실이 직접적 및 간접적으로 가지는 효과와 효과의 정도를 기술한다.

문장표현으로는 사실만을 기술하며, 억측과 추측 등의 표현은 기술하지 않는다. 조사가설이 성립하는 또는 부정되는 경우에 대해서는 통계적인 검정을 실행하였던 것을 근거로 명확하게 표현한다.

분석결과를 설명하는 순서는 단순집계 결과를, 다음으로 성별 · 연령별, 지역별과 질문간의 교차집계 결과를 설명한다. 그 때 집계표와 그래프를 활용하여 알기 쉽게 표현한다. 또는 필요하다면 과거의 조사결과와 다른 조사결과를 비교할 수 있도록 표현하는 것이 바람직하다.

(7) 결론

조사에 따라 문제 자체나 상황에 대한 사실을 설명하는 것으로 끝나는 보고서도 있다. 그러나 일반적으로 마케팅 조사에서는 조사과제에 대한 결론을 도출해야 한다. 예를 들어 새로운 기능을 가진 제품의 가격을 검토할 때, 시장에서의 신제품과 경쟁 제품의 기능에 대한 제품들의 평가 결과가 필요하다. 평가가 좋으면 가격이 높더라도 판매될 것이고, 평가의 정도가 같다면 가격을 낮게 설정하지 않으면 판매되지 않을 것이다. 대상자 특성, 기존 제품의 특성, 기존 제품의 만족도, 기능에 대한 개별 평가와 종합 평가, 구매의사, 구매 희망가격 등에 대한 사실 설명 후 과제의 검증을 실행하도록 한다.

(8) 향후 과제

향후 과제를 기술하지 않는 보고서도 있지만 가능한 한 기술할 필요가 있다. 이번 조사의 문제점을 기술하고, 다음 조사를 실시할 때 유의사항으로 이어가야 한다. 또한 이번 조사에 해결하지 못한 과제가 있었다면 이를 기술하고 해결하지 못한 이유와 해결책을 제안하는 것이 바람직하다.

참고문헌

1. 강석후 · 조현철 옮김,「마케팅 조사론 제4판」, 도서출판 석정, 2004.
2. 김근배,「의사결정을 위한 마케팅 조사론」, 무역경영사, 2010.
3. 안광호 · 임병훈,「마케팅 조사원론」, 학현사, 2006.
4. 이명식 · 최천규 · 구자룡,「마케팅리서치」, 형설출판사, 2003.
5. 이훈영,「SPSS를 이용한 데이터분석」, 도서출판 청람. 2012.
6. 이훈영,「이훈영교수의 마케팅 조사론」, 도서출판 청람. 2013.
7. Joseph F. Hair, JR, Robert P. Bush, David J. Ortinau, *Marketing Research, In a Digital Information Environment*, McGraw-Hill Irwin, 2009.
8. Naresh K. Malhotra, *Marketing Research : An Applied Orientation*, Pearson Prentice Hall, 2007.
9. Sakai Takashi, *Marketing Research Handbook*, JMAM, 2008.

연구문제

1. 마케팅 조사를 실시하는 목적에 대해서 설명하시오.
2. 문제해결조사에는 어떤 마케팅 조사가 필요한지 설명하시오.
3. 마케팅 조사의 절차에 대해서 설명하시오.
4. 표본추출방법 중에서 확률적 표본추출방법과 비확률적 표본추출방법에 대해서 설명하시오.
5. 명목척도, 서열척도, 등간척도, 비율척도에 대해서 설명하시오.
6. 다변량 통계분석에 대해서 설명하시오.
7. 조사보고서의 목차는 어떻게 구성해야 하는지에 대해서 설명하시오.

제3부
마케팅 전략의 수립

제6장 시장세분화, 목표시장 선정 및 포지셔닝
제7장 브랜드 개발 및 관리

제6장

시장세분화, 목표시장 선정 및 포지셔닝

6.1 목표마케팅의 개념과 단계

6.2 시장세분화

6.3 목표시장의 선정

6.4 포지셔닝

시작하면서…

'사장님 차'에서 '3040 고급차'로 변신, 세대마다 최신기술 집약해 경쟁 차 압도

현대자동차의 준대형 세단 신형 그랜저(IG)가 질주하고 있다. 신형 그랜저는 2016년 11월 2일부터 11월 21일까지 2만7491대가 계약됐다. 이는 한국 자동차 역사상 가장 많은 사전계약 대수이기도 하다. 사전계약 돌풍을 일으킨 신형 그랜저는 2016년 12월에도 높은 인기를 이어갔다. 신형 그랜저의 12월 판매량은 1만5000대가 넘을 것으로 알려졌다. 국내 자동차 시장에서 월간 판매량이 1만5000대가 넘은 것은 2014년 4월(쏘나타 1만5392대) 이후 32개월 만이다. 2010년 이후 국내시장에선 쏘나타와 아반떼가 네 번씩 월간 판매 1만5000대 클럽에 가입했다.

신형 그랜저의 인기는 최근 내수시장에서 고전하고 있는 현대차의 돌파구가 될 것으로 보인다. 현대차는 파업과 품질 논란으로 2016년 11월까지 42만9092대(승용 기준)를 판매했다. 이는 기아차에도 뒤지는 판매량이다. 그랜저 역시 준대형차 시장에서 기아차의 K7에 밀렸다. 하지만 신형 그랜저가 돌풍을 일으키며 준대형 세단 시장 1위 탈환이 확실시되고 있다. 현대차 관계자는 "신형 그랜저 돌풍으로 침체됐던 준대형 시장이 활기를 되찾을 것"이라며 "2017년 국내시장에서 그랜저를 10만대 이상 판매한다는 목표를 세웠다"고 말했다.

◆ 성공 아이콘 유지하며 젊고 럭셔리한 대중차로 변신

현대차 그랜저는 대표적인 국산차 장수모델이다. 나이로 따지면 코란도, 쏘나타에 이어 3위다. 하지만 그랜저가 갖는 의미는 이들을 넘어선다. 그랜저는 30년간 글로벌 대형 세단과 격전을 벌이며 성장했고, 글로벌 누적 500만대 판매 달성을 눈앞에 두고 있다. 그랜저가 처음 출시된 것은 1986년 7월이다. 1975~80년대 중반 국내 고급차 시장에서 인기를 끈 차는 새한자동차(현 GM)가 독일 오펠의 레코드를 들여와 조립 생산한 '로얄 시리즈'였다. 현대차가 이에 맞서기 위해 내놓은 차가 바로 1세대 그랜저였다. 1세대 그랜저는 현대차가 일본 자동차 기업 미쓰비시와 공동 개발한 모델이다. 현대차가 디자인을, 미쓰비시가 설계를 맡았

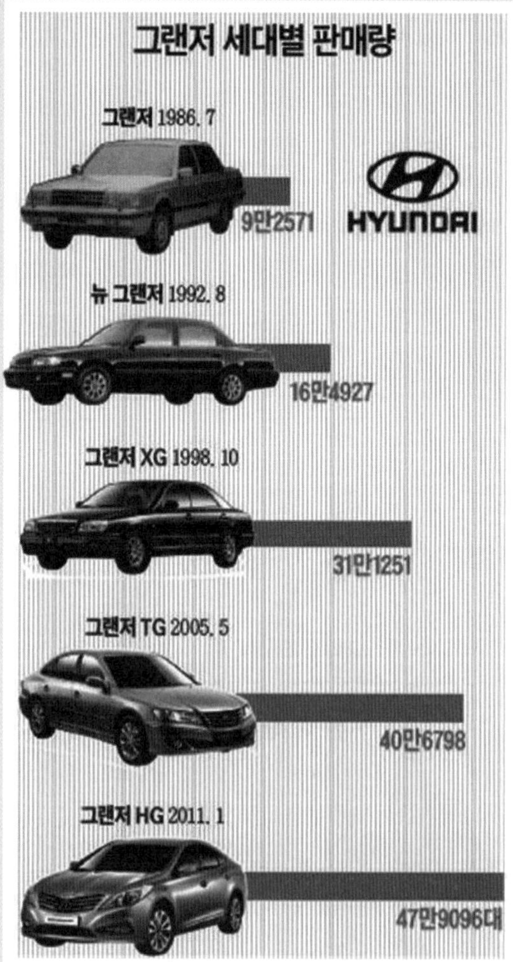

다. '웅장 · 장엄 · 위대하다'는 뜻을 가진 그랜저는 당시 '사장님의 차' '성공한 남자의 차'로 자리매김했다. 당시 신문광고 문구는 '품위도 정상, 사업도 정상'이었다. 1세대 그랜저는 직선이 강조된 디자인 때문에 '각(角) 그랜저'라는 별칭으로 불렸다. 하지만 이 딱딱한 디자인이 오히려 우리나라 고소득 중장년층의 눈길을 끌어당겼다. 그랜저는 1988년 서울올림픽 의전 차량으로 사용되면서 성공 가도를 달리기 시작했다. 1세대 그랜저는 당시 국내 대형 승용차 수요의 대부분인 9만2571대가 팔리며 국내 최고급 세단 자리에 올랐다.

1992년 나온 2세대 '뉴 그랜저'의 캐치프레이즈 역시 '성공한 사람들의 차'였다. 뉴 그랜저는 곡선미를 살린 유럽풍의 역동적인 스타일에 중후한 이미지를 넣는 등 외관에 변화를 줬다. 당시 국내 시판 차종 가운데 가장 큰 차체와 실내공간을 갖추는 등 상품성도 끌어올렸다. 이때까지만 해도 그랜저는 기사를 두고 뒷좌석에 타는 최고급 승용차였다. 과거 중장년층이 대부분이었던 그랜저의 타깃층이 젊어지기 시작한 것은 3세대부터다. 1998년 출시된 3세대 '그랜저 XG'는 사장님 자동차라는 무거운 이미지에서 탈피해 운전자가 재미를 가지고 타는 고급 자동차로 변신을 시도했다. 이를 위해 현대차는 3년 6개월간 4600억원의 비용을 들였다.

이러한 전략이 먹히면서 3세대는 2세대 판매량의 2배에 가까운 31만1251대가 팔렸다. 4세대인 그랜저 TG는 40만대, 5세대 그랜저 HG는 45만대 이상이 팔렸다. 길에서 흔하게 볼수 있는 차가 된 것이다.

현대차는 2015년 럭셔리 브랜드 제네시스를 출범하면서 그랜저의 포지셔닝에 변화를 주고 있다. 제네시스가 고급차 브랜드로 독립하면서 그랜저는 현대차의 플래그십(기함) 모델로 올라섰다. 아슬란이 있지만 그 위상은 그랜저만 못하다.

6세대 모델인 그랜저 IG는 '처음부터 그랜저를 바꾸다'라는 카피를 앞세우며 종전 모델과 다르다는 점을 강조하고 있다. 기존 1~5세대를 이어왔던 중후한 외관 디자인을 버리고, 보다 날렵하면서 스포티한 느낌을 강조하고 있다.

그랜저를 선택하는 젊은 층은 꾸준히 늘고 있다. 6세대 그랜저의 사전계약 소비자 중 30~40대 비중이 48%로 기존 5세대보다 7%포인트 증가했다. 특히 신규 유입된 소비자 중 30대가 차지하는 비중이 60% 이상을 기록하며 젊고 럭셔리한 대중차 이미지로 거듭나고 있다. 김현철 서울대 교수는 "그랜저는 초기엔 부를 상징하는 사장님 차에서 시작해 지금은 성공한 중년을 위한 준대형 세단으로 탄탄하게 자리매김했다"고 말했다.

◆ 최신기술로 수입차 소비자층 흡수

현대차는 그랜저를 내놓을 때마다 첨단기술을 적용해 경쟁 차종을 압도했다. 그랜저는 세대마다 당시의 최신 기술을 적용한 현대차 기술의 집약체였다.

1세대 그랜저에는 2ℓ급 엔진과 당시로는 첨단 사양인 정속주행 장치(크루즈 컨트롤)를 장착해 화제를 모았다. 2.0엔진은 우리나라 최초의 전자 제어 연료 분사식이었다. 최대출력 120마력, 최대토크 16.2토크, 최대시속 162㎞/h의 힘을 뽐냈다. 대형차 최초로 전륜구동을 택해 부드러운 승차감을 선보였다. 나중에는 우리나라 최초로 자동변속기를 장착한 모델을 추가했다. 뉴 그랜저는 국산차 최초로 에어백을 장착했고, 4기통 2000cc부터 6기통 3500cc까지 고배기량 엔진을 탑재했다. 능동형 안전장치(TCS), 차체제어시스템(ECS), 4륜 독립현가장치 등 이전에 볼 수 없었던 첨단 안전장치와 편의사양을 선보였다.

그랜저 XG에는 국내 최초로 수동 겸용 5단 자동변속기(H-Matic)를 적용해 국내 대형차 성능향상을 이끌었다. 특히 그랜저 XG는 일본 미쓰비시의 영향에서 완전히 벗어난 모델로, 쏘나타EF의 전륜구동 플랫폼을 활용해 독자개발됐다. 이 모델은 그랜저 시리즈 최초로 미국과 유럽시장에 진출해 11만5008대가 팔렸다.

그랜저 TG는 독자기술로 개발한 람다 엔진과 6단 자동변속기를 적용해 엔진 성능은 물론 연비까지 획기적으로 향상됐다. 버튼 시동장치, 에코 드라이빙 시스템 등 각종 편의사양과 첨단기술이 새롭게 적용됐다. 이 모델은 탁월한 승차감과 주행성능으로 입소문을 타면서 여성 및 수입차 선호 소비자층까지 흡수했다. 신차 효과가 사라진 1년 후에 오히려 판매량이 30% 늘기도 했다. 2010년 이후 수입차들이 국내시장을 본격적으로 잠식하기 시작했다. 현대차는 이들보다 가격 경쟁력에서 앞섰지만 상품경쟁력을 자신하긴 어려웠다. 수입차와의 승부를 위해 현대차가 3년 6개월여 동안 총 4500억원을 쏟아부어 완성한 것이 그랜저 HG였다.

그랜저 HG는 차체자세제어장치(VDC), 타이어 공기압 경보장치(TPMS), 급제동 경보 시스템(ESS), 9 에어백 시스템 등 첨단 안전장치를 기본 적용해 안전성을 획기적으로 높였다. 또 국내 최초로 최첨단 주행 편의 시스템인 '어드밴스드 스마트 크루즈 컨트롤'을 적용하는 등 한층 진보된 편의사양을 갖췄다. 최첨단 기술과 젊어진 디자인은 실적으로 이어졌다. 그랜저 HG는 월간 판매 1위(2011년 4월)를 달성할 정도로 인기를 모으며 국산 고급 세단의 자존심을 지켰다.

이항구 산업연구원 연구위원은 "그랜저는 지난 30년 동안 지속적으로 상품성을 높이면서 장수모델의 입지를 다졌다"며 "그랜저가 경쟁차의 기술혁신을 이끈 측면도 있다"고 말했다. 그랜저는 이제 우리나라 준대형 고급 승용차를 통칭하는 대명사가 됐다. 여전히 성공하는 사람이 갖고 싶어 하고, 선망하는 차다. 1세대 그랜저는 당시 직장인들에게 드림카였고, 30년이 흐른 지금도 그랜저는 여전히 샐러리맨의 로망이다.

이코노미조선, 2017. 1. 21. 182호

6.1 목표마케팅의 개념과 단계

마케팅을 한마디로 요약하자면, 시장에 대한 기업의 대응방식이라고 할 수 있다. 마케팅 전략은 시장에 대한 이해에 기초하여 이루어지며, 그 성과는 시장의 반응에 의하여 결정된다. 따라서 시장은 마케팅 활동의 출발점인 동시에 종착점이라 할 수 있다. 시장은 여러 가지 의미를 내포하고 있는 복합적인 개념인데, 마케팅의 관점에서 시장이란 소비자의 집합이라고 정의할 수 있다. 마케팅에서 소비자의 욕구를 강조하고 소비자의 구매행동에 대하여 분석하는 것은 바로 시장이 어떠한 유형의 소비자로 구성되어 있고 또 어떤 특성을 갖고 있는가 하는 것을 규명하기 위해서이다. 소비자의 욕구와 구매행동이 단순하던 시기에는 시장을 구분하지 않고 전체시장을 대상으로 하나의 제품을 대량으로 생산하여 유통시키고 촉진하는 대량마케팅(mass marketing)이 유행하였다. 1900년대 초반 포드자동차가 미국 내 전체 소비자들에게 T형 승용차 하나만을 판매하던 경우나 코카콜라가 1970년대 중반까지 코카콜라 클래식 제품만을 판매했던 경우가 이미 해당한다. 기업이 대량마케팅을 사용하는 이유는 최저수준의 비용과 가격으로 최대의 시장에 접근할 수 있기 때문이다. 그러나 이 방법은 제품수명주기에 있어서 소비자의 욕구가 단순한 도입기의 시장에 제한적으로 사용할 수 있고, 성장기에 접어들어 소비자의 욕구가 다양해지고 기업 간 경쟁이 치열해지는 상황에서는 적합하지 않다.

소비자의 욕구가 상이하고 이질적으로 변화되는 경우, 모든 소비자를 대상으로 마케팅 활동을 한다는 것은 대단히 어려운 일이다. 따라서 전체 시장이 아닌 특정한 세분시장에 초점을 맞추는 목표마케팅(target marketing)을 수행하여야 소비자의 만족을 극대화하고 경쟁우위도 확보할 수 있다. 예를 들어 자동차회사가 소비자의 소득 수준과 취향에 따라 경차, 소형차, 중형차, 대형차, RV, SUV, 스포츠카 등을 출시하는 것이 이에 해당한다.

최근에는 소비자 개개인별로 욕구가 다르게 형성됨에 따라 맞춤형 제품과 서비스를 제공하는 개별 마케팅(individual marketing, 1:1 marketing)이 부상하고 있다. 대중마케팅이나 목표마케팅 모두 불특정 다수를 대상으로 하는 마케팅 전략으로써 제품을 미리 만들어 놓고 소비자가 이를 선택하게 만드는 측면이 강하다. 반면 개별 마케팅은 소비자의 욕구를 듣고 이에 맞춰서 제품을 구성해 제공하는 형태이다. 양복에 비추어 생각해 보면, 대중마케팅은 표준형의 한 사이즈 옷에 소비자 모두를 맞추는 것이고, 목표마케팅은 소비자의 체형을 분류해 여러 종류의 옷을 만들어 제공하는 것에 해당된다. 이 두 가지 모두 소비자가 옷을 몸을 맞추는 경우에 속하는데, 이에 반하여 개별 마케팅은 소비자의 몸을 재고 이에 맞는 옷을 만드는 맞춤복이라 할 수 있다. 개별 마케팅은 시장의 가장 작은 단위인 개인에 초점을 맞추는 것으로 컴퓨터 기술과 자료 분석기법의 발전으로 인하여 확산되고 있는 추세이다.

시장범위에 있어서 대량마케팅과 개별 마케팅은 양극단에 위치한다. 대량마케팅은 전체 시장을 대상으로 하기 때문에 시장의 범위가 너무 확대되고, 개별 마케팅은 개개인을 하나의 시장으로 간주하기 때문에 시장의 범위가 너무 축소되는 것이다. 이와 같이 극단적인 시장범위의 선택은 소비자의 욕구를 충족시키는 동시에 적정수준의 규모와 생산성을 달성하기 어렵게 만든다. 따라서 대다수의 기업에게 적합한 시장대응방식은 이 두 가지 대안을 조화시키는 목표마케팅이라 할 수 있다.

목표마케팅은 시장세분화(market segmentation), 목표시장 선정(target market selection), 포지셔닝(positioning)의 세 가지 단계를 거쳐 수행된다. 첫 번째 단계는 시장세분화인데, 이는 하나의 시장을 여러 개의 소비자 집단으로 구분하는 활동이다. 두 번째 단계는 목표시장 선정이다. 이는 각 세분시장의 매력을 평가하고, 여러 세분시장 가운데서 기업이 진입하고자 하는 하나 또는 그 이상의 세분시장을 골라내는 과정이다. 세 번째 단계는 포지셔닝이다. 이는 생산된 제품과 마케팅 믹스가 가장 경쟁력을 가질 수 있는 경쟁위치를 설정하는 단계이다. 이 세 가지는 목표마케팅을 수행하는 데 있어서 필수적으로 요구되고, 서로 밀접하게 연관되어 있기 때문에 일반적으로 이들을 통칭하여 STP(segmentation, targeting, positioning strategy : STP) 전략이라고 한다.

그림 6-1 목표마케팅의 단계

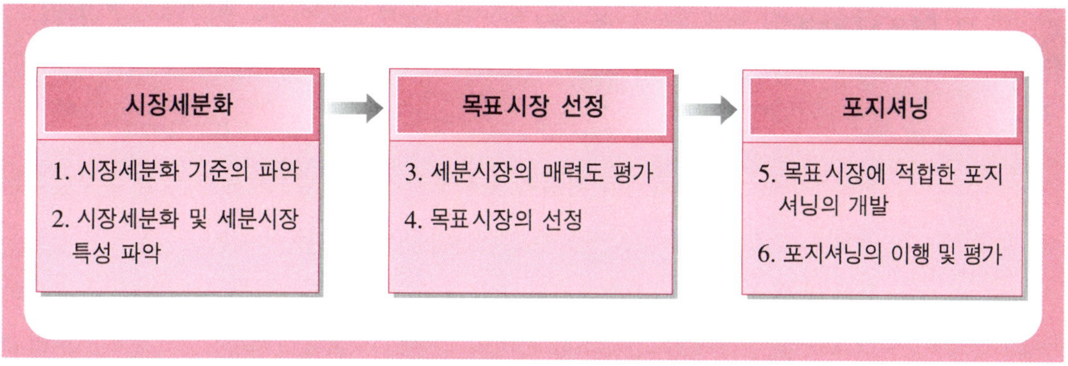

그렇다면 왜 시장을 세분화하여 목표시장을 선정하는 것이 중요할까? 첫째, 소비자들은 여러 가지 면에서 서로 다르기 때문이다. 소비자들은 각기 원하는 제품이 다르고 즐겨보는 방송이 다르고 자주 이용하는 점포가 다르며 구매방식이 다르다. 천편일률적으로 접근하여 모든 소비자를 만족시키기 어렵기 때문에, 소비자들간의 차이를 파악하고 이에 맞는 전략을 전개해야 할 것이다. 둘째, 기업의 자원이 한정되어 있기 때문이다. 만약 기업의 자원이 무한정이라면 모든 소비자의 욕구를 개개마다 충족시켜줄 수도 있을것이다. 그렇지만 규모가 크든 작든 간에 모든 기업의 자원은 한정되어 있기 때문에, 보다 효율적이고 효과적으로 주어진 자원을 활용하여야 한다. 따라서 보다 효과가 큰 세분시장 혹은 소비자집단을 선정하여 그 곳에 집중적으로 자원을 사용하는 것이 바람직하다. 셋째, 전체가 아닌 하나 이상의 세분시장에 집중할 때 자원을 투입하는 효과가 더 커지기 때문이다. 두입사원이 효과가 있기 위해서는 일정 부분 이상의 투입량이 있어야 하기 때문에 자원이 풍부하다 하더라도 모든 사람들에게 조금씩 자원을 분산하여 투입한다면, 특정집단에 집중적으로 자원을 투입하는 것보다 효과가 떨어진다.

6.2 시장세분화

시장세분화는 목표고객의 차별화된 욕구를 충족시킴으로써 이익을 추구한다는 마케팅 개념의 핵심이다. 시장세분화는 이질적인 전체 잠재소비자를 동질적인 욕구를 갖고 마케팅 자극에 유사한 반응을 보일 것으로 생각되는 집단으로 구분하는 활동을 말하며, 시장세분화에 이어 수행되는 목표마케팅은 공급(기업의 마케팅 활동)을 수요(소비자의 욕구)에 적합하게 맞추는 활동이다.

1. 시장세분화의 기준

다양한 전체 시장을 동질적인 부분시장으로 나눌 수 있는 기준이 되는 변수를 세분화 변수(segmentation variable)라고 하며, 소비자의 거주지역, 소득, 나이, 성별, 라이프스타일, 브랜드 충성도 등을 들 수 있다. 마케팅 관리자는 여러 가지 가능한 변수들 중에서 마케팅 믹스의 선택에 실질적인 도움을 주는 변수를 신중하게 선택해야 한다. 예컨대 자동차회사가 시장세분화를 시도한다면, 이 기업은 세분화 변수로서 소득을 선택할 수 있다. 거주지역이나 나이에 따른 시장세분화도 가능하지만, 소비자의 욕구와 관련성이 약하다. 따라서 효과적인 마케팅 믹스의 선택에 도움이 되지 못하므로 적절한 세분화 변수가 될 수 없다.

시장세분화를 위한 기준들은 소비자의 특성이 일반적인 성격인가 또는 구매와 관련된 성격인가, 그리고 그 특성을 측정하는 방법이 직접적인 것인가 간접적인 것인가에 따라 크게 네 가지 범주로 분류된다.

표 6-1 시장세분화 기준의 분류

<table>
<tr><th colspan="2" rowspan="2"></th><th colspan="2">소비자의 특성</th></tr>
<tr><th>일반적 특성</th><th>구매관련 특성</th></tr>
<tr><td rowspan="2">측정방법</td><td>직접측정
(사전적 기준에 의하여 분류)</td><td>• 지리적 세분화(지역, 도시 규모, 인구밀도, 기후 등)
• 인구통계적 세분화(연령, 성별, 소득, 직업, 학력, 종교, 가족규모, 가족수명주기단계 등)</td><td>• 행동분석적 세분화(구매동기, 추구편익, 사용상태, 사용량, 구매빈도, 브랜드 충성도, 점포충성도 등)</td></tr>
<tr><td>간접측정
(사후적으로 유추하여 분류)</td><td>• 심리분석적 세분화(라이프스타일, 사회계층, 개성 등)</td><td>• 심리분석적 세분화(제품에 대한 지각단계, 제품 및 브랜드에 대한 태도 등)</td></tr>
</table>

1) 지리적 세분화

지리적 세분화(geographic segmentation)에서는 지역, 인구밀도, 도시의 규모(인구 수), 기후 등이 흔히 사용된다. 산업에 따라서는 지리적 변수에 따라 소비자의 욕구에 차이가 나타나는 분야가 있다. 예를 들어 스케이트는 얼음이 얼지 않는 열대지방에서는 거의 필요하지 않을 것이고, 냉·난방용품도 역시 그 지역의 기후에 따라 수요의 차이가 클 것이다. 범죄율이 높은 도시지역에서는 도난방지용품의 수요가 많은 것이다. 지리적 세분화는 세분화 작업이 비교적 용이하고, 적은 비용으로 세분시장에 접근할 수 있다는 장점이다.

2) 인구통계적 세분화

인구통계적 세분화(demographic segmentation)에서는 나이, 성별, 소득, 직업, 교육수준, 종교, 가족 규모, 가족 생애주기(family life cycle) 등 사회를 구성하는 사람들의 특성을 나타내는 변수가 시장세분화의 기준으로 사용된다. 인구통계적 변수들은 소비자의 욕구 및 구매행동과 밀접하게 관련된 경우가 많고, 측정하기가 비교적 쉽기 때문에 세분화 변수로써 가장 널리 사용되고 있다.

나이를 기준으로 하는 세분화의 예로서 장난감 시장을 생각해 보자. 어린이들은 나이에 따라 흥미를 느끼는 대상과 놀이방법이 달라진다. 2세 아기와 5세 아이의 장난감이 같을 수는 없고, 더욱이 선물용으로 장난감을 고를 때에는 나이에 어울릴 장난감을 찾게 된다. 따라서 장난감 회사의 입장에서는 아동의 나이를 기준으로 만 1세 이하, 2~3세, 4~5세, …, 10~11세, 12세 이상 등으로 시장을 세분화하는 것이 바람직할 것이다. 소비자의 성별 구분도 널리 활용되는 시장세분화 기준으로 의류, 화장품, 잡지, 비누 등의 세분화에 자주 이용되고 있다. 최근에는 성별 구분이 모호해짐에 따라 전통적인 성별 세분화 방법에서 벗어나 남녀가 공동으로 사용하는 유니섹스 제품도 인기를 끌고 있다.

소득은 제품에 대한 욕구와 구매력을 분리해낼 수 있는 강력한 변수이다. 특히 제품 가격이나 성능에서 차이가 많이 나는 승용차, 아파트, 가구, 의류, 금융상품 등과 같은 제품들의 시장세분화에 유용하다. 가령 승용차시장이 경차, 소형차, 중형차, 대형차 등으로 구분되는 것은 소득에 의한 시장세분화를 전제한 것이라 할 수 있다.

인구통계적 변수들은 소비자 집단을 구분하기 위해 사용하는 가장 보편적인 기준이 된다. 그 이유는 첫째는 소비자의 욕구, 선호도, 사용빈도 등이 인구통계적 변수들과 매우 밀접하게 관계가 있기 때문이다. 둘째는 인구통계적 변수들이 대부분 다른 변수들보다 측정하기가 쉽기 때문이다. 개성 또는 행위가 같은 다른 기준을 사용하여 목표시장을 정의하더라도, 그 시장의 규모를 평가하거나 그 시장에 효과적으로 접근할 수 있는 전략을 개발하기 위해 인구통계적 특성에 대한 파악은 반드시 필요하다. 인구통계적 변수는 매우 유용한 변수임에는 틀림없다. 하지만 외형적이고 가시적인 인구통계적 변수만으로 시장을 세분화하는 경우 소비자의 내면적 욕구를 간과하는 문제가 야기됨을 유의해야 한다. 한 예로 교육수준, 연령, 소득, 직업, 성별 등을 고려하여 세분시장을 대학교육을 받는 30대 중산층 남자직장인이라고 파악했을 때, 이 사람들이 다 동일한 욕구와 특성을 가진다고는 볼 수 없다.

3) 심리분석적 세분화

심리분석적 세분화(psychographic segmentation)란 라이프스타일, 사회계층, 개성 등과 같은 심리적 특성들을 중심으로 전체 소비자를 서로 다른 몇 개의 집단으로 나누는 것을 말한다. 동일한 인구통계적 집단 내 사람들도 상이한 심리분석적 특성을 보일 수 있다.

(1) 라이프스타일

심리분석적 세분화 기법 중 가장 대표적인 것은 라이프스타일(lifestyle)에 의한 세분화이다. 많은 기업들이 소비자의 라이프스타일에 따라 시장을 세분화하고 있다. 상당히 많은 제품들이 소비자들의 라이프스타일에 의해 영향을 받으며, 구매된 제품은 소비자 라이프스타일을 표현한다. 미국의 제너럴 푸드사는 카페인이 없는 커피인 상카(Sanka)에 대한 효과적인 포지셔닝을 위해 라이프스타일 분석을 사용하였다. 수년 동안 상카는 조용하고 완숙한 이미지의 라이프스타일을 갖는 소비자들로 그 시장이 한정되어 있었다. 이런 상황을 전환시키기 위해 제너럴 푸드는 상카가 오늘날의 건강하고 활동적인 라이프스타일을 추구하는 사람들에게 적합한 음료라고 포지셔닝시키기 위한 광고캠페인을 시작한 바 있다. 이 캠페인은 "상카! 당신을 최고로 만듭니다"라는 성취지향적인 구호로 모든 연령층의 성취동기 소유자들이 목표으로 삼았고, 광고에서는 급류를 통과하는 카약 같은 배처럼, 모험적인 라이프스타일로 살아가는 사람들이 상카 커피를 애호하는 것을 보여주었다.

라이프스타일에 의한 시장세분화는 주로 사람들의 활동(Activity), 관심(Interest), 의견(Opinion)을 기준으로 몇 개의 집단으로 구분하는 사이코그래픽스(physhographics)방법을 이용한다. 아를 영문표기의 머릿글자를 따서 AIO 분석이라고 한다. 여기서 활동이란 어떤 방법으로 시간을 보내는가를 나타내며, 관심은 가까운 주변활동 중에서 어떤 일에 중요성을 부여하는가를 기준으로 판단한다. 그리고 의견은 자기 자신과 나아가 외부에 대한 견해가 그 척도가 된다. 〈표 6-2〉는 라이프스타일 세분화 변수의 몇 가지 예를 보여주고 있다.

표 6-2 라이프스타일 세분화를 위한 AIO 변수

활동(Activity)	관심(Interest)	의견(Opinion)
일	가족	자기자신
취미	가정	사회적 관심
사회적 사건	직업	정치
휴가	지역사회	사업
오락	여가활동	경제
클럽회원활동	여행	교육
지역사회	음식	제품
쇼핑	대중매체	장래
스포츠	업적달성	문화

(2) 사회계층

사회계층(social class)이란 소득, 직업, 교육수준, 혈연관계 등을 복합적으로 고려하여 소비자의 사회적 지위를 구분하는 데 사용하는 변수로, 흔히 상류층, 중산층, 서민층 등으로 구분한다. 얼핏 보기에 사회계층은 인구통계적 변수인 것처럼 간주될 수 있다. 하지만 사회계층에 따라 사람들의 생각과 가치관이 다르며, 동일한 사회계층에 속한 사람들은 비슷한 사고방식과 행동유형을 하기 때문에 심리분석적 변수로 취급되는 것이다. 사회계층은 승용차, 의류, 여가활동, 선호 점포유형 등과 같이 공개적인 장소에서 다른 사람들이 보는 가운데 소비되는 제품에 대하여 강력한 영향력을 행사하고 있다. 우리나라 소비자들이 가능하면 크고 좋은 차를 타고자 하는 것은 자동차의 기능에서 우수하기 보다는 사회적 신분을 상징하기 때문이라 할 수 있다.

(3) 개 성

개성(personality)도 소비자들을 세분화하는 유용한 변수로 오랫동안 사용되어 왔다. 개성이란 다른 사람과의 관계에 있어서 보이는 성향이나 기질을 의미하는데, 사교적 · 비사교적, 적극적 · 소극적 등으로 분류하는 것이 그 예라 할 수 있다. 많은 제품들이 소비자의 개성을 표현하거나 상징함으로써 시장에서 독특한 이미지를 형성하고 있다.

(4) 태 도

특정 제품이나 브랜드에 대한 태도(attitude)는 소비자들의 선호와 선택에 많은 영향을 미치는 중요한 세분화 변수이다. 제품의 태도에 있어서 전체 소비자는 열광적, 긍정적, 무관심, 부정적, 적대적 등의 다섯 가지 태도집단으로 구분될 수 있다. 예를 들어 정치적인 캠페인에 있어서 후보자에 대한 유권자의 태도는 유권자들을 분류하고, 어떤 유형의 유권자에게 노력과 시간을 집중시켜야 하는지 파악하는 데 빈번히 사용된다. 열광적인 유권자에게는 투표날 잊지 않고 투표하도록 기억만 시키고, 부정적이거나 적대적인 유권자의 경우는 그 태도를 변화시키려고 노력해도 큰 효과를 얻지 못할 것이다. 무엇보다 긍정적인 사람들의 지지도를 더욱 강화시키고, 무관심한 유권자 또는 부동층의 표를 자기 쪽으로 유도시키기 위해 많은 노력과 시간을 할애하여야 할 것이다.

4) 행동분석적 세분화

행동분석적 세분화(behavioral segmentation)란 소비자의 일반적인 행동보다는 제품구매나 사용과 관련된 행동을 중심으로 해서 세분화하는 것을 말한다. 행동분석적 변수는 시장의 구조와 마케팅 믹스 간의 관계를 이해하는 데 있어서 가장 좋은 출발점이다.

(1) 구매동기

소비자들은 제품에 대한 필요성을 느끼거나, 구매를 하거나, 제품을 사용하게 되는 동기에 따라 구별될 수 있다. 예를 들어 항공여행은 사업, 출장, 관광 등의 동기와 관련되어 있음을 볼 수 있는데, 항공사는 이 중에서 어느 하나의 동기로 여행하는 소비자들에게 전문적으로 서비스하는 전략을 쓸 수 있다.

구매동기에 따른 세분화는 제품 사용상황을 설정하는 데 도움을 줄 수 있다. 예를 들어 오렌지주스는 아침에 마시는 것으로 제한되어 있는 것을 점심이나 저녁에도 오렌지주스를 마시도록 촉진활동을 벌일 수 있다. 또한 어버이날과 같은 기념일은 꽃, 카드, 기타 다른 선물용품의 판매가 급격하게 증가하는데, 카드제조회사는 그들의 제품을 촉진하기 위해 할아버지 · 할머니의 날 등의 다양한 기념일이 제정되도록 노력할 수 있다. 초콜릿 회사나 제과업체들이 발렌타인 데이, 화이트 데이, 빼빼로데이 등을 구매동기로 개발한 것은 행동세분화의 좋은 예라 볼 수 있다.

(2) 추구편익

세분화 중의 가장 강력한 형태는 소비자들이 제품으로부터 추구하는 다양한 편익(benefit)에 따라 소비자를 분류하는 것이다. 편익세분화를 하려면 특정 제품계열 내에서 추구되는 주요 편익과, 각 편익을 추구하는 사람들의 유형을 밝혀내는 것이 필요하며, 각 편익을 제공하는 주요 제품을 규명하는 것이 요구된다. 어떤 편익시장을 목표로 하고 있고, 그 세분시장의 특징은 무엇인가, 그리고 주요 경쟁 브랜드는 무엇인가를 분명히 이해하는 데 편익세분화 기법이 유용하게 사용될 수 있다. 예를 들어 청바지와 같은 경우 질기고 튼튼함, 반항적 개성의 표현, 세련되고 젊은 이미지의 연출 등이 다양한 편익을 추구하는 소비자들을 구분하는 기준이 될 수 있을 것이다.

(3) 사용상태

사용상태를 이용하여 세분화한다면, 소비자 집단은 제품에 대한 사용경험이 없는 소비자, 사용경험은 있지만 현재는 사용하지 않는 소비자, 잠재적 사용자, 최초사용자, 규칙적인 사용자 등으로 구분할 수 있다. 일반적으로 시장점유율이 높은 기업은 특히 규칙적 사용자를 유인하는 데 중점을 두지만, 시장점유율이 낮은 기업은 자사 제품에 대한 잠재적 사용자를 늘리려고 노력할 것이다. 동일한 제품이라 할지

그림 6-2 일반 소비재의 대량 및 소량사용자 집단의 구매비중

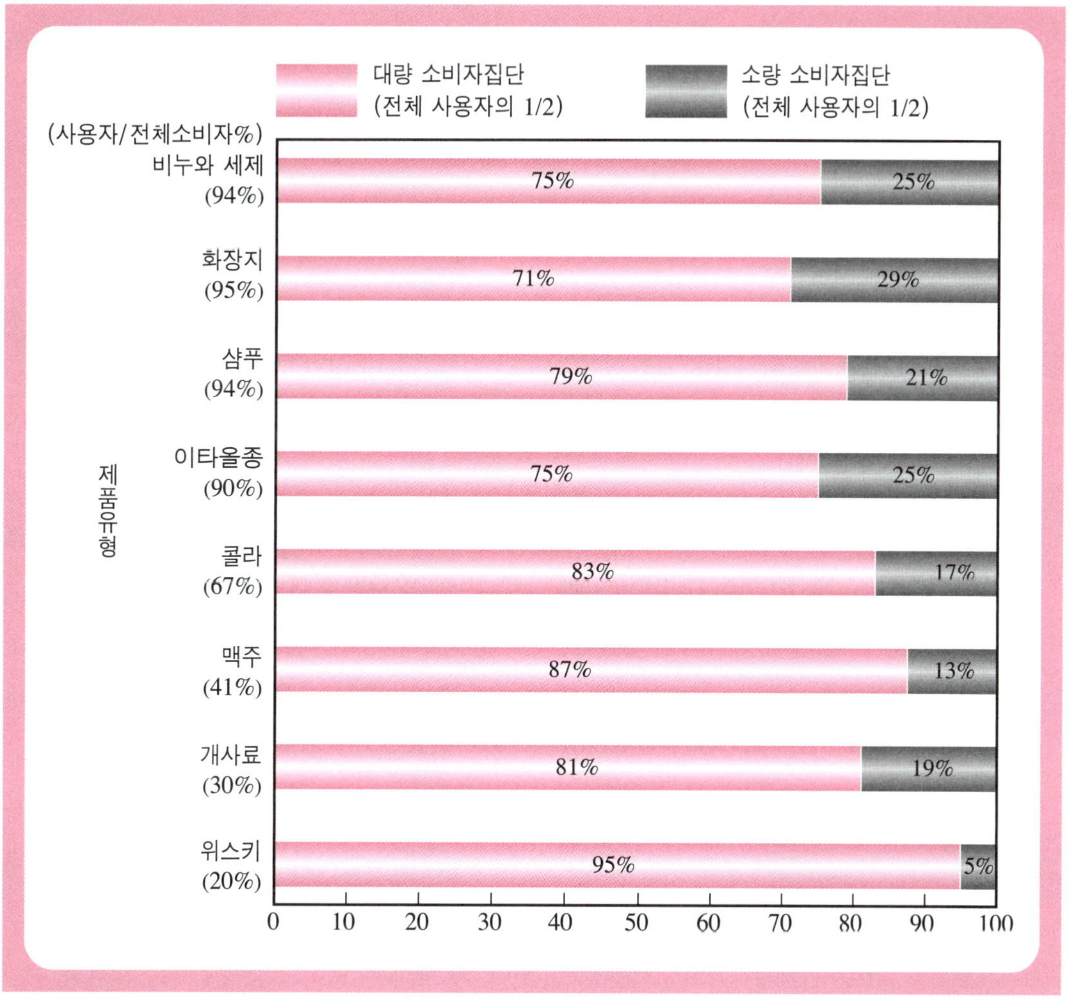

도 잠재적 사용자와 규칙적 사용자에 대해서는 상이한 마케팅 노력이 필요하다.

(4) 사용량

시장은 사용량에 따라 소량, 보통, 대량 사용자 집단으로 세분화할 수 있다. 대량 소비자는 수적으로는 시장의 작은 부분을 차지하지만 총구매량의 많은 부분을 차지하고 있다. 〈그림 6-2〉는 빈번히 구매되는 소비자 제품들에 대한 사용량을 표시한 것이다. 한 예로 샴푸 사용량을 설명하면, 그림에서 보는것처럼 조사대상 소비자의 94%가 사용한다고 표현하고 있다. 그러나 대량소비자 집단이 샴푸의 79%를 소비했는데 이는 소량 소비자 집단의 4배 정도에 해당한다. 따라서 샴푸 회사는 여러 명의 소량 소비자보다는 1명의 대량 소비자를 유인하는 데 더욱 노력해야 한다.

(5) 브랜드 충성도

충성도(brand loyalty)는 소비자가 특정 브랜드를 일관되게 선호하고 구매하는 정도를 말한다. 어떤 제품의 유형이든 시장에는 브랜드 충성도가 상이한 소비자들이 존재한다. 소비자 중에는 브랜드 충성도가 높아서 한 가지 브랜드만을 충성스럽게 고집하는 사람이 있고, 이보다는 낮으나 어느 정도의 충성도가 있어서 두, 세 가지의 브랜드만을 사용하는 사람도 있다. 반면 브랜드에 관계없이 저렴한 제품을 찾거나 매번 새로운 브랜드를 구입하는 사람도 있다.

시장에서 나타나고 있는 브랜드 충성도의 유형을 분석하면 여러 가지 유용한 정보를 얻을 수 있다. 가령 브랜드 충성도가 높은 시장의 경우 시장점유율을 확대한다는 것이 무척 어려우며, 이 같은 시장에 뒤늦게 진입하는 기업은 시장기반을 확보하는 데 많은 어려움을 겪게 된다. 마케팅 관리자는 자사 브랜드에 대하여 충성도가 높은 소비자와 낮은 소비자들을 비교하여 분석하면 두 집단 간의 차이가 무엇에 의하여 나타나는가 하는 것을 찾아냄으로써 브랜드력을 강화할 수 있는 마케팅 믹스를 개발할 수 있다. 이 때에는 브랜드 충성도라는 개념을 주의 깊게 정의하고 사용하여야 한다. 그 이유는 얼핏 보기에는 브랜드에 충성적인 것처럼 간주되는 것이 실제로는 습관, 저가격, 무관심, 다른 브랜드의 이용 불가능 등을 반영한 것일 수도 있기 때문이다.

2. 시장세분화 기준의 선정

앞에서 살펴본 수많은 시장세분화 기준들 가운데서 어떤 것을 사용해 시장을 세분화할 것인가는 마케팅 관리자가 직면하게 되는 고민거리 중의 하나다. 대체로 우리나라 기업들은 업계의 관행이나 마케팅 관리자의 경험 등에 의존하여 세분화 변수를 선정하고 있다. 이와 같은 방법은 시장세분화가 용이하고 비용이 적게 든다는 장점이 있지만, 경쟁사와 다르고 또 과거와는 다른 차별적이며 혁신적인 마케팅을 수행하기에는 부적합하다.

시장의 구조를 심층적으로 분석하고 새롭게 등장하는 시장기회를 신속하게 감시하기 위해서는 다양하고 새로운 세분화 변수를 이용하여 시장을 여러 각도에서 나눠보는 것이 필요하다. 그러나 이러한 경우 자칫하면 지나치게 많은 시간과 비용이 소요되고, 너무 세밀하게 나누면 시장세분화 구도에 파묻혀 전체적인 시장의 흐름과 변화를 놓치게 된다는 문제가 발생할 수 있다.

효과적인 목표마케팅을 수행하기 위하여 시장세분화 변수의 선정에 있어서 고려해야 하는 요소들은 다음과 같다.

1) 시장세분화의 목적

세분화를 하는 특정한 목적이 있다면, 전반적인 정보를 얻고자 하는 것은 적절하지 않고 이를 충족하기 위한 분석을 효율적으로 하는 것이 필요하다. 예를 들어 유통전략을 위한 세분화에서는 소비자들이 어느 지역에 밀집해 있고 그들이 자주 이용하는 매장이 무엇인지 파악하는 것이 필요하다. 그러나 매체전략을 위한 세분화에서는 소비자 집단별로 자주 보는 TV 프로그램이나 주로 이용하는 매체는

표 6-3 시장세분화의 목적을 고려한 세분화 기준

시장세분화 목적	세분화 기준
시장 전반에 대한 이해	• 구매동기 • 추구편익 • 제품구매와 사용패턴 • 브랜드 충성도 • 인구통계적 변수
제품 포지셔닝	• 제품 사용패턴 • 추구편익 • 선호하는 제품특성
신제품 개발 및 도입	• 추구편익 • 기존제품에 대한 선호도 • 신제품에 대한 구매의도
가격 및 판촉 의사결정	• 가격민감도 • 판촉행사에 대한 반응 • 사용량, 빈도에 따른 가격민감도
광고 의사결정	• 추구편익 • 심리분석적 변수(사회계층, 라이프스타일, 개성) • 매체노출 및 이용패턴 • 구매 · 사용패턴
유통 의사결정	• 점포충성도 • 구매점포 선택으로부터 추구하는 편익 • 지리적 변수

중요하지만, 거주 지역이나 선호하는 소매상은 세분화의 효과가 미미하다.

〈표 6-3〉는 시장 전반에 대한 이해, 제품 포지셔닝, 신제품 개발 및 도입, 가격 및 판촉 의사결정, 광고 의사결정, 유통 의사결정 등의 다양한 목적에 따라 일반적으로 사용되는 세분화 기준의 예를 보여주고 있다.

2) 세분시장 간의 이질성

기업의 입장에서 전체 시장을 세분화한다는 것은 각 세분시장 내의 소비자 집단의 욕구가 이질적이고 다양함에 따라 세분시장별로 제품, 고객서비스, 가격, 광고, 판촉, 유통망 등을 별도로 세분화하여 제공한다는 것을 의미한다. 그러나 각 세분시장에 속한 소비자의 욕구가 다른 세분시장과 별 차이가 없다면 시장을 구분하여 상이한 마케팅 노력을 기울일 필요가 없다. 그러므로 시장세분화 변수는 특정 세분시장이 다른 세분시장을 겨냥한 마케팅 프로그램으로는 충족될 수 없을 정도로 상이한 결과를 도출할 수 있어야 유용성을 갖는다.

3) 측정가능성

세분시장의 규모와 성장성 등을 측정할 수 있는 정도를 측정가능성이라고 한다. 어떤 세분화 변수는 세분시장의 규모를 측정하는 데 어려움이 있어 효과적인 세분화의 기준이 되기 어렵다. 예를 들면 주로 부모에 반항하기 위해 흡연하는 10대의 세분시장 규모는 측정하기가 무척 어려울 수 있다.

4) 충분한 규모

세분화 결과 파악된 세분시장들의 규모는 이익이 발생할 가능성이 높을 만큼의 충분한 규모를 갖고 있어야 한다. 즉 하나의 세분시장은 독자적인 마케팅 프로그램을 시도할 가치가 있을 만큼 가능한 한 시장규모가 큰 동질적 집단이어야 한다. 너무 많은 시장세분화 변수를 사용하여 시장을 세분화하는 경우 최종적으로 파악된 세분시장 단위의 규모가 지나치게 작아 이러한 세분시장만을 겨냥하는 별개의 제품을 개발한다는 것은 실질적이지 못할 수 있다.

5) 접근가능성

세분시장의 소비자에게 접근하여 어느 정도 영업을 할 수 있느냐의 정도를 접근가능성이라고 한다. 예를 들어 향수회사가 자사 제품을 많이 사용하는 소비자는 독신여성이라고 파악했다고 하자. 그런데 만일 이 집단이 어떤 특정장소에 모여 살지도 않고, 특정 점포에서 쇼핑하지도 않으며 특정 매체에 노출되지도 않는다면, 향수회사가 이들에게 접근하기는 대단히 힘들 것이다.

6) 안정성

세분시장에 접근하여 판매하는 데 투자한 비용을 회수하고 이익을 창출하기 위해서는 시간적으로 세분시장의 특성이 안정적이어야 한다. 세분시장의 특성은 시간적 흐름(예 : 나이먹음, 혼인 및 가족상황 변화)이나 거시환경 변화(예 : 가치관의 변화, 소득분포의 변화, 정부규제의 변화 등)에 의하여 변화되는데, 일반적으로 적어도 3~4년간은 안정적인 모습을 유지하는 세분시장 결과가 바람직하다. 세분시장의 기준이 지나치게 구체적이고 상세한 경우(예 : 소득수준을 아주 자세히 구분) 사소한 소비자 특성의 변화가 세분시장 간의 이동을 초래하는 문제를 야기할 수 있는 것이다.

3. 세분시장의 특성 파악

적절한 변수를 선정해 시장을 세분화를 하고 난 다음에는 세분시장에 속한 소비자들의 중요한 특성을 파악하여 세분시장의 프로파일(profile)을 작성하는 것이 필요하다. 프로파일을 그리는 데 있어서 시장세분화에 사용하지 않은 다른 변수들을 이용하여 각 세분시장의 특성을 묘사하는데, 이러한 변수들은 크게 기술변수와 행동반응변수로 나누어진다. 〈표 6-4〉는 미국 남성소비자들을 라이프스타일에 의하여 8개 집단으로 분류하고, 기술변수와 행동반응변수에 기초하여 각 집단의 특성을 나타내는 프로파일의 예를 보여주고 있다.

표 6-4 미국 남성 소비자들의 라이프스타일 세분화 프로파일의 예

소비자 유형	비율	라이프스타일	인구통계적 특성	구매행동 특성
개성주의자 (He-Man)	19%	행동적이며 사교적임. 감각적이며 자극적 생활을 추구하며 독신자생활을 즐김. 자신의 능력 과신	• 가장 어림 • 교육수준 평균 이상 • 소득수준 중간	개성표현 제품 브랜드 선호
전통주의자 (Traditionalist)	16%	자존심이 강하고 전통과 기존질서 중시	• 가장 나이 많음 • 교육수준 중하 • 소득수준 중하	보수적 소비자이며, 유명브랜드와 업체선호
윤리적 지식인 (Ethical Highbrow)	14%	도덕적 · 청교도적이며 가정생활, 친구, 직장에 대하여 만족함. 문화, 종교, 사회개혁에 관심 있으며 주변사람들의 욕구에 민감함	• 중년층 • 교육수준 높음 • 소득수준 중상	가격보다 제품 품질을 중시
불평주의자 (Discontented Man)	13%	자신의 일에 만족하지 못하며, 실패감과 좌절감에 사로잡혀 있음. 더 나은 직장과 더 많은 부를 갈망함	• 평균이상 연령 • 교육수준 최하 • 소득수준 최하	가격민감도가 높음
성공주의자 (Achiever)	11%	사회적 명성, 권력, 부를 추구하며, 열심히 일함. 다양성을 선호하며 유행의 첨단을 따라감. 미식가, 음악애호가이며, 모험적 휴가를 즐김	• 청년 및 청장년층 • 교육수준 높음 • 소득수준 높음	제품의 지위상징성을 중시
교양지성인 (Sophisticated Man)	10%	예술적, 지적인 성취를 추구함. 이지적, 개방적이며 다방면에 지식이 풍부함. 사회문제에 관심 많고 의견선도자 역할 수행함	• 평균이하 연령 • 교육수준 최상 • 소득수준 최상	멋있고 독특한 제품 선호
쾌락추구형 (Pleasure Oriented Man)	9%	남성다움을 강조하며, 부드럽거나 여성적인 측면은 거부함. 자기중심적이며 즉각적인 욕구충족을 원함. 보스기질이 있다고 생각하면서도 직장이나 일은 싫어함	• 청장년 · 중년층 • 교육수준 낮음 • 소득수준 낮음	남성적 이미지 제품 선호 충동적 구매 성향 보임
가족제일주의자 (Quiet Family Man)	8%	가족과의 유대관계를 가장 중시하며, 대인관계나 외부활동 소극적. TV시청 많이함	• 평균이상 연령 • 교육수준 낮음 • 소득수준 낮음	실용적 구매 강조

1) 기술변수

기술변수(descriptor variable)는 각 세분시장 소비자들의 일반적 · 심리적 특성을 파악하는 데 사용되는 변수로 인구통계변수와 심리분석변수가 대표적이다. 기술변수의 선정에 있어서는 세분시장 간 소비자들의 차별적 특성을 명확히 보여줄 수 있는가 하는 것을 고려해야 한다.

2) 행동반응변수

행동반응변수(behavioral response variable)는 소비자들의 제품구매와 관련된 행동의 특성을 나타내주는 변수로서, 제품사용 상황, 매체노출 패턴, 선호소매상 형태, 가격민감도 등이 사용된다. 세분시장을 대상으로 개발되는 마케팅 전략과 직접적인 연관성을 가지므로 마케팅 도구 변수라고도 한다.

단면도 수립을 통해 세분화기준변수와 다른 변수들 간의 체계적이며 일관성있는 연결을 시도함으로써 세분시장 소비자들의 특성을 다각도로 심도 있게 파악하는 것이 가능해진다.

6.3 목표시장의 선정

시장세분화를 통하여 전체시장을 여러 개의 세분시장으로 구분한 후에는 각 세분시장의 특성과 매력도를 평가한 다음 이들 중 얼마나 많은 세분시장을 목표으로 할 것인가를 결정해야 한다. 모든 시장을 목표으로 하는 것은 기업의 한정된 자원을 고려할 때 마케팅 노력이 분산되어 매출 및 수익의 증대보다 더 많은 추가 비용이 발생한다. 반면에 지나치게 작은 수의 세분시장을 목표시장으로 선정할 경우 시장기회가 제한되고, 매출과 수익의 기회가 줄어들 것이다.

목표시장을 선정하는 전략대안에는 〈그림 6-3〉과 같이 세 가지가 있다.

그림 6-3 목표시장 선정을 위한 기본적인 전략대안

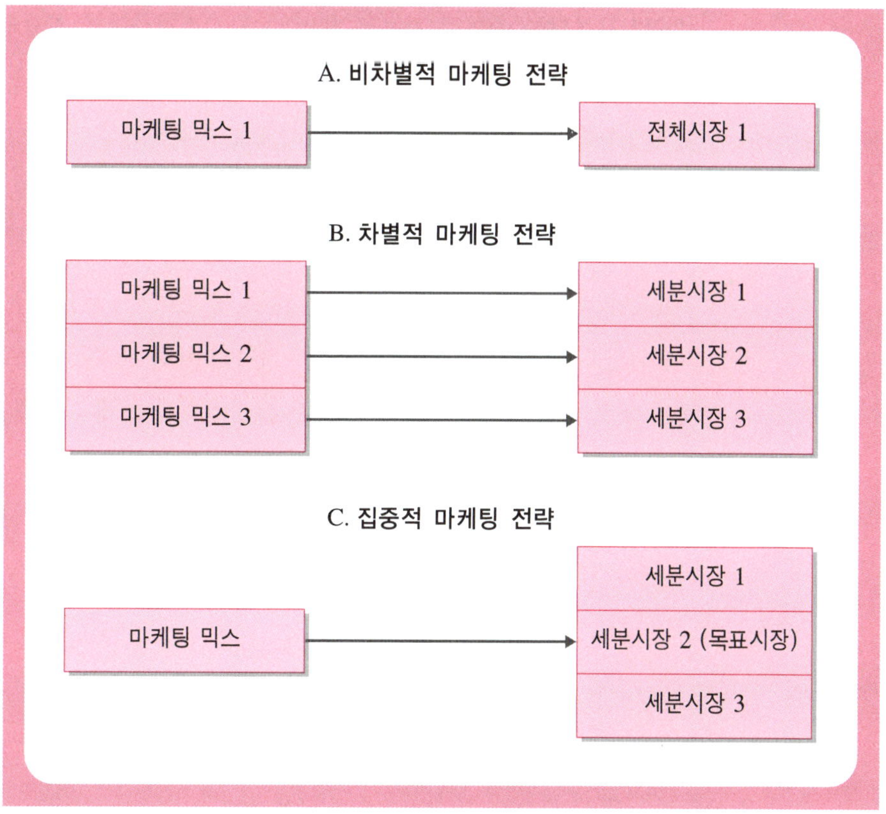

1. 목표시장 선정전략

1) 비차별적 마케팅 전략

비차별적 마케팅 전략(undifferentiated marketing strategy)은 시장이 다양한 욕구의 집합체가 아니라 동질적인 집단이라고 보고 소수의 다양한 욕구는 무시해 버리고 다수의 공통되는 욕구만을 주목한다. 따라서 가장 많은 수의 소비자에게 적합한 대표적 제품 하나와 표준화된 마케팅 믹스를 개발해 내는 것이 비차별적 마케팅 전략이다. 이 방법은 소비자 욕구의 차이점보다는 공통점이 무엇인가를 초점에 맞추며 대부분의 소비자에게 호소할 수 있는 제품과 마케팅 프로그램을 설계해 낸다. 이 경우 기업은 대량생산과 대량판매에 의존하며, 제품이 사람들의 마음 속에 강력한 이미지를 형성하도록 목표를 세운다.

비차별적 마케팅 전략의 가장 큰 장점은 규모의 경제가 적용된다는 것이다. 우선 시장세분화를 결과를 기초로 하는 다른 선정전략들과 비교해 시장조사 및 세분화작업에 따른 비용이 절감된다. 제품도 한 가지만 생산하기 때문에 연구개발 및 생산관리비가 절약되며 판촉 프로그램도 표준화되어 있으므로 역시 비용이 적게 든다. 다시 말하면 마케팅을 표준화 및 대량화함으로써 규모의 경제를 획득한다는 것이 비차별적 마케팅의 장점이다.

하지만 다양해지고 복잡해지는 시장환경에 있어서 이 전략은 심각한 한계점을 노출한다. 무엇보다도 모든 소비자를 하나의 제품 또는 브랜드로 만족시킨다는 것은 매우 어렵기 때문이다. 전형적으로 비차별적 마케팅 전략을 이용하는 기업들은 전체시장 안에서 가장 큰 세분시장을 목표로 하여 제품을 개발하는데, 여러 회사가 이 전략을 추구하면 동일한 시장에서의 경쟁밀도가 높아지고 경쟁강도가 격렬해지는 현상이 나타난다.

2) 차별적 마케팅 전략

차별적 마케팅 전략(differentiated marketing strategy)이란 다수의 세분시장을 목표로 삼고 이들 각각의 시장에 독특한 제품을 제공하여 마케팅을 하는 접근방법을 말한다. 예를 들어 자동차회사는 각각 다른 가격, 목적, 개성을 추구하는 다양한 소비자집단에 맞추어 다양한 차종과 모델을 생산해 제공할 수 있다. 차별적 마케팅을 수행하는 기업은 제품생산 및 마케팅 활동에서 세분시장별로 각각 차이점을 둠으로써, 각 세분시장 안에서 보다 많은 매출액과 보다 강력한 시장지위를 추구하고 있다.

이 전략의 장점은 비차별적 마케팅에 비해 총매출액을 증대할 수 있는 가능성이 높다는 데 있다. 즉 상이한 소비자의 욕구에 맞추어 여러 가지 제품을 다양한 가격으로 제공하고, 복수의 유통경로를 사용하며, 다양한 판매촉진을 실시하므로 보다 많은 소비자들을 고객으로 확보하게 된다. 다시 말하면 소비자의 욕구와 편익에 보다 폭넓게 접근함으로써 더 많은 소비자를 확보할 수 있다.

그러나 이 전략을 추진하는 데에는 많은 비용이 수반된다. 우선 비차별적 마케팅에 비해 시장세분화 작업에 따르는 비용이 추가된다. 그리고 다양한 제품을 개발하고 생산해야 하므로 제품의 원가가 높아진다. 아울러 유통경로 관리와 판매촉진에 추가적인 노력이 필요하게 된다. 즉 소비자의 다양한 욕구를 골고루 충족시키는 과정에서 비용이 증가하게 된다. 따라서 지나치게 시장을 세분화하는 것은 매출 또는 이익의 증가분보다 오히려 비용의 증가를 더욱 크게 할 가능성이 있으므로 유의하여야 한다. 한때 미국의 자동차회사들이 지나친 세분화를 추구하여 차종과 모델을 너무 많이 제공함에 따라 일본 경쟁사들에 비하여 상대적으로 비용열위에 처하게 되었고, 그 결과 시장을 잠식당하는 어려움을 겪게 되었던 것이다. 또한 다수의 브랜드로 여러 세분시장에 동시에 접근할 때, 브랜드 간의 개성이나 이미지가 뚜렷이 차별화되지 못하여 경쟁사 브랜드가 아니라 자사 브랜드로부터 매출이 잠식당하는 자기시장 잠식(cannibalilzation) 문제가 일어날 수도 있다.

3) 집중적 마케팅 전략

자원이 충분하지 않은 기업은 전체 시장 또는 다수의 세분시장에 자원을 분산하여 경쟁력을 확보하는 것이 어렵다. 이러한 경우 하나의 세분시장, 특히 대규모 경쟁사가 간과하고 있는 틈새시장을 목표로 하는데, 이것을 집중적 마케팅 전략(concentrated marketing strategy)이라고 한다.

집중적 마케팅 전략을 추구하는 기업은 선정한 세분시장의 욕구에 대해 많은 지식과 정보를 가지고 있고, 그 세분시장에 노력을 집중시킬 수 있기 때문에 강력한 시장지위를 확보할 수 있다. 그리고 이 전략은 생산, 유통, 촉진의 모든 과정을 전문화시킬 수 있으므로 영업활동상의 경제성을 제고시킬 수 있다. 또한 세분시장을 잘 선택하기만 하면 투자에 대한 수익률을 크게 높일 수 있다. 또한 하나의 세분시장만을 상대하므로 비용이 많이 들지 않는다.

그러나 집중적 마케팅 전략도 여러 가지 단점을 갖고 있다. 우선 강력한 대기업이 진입해 오는 경우 한 시장에서만 활동하고 있는 기업은 이에 대처하기 어렵다. 그리고 목표시장에 대한 의존도가 높기 때문에 사소한 시장의 변화에도 시장기반 자체가 위협받는 상황이 발생할 수도 있다. 가령 당뇨치료제만 전문적으로 생산하는 제약회사의 경우, 당뇨병을 완치시키는 획기적인 수술방법이 개발된다면 치명적인 타격을 받게 될 것이다.

2. 목표시장 선정에서 고려하여야 할 요소

목표시장을 선정한다는 것은 기업의 성과가 가장 잘 발휘될 수 있는 활동무대를 선정하는 것과 같다. 이러한 결정을 내리기 위해서는 세분시장의 매력도 이외에도 여러 가지 다양한 요소가 종합적으로 고려되어야 할 것이다.

목표시장의 범위와 수를 선정하는 데 있어서 검토되어야 하는 기준들은 다음과 같다.

(1) 기업의 자원

차별적 마케팅 전략에는 가장 많은 자원이 요구되며, 비차별적 마케팅 전략에도 상당한 수준 이상의 자원이 투입되어야 영업성과가 나타난다. 만일 자사의 경영자원이 매우 제한되어 있다면, 그 기업의 선택대안은 집중적 마케팅 전략뿐이다.

(2) 시장의 동질성

소비자의 취향이 비슷하고 다양한 마케팅 믹스에 대해서도 동일한 반응을 보일 경우에는 시장을 세분화할 필요가 없어진다. 따라서 비차별적 마케팅 전략을 선택하게 된다.

(3) 제품의 동질성

설탕, 가솔린, 철강 등과 같이 제품 차별화나 신제품 개발이 어려운 제품에는 비차별적 마케팅 전략이 적합하다. 반면에 가전제품, 자동차, 카메라, 가구, 화장품 등과 같이 차별화의 여지가 많은 제품은 차별화 또는 집중적 마케팅 전략이 적합하다.

(4) 제품수명주기

신제품이 도입되는 시기에는 소비자의 욕구는 다양할 수가 없다. 따라서 신제품은 하나 혹은 단 몇 가지로 충분하다. 그러므로 비차별적 마케팅 전략 혹은 경우에 따라서는 집중적 마케팅 전략이 이 시기에 적합하다. 제품이 성숙기로 접어들게 되면 소비자의 욕구도 다양해지고 경쟁사도 많아지게 되므로, 이 때에는 차별적 또는 집중적 마케팅 전략이 필요하게 된다.

(5) 경쟁사의 전략

경쟁사가 적극적으로 세분화에 의한 전략을 실시하게 되면 비차별적 마케팅전략으로 대응이 어렵게 된다. 반면 경쟁사가 비차별적 마케팅을 한다면 자사도 비차별적 마케팅 전략을 채택하거나 경우에 따라서는 세분화전략을 통해 이득을 취할 수도 있다.

6.4 포지셔닝

특정 세분시장을 목표시장으로 선정한 다음에는 이 시장의 소비자들이 기업의 제품을 이상적인 것으로 인식하게 만드는 것이 필요하다. 이러한 과제는 제품의 포지셔닝(positioning)을 계획하고 이행하는 활동으로 가능해질 수 있다.

1. 포지셔닝의 정의

포지션(position)이란 특정 제품이 소비자의 마음 속에서 중요한 속성을 기준으로 경쟁 제품들과 비교되어 차지하는 상대적 위치를 의미한다. 다시 말해서 소비자들이 시장에 공급되고 있는 다양한 대안적 제품들을 어떻게 비교하고 인식하느냐 하는 것을 의미한다. 비교하는 데 있어서는 비교기준과 비교대상이 관여되는데, 비교기준은 가격, 품질, 기능, 스타일, 편익, 용도, 이미지 등의 제품의 속성이며, 비교대상은 경쟁 제품들이라고 생각할 수 있다.

한 제품의 포지션은 경쟁 제품과 비교하여 그 제품에 대해 소비자가 갖고 있는 지식, 인상, 느낌 등이 혼합되어 형성되는데, 이러한 제품의 포지션을 계획하고 집행하여 선택한 목표시장의 소비자들이 자사 제품을 이상적이고 경쟁사 제품보다 뛰어나다고 인식시키는 활동이 포지셔닝인 것이다. 마케팅이란 신인가수 경연대회에서 심사위원에게 높은 점수를 받기 위해 노력하는 것과 같다. 수많은 후보들이 무대에서 각자 다른 후보보다 뛰어난 자신의 노래솜씨와 무대매너, 매력 등을 뽐내며 심사위원의 마음을 사로잡으려 하는 것처럼, 시장에서 여러 제품들이 각각의 우위를 주장하며 소비자의 마음을 사로잡으려 하는 것이다. 한 가지 차이점은 신인가수 경연대회에서와 같이 모든 심사위원을 목표로 할 필요가 없다는 것이다. 기업이 목표로 잡은 소비자들이 갖고 있는 독특한 기준에 맞춰 이들의 마음만을 사로잡으면 되는데, 바로 이러한 노력이 포지셔닝이라고 볼 수 있다.

2. 포지셔닝 전략의 유형

포지셔닝 전략은 무엇에 초점을 맞추어 강조함으로써 기업의 제품을 독특하고 차별적으로 인식시키느냐 하는 것으로 그 구체적인 유형은 매우 다양하다. 실제로 기업에서 제품이나 서비스를 포지셔닝할 때 이러한 전략들 가운데 하나에만 의존하지 않고 여러 개를 조합하여 복합적으로 사용하고 있는데, 차별화요인, 시장지위, 시장진입시기, 시장의 변화 등을 고려하여 어떤 전략유형을 선택할 것인지를 결정해야 한다. 기업들이 사용하는 포지셔닝 전략의 유형 중에서 일반적으로 많이 사용되는 것들을 추출하여 살펴보면 다음과 같다.

1) 속성 중심의 포지셔닝

기업의 제품이나 서비스가 갖는 독특한 장점이나 특징을 강조하는 것은 가장 빈번히 사용되는 전략이다. 예를 들어 대형마트인 이마트는 최저가격 보상제도를 실시하여 가장 가격수준이 낮다는 인식을 심어주고자 하였고, 현대백화점은 고품격 백화점임을 강조하여 국내 최고급 소매상으로서 포지셔닝하고자 하였다. 속성 중심의 포지셔닝은 시장지위에 따라 다르게 추구되는데, 대체로 시장선도자는 가장 기본이 되거나 상징적일 수 있는 제품의 특징을 강조하며, 추종자들은 경쟁사나 시장선도자가 이미 사용하고 있는 제품의 속성이나 특징보다는 다른 제품의 특징을 이용하여 포지셔닝하고 있다. 가령 노트북 컴퓨터 시장에서 선도적 위치를 차지하는 기업은 성능, 무게, 사용편리성 등을 강조하는 반면, 추종적인 위치에 있는 기업들은 가격, 서비스 등에 초점을 맞추는 것을 볼 수 있다.

2) 사용상황과 용도 위주의 포지셔닝

제품이나 서비스가 사용될 수 있는 적절한 상황과 연계시키거나 또는 새로운 용도를 보여주는 전략이다. 우리나라의 여러 신용카드 회사는 신용카드를 사용하는 다양한 상황, 예를 들면 레스토랑, 영화관, 놀이공원 등을 지속적으로 강조하여 그런 상황에서 반드시 지참해야 하는 카드로 포지셔닝하고 있다. 또한 편한 구두를 개발한 회사가 마라톤 대회에 참석한 일부 선수들로 하여금 운동화 대신에 그 구두를 신고 경주하는 모습을 연출함으로써 운동화처럼 편하게 신을 수 있는 구두로 포지셔닝하기도 하였다.

3) 사용자 중심의 포지셔닝

목표시장에 속한 소비자 중에서 자사 제품의 사용자에 초점을 맞춤으로써 제품을 포지셔닝하는 방법이다. 특히 제품 특성이나 사용상황과 함께 사용자를 표시한다면, 빠르고 확실한 포지셔닝이 가능하다. 예를 들어 현대자동차의 그랜저XG는 중년의 성공한 전문가에게 어울리는 고급승용차로, 르노삼성의 SM3는 인생을 즐기고자 하는 젊은이에게 어울리는 승용차로 포지셔닝하고 있다. 또 다른 예로 애플을 들 수 있다. 애플의 'Get a Mac' 캠페인에서는 PC와 Mac이라는 이름의 두 남성이 나온다. PC는 광고 속에서 시종일관 양복 차림에 두꺼운 안경을 쓰고 고리타분하고 똑똑하지도 않은 모습을 하고, Mac은 심플하고 자유로운 복장의 젊고 여유롭고 시니컬하면서도 유머러스한 모습을 보여준다. 애플은 66편의 시리즈 광고로 구성된 이 캠페인을 통해 Mac을 쓰는 사람은 젊고 세련되고 생각이 깨어있는 사람 PC로 표현된 마이크로소프트를 쓰는 사람은 답답하고 시대에 뒤

떨어진 사람으로 포지셔닝하였다.

4) 경쟁 제품과 대비하는 포지셔닝

경쟁 제품과 대비하여 포지셔닝하는 것은 주로 소비자 마음 속에 강하게 인식되고 있는 시장선도제품과 직접적인 비교를 통하여 경쟁 제품보다 탁월하거나 또는 비슷한 위치로 자리잡고자 전략이다. 예를 들어 7-up이 uncola를 강조하는 것도 콜라와의 강한 대비를 노려 자사 제품의 독특함을 인식시키고자 하는 것이다. 대비효과를 노리는 많은 기업들은 단기적으로는 시장선도자가 되고자 하는 의도가 없으며, 업계의 2위를 확보하고자 하는 경우가 많다. 예를 들어 아비스(Avis) 렌트카회사의 '우리는 2위입니다'라는 포지셔닝은 수많은 경쟁사들을 제치고 2위 자리를 확보하는 성공적인 포지셔닝이라고 할 수 있다.

5) 시장선도 및 시장선점을 강조하는 포지셔닝

시장에서 선도적인 위치에 있다는 점에 초점을 맞춰 포지셔닝하는 것은 경쟁사보다 훨씬 우월한 지위에 있는 일등 기업들이 자주 사용하는 전략 중의 하나이다. 소비자들은 한 종류의 제품에 있어서 많은 기업명이나 브랜드명을 기억하지 못하며, 기억한다 할지라도 일등과 이등으로 구분하고자 한다. 따라서 일등이라는 것이 인식된다면, 실제 차별적인 제품가치의 차이보다 더 많은 혜택을 누릴 수 있게 되는 것이다. 예를 들어 인공지능(AI), 자율주행차, 사물인터넷(IoT), 5세대(5G) 통신 등 4차 산업혁명 기술들에 대한 SK텔레콤의 11조원의 대규모 투자는 향후 자율주행시장의 선도를 목표하는 것으로 볼 수 있다.

어떤 사업 혹은 시장에 가장 먼저 진입하였다는 것도 포지셔닝에 활용된다. 음식점들 중에서 '원조'라는 간판을 건 곳이 많은데, 바로 선점효과를 포지셔닝에 활용하는 예라 할 수 있다. 일반적으로 선도기업은 시장에 가장 빨리 진입한 경우가 많기 때문에 시장 선점과 선도를 함께 사용하여 포지셔닝하기도 한다. 특히 우리나라 기업들이 어떤 제품을 시장에 처음 내놓았고 또 가장 잘 만들어 판다는 것을 강조하는 성향이 강하다고 볼 수 있다.

6) 전통 및 성과를 강조하는 포지셔닝

선도적인 지위를 과거에 누렸거나 혹은 동일업종에서의 사업을 오래 하고 있는 기업들은 옛날부터 내려온 방법을 사용한다는 것을 강조하거나 전통성을 이어받았다는 것을 통하여 일종의 권위를 누리려고 하는 전략이다. 요즘 몇몇 유명 음식점들이 2~3대에 걸친 역사를 갖고 있음을 부각시키는 것이 예가 될 수 있다. 경쟁사와 비교하여 매출이나 이익 또는 외국인 투자유치 등과 같은 우수한 성과를 꾸준히 부각시켜 우수한 기업으로 포지셔닝하려는 전략으로써, 과거에는 제품보다 기업의 포지셔닝 수단으로 많이 사용되어져 왔다. 하지만 최근에 국가기관, 공공단체, 언론사, 학술단체 등에서 소비자만족이나 품질 등에 있어서 우수한 제품을 선정해 수여하는 상이 많아짐에 따라 수상성과를 제품의 포지셔닝에 사용하는 경향이 늘어나고 있다.

7) 사업영역을 강조하는 포지셔닝

사업영역 및 제품라인의 종합성이나 전문성을 강조하여 자사 제품의 우수성을 강조하는 전략도 자주 사용된다. 우리나라 기업 중에서 'from chips to ships'라고 하여 모든 것을 다 만들 수 있다고 하거나 또는 '한 우물만 팠습니다'라고 하며 자신의 전문업종이나 제품에서는 누구보다 뛰어나다는 것을 주장하는 예들이 이러한 전략에 의존하여 포지셔닝하는 것이라 할 수 있다. 다양한 제품을 포괄적으로 제공한다는 것과 한 두개의 제품만을 전문적으로 취급한다는 것은 각기 다른 인식을 심어준다. 개별기업에게 어떠한 방법이 적합한가에 대한 결정은 기업의 강점과 마케팅 전략, 그리고 목표시장 선정전략 등을 전반적으로 고려해서 이루어져야 할 것이다.

3. 포지셔닝의 계획과 집행

경쟁사가 모방하거나 추종하지 못하는 독특한 포지셔닝 전략을 파악하는 것은 매우 어려운 과제이다. 목표시장의 소비자들이 중요하게 생각하고 자사 제품이 경쟁제품에 비하여 비교우위를 가질 수 있는 차별적 요소를 찾아내기 위해서는 〈그림 6-4〉에서와 같이 체계적인 절차에 기초하여 포지셔닝을 계획하고 집행하는 것이 필요하다.

포지셔닝을 계획하는 첫 번째 단계는 경쟁 제품의 범위를 선정하는 작업이다. 예를 들어 새로운 이온음료를 포지셔닝하고자 할 경우, 경쟁 제품 청량음료, 주스, 우유, 생수 등을 대체관계에 있는 제품군으로 넓게 확대할 수도 있고, 포카리스웨트, 게토레이 등 직접적인 경쟁관계에 있는 브랜드들로 좁게 잡을 수 있다.

그림 6-4 포지셔닝의 계획 및 집행 절차

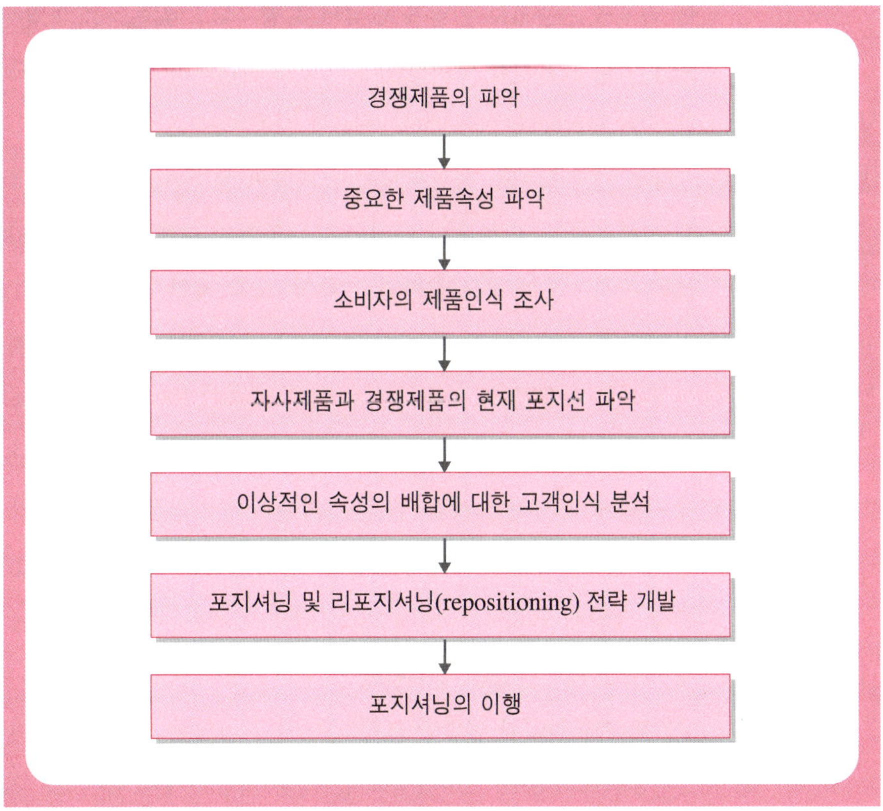

다양하고 차별적인 포지셔닝을 탐색한다는 측면에서는 여러 범위로 경쟁 제품을 설정하여 분석하는 것을 고려해 볼 수 있다.

두 번째 단계는 중요한 제품의 속성을 파악하는 것이다. 제품은 속성의 묶음이라고 할 만큼 다양한 속성을 갖고 있다. 이러한 속성들 중에서 일반적으로 가격, 성능, 품질, 스타일, 디자인 등이 중요한 속성으로 간주되고 있다. 구체적인 제품과 관련된 중요한 속성은 제품의 특성과 소비자의 구매기준을 고려하여 선정해야 할 것이다.

세 번째 단계는 소비자들을 대상으로 설문조사나 면접조사를 통하여 제품에 대해 소비자가 어떻게 인식하는가에 대한 자료를 수집한다. 소비자 조사자료는 시장세분화를 위해서도 필요한데, 일반적으로 한 번의 조사를 통하여 시장세분화와 포지셔닝에 활용하고 있다. 그러나 제품포지션의 변화를 파악하기 위해서는 고정된 응답자 집단을 대상으로 주기적으로 조사하는 패널조사를 별도로 사용해 보는 것이 바람직하다.

네 번째 단계는 소비자 조사자료를 분석하여 자사 제품과 경쟁 제품들이 중요한 속성을 기준으로 어떻게 인식되고 평가되고 있는가를 파악하는 것이다. 이 경우에 여러 제품들을 소비자들이 어떻게 인식하고 있는가를 지도처럼 보여주는 제품 지각도(product perceptual map)를 사용하여 분석한다.

다섯 번째 단계는 시장세분화에 의하여 분류된 세분시장의 소비자들이 이상적으로 생각하고 있는 속성의 배합은 무엇인지 분석하는 것이다. 이 때에는 소비자들을 시장세분화 구도에 따라 분류하고, 각 세분시장의 소비자들이 가장 선호할 것으로 생각되는 가상제품의 위치를 앞 단계에서 작성한 제품지각도 위에 표시하여 분석에 활용한다.

여섯 번째 단계는 제품의 포지셔닝의 적합성을 검토하여, 신제품의 경우 어떻게 새롭게 포지셔닝 시킬 것이며, 기존제품의 경우에는 현재의 포지션을 강화하여 유지시킬 것인가 아니면 변경하여 재포지셔닝(repositioning)할 것인가를 결정한다. 새롭게 포지셔닝하거나 또는 현재의 포지셔닝을 강화하는 것보다 지금까지 가져왔던 포지셔닝을 변경하는 재포지셔닝은 매우 어렵고 힘든 작업이다. 특히 동일한 제품특성과 동일한 브랜드를 이미 정립된 포지션에서 바꾼다는 것은 거의 불가능하다고 할 수 있다. 재포지셔닝이 가능해지기 위해서는 제품특성이 원하는 포지셔닝과 일관되게 꾸준히 바뀌고 적지 않은 시간이 흘러야 가능하다. 빠른 변경을 원한다면, 아주 독립적인 브랜드로 회사명도 가리고 출시하여 실질적으로는 처음 출시하는 것으로 하는 것이 바람직하다. 예를 들어 삼성전자와 LG전자는 각각 지펠과 디오스라는 별개의 브랜드들을 가지고 고급대형 냉장고 제품시장에 진입하여 외국 유명 브랜드들과 경쟁할 수 있게 되었다.

포지셔닝 전략의 마지막 단계는 계획된 포지션을 소비자에게 실제로 접근하여 전달하는 과정이다. 기업이 의도한 포지셔닝을 성공적으로 정착시키기 위해서는 제품, 가격, 유통, 판촉과 같은 마케팅 믹스 요소들이 통합적으로 활용되어야 한다. 즉 계획된 포지셔닝에 맞는 제품개발, 가격책정, 유통망 구축, 광고메시지와 매체의 선정, 판촉방법 등이 결정되어야 한다.

4. 지각도의 유형과 작성방법

지각도 또는 포지셔닝맵(positioning map)이란 제품의 중요한 속성을 기준으로 하여 제품들의 포지션과 각 세분시장의 선호도를 보여주는 그림이다. 제품의 포지션을 파악하고 목표시장에 선호하는 제품의 포지션에 도달하기 위한 전략을 결정하는 데 유용한 도구 중의 하나이다.

지각도에는 크게 이상점 모형(ideal point model)과 방향 모형(vector model) 두 가지 종류가 있다. 이 두 모형의 가장 큰 차이점은 세분시장이 선호하는 속성의 배합을 어떻게 표현하느냐 하는 것이다. 이상점 모형에 의하여 작성되는 지각도는 소비자집단이 선호하는 제품의 위치를 지도상의 점으로 표시하고, 방향 모형의 지각도는 선호하는 제품의 위치를 지도상의 점으로 표시하지 않고 방향으로 표시하는 것이다.

1) 이상점 지각도

이상점 지각도는 속성에 대하여 소비자들이 선호하는 정도가 일정한 수준에서 형성되는 경우에 적합하다. 가령 비누의 경우 세척력이 강하면 피부를 손상시키고 또 피부에 손상을 입히지 않으면 세척력이 너무 약해지기 때문에, 이상적으로 선호되는 세척력의 정도는 중간 수준에서 형성될 것이다. 이상점은 소비자마다 다른데, 세제의 세척력에 있어서도 피부가 연약한 소비자들은 약한 세척력을 선호할 것이고 지성피부의 소비자들은 강한 세척력을 선호할 것이다.

이상점 지각도를 그리는 방법은 우선 지각도의 축을 구성하는 속성들에 있어서 각 세분시장의 소비자집단이 선호하는 이상점을 찾아 좌표를 표시하고, 이상점을 중심으로 원을 그리는데 원의 크기는 각 세분시장의 규모(예 : 소비자 수)를 나

그림 6-5 비누 제품의 이상점 지각도 예

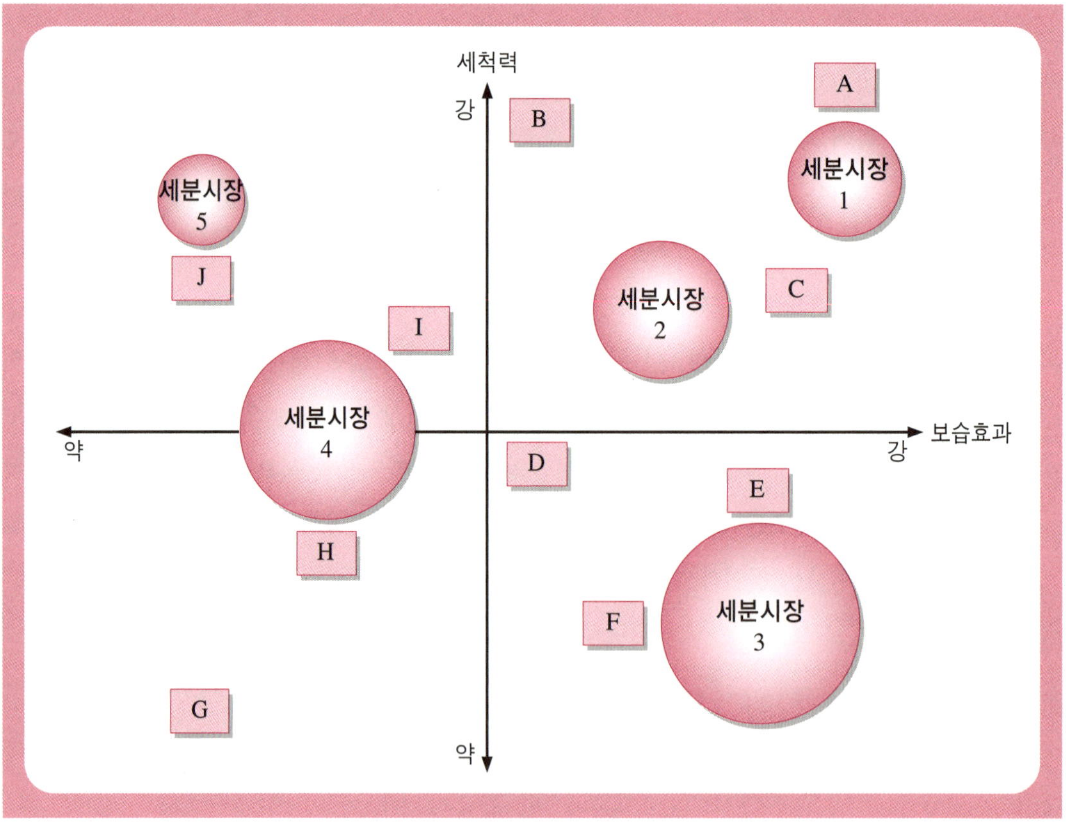

타낸다.

〈그림 6-5〉는 비누시장의 이상점 지각도의 예를 보여주고 있다. 소비자들이 비누를 선택하는 데 있어서 중요하게 생각하는 속성이 세척력과 보습효과라고 가정할 때, 이 두 가지 속성은 지각도의 축을 구성한다. 물론 지각도가 2차원적으로 그려진다고 해서 반드시 중요한 속성을 두 가지로 제한할 필요는 없다. 세 가지 이상의 속성도 요인분석이나 다차원척도법과 같은 다변량 통계기법을 이용하여 처리할 수 있다. 세척력과 보습효과라는 두 축을 기준으로 해서 세분시장의 이상점은 원으로, 제품들의 포지션은 사각형으로 보여주고 있다. 제품의 포지셔닝은 목표세분시장의 이상점과의 거리가 가까운지 먼지에 따라서 평가될 수 있고, 경쟁정도는 특정 세분시장의 위치와 가까운 제품이 얼마나 많은지를 통해서 알 수 있다. 이러한 그림은 목표시장을 선정하는 데 필요한 많은 정보를 한 번에 보여줌으로써 의사결정에 큰 도움을 준다.

2) 방향 지각도

방향 지각도는 소비자가 원하는 제품의 속성이 많으면 많을수록 더 좋은 경우를 표시할 때 사용된다. 〈그림 6-6〉은 패션의류 시장에서 시장세분화의 결과와 제품에 대한 평가를 방향 지각도로 보여주고 있다, 각 소비자 집단이 선호하는 제품의 속성을 화살표로 보여주고, 5가지 제품 A, B, C, D, E는 박스로 보여주고 있다. 이 그림을 통하여 유행적-고전적이라는 제품속성과 착용감이라는 제품속성 중에서 멋쟁이 소비자집단은 유행적인 것을 중요하게 생각하고 있으며, 활동적 소비자는 착용감을 상당히 중요시하며 약간 고전적인 것을 좋아하며, 실속형 소비자는 고전적인 것과 착용감이 좋은 것을 비슷한 정도로 좋아하는 것을 알 수 있다. 일반대중은 유행적인 것과 착용감을 비슷하게 좋아하고 있으나 방향을 나타내는 길이가 유난히 짧은데, 이는 일반대중의 숫자가 다른 소비자집단보다 적다는 것을 나타낸다. 이 때 주의할 점은 각 소비자집단에서 가장 좋아하는 제품이 이상점 지각도에서는 집단의 한가운데에서 가장 가까운 곳에 있는 제품이었으나, 여기서는 각 제품에서 해당 소비자 집단 화살표에 수직이 되도록 선을 그어

그림 6-6 패션의류의 방향 지각도 예

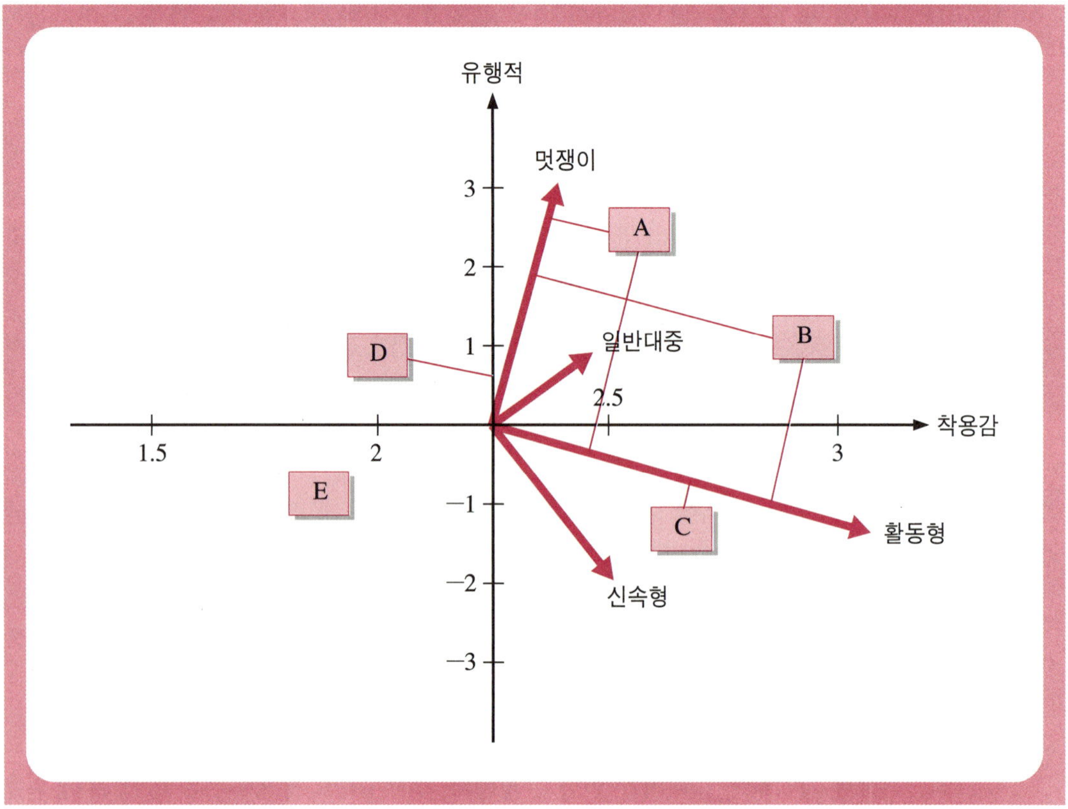

서 화살표 방향으로 가장 멀리 있는 제품이 가장 좋아하는 제품이 된다. 예를 들어 멋쟁이는 제품 A를 제일 좋아하고, 그 다음으로는 B, D순으로 좋아한다. 활동형은 B, C, A순으로 좋아하게 된다. 방향 지각도도 이상점 지각도와 마찬가지로 포지션을 분석하고 포지셔닝을 계획하는 데 사용될 수 있다.

지각도를 그리는 분석적 기법에는 요인분석, 선호회귀분석, 다차원척도법, 판별분석 등의 다양한 방법이 사용되고 있다. 그러나 어떠한 방법을 사용하든지 간에 그려진 지각도를 해석하는 방법은 앞에서 소개한 것과 동일하다.

참고문헌

1. 매일경제(2014. 8. 19), 아파트 광고가 불륜을 조장한다? 감정이 지배하는 소비시장
2. 매일경제(2017. 3. 24), SK텔레콤, AI • 자율주행차 등 뉴ICT 생태계에 1조 투자
3. 유필화 엮음,「현대의 마케팅과학」, 법문사,1994.
4. Berrigan, John and Carl Finkbeiner, *Segmentation Marketing: New Methods for Capturing Business*, Harper Business, 1992.
5. Struhl, Steven M., *Market Segmentation*, American Marketing Association, 1992.
6. Wind, Yoram, "Issues and Advances in Segmentation Research," *Journal of Marketing Research*, Vol. 15, August 1978, pp. 317~337.

연구문제

1. 시장의 범위를 정하여 목표마케팅을 실시하는 이유에 대해 논하시오.
2. 시장세분화의 기준에 대해 설명하시오.
3. 시상세분화를 위한 기준을 선정하는 요소에 대해 설명하시오.
4. 목표시장 선정시 고려해야 할 요소에 대해 설명하시오.
5. 포지셔닝 전략의 유형에 대해 설명하시오.
6. 포지셔닝을 하는 절차에 대해 설명하시오.
7. 지각도를 작성하는 방법을 설명하시오.

제7장

브랜드 개발 및 관리

7.1 브랜드의 의미와 역할

7.2 브랜드 요소

7.3 브랜드와 소비자의 관계

시작하면서…

농심보다 노브랜드, PB 전성시대

이마트의 주력 자체상품(PB) 브랜드인 노브랜드는 최근에는 '전문점'도 생길 정도로 인기가 뜨겁다. 감자칩과 쿠키칩, 사과음료 등 각종 식음료에서 시작해 면도기와 화장지, 노트북 받침대도 노브랜드 타이틀을 달고 출시됐고, 전국의 이마트와 노브랜드 전문점, 위드미 매장을 가득 채웠다. 농심 · 오리온 · 오뚜기처럼 제조업체의 이름 만큼이나 익숙해졌다.

유통업계 자체상품(PB) 열풍이 뜨겁게 불고 있다. 이마트가 내놓은 노브랜드와 피코크는 시장의 트렌드 리더로 자리했고, 한때 전국을 뜨겁게 달궜던 롯데마트 '통큰' 시리즈는 현재 '통큰 김치' · '통큰 아몬드' · '통큰 블록'으로 확장됐다.

5일 관련업계에 따르면 대형마트업계 PB상품이 전체 매출에서 차지하는 비중은 약 25%정도로 추정된다. 이마트는 지난 2015년 조사에서 전체 매출에서 PB상품이 차지하는 비중이 20%에 달했던 것으로 집계됐다. 노브랜드와 피코크의 제품수가 당시보다 늘어나 1000여종에 달하는 상황이라 PB가 전체 매출에서 차지하는 비중은 더욱 커진 것으로 예측된다. 홈플러스는 약 30% 수준, 롯데마트는 약 27%의 매출이 PB 상품에서 발생했다.

편의점업계도 최근에는 PB제품을 선보이고 나섰다. 신선식품 비중이 높은 편의점업계에서는 유제품과 음료류 등 다양한 제품들이 PB 옷을 입고 출시되기 시작했다. 가장 앞선 업체는 GS25다. GS25의 PB브랜드 유어스(YOU US)는 탄산수와 빙수, 컵라면과 가정간편식으로도 출시됐다. 유어스 오모리김치찌개와 부대찌개, 참치찌개, 홍라면 등 PB 상품은 GS25의 올해 상반기 라면 매출에서도 톱10에 오르는 기염을 토했다. CU는 헤이루(HEYROO) 시리즈가 있다. 자체 캐릭터까지 갖고 있는 헤이루는 각종 모바일게임과 연계하는 등 이름값을 높이기 위한 작업을 진행하고 있다. 세븐일레븐도 아이스요구르트와 젤리 등 제품이 PB로 나왔다.

하지만 유통업계의 PB제품들은 갈길이 멀다는 평가다. 지난 4월 온라인 서베이 전문업체 오픈서베이가 조사한 결과에서 가장 브랜드 인지도가 높은 제품은 이마트 노브랜드로, 응답자의 73.6%가 노브랜드를 알고 있다고 답했다. 롯데마트의 통큰시리즈(60.2%)와 피코크(53.6%)가 각각 2위와 3위에 올랐고, 그 뒤로는 커클랜드(39.6%), 초이스엘(34.2%), 유어스(32.2%) 순이었다. 상당수 제품은 아직도 인지도면에서 부족한 실적을 보인 셈이다.

현재 전체 매출의 25% 수준인 PB비중도 선진국에 비하면 부족한 수준이란 의견도 나온다. 유럽 선진국에서는 PB 제품의 비중이 전체 매출의 40%에 육박하는 경우가 많다. 영국 유통업체 마크 앤 스펜서는 전체 매출이 모두 PB에서 발생하고, 독일 알디 역시 90% 이상의 매출을 PB상품을 통해 올리고 있다.

이에 한국 대형마트들의 PB매출도 더욱 커질 가능성이 높다. 한 유통업계 관계자는 "유통업계 입장에서는 마케팅 비용이 적고, 중간에 제조사도 끼지 않는 PB가 수익성이 더 높은 편"이라며 "앞으로도 PB제품에 대한 발굴작업이 계속 이뤄질 것 같다"고 내다봤다.

헤럴드경제, 2017. 7. 5.

7.1 브랜드의 의미와 역할

1. 브랜드의 의미

중국의 전자제품 제조회사인 샤오미가 애플의 제품과 디자인을 모방할 수는 있지만 애플의 브랜드 가치까지 흉내 낼 수는 없다. 경쟁 기업이 제조 과정이나 제품 디자인은 따라할 수도 있지만, 수년간의 제품 경험과 마케팅 활동을 통해 창출된 고객들의 마음속에 남은 강한 인상은 쉽게 모방할 수 없다. 기업에서 자사의 제품과 경쟁회사의 제품을 구분하기 위해 사용되었던 브랜드는 이제 자사 제품이 지닌 차별적인 특징을 쉽게 전달하고 품질에 대한 신뢰를 끌어 올려 결과적으로 수익을 창출하는 원천이 되고 있다.

미국마케팅학회(American Marketing Association; AMA)는 브랜드(brand)를 "한 판매자나 판매자 집단이 제품이나 서비스를 식별시키고, 경쟁회사의 제품과 서비스와 차별화하기 위해 의도적으로 사용하는 이름, 단어, 상징, 디자인 또는 이들의 결합체"로 정의하고 있다. 기업은 자신이 시장에 내놓는 모든 시장 제공물(market offerings), 즉 제품, 서비스, 점포, 사람, 장소, 조직, 아이디어 등에 브랜드를 붙일 수 있다. 브랜드를 직역하면 다른 사람의 것과 자신의 것을 구분하기 위한 표식이라는 의미를 지닌다. 우리나라 상표법에서는 상표는 "자사의 제품을 경쟁자의 것과 구별하기 위해 사용하는 문자, 기호, 도형 혹은 그들의 결합이다"라고 정의한다. 특정 상표를 독점적으로 사용하고 상표에 대한 보호를 받기 위해 특허청에 등록된 브랜드를 가리켜 등록상표(registered trademark)라고 한다. 특허청에 등록된 등록상표는 Ⓡ이나 TM(trade mark)을 붙여 표시한다. 과거에는 브랜드의 개념이 단순한 상표 정도로 인식되었으나 이제는 브랜드가 상표로써의 역할을 넘어서 그 이상의 가치를 소비자에게 제공해 주는 것을 의미하고 있다. 따라서 기업의 브랜드화(branding)는 제품과 서비스에 브랜드의 힘을 부여하는 것이고 여러 제품간 차별화할 수 있는 것과 관련된 모든 것이다. 이러한 차별화는 제품의 성능과 같이 기능적이거나 유형적일 수 있고 브랜드가 제시하는 것과 관련된 보다 상징적이거나 무형적인 것이 될 수도 있다. 최근에는 브랜드를 통해 창출되는 새로운 지적재산권으로써 제품의 고유한 이미지를 형성하는 색채, 크기, 모양 등을 의미하는 트레이드 드레스(trade dress)에 대한 관심이 매우 높아지고 있다.

2. 브랜드의 역할

브랜드는 기업에게 있어 경쟁 우위와 재무적 이익의 원천이 된다. 기업의 운영 측면에서 브랜드는 제품을 취급과 추적을 단순화하고, 재고와 회계 기록을 체계화하는데 도움을 준다. 그리고 자사 제품의 독특한 특징이나 외관에 대해 법적으로 보호할 수 있게 해준다. 기업은 브랜드 소유자에게 법적 권리를 부여하는 지적재산권을 확보할 수 있고, 이를 통해 안전하게 브랜드에 투자하고 귀중한 자산의 혜택을 거둘 수 있도록 보장받게 된다. 그리고 신뢰할 만한 브랜드는 소비자에게 특정 수준의 품질과 제품이 지닌 독특한 연상을 부여하는 수단이 된다. 소비자의 브랜드 충성도는 기업이 자사의 브랜드화(branding)된 제품에 대한 수요를 예측할 수 있게 하여 어느 정도의 수요에 대한 확실성을 보장해 주며, 다른 기업이 시장에 진입하는 것을 어렵게 하는 진입장벽을 만들어낸다. 그리고 특정 브랜드에 높은 충성도를 보이는 소비자들은 그 브랜드 제품을 반복적으로 구매하고 가격이 인상되거나 경쟁사보다 더 높은 가격을 제시하더라도 이에 덜 민감하게 반응하며 다른 사람들에게 브랜드를 적극적으로 추천하는 경향을 보인다. 기업에게 브랜드화는 경쟁우위를 확보할 수 있는 강력한 수단이 된다. 또한 성공적으로 구축된 브랜드는 추가적인 브랜드확장의 기회를 제공하여 지속적으로 기업 가치를 상승시켜주는 촉매 역할을 수행한다.

브랜드는 소비자를 위해서도 중요한 역할을 수행한다. 정보의 홍수 속에서 소비자는 브랜드를 통해 제품의 원산지, 이력, 명성 등을 확인할 수 있어 소비자의 구매의사결정을 단순화시켜준다. 소비자는 브랜드를 통해 해당 제품의 책임소재를 명확하게 인식할 수 있기 때문에 제품 구매시 인식하게 되는 위험이 줄어들게 되고 이에 따라 정보탐색비용도 줄일 수 있다. 소비자는 자신이 선택한 브랜드가 일관성 있는 제품의 성능과 적절한 가격, 커뮤니케이션, 유통 프로그램 등을 통해 자신에게 높은 효용을 제공할 것이라는 암묵적인 이해를 가지고 브랜드에 대한 신뢰와 충성을 보인다. 소비자에게 브랜드란 자기만족을 제공하고 사회적 위신을 대리적으로 표현해주는 수단이 되기도 한다.

7.2 브랜드 요소

브랜드는 앞서 살펴본 바와 같이 제품이나 기업의 이름 그 이상의 다양한 요소들로 구성되어 있다. 브랜드 요소(brand elements)란 브랜드명, 로고와 상징, 캐릭터, 슬로건과 징글, 패키지 등 브랜드로 규정하고 상표로 등록할 수 있는 수단을 말한다.

1. 브랜드명

브랜드명(brand name)은 브랜드에 있어 가장 본실적인 요소라고 할 수 있다. 브랜드명은 소비자가 단순하면서도 효율적인 방법으로 특정 제품의 중요한 의미를 알 수 있게 해주며, 해당 제품의 존재와 원산지의 주요 특징을 나타낼 수 있는 브랜드의 핵심 요소이다. 한 번 정한 브랜드명은 바꾸기가 쉽지 않기 때문에, 처음 결정 시 제품의 특성, 경쟁 상황, 마케팅 전략, 해외진출계획 등을 충분히 검토하여 신중하게 정해야 한다.

1) 바람직한 브랜드명의 조건

바람직한 브랜드명이란 어떤 것일까? 브랜드명은 무엇보다도 발음하기 쉬워야 한다. 예를 들어, 조미료 '다시다'의 브랜드명은 '입맛을 다시다'라는 제품의 특징을 잘 반영하고 있을 뿐 아니라 발음하기가 쉽다. 이러한 효과적인 브랜드명에 힘입어 '다시다'는 조미료 시장의 후발 브랜드였음에도 불구하고 지금까지도 국내 조미료 시장을 대표하는 브랜드로 자리 잡고 있다. 브랜드명은 소비자가 쉽게 기억할 수 있어야 한다. 예를 들어, 대우건설은 '푸르다'와 '~지 요'라는 리듬감 있는 접미사를 합쳐 '푸르지오'라는 브랜드명을 만들었다. 이러한 브랜드명은 목표소비자들에게 대우건설의 아파트가 제공하고자 하는 편익을 각인시키는데 큰 역할을 하였다. 그리고 한국 최초의 4륜 구동차인 쌍용자동차의 '코란도(Korando)'는 'Koreans Can Do'라는 문장을 줄여서 추출한 조어로 만들어진 브랜드명이다. 이러한 좋은 의미와 재미있는 브랜드명은 소비자들로 하여금 브랜드명을 쉽고 오래도록 기억할 수 있게 한다.

브랜드명은 그 브랜드가 추구하는 핵심 요소를 소비자가 쉽게 연상하도록 만들 수 있어야 한다. 예를 들어, 하이트진로의 '하이트(Hite)'는 지하 100미터에서 끌어올린 암반수 100%로 만든 시원하고 경쾌한 맥주의 성격을 그대로 반영한다. 이러한 브랜드명은 하이트가 오랫동안 국내 맥주시장의 1위 브랜드였던 OB맥주를 밀어내고 시장점유율 1위에 등극할 수 있는 힘이 되었다.

2) 브랜드명을 결정하는 과정

브랜드명은 브랜드화하고자 하는 대상에 대하여 기초 연구를 실시한 후 가능한 많은 대안과 컨셉을 만들어야 한다. 이후 내부적으로는 경영진과 해당 부서의 팀원들 및 소매업체, 목표고 객들, 외부적으로는 브랜드명을 결정하는 일을 전문적으로 하는 업체를 대상으로 제품에 가장 적합한 브랜드명 리스트를 1차적으로 선정한다. 이러한 단계를 거치면서 수십 개 또는 수백 개의 브랜드명 대안들 중 1차적으로 십여 개의 브랜드명 대안이 추출된다.

그리고 1차 브랜드명 리스트 중에서 의도하지 않은 이중 의미를 가지고 있는 경우, 분명하게 발음하기가 어려운 경우, 이미 사용 중이거나 기존에 사용된 타 기업의 브랜드명과 유사한 경우, 법적으로 문제가 있는 경우, 자사의 마케팅 전략에 적합하지 않은 경우 등 여러 기준들에 의하여 2차선별 과정을 거치게 된다.

마지막으로 후보 리스트를 5개 이하로 좁히기 위해서 경영진 및 마케팅 책임자와 심층 회 의를 한다. 동시에 법적 등록 시의 잠재적인 문제가 있는지를 확인하기 위해서 심층적인 검색이 이루어진다. 그리고 3~5개의 대안 중 최종 후보를 선택하기 위해 소비자를 대상으로 후보 안의 발음 및 기억 용이성, 유의성 등을 평가하기 위한 조사를 실시한다. 그리고 글로벌 기업이나 해외 진출을 고려하고 있는 경우에는 국제 법률조사를 실시한다. 해당 시장에서 브랜드 명의 인식에 부정적인 이미지가 있는지 그리고 현지 기업과의 법률적 충돌여부가 있는지를 사전에 검토해야 한다. 3단계 과정을 통과한 최종안을 최고경영진이 선택한 한 후 공식적으로 등록하고 발표한다.

2. 로고와 상징

1) 로고와 상징의 의미

로고(logo)와 상징(symbol)은 브랜드 인지를 높이기 위해 가장 많이 사용하는 시각적인 브랜드 요소이다. 로고는 특정 브랜드를 표현하기 위한 고유의 글자 형태 즉, 시각적으로 만들어진 이름으로 브랜드명을 다른 사람들이 쉽게 또는 오래 기억할 수 있도록 구성된다. 반면 상징은 글자형태에 국한된 것이 아니고 특정 회사라든지 브랜드명 등을 나타내는 종합적인 상징체계를 의미한다. 예를 들어 서울시는 서울의 도시경쟁력과 브랜드가치 제고를 위해 서울의 규모와 위상에 걸맞은 강력한 도시 상징체계가 필요하다는 인식 아래, 서울만의 고유한 특징과 이미지를 담은 독창적인 상징 개발을 위해 서울의 역사, 문화, 관광 등과 관련된 27가지 서울상징물을 선정하였고, 이 중 어떤 상징물이 서울상징으로 적합한지를 시민들의 의견을 조사한 결과 상징력과 활용력 면에서 가장 뛰어난 해치를 최종 선정하였다. '해치'는 서울이 갖는 역사적 전통성과 문화적 고유이미지를 표현하면서 서울 시민에게 꿈과 희망을 주는 문화적 감성으로 개발된 서울의 대표 상징 마크이다.

캐릭터(character)는 특별한 유형의 브랜드 상징으로써 브랜드에 인간적인 성격을 부여하여 실생활에 보다 더 많이 활용한다. 롯데월드 어드벤처의 캐릭터인 '로티(Lotty)'와 '로리(Lorry)'를 예로 들 수 있다. 로티는 밝고 고운 마음으로 꿈을 키우고, 로리는 로티와 함께 따듯한 사랑을 전하는 롯데월드 어드벤처의 상징이다. 캐릭터는 시대의 변화에 따라 그 이미지와 특성이 목표시장에 적합하도록 계속해서 새롭게 리뉴얼 되어야 한다. 예를 들어, '스타벅스'의 경우 로고 안에 있는 그리스 신화에 등장하는 목소리의 여신 싸이렌의 체형을 고객이 인지하지 못하는 수준에서 다섯 번의 리뉴얼을 거쳐서 더욱 날씬하게 조정하였다. 웰빙과 슬림이라는 시대 추세에 맞추어 캐릭터를 수정하는 일도 매우 중요한 브랜드화의 과제가 아닐 수 없다.

2) 바람직한 로고와 상징의 조건

로고와 상징은 융통성이 있어야 한다. 로고는 비언어적인 요소이기 때문에 시간을 초월하여 새로워질 수 있고 문화를 초월하여 널리 통용될 수 있다. 그리고 로고는 제품과 관련없는 추상적인 이미지로 형상화되어 사용되기 때문에 여러 제품군에 적용이 가능하다. 예를 들어, 구글(Google)의 경우 검색엔진 서비스라는 제품의 특성상 브랜드명을 사용하는데 있어 여러모로 제한적이다. 이에 구글은 검색엔진 초기 화면에 구글이라는 로고와 검색창만을 띄우는 방식을 취하였다. 이를 통해 무형적인 서비스 제품을 제공하는 구글의 브랜드명의 가치를 높이는데 크게 기여하였고 이와 함께 유명인의 생일이나 공휴일을 기념하는 고유 로고의 개발을 통해 소비자에게 브랜드를 더 인상 깊게 각인시킬 수 있었다.

로고와 상징의 핵심은 브랜드명과 제품을 소비자로 하여금 쉽게 상기할 수 있도록 하는데 있다. 소비자가 로고나 상징을 인지하였어도 실제 그 브랜드와 연결시키지 못한 채 서로 분리하여 인식할 수 있다. 따라서 로고와 상징은 브랜드명과 함께 시각적으로 조화를 이루어야 하며, 로고와 상징의 제작과 리뉴얼시 이러한 시각적 결과물간의 조화는 가장 중요하게 고려해야 할 사항이다.

3. 슬로건과 징글

슬로건은 나이키의 'Just Do It'이나 에이스침대의 '침대는 과학입니다.'와 같이 브랜드에 관해 설득력이 있고 브랜드의 핵심 정보를 전달해 주는 짧은 문구이다. 브랜드 이미지를 암시적으로 소비자의 기억 속에 심어주는 대표적인 방법이다. 슬로건은 압축된 문장으로 브랜드를 표현하여 브랜드 구축에 결정적으로 기여한다. 예를 들어, 애플의 'Think Different! (다른 것을 생각하라!)'는 애플의 독특한 철학이 담긴 슬로건으로 일반적으로 차별화된 생각을 뛰어넘어 창조의 영역에서 새로운 가치를 만들자는 의미를 내포하고 있다. 슬로건은 소비자들에게 브랜드의 의미나 의미하는 방향을 제시하는 메시지의 역할을 한다. 광고에 등장하는 슬로건은 기업의 마케팅 활동이나 포장에 있어 중요한 역할을 하며, 브랜드 포지셔닝을 강화하는데 큰 도움이 된다.

징글(jingle)은 원래 영어로 딸랑딸랑 같은 의성어를 의미하는 것으로 짧은 소리만으로 브랜드를 각인시킬 수 청각적인 브랜드 요소이다. 징글은 브랜드에 관하여 사용되는 음악적인 메시지, 즉 리듬감을 가진 음악 슬로건이라고 할 수 있다. 롯데 하이마트의 경우 광고 캠페인 속에 2002년부터 '전자제품 실 땐 하이마트로 가요'라는 징글을 삽입해 한결 같은 메시지를 전달하였다. 친숙한 음악을 재미있게 편곡한 CM송으로 광고 캠페인마다 반복되는 "하이마트로 가요" 멜로디의 징글은 '전자 제품을 살 땐 하이마트'라는 공식을 소비자에게 심어주었다. 징글은 브랜드 요소 중 청각에 의존한다. 따라서 브랜드의 편익을 직접적으로 전달할 수도 있지만 일반적으로 간접적이고 추상적인 방식으로 제품의 의미를 전달하며, 소비자의 귓속 깊이 파고들어 오랫동안 브랜드를 기억할 수 있도록 도와준다.

4. 패키지

패키지(package)는 보다 협의적인 의미인 포장이라는 용어와 동의어로써 제품의 용기나 포장지를 디자인하고 생산하는 활동과 관련된다. 패키지는 제품을 보호해 주고 손쉽게 수송할 수 있도록 해줄 뿐만 아니라 보관을 용이하게 해준다. 그리고 소비자가 특정 브랜드를 식별할 수 있도록 도움을 주고 브랜드에 대한 묘사적 정보와 설득적인 정보를 전달한다. 예를 들어 코카 콜라의 유리병, 프링글스의 원통 용기, 티파니의 파란색 상자, 루이비통의 황토색 쇼핑백, 빙그레 바나나우유의 마름모 용기 등은 소비자가 패키지만 봐도 어떠한 브랜드인지를 알 수 있다.

기업은 브랜드명과 슬로건 등의 브랜드 요소를 패키지라는 고정되고 가시적인 형상 안에 담아 소비자에게 보다 효과적으로 표현할 수 있다. 패키지는 제품의 보호나 정보 전달 등의 기본적인 기능을 수행함과 동시에 브랜드를 차별화시키기 위한 수단으로 사용될 수 있고, 브랜드 이미지를 강화하는데 도움을 주는 강력한 브랜드 커뮤니케이션 수단이 된다. 쇼핑백과 같은 패키지의 경우 단순히 일시적인 패키지의 역할뿐만 아니라 지속적이고 무차별적으로 일상 생활에서 브랜드명을 노출시킬 수 있는 PPL(product placement) 요소로써의 가치가 더 높아 지고 있다. 프리미엄 브랜드의 성장과 더불어 향후 패키지의 중요성은 더욱 강조될 것이다.

5. 브랜드 요소의 선택과 관리

브랜드 요소는 소비자에게 브랜드를 식별시키고, 경쟁 브랜드와 차별화시켜주는 수단이기 때문에 브랜드 인지도를 강화시키면서 강력하고(strong), 호의적이며(favorable), 독특한 (unique) 브랜드 연상이 창출될 수 있도록 잘 선택되고 관리되어야 한다.

마케팅 관리자가 브랜드 요소를 선택하고 관리하는 과정에서 반드시 고려해야 하는 다섯 가지 사항은 다음과 같다. 첫째, 브랜드 요소는 기억용이성(memorability)을 가져야 한다. 기억 용이성이란 소비자가 구매시점에서 해당 브랜드를 얼마나 잘 회상(recall)시키고 재인 (recognition)을 쉽게 할 수 있는지를 의미한다. 둘째, 좋은 브랜드는 그 브랜드만이 제공할 수 있는 고유 특성을 전달해야 하는 의미전달력(meaningfulness)을 가지고 있다. 브랜드 요소는 본질적으로 브랜드에 관한 연상을 강화하는데 도움을 줄 수 있어야 하고 브랜드가 의미 하는 바가 무엇인가를 설명할 수 있어야 한다. 셋째, 브랜드 요소는 전환가능성 (transferability)을 가져야 한다. 좋은 브랜드는 향후 수행될 브랜드확장에 있어서도 유용하게 사용될 수 있어야 하고, 지역적 경계를 극복할 수 있어야 한다. 넷째, 시간이 흘러도 소비자의 가치와 라이프스타일을 계속 반영할 수 있는 적용가능성(adaptability)도 가지고 있어야 한다.

유연성을 지닌 브랜드 요소는 쉽게 수정되고 개선됨으로써 시대적인 변화에 맞추어 소비자의 욕구를 충족시킬 수 있다. 마지막으로, 브랜드 요소는 브랜드의 고유성을 보상하고 경쟁사의 보방을 방지하기 위해 높은 법적 보호가능성을 확보할 수 있어야 한다. 다섯 가지 조건 중 앞의 두 가지 조건, 즉, 기억용이성과 의미전달력은 브랜드를 구축하고, 나머지 세 가지 조건 즉, 전환가능성, 적용가능성, 법적 보호 가능성은 브랜드 자산을 활용하고 보호하는데 유용하다. 마케팅 관리자는 이상의 좋은 브랜드의 조건에 따라 브랜드 요소를 선택해야 한다.

7.3 브랜드와 소비자의 관계

목표 시장에 새로운 브랜드를 출시하는 기업의 경우, 제로(zero) 상태에서 출발하여 소비자의 마음속에 자신이 희망하는 브랜드 정체성을 심고 가꾸어야 한다. 이를 위해 브랜드가 소비자와의 관계를 형성하는데 있어 어떠한 브랜드와 소비자의 관계가 어떠한 단계를 거쳐 발전되 는지를 이해할 필요가 있다.

브랜드와 소비자의 관계는 그림 7-1에서 볼 수 있듯이, 크게 브랜드 인지도(brand awareness), 브랜드 친숙도(brand familiarity), 브랜드 선호도(brand preference), 브랜드 충성도(brand loyalty)로 구성되는 4단계를 거쳐 발전한다. 먼저, 소비자는 브랜드와의 관계 형성에 있어 브랜드에 대해 알아보고 기억하게 된다. 브랜드 인지도는 해당 브랜드에 대해 긍정적인 느낌을 가지고 친근감을 느끼는 브랜드 친숙도로 발전한다. 그리고 소비자가 해당 브랜드를 기억하고 좋아하는 감정을 가지고 최종 구매를 고려하게 되는 브랜드 선호도가 형성되면 자연스럽게

그림 7-1 브랜드와 소비자의 관계 발전단계

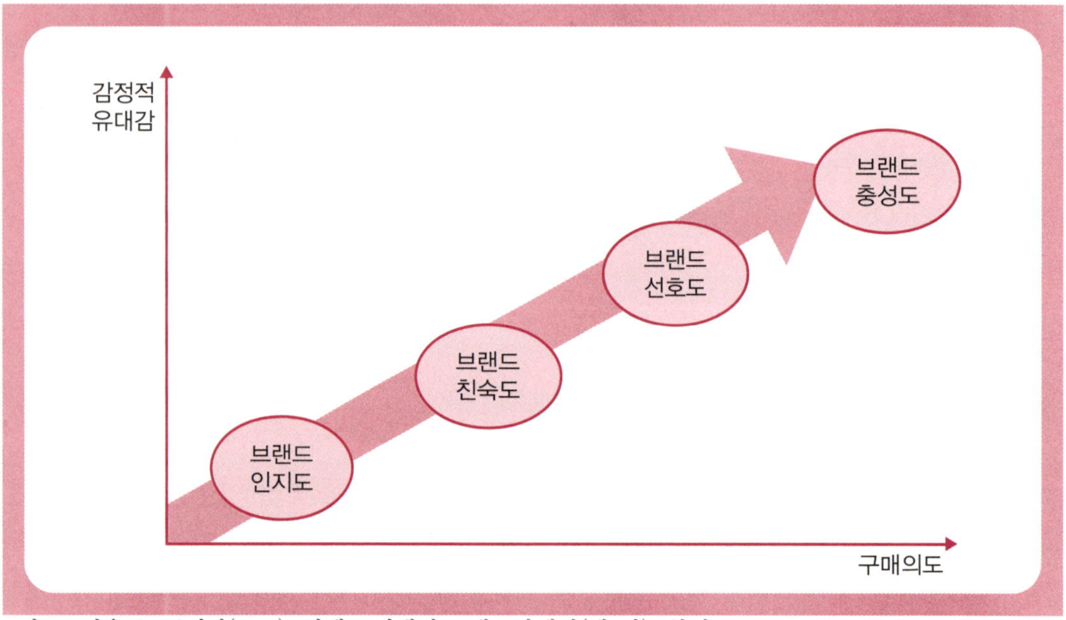

자료: 서용구, 구인경(2017), 마켓4.0시대의 브랜드마케팅(제3판), 창명.

구매가 발생한다. 그리고 브랜드와 소비자 관계를 구성하는 마지막 단계는 브랜드 충성도이다. 소비자는 구매 후 다시 그 브랜드를 반복적으로 구매하고 주변 사람들에게 그 브랜드를 추천하고 옹호하는 행동을 보인다.

1. 브랜드 인지도

브랜드 인지도는 소비자가 제품 구매 시에 특정 브랜드를 떠올리거나 브랜드를 알아보고 구매에까지 이르게 하는 출발점이다. 이는 해당 브랜드에 대해 가장 먼저 반응하는 단계 브랜드와 소비자의 관계 발전단계의 가장 하위단계를 형성하고 있다.

1) 브랜드 인지도의 측정

브랜드 인지도를 측정하는 방법은 다음의 두 가지 방법이 있다.

첫 번째 방법은 브랜드 재인(brand recognition)이다. 브랜드 재인은 다양한 상황에서 특정 브랜드를 인식하고 확인하여 제품에 대한 구매 욕구를 일으켜 실제 구매에 이르게 한다. 즉, 브랜드 재인은 소비자가 이미 광고나 다른 마케팅 활동에 의해 특정 브랜드에 노출되어 추후에 해당 브랜드와 관련된 단서가 제공되었을 때 브랜드를 알아보는 것이다. 브랜드 재인은 특정 브랜드의 이름이나 슬로건, 패키지 등의 브랜드 요소에 대한 정보가 주어진 상황에서 인지도를 측정하므로 보조 인지도(aided awareness)라고도 한다. 여러 브랜드가 주어진 브랜드 재인은 주로 껌, 생수와 같은 충동구매 제품군이나 소비자가 구매할 제품군은 정했지만 구 체적인 브랜드를 정하기 않은 경우 강하게 작용한다.

두 번째 방법은 브랜드 회상(brand recall)이다. 브랜드 회상은 특정 제품의 구매 필요성을 인식하는 시점에 특정 브랜드를 떠올리고 실제 구매까지 연결되는 브랜드를 측정하는 방법이다. 브랜드 회상은 라면하면 '신라면', '진라면', '너구리', '안성탕면'과 같이 일정 제품군에서 소비자의 기억 속에 이미 저장되어 있는 특정한 브랜드 정보를 인출하는 것이다. 이러한 브랜드 회상은 브랜드명이나 슬로건 등의 브랜드 요소에 대한 정보 없이 인지도를 측정하므로 비보조 인지도(unaided awareness)라고도 한다.

브랜드 회상으로 상기된 브랜드들 중에서 가장 먼저 떠오르는 브랜드를 최초 상기도(top of mind; TOM)이라고 한다. 소화제는 활명수, 콜라는 코카콜라, 커피는 맥심 등과 같이 특정 브랜드 명이 제품군을 대표하는 브랜드가 다수의 목표 소비자가 특정 제품이나 제품군을 생각할때 가장 먼저 떠오르는 브랜드일 것이다. 최초 상기도는 시장에서 상당한 경쟁우위를 갖고 있다고 할 수 있으며, 이를 기초로 특정 제품군내 시장점유율을 추정할 수 있는 매우 중요한 브랜드 지표라고 할 수 있다.

2) 브랜드 인지도의 강화

브랜드 재인은 무의식적인 감각에 의해 형성되고 구매를 촉발하기 때문에 광고나 다른 다양한 촉진활동 등을 통해 해당 브랜드를 보다 더 많이 효과적으로 노출시키는 것이 핵심이다. 따라서 브랜드 재인을 높이기 위해서는 소비자가 브랜드 요소를 감각으로 인식되기 위해 광고나 패키지 등에 독특하고 반복적으로 노출하는 것이 중요하다.

브랜드 회상을 보다 강화시키기 위해서는 제품을 필요로 하는 욕구와 해당 브랜드 요소를 잘 연결해서 반복적으로 인식시키는 것이 중요하다. 따라서 브랜드 회상 관리에 있어 슬로건이나 징글 등의 브랜드 요소가 특히 중요하다. 징글의 경우 다른 어떤 메시지 없이도 일정한 리듬이 들리면 반사적으로 특정 브랜드명을 떠올리고 따라하게 되는 효과가 있을 수 있다. 브랜드 재인과 회상은 개별적으로 이루어지는 경우도 있지만 복합적으로 일어나는 경우도 흔히 존재한다.

2. 브랜드친숙도

브랜드와 소비자의 관계 발전 단계에서 인지도에서 선호도로 가는 중간단계인 브랜드 친숙도는 소비자가 인지하고 있는 특정 브랜드에 대해 친밀감을 느끼는 정도나 사전 경험의 정도와 같이 해당 브랜드에 대해 축적해온 모든 것을 의미한다. 따라서 브랜드에 대한 친숙도가 높다는 것은 브랜드에 대한 지식의 정도가 높다는 것을 말한다. 일반적으로 사람들은 자신들이 제공받은 정보가 많은 제품일수록 해당 제품에 대해 높은 신뢰도를 가지는 경향이 있다. 즉, 많은 사람들에게 친숙한 제품이 좋은 제품이라고 생각하는 것이다. 광고의 반복효과를 검 증한 몇몇 연구들은 친숙한 브랜드의 경우 광고가 반복됨에 따라 소비자들은 더욱 호의적으로 평가하고, 광고에서 제시된 정보를 더욱 잘 회상하며 구매의도도 증가한다고 제시하였다. 그리고 친숙한 브랜드는 높은 반복 수준에서도 지루함으로 인한 부정적 효과가 발생하지 않는다고 하였다. 이것이 바로 소비자와의 관계 관리 및 발전에 있어 브랜드 친수도가 중요한 점이다.

3. 브랜도 선호도

일반적으로 소비자들은 특정 브랜드에 대해 일정 수준의 인지도와 친숙도가 형성되면 이를 바탕으로 다른 브랜드에 비해 상대적으로 더 많은 가치를 제공하는 브랜드가 가지게 된다. 이것이 바로 브랜드 선호도이다. 단순히 좋아하거나 익숙하다는 것을 넘어서 다른 브랜드에 비해 해당 브랜드가 지닌 가치를 소비자가 보다 더 좋아하게 되었다는 것을 의미한다.

특정 브랜드에 대한 선호도는 소비자가 다양한 브랜드를 경험하는 과정에서 가장 만족스러운 경험을 제공하는 브랜드에게 부여하는 가치이다. 따라서 선호도는 인지적 차원의 인지도나 친숙도와는 달리 태도적 차원의 개념이다. 그리고 만족스러운 경험을 바탕으로 높은 인지도와 긴 시간의 친숙도를 가진 브랜드가 되어야만 비로소 브랜드 선호도가 만들어질 수 있다.

4. 브랜드 충성도

높은 인지도와 장기간 경험을 통한 높은 친숙도는 물론 거기에 그동안 만족스러운 구매 경험으로 브랜드 선호도를 축적한 브랜드를 소비자로부터 충성도라는 가치를 부여받게 된다. 브랜드 충성도는 고객이 가지고 있는 특정 브랜드에 대한 애착 또는 몰입의 정도이다. 브랜드 충성도는 전환비용은 물론 다른 경쟁자의 침투 공격을 막는 심리적 장벽을 구축하여 미래의 이익과 관련된 중요한 성과지표이고 핵심적인 브랜드 자산이라고 할 수 있다.

브랜드 충성도는 기존 고객의 향후 반복구매 및 추천 행동이나 이러한 행동에 대한 의도를 통해 측정할 수 있다. 소비자는 특정 브랜드에 대한 긍정적인 경험을 통해 반복적으로 구매하려는 의사를 가지게 되고 이에 대해 기업으로부터 마일리지와 같은 반복구매에 대한 인센티브가 주어지면 그 구매의사는 더욱 강력해진다. 소비자들은 특정 브랜드의 반복구매를 통해 전환비용(switching cost)을 낮출 수 있다. 전환비용은 특정 제품이나 서비스의 제공자로부터 다른 제공자로 변경하는데 드는 비용으로 탐색비용, 인지적 비용과 같은 학습비용과 혜택손실 비용, 불확실성 비용과 같은 연속성 관련 비용으로 구분된다. 다른 사람에게 특정 브랜드를 추천하는 것은 추천을 받은 사람의 전환비용을 줄이는데도 큰 효과를 가진다. 추천자가 해당 브랜드 제품을 이미 이용해보고 권유를 하는 것이므로 해당 브랜드에 대한 불확실성 비용과 전환을 위해 다른 제품의 정보를 탐색하는 전환전 탐색비용은 거의 없기 때문이다.

참고문헌

1. 뉴스탭, (2017. 5. 22), 고객의 머릿속에 브랜드를 기억하게 하라, 중독성 강한 징글 마케팅 눈길
2. 롯데월드 어드벤처 홈페이지 (https://www.lotteworld.com)
3. 서울특별시 홈페이지 (https://www.seoul.go.kr/seoul/symbol.do)
4. 서용구, 구인경, 「마켓4.0시대의 브랜드마케팅(제3판)」, 창명, 2017.
5. Kotler, Philip and Keller, Kevin Lane, Framework for Marketing Management (6th Edition), Pearson, 2015.

연구문제

1. 기업과 소비자 측면에서 브랜드의 역할을 설명하시오.
2. 바람직한 브랜드명의 조건을 설명하시오.
3. 브랜드명을 결정하는 과정을 설명하시오.
4. 로고와 상징의 공통점과 차이점을 설명하시오.
5. 바람직한 로고와 상징의 조건을 설명하시오.
6. 브랜드 개발과 관리에 있어 슬로건과 징글의 중요성을 설명하시오.
7. 브랜드 개발과 관리에 있어 패키지의 중요성을 설명하시오.
8. 좋은 브랜드의 조건을 설명하시오.
9. 브랜드와 소비자의 관계 발전단계를 설명하시오.

제4부
마케팅 믹스의 구성

제 8 장　제품 전략

제 9 장　가격 전략

제10장　유통경로 전략

제11장　마케팅 커뮤니케이션 전략

제8장

제품 전략

8.1 제품의 개념과 분류

8.2 제품속성 및 제품믹스 관리

8.3 제품라인의 관리

8.4 포장, 레이블링, 보증

8.5 신제품의 개발과 관리

8.6 신제품 마케팅

8.7 제품수명주기와 마케팅 전략

시작하면서…

LG 지원군 '프로슈머'…히트상품 직접 만든다.

일반적인 소비자에 머무르지 않고 좋아하는 기업의 제품 기획과 생산과정, 사후관리 등에 적극적으로 참여하는 똑똑한 소비자인 '프로슈머(Prosumer)'가 LG의 든든한 지원군으로 나서고있다.

고객 참여로 탄생한 LG생활건강 섬유유연제 '샤프란 꽃담초'는 2014년 출시 2개월 만에 약 70만개, 2015년 누적 약 550만개가 팔리며 큰 인기를 끌고 있다. LG하우시스 시트 바닥재'자연애 스페셜'의 경우 지난해 8월 출시 이후 6개월 만에 약 35억 원의 매출을 올려 기존 바닥재 신제품 대비 주목할 만한 초기 실적을 기록했다. LG유플러스의 '리얼 스토리' 광고 1탄 '바리스타 윤혜령씨의 아주 특별한 하루' 편은 유튜브에서 오픈 2개월 만에 1000만 뷰를 돌파하기도 했다. LG 관계자는 "소비자들이 실생활 속에서 제품을 사용하며 발견한 아이디어들이 다양한 LG 제품들을 기존 제품과 차별화할 수 있는 원동력이 되고 있다"며 고객과의 소통이 중요함을 강조했다.

◆ LG 'G5', 고객 의견 반영…누구나 '프렌즈' 개발에 참여

세계 최초 모듈형 디자인으로 화제가 되고 있는 LG전자 스마트폰 'G5'는 출시 한 달도 안 된지난 4월 말부터 앱 서랍 소프트웨어 업데이트를 진행했다. 또한 5월초부터는 'G5'의 인기 모듈인 '캠플러스'의 연사 기능도 업데이트했다.

이는 해당 기능을 추가해 달라는 'G5' 고객들의 의견을 적극 반영한 것이다. LG전자는 직관적으로 앱을 설치 및 제거할 수 있도록 홈스크린과 앱 서랍 화면을 합친 '뉴홈(New Home)'을 'G5'에 적용했다. 하지만 기존 화면에 익숙한 고객들의 의견에 따라 앱 서랍 기능을 추가할 수 있도록 신속한 업데이트를 단행했다. DSLR 카메라 그립처럼 사용가능한 모듈 '캠플러스'의 경우, 버튼을 길게 누르는 것만으로 1초당 10장, 최대 30장까지 연속 촬영할 수 있는 연사 기능이 추가 돼 일반 스마트폰과의 차별성을 더했다.

LG전자 MC사업본부 마케팅커뮤니케이션 담당 이철훈 상무는 "소비자 의견을 경청하고 신속하게 반영해 출시한 지 한 달도 안 된 시점에 소프트웨어 업데이트를 했다"며 "앞으로도 발 빠른 고객 대응으로 사용자들에게 최상의 스마트폰 경험을 제공할 것"이라고 강조했다. 또 'G5'는 누구나 'G5'와 호환되는 모듈인 '프렌즈'를 개발하고 판매할 수 있도록 소비자들과 함께 열린 모바일 생태계를 확대해 나가고 있다.

LG전자는 지난 3월과 4월 한국과 미국에서 'G5 프렌즈 개발자 콘퍼런스'를 열고 G5의 모듈'프렌즈' 개발에 관심 있는 개인 또는 기업 누구라도 참여할 수 있는 열린 생태계인 'LG 플레이그라운드(LG Playground)' 구축을 선포했다. 또 협력사나 개인이 스스로 개발한 '프렌즈'를직접 판매할 수 있는 온계열 장터 'LG 프렌즈닷컴(www.lgfriends.com)'을 오픈하고 'LG 프렌즈 모듈형 아이디어 공모전'도 실시했다. 공모전 최종 선정작은 오는 27일 공개되며, 개발단계를 거쳐 'LG프렌즈닷컴'에서 직접 판매될 예정이다.

◆ LG생활건강 '샤프란 꽃담초', 출시 2개월 만에 70만개 팔려

1978년 출시된 국내 최초의 섬유유연제 '샤프란'은 40%가 넘는 시장점유율의 대한민국 1등 섬유유연제 브랜드다. 이 샤프란 브랜드의 신제품 '샤프란 꽃담초'는 LG생활건강 주부 모니터 요원들의 아이디어가 만들어 낸 작품이다. LG생활건강 주부 모니터 요원들은 빨래할 때 살균 및 냄새 제거를 위해 식초를 쓰는 경우가 많다며 섬유유연제 신제품에 식초 성분을 넣어보자는 아이디어를 냈다. LG생활건강은 이러한 소비자 의견을 적극 검토한 결과, 꽃을 자연 발효시킨 꽃식초 성분을 함유한 '샤프란 꽃담초'섬유유연제를 출시했다. '샤프란 꽃담초' 섬유유연제는 2014년 출시 2개월 만에 약 70만개가 팔리며 초기부터 큰 인기를 끌었다. 2014년 약 210만개, 2015년 약 340만개가 판매되며 누적 판매량 약 550만개의 성과와 전년 대비 약 65%의 성장세를 기록하고 있다.

LG생활건강은 올해 상반기까지 24기째 주부 모니터 요원 프로그램을 운영 중이다. 연 2회 모집하는 이 프로그램은 서울, 경기지역 20~40대 전업주부를 대상으로 기수마다 16명을 선발해상·하반기 약 4개월간 활동하며 소정의 활동비도 지급한다. 선발된 주부 모니터 요원은 풍부한 살림 경험과 노하우를 바탕으로 월 1회 정기모임 등을 통해 LG생활건강 생활용품과 관련, 신제품 아이디어 및 개선점 제안, 제품광고·이름·디자인 평가와 같은 다양한 활동을 하고 있다.

◆LG유플러스 리얼스토리 광고, 일반인 고객 참여로 감동 전달

LG유플러스는 일반인 고객의 평범한 일상 속에 서비스의 가치를 녹여낸 '리얼 스토리' 광고로 대중의 큰 호응을 얻고 있다.

첫 번째 '리얼 스토리' 광고는 IoT서비스의 가치를 알리는 '바리스타 윤혜령씨의 아주 특별한 하루' 편으로, 청각장애인 바리스타와 엄마의 이야기를 IoT서비스로 잘 풀어냈다. 이 광고는 지난 2월 유튜브에 오픈돼 2개월 만에 1000만 뷰를 돌파했고 지상파 및 케이블 방송, 극장 광고로 온에어됐다.

두 번째 '아버지의 버스' 편도 항암치료를 받고 있는 아버지가 35년간 버스운전 하시던 길을 아들이 대신 버스로 달리며 'U+tv G 직캠' 서비스를 통해 생중계하는 따뜻한 리얼 스토리로 만들어졌다.

이러한 LG유플러스의 광고는 고객인 딸과 아들이 어머니, 아버지를 위해 직접 이벤트를 기획했고, 광고 촬영 당일에도 부모님이 몰랐을 정도로 연출과 기획을 최대한 자제해 고객의 리얼스토리와 표정을 녹여냈다.

또, 이번 '리얼 스토리' 광고에 등장한 LG유플러스의 홈 IoT 서비스는 서비스 출시 11개월 만에 가입자 30만명 돌파를 앞두고 있으며 연내 50만 가입자 달성이 예상되는 등 인기를 끌며 빠르게 확산되고 있다.

LG유플러스는 이번 광고의 주인공 윤혜령씨에게 홈 IoT 서비스를 무상 제공한 것을 계기로 전국 청각 청각장애인, 최중증장애인 3000가구에 홈 IoT 서비스를 평생 무상으로 지원하기로했다.

더팩트, 2016. 5. 25.

8.1 제품의 개념과 분류

1. 제품의 개념

미국마케팅학회(AMA)는 제품을 '소비자의 필요 또는 욕구를 만족시키려는 목적으로, 소비자들의 관심을 이끌어 내고 결국 소비하도록 하기 위하여 시장에 내놓은 것' 으로 정의하고 있다. 이 정의를 받아들인다면 물리적인 재화(physical goods), 서비스(service), 사람(person), 장소(place), 조직(organization), 심지어는 아이디어(idea)까지도 제품으로 간주할 수 있다.

제품의 개념을 좀더 잘 이해하기 위해서는 제품을 구성하고 있는 세 가지 차원

그림 8-1 제품개념의 세 가지 수준

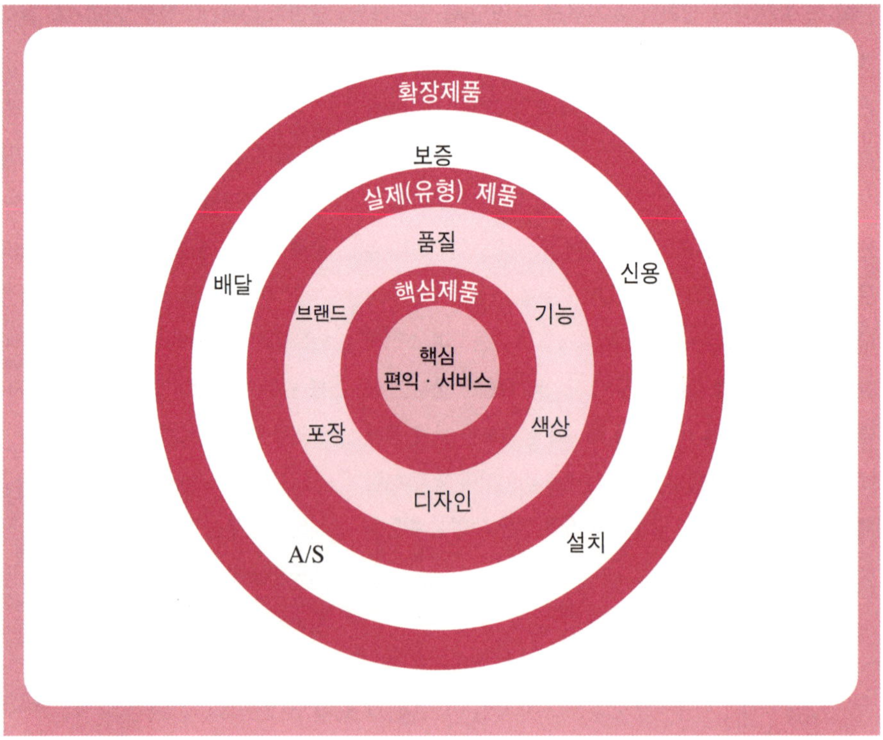

에 대하여 이해할 필요가 있다. 즉 제품은 핵심제품(core product), 실제제품(actual product), 확장제품(augmented product)의 세 가지 수준으로 구성된다. 핵심제품은 제품이 제공하는 가장 기본적인 편익 내지는 서비스를 말한다. 에어컨을 예로 들면, 에어컨이 제공하는 시원함과 쾌적함 같은 것을 말한다. 실제제품은 소비자들이 실제적으로 보고, 듣고, 느끼고, 파악하고, 인식할 수 있는 수준의 제품을 의미한다. 에어컨의 브랜드, 포장, 품질, 기능, 디자인 등의 제품속성들이 포함된다. 확장제품은 실제제품에 추가하여 제공되는 서비스나 편익을 의미하고 소비자가 구매한 에어컨에 대한 보증, 배달, 신용판매, 설치서비스 등이 그 예가 될 수 있다. 이와 같이 제품을 구성하고 있는 세 가지 수준을 이해함으로써 제품에 대한 이해의 폭과 깊이를 넓힐 수 있다. 다시 말해서 제품에는 그 제품의 존재 이유인 소비자의 필요와 욕구가 핵심제품 수준에 포함되어 있고, 추상적인 핵심제품의 편익 혹은 서비스를 구체화하고 실제화하여 형상화시켜 놓은 것이 실제제품이며, 실제제품의 구매와 사용의 편리성을 추가하여 소비자 만족을 최대화하고자 하는 것이 확장제품 수준인 것이다. 이렇게 제품의 시작부터 소비까지 소비자의 필요와 욕구가 실현되고 있음을 이해하는 것은 효과적인 마케팅 활동을 위해 매우 중요하다.

2. 제품의 분류

제품을 분류하는 기준에는 제품의 내구성, 가시성, 사용목적 등이 있다. 사용목적을 기준으로 제품을 분류하면 소비재와 산업재로 나눌 수 있는데, 소비재(consumer goods)는 소비를 최종목적으로 구매하는 제품을 말하며, 산업재(industrial goods)는 이익창출을 위해 생산활동을 목적으로 구매하는 제품을 말한다. 소비재는 구매과정에서 보이는 행동과 구매경향에 따라 다시 편의품(convenience goods), 선매품(shopping goods), 전문품(specialty goods) 등으로 나눌 수 있다.

■ 편의품 : 소비자들이 일상생활에서 빈번하게 사용하며, 구매필요가 발생할 때

그림 8-2 사용목적을 기준으로 한 제품분류

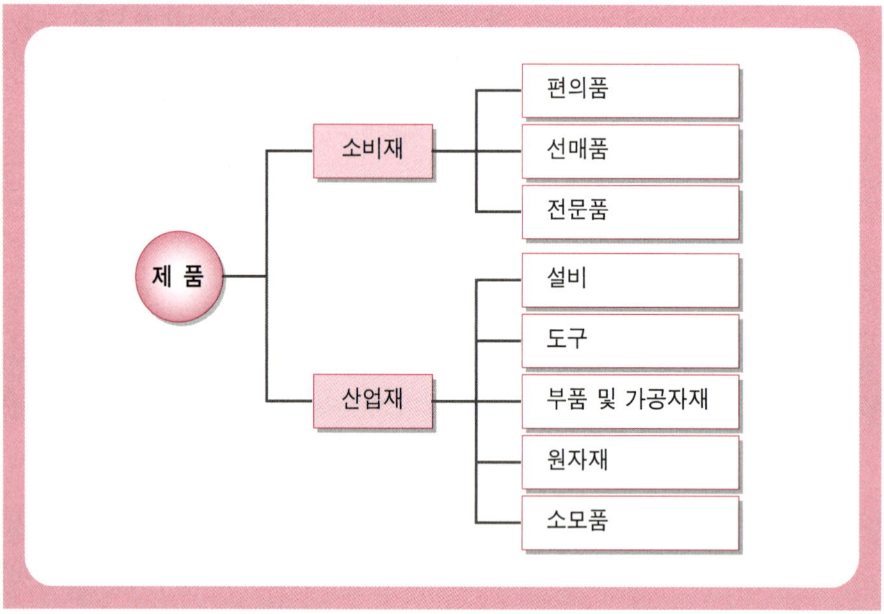

즉각적으로, 그리고 적은 노력으로 구매하는 제품을 말한다. 일반적으로 저가이다. 편의품은 소비자들이 필요한 곳에서 편리하게 구매할 수 있도록 집약적(intensive) 유통전략을 사용하는 것이 바람직하다.

- 선매품 : 품질, 가격, 적합성, 스타일 등을 비교하여 구매하는 제품들로 일반적으로 소비자들은 구매를 위해 상당한 노력과 시간을 투입한다. 유통전략은 선택적(selective) 유통전략이 바람직하다.
- 전문품 : 각별한 노력을 투입하여 구매하는 제품들로 강한 브랜드 충성도로 인해 브랜드 간의 비교 · 평가를 거의 하지 않는다는 특징을 가지고 있다. 전문품의 유통전략은 전속적(exclusive) 유통전략이 바람직하다.

산업재는 생산과정에서 이용되는 용도에 따라 원자재(materials), 부품(parts), 설비(installation), 도구(equipment), 소모품(supplies) 등으로 구분할 수 있다.

- 원자재 : 가공되지 않은 원료로 철광석 등이 이 범주에 속한다. 이러한 제품은 등급으로 품질이 표시되며 원하는 양과 질의 원자재를 신뢰성 있게 공급하는 능력이 중요시 된다.
- 부품이나 가공자재 : 생산공정을 거쳐 제조되었지만 최종완제품의 일부가 되는 제품을 말한다. 이러한 제품의 판매에는 품질과 규격의 일관성을 유지하는 것이 중요하다. 부품은 장기계약을 체결하여 공급하는 경향이 크다.
- 설비 : 막대한 재정적 지출을 해야 하고, 내구성이 높아 오래 사용할 수 있으므로 구매의사결정 과정에는 많은 사람이 참여하게 된다. 설비를 효과적으로 판매하기 위해서는 우선적으로 소비자의 정보욕구를 충족시켜 줄 수 있어야 한다.
- 도구 : 설비에 비해 가격이 덜 비싸고 내구성도 낮지만, 소비자는 품질과 가격 모두에 관심이 높다. 따라서 이러한 제품을 판매하려면 유통망을 넓히고 소비자를 수시로 접촉하는 일이 필요하다.
- 소모품 : 비교적 표준화되어 있어 경쟁 제품 간에 큰 차이가 없다는 특징을 가지고 있다. 따라서 구매결정에 가격이 가장 중요한 역할을 한다.

8.2 제품속성 및 제품믹스 관리

마케팅 관리자는 제품과 관련하여 제품속성, 제품라인, 제품믹스,, 포장, 레이블링, 보증 등 다양한 요소들에 대해 관리해야 하며, 브랜드 전략과 연결하여 상승효과를 발휘하도록 관리할 필요가 있다. 기업에 따라서는 제품 및 브랜드를 종합적으로 관리하기 위해 제품관리자 또는 브랜드 관리자를 두기도 한다.

그림 8-3 제품 관련 의사결정

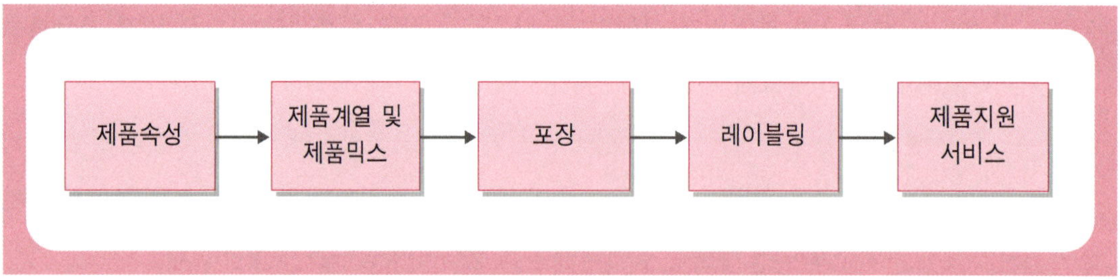

1. 제품속성

제품속성(product attribute)은 제품을 구성하는 가장 기본적인 요소를 말하며 품질, 특징, 디자인 등이 포함된다. 품질(quality)은 제품의 내구성, 신뢰감, 정교함, 조작 및 수선의 용이성 등을 나타내는 복합적인 개념이다. 대부분의 기업들이 더 향상된 품질의 제품을 생산하기 위해 모든 노력을 경주한다. 그러나 특정 제품이 시장 및 소비자지향적 품질을 갖추기 위해서는 소비자가 좋은 제품이라고 인정하는 품질수준을 유지하여야 한다. 즉 소비자지향적 품질이란 생산자 측면에서의 품질뿐만이 아니라 목표시장의 필요와 경쟁 제품의 품질수준을 고려한 품질이어야 하는 것이다. 제품의 품질수준 결정과 관련하여 마케팅 관리자가 고려하여 할 몇 가지 사항이 있는데, 무엇보다 모든 소비자들이 최고의 품질을 다 원하지는 않는다는 것을 마케팅 관리자는 명심해야 한다. 고품질과 고가격을 주된 제품전략으로 하고 있는 국내 화장품 시장에서 '미샤', '더 페이스샵'의 성장은 시사하는 바가 크다고 할 수 있다. 그리고 대부분의 소비자들이 제품의 품질과 관련하여 가지고 있는 가격과 품질 간의 높은 상관관계 인식도 마케팅 관리자가 고려해야 할 요소이다. 즉 제품에 따라서는 고가정책을 취하는 것이 품질에 대한 소비자들의 인식을 높이는 한 방법이 될 수 있는 것이다.

제품의 특징(feature)은 제품을 구성하고 있는 부수적인 기능을 말한다. 휴대용 카세트에 방수기능을 첨부하거나 태양열 전지를 부착하는 기능, 자동차 백밀러의 자동접이 기능 등이 그 예라고 할 수 있다. 이러한 제품특징의 활용은 제품의 포지셔닝과 제품라인 확장을 위해 유용한 정보를 제공할 수 있다. 한편 제품특징을 제품에 추가할지의 여부는 특징추가에 따른 가격상승과 소비자들이 느끼는 가치 증가를 비교한 후에 결정하여야 한다.

제품의 강력한 경쟁도구가 될 수 있는 디자인(design)은 외양만을 강조한 스타일(style)보다 큰 개념으로서 외양뿐만 아니라 성능까지도 포함한다. 뛰어난 디자인의 개발은 사업 기술의 개발 못지않게 시장경쟁력 확보의 핵심요소가 될 수 있다. 즉 제품의 소재, 품질, 기능 등이 아무리 좋아도 스타일, 색상, 조화, 미적 감각 등을 포함하는 디자인이 기대 이하이면 최적의 가격을 받을 수 없게 된다. 실용적이고 좋은 디자인의 멋있는 제품만이 치열한 경쟁에서 살아남을 수 있다. 국내 기업들은 소비자의 수요패턴이 감성화, 개성화, 다원화 되어가는 추세에 따라 멋과 디자인이 뛰어난 고부가가치 제품의 생산을 확대해야 하는 상황에 직면해 있으며, 이러한 과제를 해결하기 위해 제품의 디자인 능력을 향상시키려는 노력을 강화하고 있는 실정이다. 비록 선진국에 비하면 많이 늦었지만 정부차원에서도 산업디자인 분야의 집중육성을 위해 지원정책을 실행하고 있다. 제품의 디자인이 시장경쟁력에 미치는 영향을 조사한 실증연구 결과는 디자인이 제품 전체의 경쟁력에서 차지하는 비중이 얼마나 큰가를 단적으로 나타내주고 있다. 신발이나 섬유제품과 같은 경공업 제품의 경우, 품질과 성능이 비슷할 때 디자인이 그 제품의 경쟁력의 70% 이상을 좌우하는 것으로 나타났고, 자동차 및 가전제품의 경우에는 제품경쟁력의 20~50%가 디자인에 의해서 좌우되는 것으로 밝혀졌다. 좋은 예라고 할 수 있다.

2. 제품믹스 관리

오늘날 대규모 기업들은 복수의 제품을 생산하고 있다. 이런 기업들은 복수의 제품을 일반적으로 복수의 제품라인(product lines)에서 생산하고, 제품라인별로 각기 다른 마케팅 전략을 수립하여 실행한다.

제품라인이 복수인 기업도 하나의 제품믹스를 가지게 된다. 제품믹스(product mix)

란 특정 판매업자가 소비자들에게 제공하는 제품라인과 제품 및 품목들의 집합을 말한다. 예를 들어 (Avon)사의 제품믹스는 4개의 주요 제품라인로 구성되어 있는데 화장품 계열, 보석계열, 패션계열, 가정용품 계열 등이다. 각 제품라인은 다시 몇 개씩의 하부계열들로 나누어지는 것이다. 예를 들어 화장품 계열은 립스틱, 루즈, 파우더 등으로 나누어진다. 각각의 계열과 하부계열에는 많은 제품들이 있다. 에이본사의 제품믹스에는 모두 1,300여 개에 달하는 품목들이 있다. 한 대형 슈퍼마켓은 14,000여 개의 품목들을 취급하고 있으며, K-mart는 15,000여 개, General Electric사는 250,000여 개의 품목들을 생산하고 있다.

어떤 제품믹스이든 넓이, 길이, 깊이, 일관성의 면에서 분석될 수 있다. 이러한 개념들을 현대자동차에서 생산하는 차량에 적용시킨 것이 〈표 8-1〉이다.

표 8-1 제품믹스의 예(현대자동차)

← 제품믹스의 넓이 →

(세로축: 제품믹스의 길이)

제품계열1	제품계열2	제품계열3	제품계열4	제품계열5
승용차	RV	소형상용	트럭	버스
엑센트	코나	그랜드	마이티	쏠라티
아반떼	투싼	스타렉스	메가트럭	카운티
i30	싼타페	그랜드	엑시언트	에어로타운
벨로스터	맥스크루즈	스타렉스		그린시티
아이오닉		특장차		슈퍼에어로
쏘나타		포터II		시티
i40				유니시티
그랜저				유니버스
아슬란				일렉시티
제네시스				

제품 품목
아이오닉 hybrid
아이오닉 electric
아이오닉 plug-in

제품믹스의 깊이

- **제품믹스의 넓이(width)** : 해당 기업이 보유한 상이한 제품라인의 수를 말한다. 〈표 8-1〉의 제품믹스는 5개의 제품라인으로 구성되어 있기 때문에, 현대자동차의 제품믹스의 넓이는 5이다.
- **제품믹스의 길이(length)** : 특정 제품라인을 구성하는 제품의 수를 말한다. 〈표 8-1〉의 제품믹스에서 승용차 계열에는 아반떼, 쏘나타, 제네시스 등 총 10개의 제품이 구성되어 있다. 따라서 현대자동차의 승용차 계열의 제품믹스의 길이는 10이다.
- **제품믹스의 깊이(depth)** : 특정 제품라인 내 각 제품이 제공하는 품목의 수를 말한다. 제품 품목(product item)이란 제품의 규격, 외양 및 기타 속성이 다른 개별 제품 단위를 의미한다. 〈표 8-1〉의 제품믹스에서 승용차 계열을 구성하는 친환경 승용차인 아이노닉은 아이오닉 hybrid, 아이오닉 electric, 아이오닉 plug-in의 3개의 서로 다른 버전(version)으로 제공된다. 따라서 승용차 계열의 아이오닉이라는 특정 제품의 제품믹스의 깊이는 3이다.
- **제품믹스의 일관성(consistency)** : 최종 용도나 생산공정, 유통경로 등에서 제품계열이 얼마나 밀접한 관련이 있는가를 의미한다. 현대자동차의 승용차 계열과 RV 계열은 동일한 유통경로를 거치는 소비재라는 면에서 일관성이 있는 반면 소형상용이나 트럭, 버스 계열은 별도의 유통경로를 통해 사업자들에게 판매되므로 승용차 및 RV 계열과 일관성이 높다고 하기는 어렵다.

제품믹스의 이러한 네 가지 차원을 이용하여 기업의 제품전략을 수립할 수 있고, 사업확장 방안으로는 크게 네 가지를 고려할 수 있다. 첫째, 새로운 제품라인을 추가시켜 제품믹스를 확장할 수 있다. 둘째, 기존의 제품라인들을 확대시켜, 동일 종류의 모든 제품을 생산하는 완전계열(full line-up) 기업이 될 수 있다. 셋째, 각 제품에 상이한 품목들을 추가시켜 제품믹스의 다양성을 높일 수 있다. 넷째, 한 분야에서 강력한 명성을 구축하고자 하는가, 아니면 여러 분야로 확장하고자 하는가에 따라 제품라인의 일관성을 상이하게 할 수 있다.

8.3 제품라인의 관리

1. 제품라인 확장

제품라인 확장(product line stretching)이란 특정 기업이 현재 시장에 공급하고 있는 제품과 동일한 제품라인에 가격이나 품질 등이 상이한 새로운 제품을 추가하여 제품믹스의 길이를 늘이는 것이다. 제품라인 확장전략에는 세 가지 대안이 있는데, 특정 기업이 그 중에서 하나만을, 또는 두 가지나 세 가지를 동시에 활용할 수도 있다. 제품라인 하향확장전략(product line downward stretching strategy)이란 고가의 고품질 제품만을 생산하여 전체 시장의 최상층 세분시장만을 목표으로 삼고 공략해 온 기업이 중간수준의 가격과 품질의 제품을 추가하여 중간층 세분시장으로 새로이 침투하고 저가격의 저품질 제품까지도 새로이 추가하여 최하층 세분시장에까지 침투하는 것을 말한다. 하향확장전략을 채택하게 되면 새로운 시장과 소비자층의 개발, 변화하는 소비자 니즈에 대한 대응력 강화, 완전제품라인 기업으로서의 경쟁적 포지션 강화, 시장점유율 증대 등의 편익을 기대할 수 있다. 그러나 새로운 품목의 출시로 인하여 자사의 기존제품 시장이 잠식당할 가능성이 있고, 중간층 · 최하층 세분시장만을 서브하던 경쟁사들이 그들 나름대로의 하향확장전략을 통하여 최하층 세분시장까지 반격해 올 위험이 있다. 그리고 기존제품의 유통업체들이 새로운 품목의 판매를 거부하거나 주저할 가능성이 있다.

제품라인 상향확장전략(product line upward stretching strategy)이란 저품질 · 저가격의 제품으로 최하층 세분시장을 공략하던 기업이 적절한 새로운 제품들을 추가하여 중간층 세분시장뿐만 아니라 최상층 세분시장으로까지 침투하는 전략을 말한다. 기업들은 중간층 · 최상층 세분시장이 제공하는 뛰어난 성장잠재성과 높은 이익마진에 대해 매력을 느낄 경우, 중간층 · 최상층 세분시장을 공략해 온 경쟁사들의 경쟁력이 취약하다고 판단되는 경우, 제품라인의 제품구성을 개선 · 확대하여 시장포지션을 강화하고자 할 때 등에 상향확장전략을 채택할 수 있다.

상향확장전략을 채택할 때 여러 잠재적 위험과 문제점이 따른다. 중간층 · 최상층 세분시장을 공략해 온 경쟁사들이 나름대로의 하향확장전략을 통하여 반격을 해 올 수도 있다. 저가격 · 저품질 제품이나 중간가격 · 중간품질 제품을 생산 · 판매하는 것으로 기업이미지가 굳혀진 기업이 중간층 · 최상층 세분시장에 진입하여 소비자들의 호감과 신뢰를 얻기는 쉽지가 않다. 새로운 제품들을 새로운 세분시장에 시판하기 위해서는 기존의 판매원과 유통기관 종사자들을 재교육시키든지, 완전히 새로운 판매원과 유통기관들을 추가해야 할 필요성이 있다.

한편 확장을 상향과 하향, 즉 양방향 모두로 하는 제품라인 양면확장전략(product line two-way stretching strategy)을 취할 수도 있다. 중간수준의 품질과 가격의 제품으로 중간층 세분시장을 공략하던 기업이 적절한 새로운 품목들을 추가하여 동시에 최상층 세분시장과 최하층 세분시장에 침투하는 전략을 말한다. 중간층 세분시장만을 공략하던 기업체가 양면확장전략을 채택하게 되면, 중간층 세분시장에서 계속 치열한 경쟁을 해야 할 뿐만 아니라 새로이 침투하는 최상층 · 최하층 세분시장에서도 치열한 경쟁을 벌여야 한다. 효과적으로 그런 경쟁을 벌일 수 있으려면 특정기업의 자원규모가 대단히 크고 마케팅 능력도 뛰어나야 한다. 따라서 그런 대규모 기업들만이 양면확장전략을 채택할 수 있다. 예를 들어 소니(SONY)사는 휴대용 카셋트시장에서 양면확장전략을 통해서 효과적으로 시장점유율을 높여나갔던 전략을 예로 들 수 있다.

2. 제품라인 보충

제품라인 보충(product line filling)이란 특정 제품라인을 구성하는 기존 제품에 새로운 품목을 추가하여 제품믹스의 깊이를 확대하는 것이다. 기업들은 추가이익을 실현하거나 제품라인이 완전히 채워지지 않아서 판매상실이 발생한다는 유통기관들의 불평을 해소시켜 주기 위해, 기존제품을 생산할 때 나오는 부산물이나 잉여생산시설 등을 효율적으로 활용하기 위해, 제품구성을 충분히 확대하여 완전한 제품라인을 갖춘 기업이 됨으로써 시장에서 경쟁사들을 앞지르기 위해, 그리

그림 8-4 제품라인 관련 의사결정

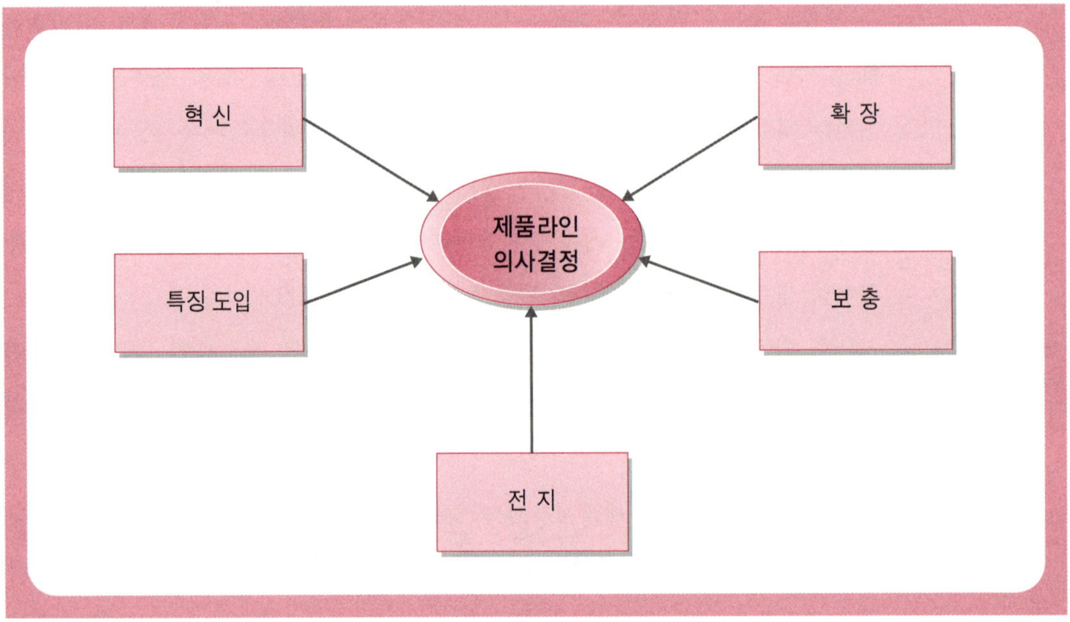

고 자사 제품라인에 내재된 취약점을 노리고 경쟁사들이 신제품을 앞세워 시장을 확대하는 것을 방지하기 위한 목적들을 효과적으로 추구하기 위해서 제품라인 보충전략(product line filling strategy)을 채택할 수도 있다.

그러나 특정 제품라인에 지나치게 많은 새로운 제품품목들을 추가하려면 제품라인의 균형을 합리적으로 유지하고, 소비자들이 충분히 구별할 수 있을 만큼 기존 제품품목들과 새로운 제품품목들 사이에 명확한 차이를 두어야 한다. 현대자동차가 아반테 모델을 출시한 후에 아반테 투어링을 생산하는 전략이 제품계열 보충의 좋은 예가 될 수 있다.

3. 제품라인 혁신

특정 기업이 한 시점에 제품구성을 잘 갖춘 완벽한 제품라인을 보유하고 있다고 가정하더라도, 시간이 지남에 따라 그런 제품라인은 유행에 뒤떨어질 수도 있고 기술적 · 경제적으로 진부화될 수 있다. 그렇게 될 경우, 그런 제품라인은 시장성과 경쟁력을 다 같이 잃게 될 수도 있다. 특히 경쟁사들이 유행의 변화를 정확하게 예견하고 적응시킨 새로운 유행제품이나 기술적 · 경제적으로 우수한 신제품을 출시할 경우에는 그 특정 기업의 제품라인은 시장성과 경쟁력을 모두 잃게 된다. 그러므로 기업들은 그런 불리한 사태에 봉착하지 않도록 미리 제품라인 혁신전략(product line reform strategy)을 채택한다. 제품라인 자체의 품질, 규격, 디자인, 특징, 스타일, 이미지 등을 최신화하고 첨단화해야 한다. 그리고 제품라인 생산, 사전 · 사후서비스 제공 등에 활용하는 기술, 기기, 기계, 시설, 원부자재, 인력 등도 최신화하고 첨단화해야 한다. 예를 들어 현대자동차에서 1986년 1세대 그랜저 L이 출시된 이후, 엔진, 배기량, 출력 등의 사양을 개선함으로써 2세대 그랜저 LX, 3세대 그랜저 XG, 4세대 그랜저 TG, 5세대 그랜저 HG, 6세대 그랜저 IG 등으로 모델을 발전시켜 제품라인 혁신을 이뤘다.

4. 제품라인 특징 도입

제품라인 특징 도입전략(product line featuring strategy)이란 소비자들의 관심을 끌고 구매를 유도하고, 또한 경쟁 제품들과 차별화하고 구별하는 데 목적을 두고 제품라인에 특별한 특징을 도입하는 것을 말한다. 카메라에 강력한 줌기능을 부착하거나 관광제품에 체험할 수 있는 프로그램 등을 포함시킴으로써 높은 품질과 가격을 강조하고 촉신활동에 치중하여 제품라인의 이미지를 고급스럽게 유도하는 것, 특정 인기제품에 특징적인 의미를 부여하여 그런 의미가 제품라인을 구성하는 모든 제품들에 확산되도록 하는 것 등이 특징 도입전략의 예이다.

5. 제품라인 전지

제품라인 전지전략(product line pruning strategy)이란 제품라인을 구성하는 제품이나 품목들 중에서도 제거시켜야 할 것이 있는지를 계속적으로 파악하여, 솎아낼 필요성이 있는 것을 전지 내지 제거시키는 것을 말한다. 기업은 제품라인을 구성하는 제품들 중 계속 적자를 내고 있거나 판매성장과 시장점유율 증대 등에 기여하지 못하는 제품들이 있거나 시장수요가 급증하고 있는 상황하에서 생산량 · 원자재공급 등의 제한 때문에 제품라인을 구성하는 모든 제품들을 충분히 공급할 수 없는 상황하에서는 제품들을 전지시키는 것이 바람직할 수도 있다.

수요 규모와 매출액 규모가 큰 제품들만 선정하여 생산 · 공급하고, 나머지 제품들은 전지시킬 수도 있다. 일반적으로 기업들이 시장수요가 많을 때에는 제품계열의 품목수를 줄이는 반면에, 수요가 적을 때에는 제품 수를 늘리는 것은 제품계열 전지전략을 활용하기 때문이다.

8.4 포장, 레이블링, 보증

1. 포장

제품의 포장(package)은 보호적 기능과 촉진적 기능을 가지고 있으며, 소비자에게 제품의 가치를 높이는 데 목적이 있다. 포장은 사용하는 용기와 재료, 그리고 용도에 따라 다음과 같이 분류할 수 있다.

- 1차(primary) 포장 : 제품을 직접 담은 용기를 말한다. 화장품을 담은 병, 음료수를 담은 캔, 라면을 담은 셀로판 봉투 등이 예이다.
- 2차(secondary) 포장 : 1차 포장을 보호할 뿐만 아니라 제품을 판매촉진할 목적으로 사용되는 추가적인 포장으로서 제품을 사용할 때는 버리는 것이 일반적이다. 화장품 병을 넣은 종이상자, 고급 캔 식품을 넣은 종이상자 등이 예이다.
- 배송(shipping) 포장 : 경우에 따라서 1차 포장만 되어 있을 수도 있고, 2차 포장까지도 되어 있을 수 있는 제품을 보관 · 수송 · 식별하는 데 필요한 외부 포장

을 말한다. 냉장고, TV 등을 넣은 골판지 상자가 하나의 예이다. 배송 포장의 주기능은 제품의 보호이며 부차적 기능은 판매촉진과 타 제품과의 식별성이다.

오늘날 제품 자체의 기능도 중요하지만 이에 못지않게 제품의 외관도 제품의 경쟁력을 구성하는 중요한 요소이다. 따라서 포장이 지니고 있는 전략적인 중요성은 날로 높아지고 있다. 포장의 전략적 중요성은 다음과 같다.

첫째, 좋은 포장은 소비자들에게 제품에 대한 좋은 호감과 이미지를 형성시키는 데 효과적인 수단으로 작용할 수 있다. 제품의 특성에 따라서 포장이 브랜딩 · 레이블링 · 제품보증 · 제품서비스 이상으로 마케팅 프로그램의 효율성과 수익성에 영향을 미칠 수 있다. 특히 과자, 청량음료, 껌, 화장품, 화장실 용품, 의류 등과 같은 소비재의 경우 소비자들이 제품에 대해 호감을 갖고 구매하도록 호의적 이미지를 형성하는 데 포장은 매우 중요한 역할을 한다.

둘째, 좋은 포장은 거래와 관련된 편익을 판매자와 소비자 모두에게 제공한다. 판매자는 좋은 포장을 개발하여 활용함으로써, 효과적인 제품의 보호와 능률적인 물적유통, 그리고 종비용의 절감 등과 같은 효과를 얻을 수 있으며, 궁극적으로는 매출액 증대와 이익수준 향상을 실현할 수 있다. 뿐만 아니라 좋은 포장은 소비자들에게도 많은 편익을 제공한다. 좋은 포장은 제품의 가치를 높이고, 저장을 가능하게 하며, 다른 경쟁 제품들과 쉽게 식별하도록 함으로써 구매편의를 제공한다. 또한 좋은 포장은 효과적으로 신선도를 유지하고 제품의 파손을 방지하는 데 도움을 주며, 제품의 사용정보를 제공하는 등의 편의도 제공한다.

셋째, 좋은 포장은 셀프서비스 구매패턴에 대한 대응력을 제공한다. 셀프서비스의 확대는 슈퍼마켓, 대형마트, 편의점 등과 같은 소매업태의 발전과 긴밀한 관련이 있다. 그러나 구매현장에서의 셀프서비스 현상은 백화점과 같은 고급점포에서도 예외는 아니다. 백화점을 찾은 소비자는 편의품은 물론 고가격 제품을 구매하는 경우에도 제품을 스스로 발견하고 선택하는 등 셀프서비스 성격의 구매활동을 하는 경우가 많다. 이러한 셀프서비스 형태의 구매활동 증가 현상으로 인해 매력적인 이미지의 포장 개발과 디자인의 중요성이 더욱 높아지게 되었다.

넷째, 소비자가 제품의 포장을 통하여 편의성, 매력적인 디자인의 가치, 유용성,

긍지, 지위, 환경보호 등과 같은 욕구를 충족하고자 원할 경우 제조업자와 유통업자는 좋은 포장을 개발함으로써 이러한 소비자 욕구와 선호를 충족시킬 수 있다.

다섯째, 매력적인 포장은 제품에 가치를 부가하는 기능을 수행함으로써, 훨씬 높은 가격을 통해 수익성을 실현시킬 수 있다.

여섯째, 제품포장은 제품의 이미지, 브랜드 이미지, 기업이미지를 다 같이 향상시킴으로써 호의적인 대중관계와 여론을 조성하는 데까지 기여할 수 있다. 예를 들어 신선도 유지용 단위포장, 손쉽게 뚜껑을 딸 수 있는 캔과 같은 혁신성이 내재되어 있는 포장은 소비자들에게 많은 편익을 제공한다. 이때 포장은 위에서 나열한 세 가지 이미지를 다 같이 향상시키는 데 크게 기여하게 되는 것이다.

2. 레이블링

1차 포장 또는 2차 포장의 일부로서 레이블(label)을 부착하는 레이블링(labeling)은 언어 · 정부규제 · 소비자 정보 등과 밀접한 관계가 있다. 레이블링은 레이블 관계 법률에 따라 용도와 사용방법 · 내용물과 성분 · 부작용 · 중량 · 생산업자 · 생산국 등에 대해 소비자들에게 제공하는 포장에 인쇄된 정보를 말한다. 단순하게 소비자들에게 제품관련 정보를 제공하는 기능 이외에도 레이블링은 제품에 대한 이미지를 제고시킬 수 있으므로 기업에서 경시해서는 안 될 것이다.

3. 제품보증 및 서비스 관련 의사결정

제품을 구성하는 세 가지 수준 중에서 확장제품에 속한다고 할 수 있다. 즉 신용판매 서비스, 신속정확한 배달, 신속한 설치, 정보제공 서비스, 실습교육 서비스, 사후 서비스 및 수선, 보증 등이 있다. 이러한 서비스로 인한 가격 상승 폭과 소비자들이 느끼는 편익의 증가를 감안하여 제품에 서비스 추가 여부를 결정하여야 할 것이다.

8.5 신제품의 개발과 관리

소비자 기호의 변화와 과학기술의 급속한 진보, 그리고 경쟁력의 격화를 감안할 때 어떤 기업도 기존제품에만 의존할 수는 없다. 소비자는 새롭게 개선된 제품을 기대하고 있으므로 이러한 소비자들을 충족시키기 위하여 기업은 신제품 개발을 필요로 하고 있다. 그러나 신제품의 개발에는 막대한 자금과 노력을 투입해야 하기 때문에 실패시 초래되는 위험도 그만큼 크다. 따라서 대부분의 기업들은 신제품 개발을 위해 비용과 위험을 최소화할 수 있는 효과적인 관리전략을 채택하고 있다.

1. 신제품 추가 방법

기업은 여러 가지 전략적 대안을 택할 수 있다. 기본적인 전략적 의사결정 중 하나는 반응적이냐 선제적이냐 하는 것이다. 반응전략(reactive strategy)이란 경쟁사가 신제품을 도입할 때까지 기다려서 성공할 경우 모방하는 전략이다. 반면에 선제전략(proactive strategy)은 시장에 신제품을 처음으로 출시하여 경쟁에서 이기고자 하는 전략이다.

1) 반응전략

① 방어전략(defensive strategy)은 경쟁사의 신제품에 대응하여 기존제품에 변화를 가하거나 새로운 제품을 내놓은 전략이다.

② 모방전략(imitative strategy)은 선도기업이 시장에서 완전한 성공을 거두기 전에 신제품을 재빨리 복사하는 전략이다. 이런 모방전략은 패션제품, 음료, 가

전제품 등에서 사용된다.

③ 개량전략(second but better strategy)은 경쟁사의 제품이 시장에 나온 뒤에 단순히 모방하는 것이 아니라 제품의 품질과 특징을 개선시키는 전략이다.

④ 대응전략(responsive strategy)은 소비자의 미충족 욕구에 부응하여 새로운 제품을 개발하는 전략이다. 예를 들면 사무용 가구 제조업자가 소비자들이 컴퓨터와 프린터를 사용하기 위하여 그들의 가구를 어떻게 배열하는가를 관찰한 후에 새로운 아이디어를 찾아낼 수 있다.

2) 선제전략

① 연구개발전략(R&D strategy)은 경쟁사보다 기술적으로 우수한 제품을 만들어내기 위하여 기술혁신에 상당한 노력을 하는 전략이다.

② 마케팅 전략(marketing strategy)은 먼저 소비자의 욕구를 파악하고 이러한 욕구를 만족시키는 신제품을 개발하는 전략이다. 이러한 전략에서는 시장조사, 소비자와의 대화가 중요하다.

③ 기업가적 전략(entrepreneurial strategy)은 아이디어를 가지고 있는 사람이 모험에 대한 열정과 기업가 정신으로 먼저 신제품을 개발하는 전략이다. 벤처기업이나 3M에서 볼 수 있는 전략이다.

④ 인수와 제휴전략(acquisition and alliances strategy)은 새로운 제품이나 시장을 가지고 있는 회사를 인수하거나 제휴함으로써 신제품을 개발하는 전략이다. 이는 성장과 재무적 성공을 달성하기 위한 효과적인 전략이 될 수 있다.

2. 신제품 개발 과정

선제적인 신제품 개발은 많은 노력과 비용이 투입되기 때문에 기업의 어떤 결정보다도 합리적이어야 한다. 신제품 개발 과정의 주요 단계를 설명하면 다음과 같다.

그림 8-5 신제품 개발 과정

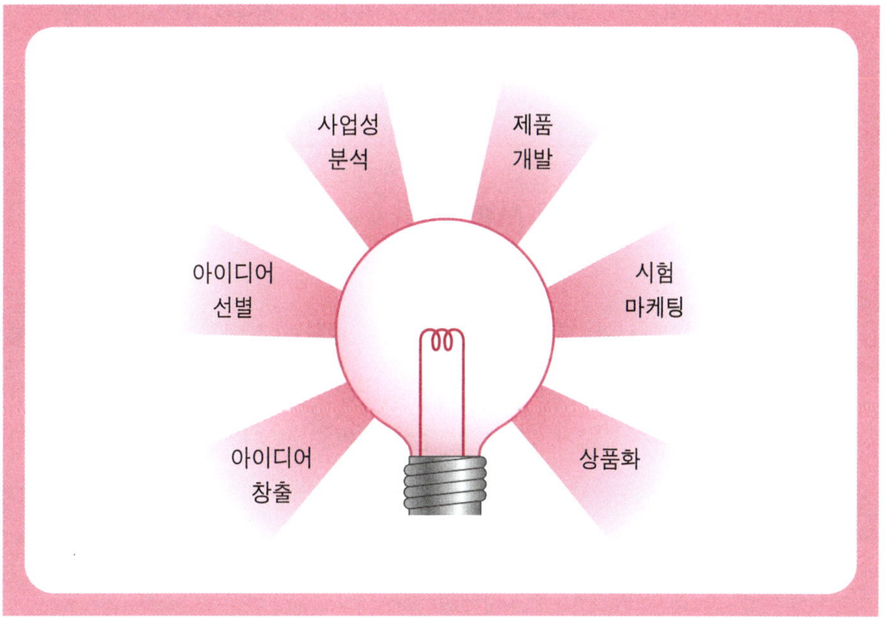

1) 아이디어 창출

신제품 개발의 첫 단계는 신제품에 관한 아이디어 창출을 하고 수집하는 것이다. 소비자, 중간상, 경쟁사, 연구기관 내부원천 등이 아이디어를 공급하는 대표적인 원천이다. 이러한 정보원들로부터 귀중한 아이디어를 제때에 얻어낼 수 있으려면 잘 정비된 정보체계가 필요하다.

표 8-2 신제품 아이디어 창출의 원천

원천		창출방법
내부	종업원	제안제도, 부서 간 의사소통을 장려하는 제도 · 조치, 브레인스토밍
	최고경영자	최고경영자 단체, 상담, 해외전시회
외부	소비자	관찰, 인터뷰, 설문조사, 제안제도
	유통업자	인터뷰, 설문조사, 제안제도
	국내외 경쟁사	벤치마킹, 전략적 제휴, 인수합병
	공급업자	신제품 공동개발
	다른 산업 · 다른 나라	기술동향 모니터링

2) 아이디어 선별

신제품 아이디어가 창출되고 수집되면 선별과정을 거쳐 가능성 있는 아이디어를 추려내어야 한다. 신제품 아이디어의 1차 선별은 그 아이디어가 창출되고 수집된 일선부서에서 실시하고, 2차 선별은 마케팅 본부를 포함한 사업본부 수준과 최고경영층이 본사수준에서 실시한다. 이때 생산 관련 기준과 마케팅 관련 기준이 신제품 아이디어의 중요한 선별기준이 된다.

3) 사업성 분석

선별단계에서 살아남은 아이디어는 각각 사업성 분석에 부쳐진다. 이 단계에서는 아이디어가 제품화되었을 때 예상되는 수요, 제품을 생산하고 마케팅하는 데 드는 비용, 그리고 결과적으로 얻게 될 이윤수준을 규명하는 데 초점을 둔다.

4) 제품개발

이 단계에서 R&D부서나 생산부서는 지금까지 검토해 온 아이디어 또는 제품개념을 제품으로 구체화시키는 제품개발(product development)을 실시한다. 이 단계의 가장 중요한 목적은 아이디어의 기술적 실현가능성을 확인하는 데 있다. 그리고 사업성 분석단계에서 조사한 비용 중 생산비의 정확성 여부를 확인한다는 목적도 있다. 이 때 연구개발팀은 소비자들이 기대했던 핵심적 속성들이 충분히 구현되도록 하여야 한다.

5) 시험마케팅

시험마케팅(test marketing)은 제품 및 마케팅 프로그램을 보다 현실적인 시장여건에서 테스트하는 단계이다. 시험마케팅을 통하여 마케팅 관리자는 신제품에 대한 마케팅 경험을 쌓고 잠재적인 문제점들을 파악하여, 막대한 비용이 소요되는 본격적인 출시 이전에 추가적으로 필요한 정보가 무엇인가를 알아볼 수 있다.

시험마케팅을 통하여 제품의 포지셔닝, 광고, 유통경로, 가격정책, 브랜드와 포장 등의 전반적인 마케팅 프로그램을 테스트할 수 있다. 그러나 시험마케팅에는 비용과 시산이 많이 소요되므로 소비자나 중간상을 표본으로 추출해서 이들을 대상으로 반응조사를 실시함으로써 시험마케팅을 대신하는 경우도 있다.

6) 상품화

시험마케팅의 결과를 통해 신제품이 성공할 것이라는 확신이 서면 본격적인 생산과 시핀에 들어김으로써 상품화(commercialization)한다. 그러나 위의 절차를 모두 거쳤다고 해서 제품의 성공을 확신하기는 어렵다. 따라서 신제품을 마케팅하는 데 있어서는 출시시기, 지역, 유망한 소비자, 마케팅 믹스 등에 대해 가능하면 합리적인 의사결정을 내리려고 노력하는 자세가 필요하다.

8.6 신제품 마케팅

신제품은 기존 제품에 비해 잘 알려져 있지도 않고, 이 제품을 사용해 본 사람도 많지 않아 구매결정에 필요한 자문을 구하기가 어렵다. 또한 신제품을 사용하기 위해서는 때때로 기존제품에서 익힌 사용방법을 변경해야 하는 불편도 따르며 기존제품에 비해 가격도 일반적으로 비싸다. 이러한 일련의 이유로 신제품을 구매하려고 하는 경우 부담요인으로 작용하기 때문에 신제품을 마케팅하는 데는 기존제품에 비해 특별한 노력이 필요하다. 다음에서는 로저스(Rogers)의 혁신 · 확산 이론을 중심으로 신제품 마케팅 방법을 설명하고자 한다.

1. 유리한 시장의 발견

소비자의 저항이 큰 도입기에는 신제품에 대해 비교적 반발이 적은 시장부터 접근하는 것이 유리하다. 신제품에 유리한 시장의 특성은 다음과 같다.

1) 혁신적 분위기

혁신적 분위기란 신제품을 쉽게 받아들이려는 경향을 말한다. 농촌보다는 도시가 훨씬 더 신제품에 대하여 호의적이다. 그리고 고소득층으로 이루어진 시장이 저소득층으로 이루어진 시장보다 혁신적 경향이 크다. 또한 젊은층으로 구성된 시장이 장년층이나 노년층으로 구성된 시장보다 혁신적 분위기가 크다.

2) 높은 동질성

시장구성원 간의 동질성이 큰 경우 시장 내에서 신제품은 보다 쉽게 확산된다.

소득수준, 학력, 연령, 가치관 등에서 유사한 이웃끼리는 그렇지 않은 경우에 비하여 만남과 접촉이 빈번하게 발생된다. 접촉이 빈번하면 소비자 간의 관계 네트워크를 따라 신제품에 관한 정보가 빠르게 전파된다. 또한 구성원의 동질성이 크면 구성원 간에 경쟁의식이 커지는 경향이 있다. 따라서 한 사람이 새로운 제품을 구매하면 다른 사람이 모방하여 구매할 가능성이 높아진다.

3) 짧은 구성원 간 거리

시장 구성원 간 접촉이 빈번하려면 구성원 간의 거리가 가까워야 한다. 구성원 간의 거리에는 물리적 거리와 사회적 거리가 있다. 물리적 거리는 구성원 간에 놓여진 지리적 거리를 말하며, 사회적 거리는 구성원 간의 친밀함의 정도를 말한다. 따라서 가까운 거리에 위치하여 부담이 없고 친밀한 경우에 보다 많은 만남과 접촉이 있게 된다. 이러한 시장일수록 신제품 구매에 관한 영향력도 주고받을 가능성이 높아진다.

그림 8-6 신제품 선택 시기와 소비자 계층

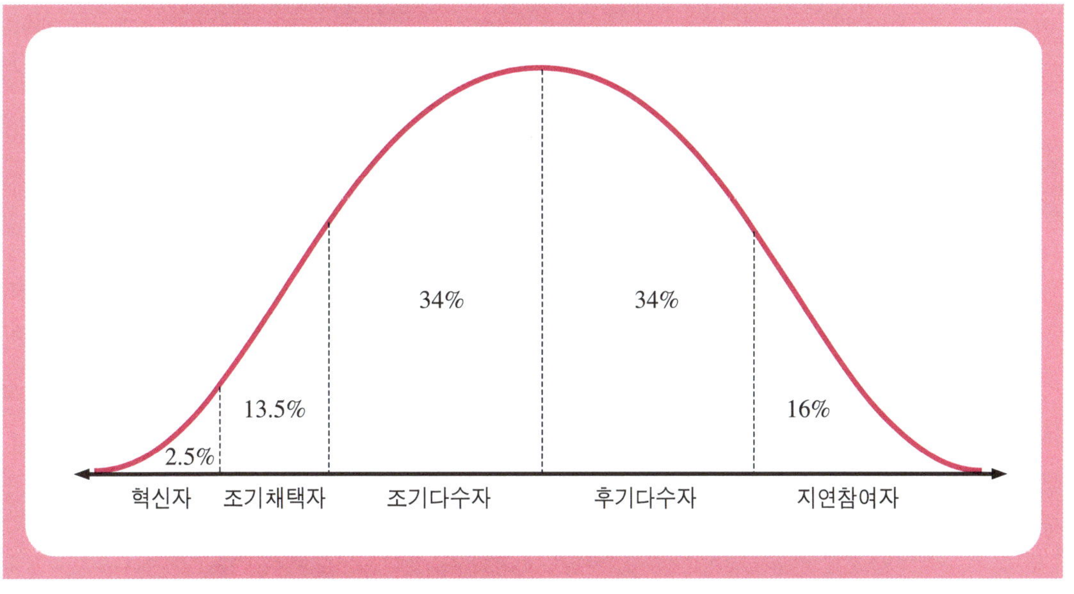

2. 유리한 소비자의 발견

유리한 시장이라 할지라도 그 시장 내의 모든 소비자가 동시에 신제품을 채택하지는 않는다. 처음에는 단지 소수의 소비자들만이 신제품을 채택하게 되고 시간이 지남에 따라 이들의 영향으로 좀더 많은 소비자들이 혁신을 채택하게 된다. 따라서 신제품을 비교적 쉽게 채택하는 사람에게 먼저 접근하면 신제품을 확산시키기가 용이하다.

신제품에 대한 채택시기에는 소비자마다 현저한 차이가 있는데, 이러한 소비자들의 범주는 다섯 가지로 나눌 수 있다.

1) 혁신자

혁신자(innovators)는 최초로 신제품을 받아들이는 소비자 층을 말하는데 이들의 특성은 사교적이며, 활동영역이 넓으며, 대중매체도 폭넓게 구독함으로써 정보망도 넓다. 또한 혁신자는 모험심이 강해서 새로운 사고에 대하여 위험을 감수하며 수용하려고 한다. 또한 이들은 혁신성이 강해 기존의 사회규범을 경시하는 경향이 있다.

2) 조기채택자

조기채택자(early adoptors)는 혁신층 다음으로 빨리 신제품을 채택한다. 조기채택자는 사회에서 지도층의 위치에 있으며, 일찍 그러나 신중하게 새로운 사고를 수용한다. 이들의 특징은 혁신층과 유사하나 사회규범을 잘 준수한다는 면에서 차이가 있다. 따라서 이들은 의견선도자로서의 지위를 유지하면서 제품 구입 등에서 많은 사람들에게 영향력을 발휘한다.

3) 조기다수자

조기다수자(early majority)는 일반 사람들보다는 비교적 일찍 새로운 사고를 수용하나 사회의 지도적인 위치에 있다고는 할 수 없다. 이들은 매사에 신중을 기하는 특징을 가지고 있으며 사회활동 범위, 구독매체의 다양성과 커버범위, 직업의 전문성 등에 있어서 앞의 두 계층보다는 다소 떨어지는 경향이 있다.

4) 후기다수자

후기다수자(late majority)는 주로 회의적인 성격의 소유자들로서 새로운 것을 받아들이기를 꺼려한다. 그들은 변화 자체에 대해 부정적이고 전통에 얽매이기 때문에 신제품이 더 이상 신제품이 아닌 경우에만 채택하려 한다. 사회활동의 범위, 매체의 다양성, 전문성 등에서 가장 좁고 낮은 구성원들이다.

5) 지연참여자

지연참여자(leggard)는 새로운 것과 기존의 것을 구분하는 것이 의미가 없을 정도로 관심과 노력이 없는 구성원들이다. 이들은 사회적 계층과 소득, 학력이 떨어지고 연령이 높은 특징을 보인다.

3. 유리한 신제품의 특성

로저스의 연구에 의하면 몇몇 혁신의 특성이 혁신의 채택 및 확산을 돕는 것으로 나타났다. 따라서 신제품을 개발하는 과정에서 이러한 특성을 갖도록 노력한다면 신제품의 마케팅은 보다 용이해질 것이다. 혁신의 확산에 유리한 특성은 다음과 같다.

그림 8-7 유리한 신제품의 특성

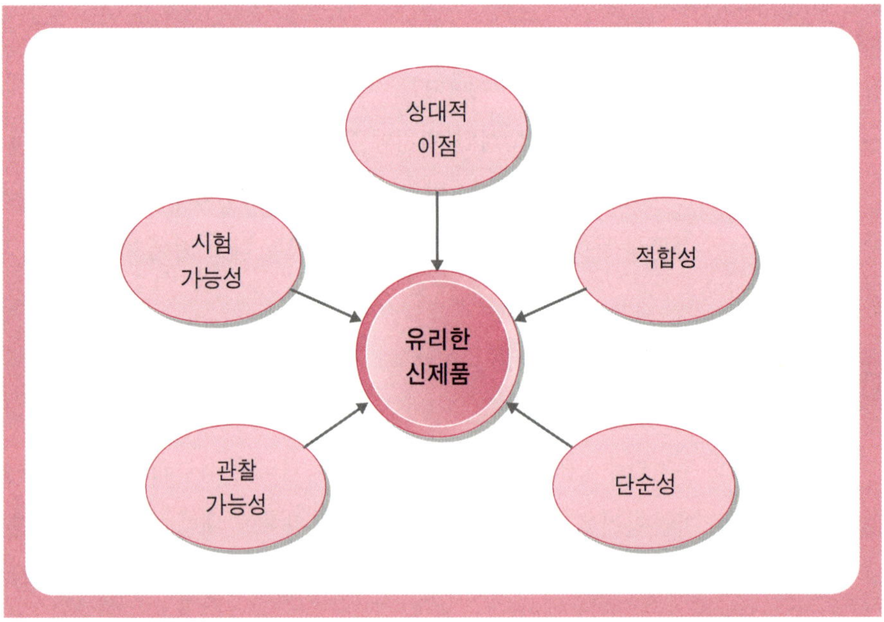

1) 상대적 이점

상대적 이점(relative advantage)이란 새로운 제품이 기존의 제품에 비하여 더 좋다고 인지되는 정도를 말한다. 이는 기술적 의미에서 정의하기도 하고 경제적 이점, 사회적 이점, 미적 이점 등도 포함한다. 기술적 이점은 성능의 우수함과 편리함 등을, 경제적 이점은 가격과 사용상의 경제성 등을, 사회적 이점은 제품을 사용함에서 얻은 긍지나 자랑 등을, 미적 이점은 스타일이나 색상 등에서의 미학적 가치를 의미한다.

2) 적합성

적합성(compatibility)이란 신제품의 사용이 기존의 가치관이나 신념, 과거의 소비패턴 등과 얼마나 일관성이 있느냐 하는 것을 말한다. 이러한 측면에서 신제품이 기존의 방식과 맞지 않는다면 그 제품은 상당한 저항을 받게 되며, 반대로 이러한 점에서 적합성이 높은 신제품은 쉽게 채택이 된다.

3) 단순성

단순성(simplicity)은 소비자 측면에서 볼 때 신제품을 이해하거나 사용하기가 어느 정도 쉬운가를 말한다. 소비자들이 인지한 단순성이 클수록 채택에 긍정적인 영향을 미친다.

4) 관찰가능성

관찰가능성(observability)이란 신제품의 소비과정이 타인에게 어느 정도 노출될 수 있는가를 의미한다. 소비과정이 쉽게 눈에 보이는 신제품은 눈에 잘 보이지 않는 신제품보다 더 빨리, 그리고 더 광범위하게 채택될 수 있다.

5) 시험가능성

시험가능성(testability)이란 신제품을 어느 정도 시험해 볼 수 있는가를 말한다. 일반적으로 그 사용을 시험해 볼 수 있는 신제품은 시험해 볼 수 없는 신제품보다 더 빨리 채택될 수 있다. 신제품을 개발할 때 제품에 이러한 특성이 가능한 많이 포함되도록 마케팅 관리자는 배려해야 한다. 만들어진 제품을 잘 파는 것도 중요하지만, 잘 팔릴 수 있도록 제품을 만드는 일 역시 중요하다.

4. 구전과 의견선도자의 활용

신제품을 먼저 채택한 혁신자나 조기채택자는 아직 신제품을 채택하지 않은 사람들에게 신제품을 구입하도록 영향을 미치게 된다. 조기채택자의 호의적인 구전은 믿을 만한 정보가 부족한 경우에는 상당한 효과를 가져온다.

1) 구 전

구전(word of mouth)이란 사람의 입과 입을 통해 비공식적인 방법으로 의사가 전달되는 것을 말한다. 구전은 긴밀한 인간관계를 바탕으로 하여 이루어지기 때문에 신뢰도가 높다는 특징을 가지고 있다. 또한 신제품이 특별한 뉴스가치를 가지고 있게 되면 신제품에 관한 정보는 구전을 통해 상당히 빠르게 전파된다. 따라서 마케팅 관리자는 믿을 만한 정보를 빨리 보급시킬 수 있는 신제품 구전방식을 모색할 필요가 있다.

2) 의견선도자

구전을 통해서 전달된 정보는 비공식적인 특징으로 인해 그 권위와 공신력이 결여될 가능성이 있다. 구전의 이러한 취약점을 극복할 수 있는 방법이 의견선도자(opinion leader)의 활용이다. 의견선도자의 권위 때문에 그들의 의견은 많은 사람들 사이에 존중된다. 의견선도자는 일반적으로 조기채택자에 속한다. 이들은 다양한 매체, 넓은 정보망, 높은 전문성 등을 유지하고 있다. 따라서 조기채택자의 이러한 특징을 이용해 의견선도자를 파악하고 이들을 활용하는 구전전략을 수립한다면 신제품 마케팅에 많은 도움을 줄 수 있다.

8.7 제품수명주기와 마케팅 전략

1. 제품수명주기의 개념

성공적으로 출시된 특정 제품의 매출규모와 수익성은 시간이 흐름에 따라서 변화하는 것이 일반적이다. 따라서 성공적으로 출시된 "특정 제품의 판매역사"라고

그림 8-8 제품수명주기상의 매출액과 이익 변화

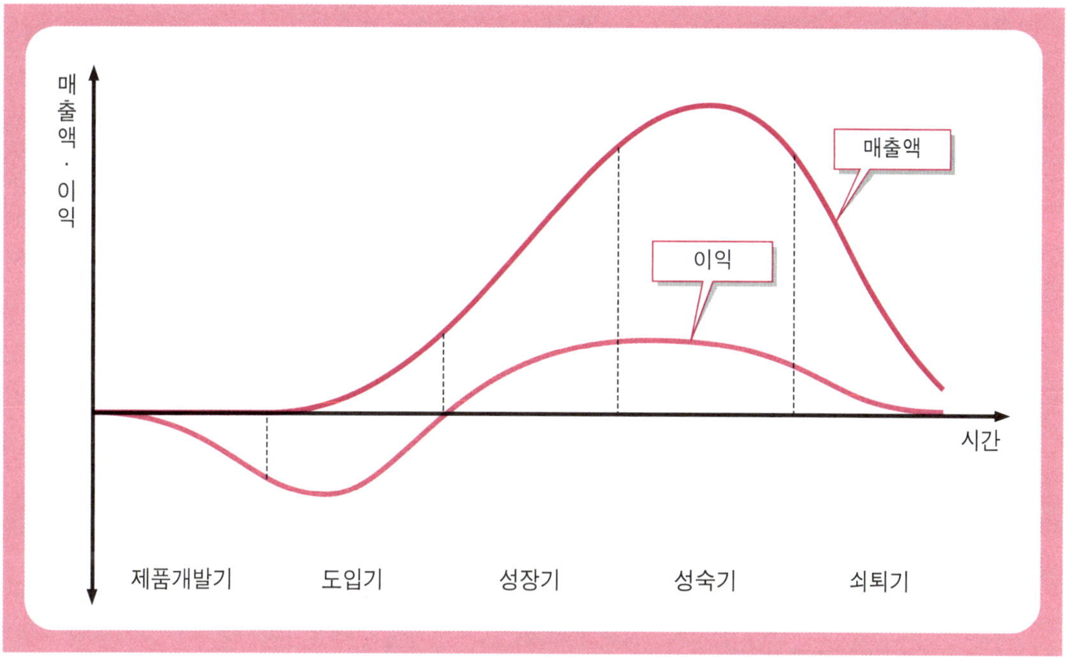

할 수 있는 제품수명주기(product life cycle)는 제품아이디어의 창출로부터 시작된 제품이 출시된 후 시장성과 판매성이 증명되어 판매되다가 폐기될 때까지의 판매의 규모와 이익 등을 고려에 넣은 단계를 일컫는 개념이다.

제품수명주기는 시장성이 일단은 증명된 제품에만 적용되는 것이다. 제품이 실제로 출시되기 이전의 단계인 제품아이디어의 창출, 아이디어의 선정, 신제품 디자인, 예비시장 조사, 시험마케팅 등에서 실패하여 폐기되는 것이 상당히 많은데(신제품 실패율은 95% 정도로 추정), 이들에게는 수명주기가 있을 수 없다. 출시단계에서도 폐기되는 제품들이 많다. 그 이유는 소비자들이 신제품에 대한 궁금증 등 때문에 처음에는 구매하여 매출액이 올라가는 듯하다가 매출액이 곧 감소하여 시장성이 없다는 것이 시장에서 비로소 증명되는 경우가 많기 때문이다. 그러므로 마케팅 관리자는 제품수명주기의 개념과 장 · 단점을 철저히 이해하고 나서 제품수명주기를 전략적으로 관리하도록 해야 한다.

표 8-3 제품수명주기 단계별 특징과 마케팅 전략

특징	도입기	성장기	성숙기	쇠퇴기
매출액	낮음	급속 성장	판매의 최대점 도달	감소
제품원가	높음	점차 하락	낮아짐	낮음
이익	적자 또는 낮은 이익	점차 증가	점차감소	감소
소비자층	혁신자	조기채택자	조기다수자, 후기다수자	지연참여자
소비자당 비용	높음	평균	낮음	낮음
경쟁사	없거나 소수	증가	많음	감소
마케팅 목표	제품 인지도 형성, 시용 창출	시장점유율 확대	이익극대화를 위한시 장점유율 유지	비용절감, 투자회수
브랜드 전략	브랜드 구축 전략	브랜드 강화 전략	브랜드 재활성화 전략	
제품	기본형태의 제품	제품 확대, 서비스 향상, 품질보증의 도입	브랜드, 모델의 다양화	경쟁력 없는 취약 제품의 철수
가격	고가 전략 (또는 저가 전략)	시장침투가격	경쟁사 대응가격	저가 전략
광고	조기 수용층과 중간상에 대한 제품인지 형성	일반 소비자층의 인지도, 제품관심의 향상	브랜드 간 차이와 상품 편익 차이 강조	핵심, 고정 소비자 유지만을 위한 최소한의 광고
판매촉진	시용구매를 유도하기 위하여 강력한 중간상, 소비자 촉진 수행	수요성장에 따른 매출액 대비 판촉비율의 감소	자사 브랜드로의 전환을 유도하기 위한 판촉비 증대	최저 수준으로 감소
유통	전속적 유통-좁은 경로 커버리지	선택적 유통-경로 커버리지 확대	집약적 유통-경로 커버리지 최대화	선택적 유통-수익성 적은 유통경로 폐쇄

2. 제품수명주기 단계별 마케팅 전략

제품수명주기는 일반적으로 도입기, 성장기, 성숙기, 쇠퇴기 등 4단계로 나뉜다.어떤 제품이든 간에 이익주기는 수명주기보다 항상 짧다. 제품이 판매가 된다고 해서 반드시 이익이 나는 것은 아니기 때문이다. 비록 판매가 잘 되고 있거나 현상유지를 하고 있더라도 적자가 날 수도 있다.

그러므로 마케팅 관리자가 자사 제품들과 제품라인들 하나하나에 대한 수명주기를 단계별로 분석할 때에는 반드시 그 이익주기를 함께 분석하여 단계별로 가장 적절한 마케팅 전략을 수립 · 진행함으로써 매출액, 이익, 시장점유율 등 복수의 마케팅 목표를 조화 있게 달성하도록 해야 한다. 제품수명주기의 단계별 특성은 물론 제품별로 다른 것이 사실이나 일반론적으로 비교하여 요약하면 다음과 같다.

1) 도입기의 마케팅 전략

일반 소비자들이 구매할 수 있도록 특정 제품을 출시하게 되면 그 시점으로부터 도입기가 시작된다. 도입기에는 매출액 신장이 느리고 이익은 적든지 적자이다. 촉진비용의 지출이 많고 연구개발비, 제조원가, 마케팅 비용 등도 회수해야 하기 때문이다.

도입기에는 촉진믹스 전략을 가장 중요한 주 전략으로 활용해야 한다. 실제로도 도입기에는 매출액 중에서 차지하는 마케팅 비용의 비율이 높고 그 중에서도 촉진비용의 비율이 높다. 왜냐하면 새롭거나 알려지지 않은 제품과 그 기능, 성능, 용도, 품질, 편익, 품질보증, 구매조건 등을 잠재적 소비자에게 알려서 본원적인 수요를 자극해야 하고, 소비자들이 제품을 사용해 보도록 유인해야 하고, 제품을 취급할 유통기구망을 형성하기 위해서 광고와 판촉 등을 대대적으로 펼쳐야 하기 때문이다. 촉진전략과 함께 강조해야 할 것은 가격전략이다. 촉진전략과 더불어 어떠한(고가, 중가, 저가) 가격전략을 적용하느냐에 의해서, 해당제품이 시장구축을 할 수 있는지의 여부가 결정되기 때문이다.

2) 성장기의 마케팅 전략

만일 제품이 도입기에 시장을 만족시킬 수 있었다면, 성장기에 들어서서 그 제품의 시장은 확대되고 매출액은 급격히 증가한다. 이와 같이 제품의 시장이 확대되고 매출액이 급증하게 되면 대량생산의 이점과 이익기회를 노리고 새로운 경쟁사들이 시장에 진입하기 시작한다. 생산능력이 증대되면서 여러 경쟁사들이 시장에 오퍼하는 제품의 규격, 스타일, 품질, 특징 등의 다양성이 늘어나고, 유통기관들과 시장규모 역시 증대된다. 심화되는 경쟁을 감안하여, 경쟁사들이 부과하는 가격은 전반적으로 인하되지만 제조단위원가는 가격의 인하보다 더욱 빨리 감소하고, 촉진비용의 지출은 늘어나거나 제자리걸음을 하지만 급격히 증가하는 매출규모에 분산됨에 따라서 이익마진이 최대에 달한다. 그에 따라서 기업들의 이익액이 최고수준에 달한다.

위와 같은 상황이 전개되는 성장기에 기업이 그 제품의 시장성장을 가급적 오래 지속시키려면, 제품의 품질을 개선하고 새로운 특징과 모델을 추가하는 등 개선된 제품을 시장에 제공한다. 진입할 수 있는 새로운 세분시장(예컨대 고소득층시장 → 중간소득층시장 → 일부 저소득층시장, 공략하지 않던 지역시장과 해외시장)을 개척한다. 제품을 추가로 소비자들에게 노출시킬 수 있는 신 유통경로(예컨대 편의점, 가격클럽, 창고형 할인매장, 텔레마케팅 등)를 개발한다. 광고의 중점을 제품 인지도를 높임으로써 수용과 구매를 증대시키는 방향으로 전환시킨다. 즉 경쟁 제품보다 우월하다는 점을 강조하여 자사 제품에 대한 선별적 수요를 자극하고, 동시에 홍보활동 · 인적판매 · 촉진활동 등을 강화한다. 가격에 대한 수요의 탄력성이 높아지기 때문에 가격에 민감한 소비자들을 유치하기 위해서, 그리고 새로운 세분시장에 진입하기 위해서 적절한 시기에 가격인하를 단행한다.

3) 성숙기의 마케팅 전략

어느 시점에 매출액의 증가율이 둔화되는 단계에 도달하게 되면 제품은 성숙기에 돌입하게 된다. 성숙기는 앞의 두 단계보다 오래 지속된다. 성숙기에는 판매성장률이 떨어지게 되어 해당 산업분야의 생산량이 과잉상태로 바뀌고 그 결과 가격과 그 조건 · 제품 · 촉진 등을 중심으로 경쟁이 치열해진다. 이런 상황하에서 마케팅 관리자는 성숙단계 제품을 마케팅해야 하므로 큰 도전에 당면하게 되는데 아래의 마케팅 전략으로 돌파구를 마련해야 한다. 첫째, 성숙제품의 1차 주기가 하강할 때에 2차 도약을 하여 2차 주기를 마련하는 데 목적을 두고, 시장변경을 하는 공격적인 전략을 펼쳐야 한다. 공격적인 전략으로써 제품개량에도 중점을 두어야 한다. 즉 품질개선 · 특징개선 · 스타일 개선 등을 통하여 자사 제품이 경쟁제품과 비교할 때에 특별하고도 우월한 차이점을 보일 수 있도록 차별화된 제품을 시장에 제공해야 한다. 둘째, 현재 유지하고 있는 시장점유율을 지키는 데 목적을 둔 방어적 적응전략으로 마케팅 믹스 변경을 할 수도 있다. 가장 손쉽고 빠른 방법으로 포장에 변화를 준다. 광고 등 촉진활동은 선별된 세분시장들만을 대상으로 자사 제품을 타사제품들과 차별화시키는 수단방법으로 활용한다. 가격은 가격전쟁을 일으키지 않는 범위 내에서 수요에 맞추어 인하한다. 유통은 계속 집약적으로 실시하되, 유통업자들에게 각종 재무적 유인을 제공하고 촉진활동을 지원하여 그들이 판매를 증대시키도록 한다.

4) 쇠퇴기의 마케팅 전략

대부분의 제품과 브랜드는 언젠가는 쇠퇴단계에 돌입하게 마련이다. 그 이유로 기술혁신에 따른 대체제품의 출현, 유행이나 소비자 선호의 변화, 품질이 우수하거나 값이 싼 수입품의 범람 등을 들 수 있다. 이러한 이유 때문에 시장규모는 감소하는데도 경쟁사의 수가 많아서 과잉공급현상이 나타나고, 과잉공급은 치열한 경쟁을 유발하고, 그 결과로 매출액과 이익이 다같이 감퇴하면 마케팅 관리자는 제품이나 브랜드의 수를 줄이거나 수익성이 없는 세분시장에서 철수 또는 아무리 마케팅 전략을 개선하더라도 성과가 없다고 판단되는 최악의 경우에는 제품이나 브랜드를 폐기하는 대안들 중에서 어느 하나 또는 모두를 순차적으로 택해야만 한다. 이러한 상황하에서 마케팅 관리자가 쇠퇴기 제품을 전략적으로 잘 관리하려면 취약제품의 선별, 취약제품에 대한 마케팅 전략의 결정, 제품감축절차 등에 만전을 기해야 한다.

참고문헌

1. 오세훈(역),「창의적 신제품개발」, 인터비젼, 2005.
2. 이유재, 박찬수 편역,「신상품마케팅」, 시그마프레스, 1995.
3. 임명준,「신제품관리」, 형설출판사, 2004.
4. 하영원, 박흥수,「신제품 마케팅」, 학현사, 1997.
5. Crawford, C. Merle, *New Products Management*, 3rd ed., Irwin, 1991.
7. Rogers, Everett M, *Diffusion of Innovations*, 4th ed. Free Press, 1995.
6. Rust, Ronald T., Katherine N. Lemon, and Valerie A. Zaithaml, *Driving Customer Equity: Lifetime Customer Value is Reshaping Corporate Strategy*, Free Press, 2000.

연구문제

1. 제품개념의 세 가지 수준에 대해 설명하시오.
2. 제품의 사용목적에 따른 분류에 대해 설명하시오.
3. 제품속성이란 무엇을 의미하는지 설명하시오.
4. 제품믹스와 길이에 대해 설명하시오.
5. 제품라인에 관한 의사결정에 대해 설명하시오.
6. 신제품 개발의 과정에 대해 설명하시오.
7. 신제품에 유리한 시장에 대해 설명하시오.
8. 신제품을 수용하는 단계별 소비자들의 계층을 설명하고, 이와 연관된 구전방안에 대해 논하시오.
9. 유리한 신제품의 특성은 무엇인지 설명하시오.
10. 제품수명주기의 개념과 단계별 마케팅 방안을 설명하시오.

제9장

가격 전략

9.1 가격의 중요성

9.2 가격결정에 영향을 미치는 요인

9.3 가격결정 접근방법

9.4 전략적 가격결정

9.5 전략적 가격 조정

9.6 가격인하

시작하면서…

'립스틱'vs'베블런'…불황에 나타나는 '이중소비'

◆ "경기불황에 잘팔린다"…작년 립스틱 효과 재입증

지난해 9월 출시된 뷰티브랜드 '맥'의 립텐시티 상품은 열흘만에 5000개가 완판됐다 '절대 컬러, 절대 발색, 절대 밀착, 절대 질감'이라는 콘셉트의 다양한 색상의 이 립스틱은 출시하자마자 폭발적인 판매고를 기록한 것이다. 이어 그 해 10월 출시된 '나스'의 립글라이드 상품도 일주일새 1만개 모두 팔려나갔다. 지난해 11월 출시된 '입생로랑'의 홀리데이 시리즈 상품은 하루만에 2000개가 다 판매되기도 했다.

17일 롯데백화점에 따르면 색조화장품 상품군의 매출은 2014년 3.2%, 2015년 5.9% 신장한데 이어 지난해 17.8%를 기록했다. 경제불황에서 적은 돈으로 화려한 효과를 줄 있는 립스틱 제품이 잘 팔린다는 이른바 '립스틱 효과'가 나타난 것이다. 실제 우리나라 국민총생산(GDP) 성장률은 2014년 3.3%에서 2015년 2.6%, 2016년 2.6%로 둔화됐고, 지난해 하반기부터는 소비심리가 급락하며 유통업계 매출이 역성장하는 '소비절벽'을 겪기도 했다.

◆ 명품갑 에르메스 작년 두자릿수 판매 신장률, 가격이 올라야 더 잘팔리는 명품 브랜드

경기불황의 무풍지대는 있었다. 지난해 국내 백화점 업계에서 가장 가파르게 판매가 증가한 상품은 프랑스의 명품 브랜드 '에르메세'다. 이 브랜드는 프랑스의 여배우 제인 버킨의 이름을 따서 만든 '버킨백'이 전세계를 강타하며 최고의 몸값을 자랑하는 명품이다. 버킨맥의 경우 최저가격이 1000만원부터 시작해 일부 제품은 20억을 훌쩍 넘는다. 하지만 천문학적인 가격에도 고가의 제품일수록 구입을 더 힘든 것으로 알려졌다. 예약명단에 이름을 올려도 최소 6개월을 기다려야 한다는 것이 업계의 전언이다. 가격이 오르는데도 수요가 줄지 않고 오히려 판매가 늘어나는 전형적인 '베블런 효과'다.

미국의 사회학자 배블런이 1899년 출간한 '유한계급론'에서 처음 등장한 이 이론은 상류층 소비자들에 의해 이루어지는 소비 행태로, 값비싼 귀금속류나 고가의 가전제품, 고급 자동차 등은 경제상황이 악화돼도 수요가 줄어들지 않는 경향을 설명한다. 과시욕이나 허영심을 채우기 위해 고가의 물품을 구입하는 사람들의 경우 값이 오르면 오를수록 수요가 증가하고, 값이 떨어지면 누구나 손쉽게 구입할 수 있다는 이유로 구매를 하지 않는다는 것이다.

실제 지난하 A 백화점에서 에르메스의 매출은 전년 대비 17.5%나 급증하며 샤넬(9.8%)과 루이뷔통(3.2%)의 매출신장율을 훨씬 웃돌았다. 주요 인기 제품의 경우 에르메스가 1400만~7000만원으로, 400만~1000만원대인 샤넬이나 100만~500만원대인 루이뷔통보다 훨씬 비싸다. B백화점에서도 지난해 매출 신장률이 에르메스가 17%로 가장 높았으며, 샤넬은 14%, 루이뷔통은 −2%로 차이를 보였다.

명품시계 역시 최근 배블런 효과를 잘 보여준다. 현대백화점에 따르면 2014년 16.3%였던 명품시계 신장률은 2015년 30.1%, 2016년에는 34.1%로 매년 가파르게 상승중이다. 업계 관계자는 "월급은 제자리인데 대출금리와 물가는 오르면서 소비여력이 크게 줄었다"면서 "서민들은 가성비(가격대비성능) 좋은 상품에 몰리지만 (돈)있는 사람들은 여전히 강남 아파트 한채 가격을 호가하는 핸드백을 고민없이 구입하고 있다"고 꼬집었다.

아시아경제, 2017. 4. 17.

9.1 가격의 중요성

가격은 소비자들이 제품을 구매하는 반대급부로 지불하는 금전적 대가이다. 실제로 소비자들이 제품을 구매하기 위해 들이는 부담은 금전 이외에도 제품에 관한 정보를 찾아본다든지, 다른 제품과 비교를 한다든지, 다른 사람들의 의견을 물어본다든지, 구매 후에 직접 제품을 운반하는 등 여러 가지가 있다. 그러나 제품을 구매할 때 소비자가 부담하는 노력이나 대가 중에서 소비자들이 가장 중요하게 고려하는 것은 가격일 것이다.

기업들도 이런 소비자들의 가치인식을 고려하여 제품의 가격결정에 매우 신중을 기하는 것이 보통이다. 다른 방식의 가격결정방법도 있지만 오늘날 대부분의 제품가격은 기업이 결정한다. 소비자들은 기업이 결정한 가격과 제품을 비교하여 구매의사결정을 내릴 뿐이다. 이렇게 가격이 제품판매에 직접적인 영향을 미치므로 기업의 입장에서는 가격결정이 중요한 마케팅 요인이 된다.

9.2 가격결정에 영향을 미치는 요인

같은 종류의 제품이라 하더라도 제품별 가격은 천차만별이다. 여성용 드레스의 가격은 세계 최고의 디자이너 제품이 수억 원을 호가하는 반면, 남대문시장에서는 수만 원에도 못 미치는 것도 있다. 이런 가격차이가 발생하는 원인은 어디에 있는가? 가격에 영향을 미치는 여러 가지 요인이 작용한 결과이다. 기업이 가격을 결정할 때 고려해야 하는 요인에는 여러 가지가 있지만, 소비자의 수요특성, 경쟁자의 마케팅, 정부의 가격규제 등의 외부적 요인과 기업의 제품원가, 자사의 마케팅, 자사의 마케팅 역량 등이 중요하다(그림 9-1). 이러한 요인들 중 특히 가

그림 9-1 가격결정에 영향을 미치는 요소

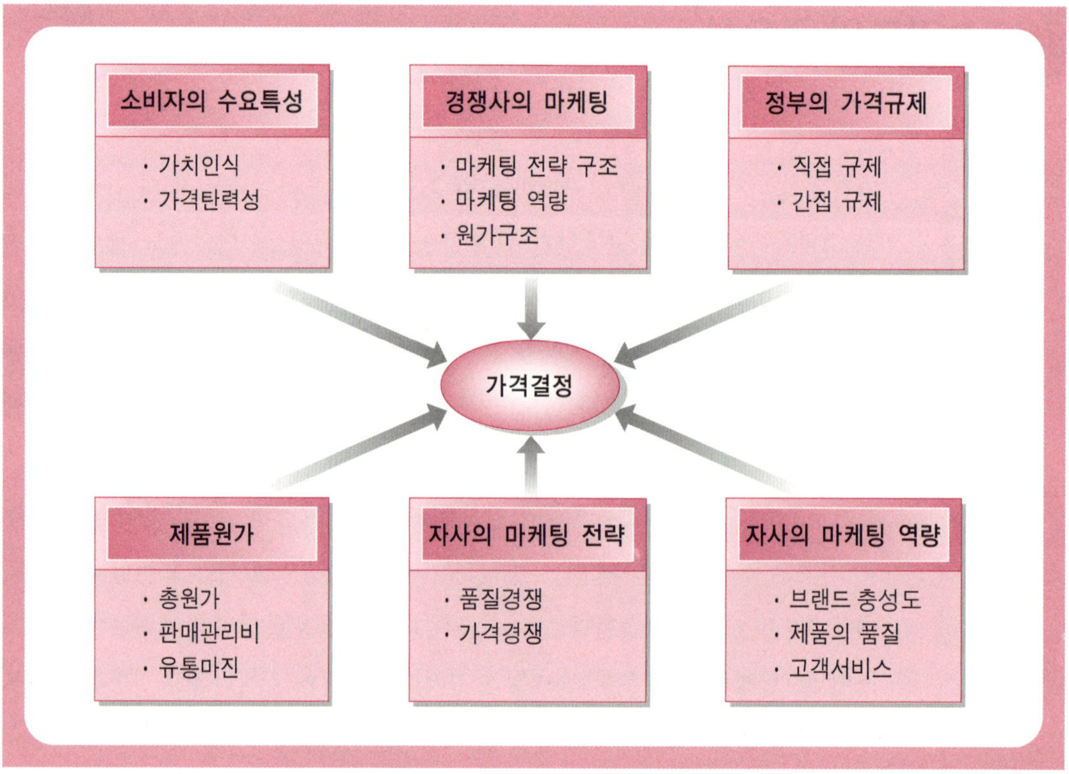

격결정에 지대한 영향을 미치는 요인인 소비자(customer), 원가(cost), 경쟁(competition)의 3개 요인을 묶어 3C라고 한다.

기업은 여러 요인들을 검토하여 자사 제품에 가장 적정한 가격수준을 찾는 노력이 필요하다. 이 때 외부적 요인에 주로 의존하여 가격을 결정한다면 마케팅 활동이 수동적으로 위축될 가능성이 있으며, 내부적 요인만을 강조할 경우에는 시장에서 자사의 마케팅 활동이 실패할 위험성을 안게 된다. 적절한 가격결정을 통해 최적의 매출과 최대의 이익을 달성할 수 있다는 사실을 인식하여 외부적 요인과 내부적 요인을 균형적으로 고려하는 의사결정과정을 구축하는 것이 중요하다.

1. 소비자의 수요특성

가격 결정에서 가장 중요하게 고려되어야 하는 요인은 소비자의 가격과 관련된 수요특성이다. 소비자의 가격에 대한 인식과 반응은 제품판매를 좌우하는 가장 결정적인 변수이기 때문이다. 소비자의 특성 중에서 제품에 대한 가치인식은 가격수준에 대한 영향요인이며, 가격탄력성(price elasticity)은 가격의 변화에 대한 영향요인이다.

제품에 대한 가치인식은 소비자들이 제품의 가격을 어느 정도 수준으로 평가하는지를 의미하는데, 개인마다 마음 속에 갖고 있는 가격에 대한 준거(reference)에 기초한다. 준거란 사람들이 사물을 평가할 때 사용하는 평가의 틀 또는 기준을 지칭하는데, 가격에 대한 준거는 제품의 사용경험과 개인의 구매경험에 의해 형성된다. 가격에 대한 준거형성에 가장 큰 영향을 미치는 요인은 경쟁사의 제품 특징과 가격수준이다. 소비자들은 제품을 구매할 때 비슷한 제품들의 품질과 가격을 비교하여 그 정보를 기억 속에 저장하고 있는데, 이런 정보가 다음 구매에서는 준거로 작용하는 것이다.

가격탄력성은 가격변경을 시도할 때 그 파급효과를 파악하는 데 중요한 요소이다. 일반적으로 가격을 인하하면 판매가 늘어나고 가격을 인상하면 판매가 줄어든다. 그러나 실제 판매현장에서는 그 정도의 정보로는 부족하다. 가격변경에 따라 구체적으로 어느 정도 매출이 감소 또는 증가할지에 대한 정확한 판단 없이는 가격결정을 내리기 어렵다. 신제품을 출시하는 과정에서도 가격수준에 따른 매출 변화에 대한 정확한 자료가 필요하다.

〈그림 9-2〉와 〈그림 9-3〉은 신모델의 자동차를 출시하면서 소비자들을 대상으로 실시한 설문 조사를 통해 수집된 자료를 바탕으로 추정한 가격탄력성 그래프와 1년간의 자동차 판매예측치를 그림으로 나타낸 것이다. 〈그림 9-2〉의 가격탄력성 그래프를 보면 가격이 높을수록 판매대수가 낮아지고 가격이 낮아질수록 판매대수가 늘어나는 특징을 알 수 있다. 조사된 가격의 범위는 735만 원에시 820만 원까지 85만 원으로 나타났고 제품의 원가는 720만 원으로 예상하고 있다.

그림 9-2 가격탄력성을 이용한 신모델 자동차의 판매 예측

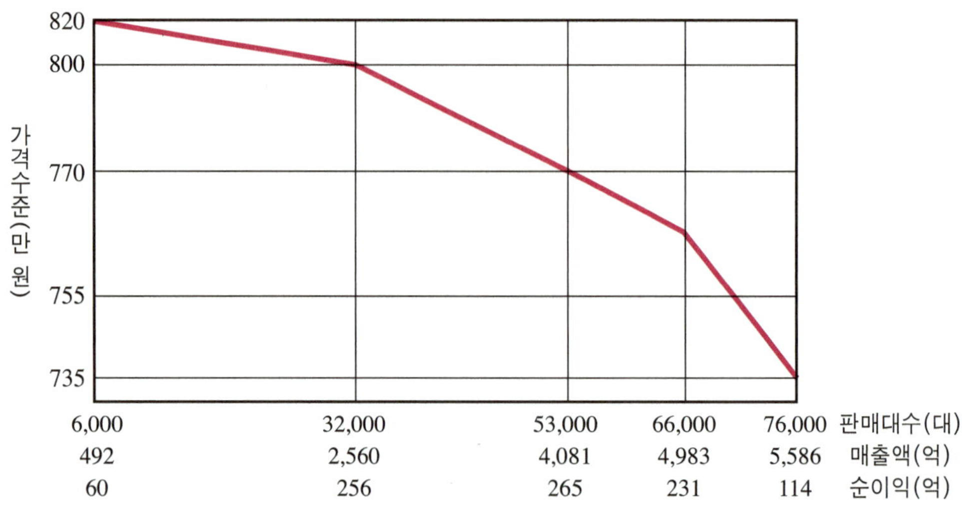

어느 수준에서 신모델의 가격을 결정하는 것이 좋을까? 대답은 기업의 전략적 목표에 따라 달라질 수 있다는 것이다. 수익성을 가장 중요하게 생각한다면 신모델 가격을 770만 원으로 결정하면 된다. 이 가격수준에서는 265억 원의 순이익을 획득할 수 있으므로, 기업의 재무적 측면에서는 가장 안정적인 운영이 가능하다. 외부차입을 줄일 수 있고, 자금흐름도 원활하게 운용할 수 있다. 그러나 이 가격수준에서 기대되는 판매대수는 53,000대로 최대 판매가능 대수보다 23,000대가 적다. 잠재적 판매가능성을 포기하는 것은 미래의 소비자확보를 어렵게 만든다. 자동차 구매의 특징은 새로운 차를 구매할 때에도 전에 구매했던 메이커의 자동차를 구매하는 경향이 높다는 점이다. 적극적인 마케팅 계획을 가진 기업이라면 신모델 가격을 735만 원으로 결정할 가능성이 높다. 이런 기업에게는 적자가 아니라면 순이익 규모가 작아지는 것은 중요한 문제가 아닐 수도 있다. 최대의 순이익은 너무 보수적이고 최대의 매출규모는 너무 위험하다고 생각하는 기업이라면 755만 원을 적정한 가격으로 판단할 수도 있다. 이 가격수준이면 순이익 규모도 크게 해치지 않으면서 판매규모도 크게 줄어들지 않는 적정수준이라는 생

각이 들 수 있다. 가격탄력성 곡선의 기울기가 755만 원을 중심으로 크게 변화하는 점도 중요한 특징이다. 가격탄력성 곡선의 기울기가 크게 변화하는 현상은 시장의 신제품 수용성에 급격한 변화가 일어날 수 있는 가능성을 나타낸다. 그러므로 그 이상의 가격으로 출시될 경우에는 시장을 구성하는 소비자들에게 제품의 가격이 비싸다는 심리적 저항을 일으킬 수 있다.

기업에게 유용한 가격탄력성 정보는 세분시장별로 파악된 가격탄력성 정보이다. 시장세분화를 통해 목표마케팅을 실행하는 기업에서 전체시장에 대한 가격탄력성 정보는 별로 유용성이 없다. 일반적으로 세분시장별로 가격에 대한 민감도는 크게 다르다. 그러므로 시장세분화 과정에서 세분시장별 프로파일을 작성할 때 가격탄력성에 관한 특징을 포함시키는 것이 바람직하다. 가격탄력성에 대한 개괄적인 정보는 가격변화에 따른 소비자들의 구매의도를 물어보는 설문조사를 통해 쉽게 확보할 수 있다. 그리고 〈그림 9-2〉와 같은 가격탄력성 그래프를 세분시장별로 작성하여 활용하는 것이 정확한 가격결정에 도움이 될 것이다.

2. 경쟁사의 마케팅

경쟁사의 마케팅도 가격결정에서 중요한 요소가 된다. 가격결정 시에는 이미 경쟁사에 대해 분석한 자료가 준비되어 있으므로 그 자료들을 참고하면 된다. 가격결정 과정에서는 경쟁사의 가격수준과 가격변경 가능성에 대해 검토하고 이에 대한 대비책을 마련할 필요가 있다.

가격결정을 위한 경쟁사분석은 경쟁 제품 간의 가격차이로 인한 시장점유율 변화를 분석하는 데 집중할 필요가 있다. 가격경쟁에 따른 점유율를 정확하게 예측할 수 없다면 신중한 가격결정이 의미를 상실할 수밖에 없기 때문이다. 설명을 쉽게 하기 위해 경쟁사와 가격비교에 의한 시장점유율을 예측해 보자.

〈그림 9-3〉을 보면 자사에서 출시하려는 신모델의 가격변화에 따라 자사의 신모델과 경쟁 제품 A, 경쟁 제품 B 간의 시장점유율 변화상태를 알 수 있다. 이 때 경쟁 제품들의 가격은 고정되어 있다고 가정하자. 이 차종의 총예상 판매대수

그림 9-3 가격변동에 따른 경쟁 제품 간 시장점유율 변화 예측

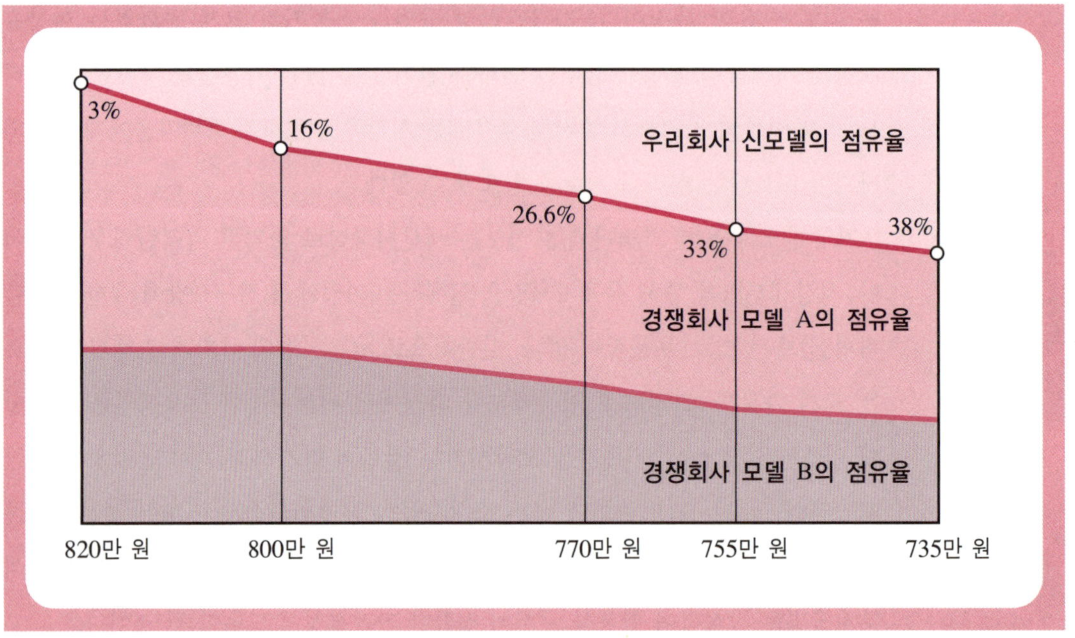

가 20만대일 때, 신모델의 가격을 820만 원으로 정하면 자사 제품의 점유율은 3%에 지나지 않음을 알 수 있다. 신모델의 가격을 800만 원으로 정하면 16%, 가격을 770만 원으로 정하면 26.6%, 755만 원에서는 33%, 735만 원에서는 38%로 점점 늘어난다.

물론 경쟁 제품 A와 B는 자사 제품의 시장점유율 증가에 따라 점유율이 감소한다. 그러나 경쟁사들의 점유율 감소패턴이 일정한 것은 아니다. 가격수준이 800만 원인 경쟁 제품 A는 우리회사 제품 가격이 820만 원에서 770만 원 사이에서 결정될 때 점유율이 크게 감소하지만, 자사 제품의 가격이 그 이하로 내려가면 영향을 덜 받는 것으로 나타나 있다. 반면 가격이 740만 원인 경쟁 제품 B는 자사 제품의 가격이 770만 원 이하로 결정될 때 점유율이 크게 위축되는 것을 알 수 있다. 이런 결과를 통해 우리는 두 가지 중요한 사실을 알 수 있다. 첫째, 경쟁 제품 A와 B가 나름대로 분명한 시장포지션을 갖고 있다는 점이다. 즉 경쟁 제품 A는 800만 원이라는 가격수준에 적합한 품질을 갖고 있고, 경쟁 제품 B는 740만 원에 적합한 품질을 인정받고 있다는 것이다. 그러므로 시장은 경쟁

제품 A를 선호하는 품질중시 소비자들과 경쟁제품 B를 선호하는 가격중시형 소비자들로 양분되어 있음을 알 수 있다.

둘째, 자사 제품의 품질경쟁력이 높지 않다는 점이다. 최소한의 이익을 감안한 최저가격인 735만 원 수준에서도 시장점유율이 38%에 지나지 않는다는 사실은 소비자들이 자사의 신모델을 별로 선호하지 않는다는 사실을 나타낸다. 일반적으로 시장에 존재하는 제품과 아직 출시되지 않은 제품을 동시에 비교하는 경우에, 출시되지 않은 제품이 더 좋은 평가를 받는 경향이 있다. 그럼에도 불구하고 예상점유율이 높지 않은 것은 신모델의 실패가능성을 예고하고 있다고 할 수 있다. 자사의 신모델이 시장에서 경쟁력을 갖기 위해서는 원가절감을 통해 가격을 더 낮은 수준으로 내릴 수 있어야 한다.

3. 정부의 가격규제

한국과 같이 정부 주도의 경제체제를 유지하고 있거나 인플레이션이 심한 나라에서는 정부의 가격규제가 광범위하게 유지된다. 정부가 제품의 가격을 규제하는 이유는 물가안정에 있다. 경제발전과 물가안정은 매우 높은 상관관계를 갖고 있으므로, 정부는 가능한 한 민간기업의 가격을 규제하고 싶어하는 성향을 가지고 있다.

정부의 가격규제가 때로는 기업의 마케팅 활동을 변화시키는 요인으로 작용한다. 대표적으로 아직도 가격결정이 완전히 자율화되지 않은 주택시장을 들 수 있다. 분양가격규제로 알려져 있는 주택가격규제는 국내의 주택가격 안정에 기여한 바가 매우 크다. 주택의 분양가를 시장원리에 맡겨놓았다면, 주택공급의 비탄력성으로 인해 주택가격의 등락이 매우 심하여 다른 산업분야에도 심각한 악영향을 미쳤을 것이다. 그러나 분양가를 규제한 결과 주택시장의 시장기능이 상실된 사실 또한 숨길 수 없다. 가격규제는 낮은 가격으로 인해 기업의 이윤기회를 억제하는 한편, 수요과잉의 상태를 유발하는 효과가 있다. 그러므로 기업은 적정이윤을 확보하기 위해 비용절감을 위해 노력하는 한편, 부실한 제품도 생산하기 쉽다.

또한 가격결정주체와 생산주체가 분리되므로 이익을 위한 품질향상노력이 위축될 수밖에 없다. 수요과잉 상태는 기업의 품질향상 및 고객서비스를 최소한으로 축소시키는 효과를 발휘하여 저품질 제품의 대량생산이라는 산업구조를 만들어낸다. 다른 형태의 가격규제는 의약품 가격의 규제를 들 수 있다. 국내 의약품 가격의 규제는 일반적인 가격규제와는 달리 소비자권장가격 이하로는 약품을 팔지 못하도록 유도하는 형태로 이루어져 왔다. 그 결과 제약회사와 병원, 약국의 수익을 확보해 주는 효과는 발휘한 반면, 소비자들은 비싼 가격에 약품을 구매하게 하는 부작용을 낳았다. 이러한 가격규제가 낳는 가격기능의 왜곡은 한국이나 대만의 의약분업 과정에서 나타난 분쟁에서 잘 나타났다.

가격은 제품의 수요와 공급에 따라 형성되는 교환조건이므로, 정부에서 가격을 규제하는 경우에는 반드시 부작용이 따른다. 그러므로 가능하면 시장원리에 따라 가격이 자유롭게 움직이도록 자율화하는 것이 원칙이다. 정부의 가격개입은 구조적으로 수요와 공급이 균형을 이룰 수 없는 시장실패의 상황에서만 허용될 수 있다. 공공의 이익이라는 명분으로 정부가 시장에 개입하면 시장의 메커니즘을 저해하여 기업의 경쟁력을 상실할 가능성이 높아진다.

4. 원 가

원가는 제품을 생산하여 판매하는 과정에서 투입되는 모든 자금투입을 의미한다. 여기에는 생산과정에서 투입된 생산원가, 생산에 직접 투입되는 것은 아니지만 기업의 유지와 운영에 소요되는 간접비, 제품의 판매활동에 소요되는 판매관리비 등이 모두 포함되는 개념이다.

1) 제품원가

제품을 생산하는 데 직접 투입된 원가를 의미한다. 여기에는 원재료비, 생산시설 투자, 노무비, 생산시설 유지보수비 등이 모두 포함된다. 이런 비용은 비용이 발생하는 특성에 따라 고정비(fixed costs)와 변동비(variable costs)로 구분할 수 있다. 고정비는 생산량에 상관없이 고정적으로 발생하는 비용을 의미하며 시설투자라든지, 노무비 중에서 고정급여, 일부 유지보수비용 등으로 구성된다. 반면 변동비는 원재료비, 근무시간에 따른 수당, 생산과정에서 소요되는 유지보수비 등으로 구성된다.

이런 생산원가는 기업의 생산특성에 따라 크게 달라질 수도 있다. 기업의 경험이나 능력에 따라 동일한 제품을 생산하면서도 제품단위당 원가가 달라질 수 있다는 것이다. 생산원가가 기업에 따라 다르게 나타나는 이유로 세 가지를 들 수 있는데, 규모의 경제, 범위의 경제, 경험효과가 그것이다.

- 규모의 경제(economy of scale) : 한 회사에서 생산하는 생산량이 많을수록 제품단위당 생산원가는 낮아진다는 개념이다. 결과적으로 가격경쟁이 치열한 시장에서 규모의 경제를 크게 실현하고 있는 회사는 다른 경쟁사에 비해 동일한 품질의 제품을 낮은 가격에 판매할 수 있으므로 그 만큼 경쟁우위를 차지할 수 있는 것이다. 글로벌 경쟁이 치열한 자동차산업에서는 규모의 경제를 매우 중요한 경쟁요소로 인정하고 있는데, 기업이 생존을 위해서는 최소한 연 100만

대 이상 자동차를 생산할 수 있어야 하는 것으로 알려져 있다.

- 범위의 경제(economy of scope) : 유사한 부품이나 생산시설을 이용하여 여러 종류의 제품을 생산함으로써 단위당 생산원가를 낮추는 효과를 의미한다. 예를 들어 전자제품 회사에서 TV, VCR, 캠코더 등을 생산하면서 각 제품에 공통적으로 사용되는 부품의 숫자를 늘리거나 생산라인을 혼합하여 활용함으로써 생산효율성을 높일 수 있다. 범위의 경제를 낳을 수 있는 이유는 여러 제품에 소요되는 부품의 조달비용 절감, 생산시설의 효율화, 설계 및 인건비 절감 등 다양하다. 액정TV나 박막전지 등과 같이 여러 제품분야에 적용할 수 있는 부품의 개발은 범위의 경제를 더욱 강화하는 효과를 발휘한다.
- 경험효과(experience of effect) : 현재의 생산량과는 상관없이 누적생산경험과 밀접한 관련이 있다. 즉 현재 얼마나 많은 양의 제품을 생산하든 상관없이, 지금까지 그 회사가 생산한 누적생산량에 따라 원가절감효과가 나타난다는 것이다. 경험효과는 학습효과라고도 하는데, 그것은 회사가 오랜 기간 동안 동일한 제품을 생산하면서 학습한 결과가 원가절감 효과로 나타나기 때문이다. 학습은 생산공정, 원재료 조달, 시설운영, 유지보수 등 다양한 분야에서 종업원이나 회사의 노하우 축적으로 나타난다. 따라서 경험효과는 오랜 전통을 가진 회사가 경쟁력을 발휘하는 원천이 되기도 한다.

시장이 소비자시장으로 변할수록 기업의 가격결정에 제품원가가 미치는 영향이 약해지는 것이 보통이다. 그렇다고 기업들이 원가 이하로 가격을 정할 수 있는 것은 아니다. 원가 이하의 가격은 대폭적인 기업손실을 의미하는데, 손실이 계속되는데도 살아남을 수 있는 기업은 없기 때문이다. 그러므로 소비자들에게 받아들여질 수 있는 가격보다 낮은 원가수준을 유지하는 능력이 매우 중요한데, 이를 위해서는 원가절감을 위한 혁신이 지속적으로 이루어져야 한다.

2) 판매관리비

마케팅에서 가격을 전략적으로 활용하기 위해서는 제품원가뿐만 아니라 판매관리비와 유통마진까지 고려할 필요가 있다. 실제로 소비자들이 부담하는 가격은 제조원가가 아니라 판매관리비와 유통마진을 포함하는 소비자가격이기 때문이다.

판매관리비는 제품생산이 아니라 판매를 위해 소요되는 비용항목을 의미한다. 그러므로 이 항목은 주로 마케팅 측면의 지출로 구성된다고 할 수 있다. 여기에는 제품의 광고비, 판매촉진비용, 판매원 관리비용, 유통경로 관리비용, 물적유통비용 등 대부분의 마케팅 활동비용이 모두 포함된다.

가격에서 차지하는 판매관리비의 비중은 제품라인에 따라 차이가 크다. 판매원이 판매의 중심인 보험제품이나 TV광고를 많이 하는 의류, 비내구 소비재는 판매관리비 비중이 높은 반면, 산업재, 주택 등의 판매관리비 비중은 낮은 편이다. 또한 시장경쟁이 치열할수록 판매관리비가 증가하는 경향이 높다. 최근 논란이 되고 있는 휴대폰의 단말기 보조금도 분류를 하면 판매관리비에 포함시킬 수 있는 항목이다. 판매관리비 비중이 높은 사업분야의 기업은 항상 판매관리비를 낮춤으로써 가격경쟁력을 강화할 수 있는 방안을 찾는 노력이 중요하다.

3) 유통마진

소비자 가격에서 차지하는 유통마진의 비중도 중요한 의사결정변수이다. 유통마진은 해당 국가나 유통산업의 발전정도에 따라 차이가 있지만, 개별기업이 유통산업의 비용구조를 변화시키는 것은 어렵다. 그러므로 유통비용은 제조업자에게는 가격의 제약요인이라고 할 수 있다. 그러나 제조업자가 수동적으로 유통비용을 받아들여야만 하는 것은 아니다. 백화점, 편의점, 대형마트, 전문점, 카테고리 킬러(할인전문점) 등 다양한 유통경로의 판매량과 유통비용을 비교하여 가장 효과적인 유통경로를 선택하는 방법과 새로운 유통경로를 개발하는 노력을 통해, 가격에서 차지하는 유통비용의 비중에 변화를 일으킬 수 있다. 예를 들어 농협의 '하나로마트'는 높은 농산물 유통비용을 절감하고 양질의 농산물을 소비자에게 제공함으로써, 판매가격은 낮추면서 생산농민의 수익성은 높이는 효과를 낼 수 있는 대안으로 등장하고 있다.

5. 자사의 마케팅 전략

기업이 택하고 있는 마케팅 전략에 따라서 가격결정의 방향은 달라진다. 일반적으로는 시장에 적응하려는 마케팅 전략을 택하고 있는 기업은 소비자의 수요특성과 경쟁사 가격을 동시에 고려하는 혼합형 가격결정방법을 택하는 반면, 보수적인 전략을 택하는 기업은 생산원가에 일정비율의 마진을 더하는 원가중심적 가격결정방법을 택할 수도 있다. 소수의 경쟁사들이 시장을 과점하고 있는 과점형 시장에 진출해 있는 기업은 경쟁사 중심의 가격결정방법을 선택하는 것이 일반적이다.

특징적인 것은 점차 시장이 세분화되고 경쟁이 치열해질수록 가격과 제품원가의 관련성이 낮아진다는 점이다. 시장이 처음 형성되고 경쟁도 치열하지 않은 초기시장에서는 기업들이 제품원가에 일정비율의 마진을 더하는 가격결정방법을 주로 사용한다.

정부의 규제나 경쟁의 정도에 따라 마진율에 차이는 있지만 원가중심적 가격결정에는 변화가 없다. 그러나 소비자들의 욕구가 다양해지고 시장이 세분화됨에 따라 세분시장별로 소비자의 제품가치 인식이나 가격탄력성이 가격결정에서 원가보다 더 중요한 요인으로 자리잡게 된다. 물론 강력한 경쟁사들이 서로 경쟁하는 시장에서는 경쟁사들의 가격수준이 제품가격 결정의 중요 고려요소가 된다.

기업의 경쟁스타일에 따라서도 가격결정방법이 달라진다. 말하자면 품질위주의 경쟁을 추구하는 기업과 원가절감을 통한 가격경쟁을 위주로 하는 기업의 가격결정방법은 달라진다.

그림 9-4 스키밍 전략과 침투전략

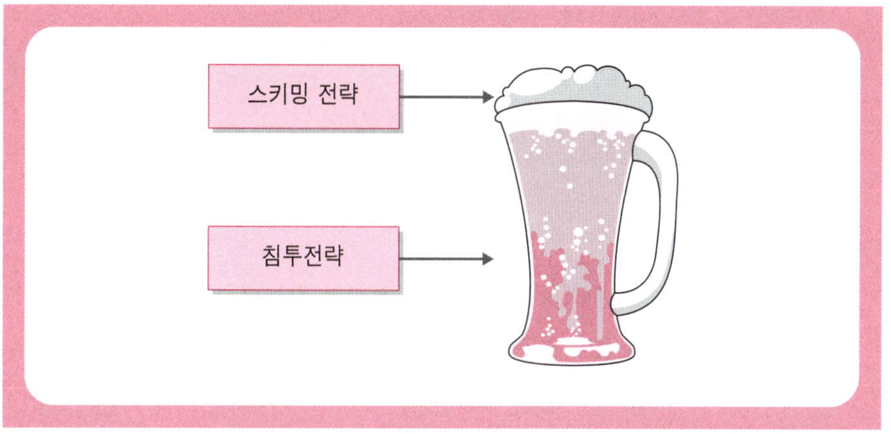

1) 스키밍 전략

스키밍 전략(skimming strategy)을 추구하는 기업은 품질을 중요시하는 소비자들로 구성된 시장의 상층부를 공략하기 위해 고품질 제품의 개발과 높은 고객서비스, 고품질 브랜드 이미지를 추구한다. 이런 기업들은 높은 품질을 확보하기 위해 많은 투자를 해야 하는 반면, 대상소비자는 상당히 제한적이다. 그러므로 품질경쟁사는 제품단위당 마진을 높일 수밖에 없고, 그 결과 높은 가격을 책정할 수밖에 없다.

2) 침투전략

침투전략(penetration strategy)을 추구하는 기업은 저가격을 무기로 시장에 진입하는 기업이므로 시장에 진입할 초기부터 시장을 이미 선점하고 있는 시장개발기업에 비해 낮은 가격(침투가격)을 책정한다. 경쟁사에 비해 비슷한 품질에 낮은 가격은 소비자들을 손쉽게 확보할 수 있는 강력한 경쟁무기가 된다. 시장을 구성하는 소비자들의 성향을 분석해 보면 품질보다는 가격을 중시하는 사람들이 훨씬 많다. 그러므로 저가격으로 판매량을 늘리는 박리다매형의 가격전략이 성공할 가능성이 높다. 그러나 침투전략의 성공을 위해서는 경쟁사에 비해 낮은 원가구조를 확보해야 하며, 지속적으로 침투해 들어오는 후발 경쟁사와의 가격경쟁에서도 이길 수 있는 능력을 유지해야 한다.

6. 자사의 마케팅 역량

기업의 마케팅 역량에 따라서도 가격결정방법에 차이가 있다. 마케팅 역량은 마케팅 프로그램의 실행을 통해 기업이 획득하는 마케팅 능력을 의미하므로, 크게 브랜드 충성도, 제품품질, 고객서비스의 세 가지 부분으로 나누어 생각할 수 있다.

브랜드 충성도는 가격결정에 직접적인 영향을 미치는 요인이다. 충성고객은 자사의 제품을 선호하여 여간해서는 경쟁브랜드를 구매하지 않으므로, 높은 가격에도 불구하고 자사의 제품을 구매할 가능성이 높다. 소비자 충성도에 따른 가격수준 차이는 의류시장에서 가장 잘 나타나는데, 세계 최고의 디자이너가 디자인한 여성용 드레스의 가격이 수억 원을 호가하지만 남대문시장에서는 수만 원만 지불해도 드레스를 구매할 수 있다. 브랜드 충성도에 따른 가격 차이가 가장 작은 제품라인인 식음료품 시장에서 유명브랜드들의 가격은 그렇지 않은 브랜드에 비해 약 15% 내지 30% 정도 비싼 것으로 알려져 있다.

소비자들은 우수한 제품의 가격은 비쌀 것이라고 잠정적으로 가정한다. 이와는 반대로 가격이 비싼 제품은 품질이 우수할 것이라는 생각도 성립한다. 그러므로 기업의 가격결정에서는 품질에 적합한 가격수준을 정하는 것뿐만 아니라 가격을 통해 자사 제품의 품질에 대한 인식을 개선하는 방안을 중요하게 고려할 필요가 있다. 일반적으로 품질수준을 높이기 위해서는 연구개발 투자, 고급 원부자재 사용, 세심한 품질관리 등으로 인해 제품원가가 상승하는 것이 보통이다. 그러나 제품원가와 품질 간의 관련성은 크게 높지 않을 수 있다. 예를 들어 자동차엔진 중에서 DOHC엔진은 SOHC엔진에 비해 높은 엔진성능을 내는 것으로 인식되고 있지만 생산원가 차이는 별로 없다. 이렇게 소비자의 품질인식을 높일 수 있지만 원가는 높지 않은 제품이나 부품의 개발을 통해 다른 기업보다 높은 부가가치를 만들어낼 수 있다.

9.3 가격결정 접근방법

가격을 결정하는 방법은 경우에 따라서 다양하다. 기업이 어떻게 가격을 결정할 것인가는 자신의 의도에 따라서 정할 수도 있지만 가격을 결정하는 메커니즘에 따라 달라질 수도 있다. 산업에 따라서는 입찰이나 경매에 의해 자신의 의도와는 상관없이 가격이 결정되기도 한다. 그러나 대부분의 산업에서는 기업이 가격을 정하고 이것을 소비자들에게 제시하는 방식이 사용된다.

그렇다고 하더라도 어떤 기준으로 가격을 결정할 것인지에 대해서도 다양한 방식이 사용되고 있다. 기업들이 많이 사용하고 있는 가격결정 접근방법으로는 원가중심의 가격결정(cost-based pricing), 가치중심의 가격결정(value-based pricing), 경쟁중심의 가격결정(competitive pricing)이 있다.

1. 원가중심의 가격결정

1) 원가가산법

원가가산법(cost plus pricing)은 기업이 제품을 생산하여 판매하는 데 소요되는 모든 원가(총원가)에 기업이 정하고 있는 마진을 붙여서 정하는 가격결정 접근방법이며, 다음과 같은 식으로 나타낼 수 있다.

$$\text{가격} = \frac{\text{총고정비} + \text{총변동비} + \text{목표이익}}{\text{예상판매량}} = \text{제품단위당 원가} + \frac{\text{목표이익}}{\text{예상판매량}}$$

여기에서 제품단위당 원가(product cost per unit)는 제품의 생산원가를 의미하며, 제품의 생산에 소요된 고정비와 변동비 총액을 예상판매량으로 나누어서 산출한다. 원칙적으로 제품생산원가는 비용을 생산량으로 나누어서 산출하는 것이 적정하지만, 기업에서 매출로 실현되는 제품에 대해서만 마진을 붙일 수 있으므로 판매량을 기준으로 원가를 산출하는 것이 일반적인 방법이다.

제품원가에 더하는 마진(margin)은 개별 기업별로 기대하는 수준에 따라 달라질 수 있다. 마진율이 높아지면 가격이 상승하는 결과를 초래하므로 마진율은 시장에 형성되어 있는 가격을 고려하여 결정할 수밖에 없다. 마진율은 생산비용 이외에 간접비나 판매관리비 등을 상쇄하고 순이익을 남길 수 있는 수준에서 정하는 것이 보통이다. 대기업의 경우에는 사업운영에 적용하는 나름대로의 내부수익률을 정하고 있는 경우가 많은데, 특정 제품의 마진율은 내부수익률을 고려하여 결정한다.

원가가산법은 많은 기업에서 사용되고 있는 가격결정방법인데, 가장 큰 이유는 산출근거가 분명하다는 점이다. 원가에 일정비율의 마진율을 적용하는 원가가산법은 다른 가격결정방법에 비해 논리적 근거가 뚜렷하고, 계산이 분명하다는 장점이 있다. 일반적인 사회통념도 원가가산법에 의한 가격이 생산자와 소비자 모두에게 공평하다고 인식한다. 즉 생산자에게는 적정마진을 보장하는 대신에 소비자의 혜택을 침범하지 않는 적절한 가격결정방법이라고 생각하는 것이다. 그러므로 공공성이 강한 사업을 하거나 원가구조를 공개해야 하는 기업의 경우에는 이 접근방법을 많이 채택한다. 정부에서도 가격통제를 실시할 때 원가가산법에 입각하여 가격의 적절성을 평가한다.

2) 목표이익법

$$\text{가 격} = \frac{\text{제품단위당 원가}}{1-\text{마진율}}$$

목표이익법(target profit pricing)은 기업이 미리 순이익의 크기나 이익률을 정해놓고 이에 맞추어서 제품의 가격을 결정하는 방법이다. 원가가산법이 매출에서 일정 비율을 수익으로 정하는 반면, 이 접근방법에서는 이익의 양(量)이나 비율을 정하는 것이다. 말하자면 원가가산법은 일정금액이나 비율의 수익에 초점을 맞추고 있는 반면, 목표이익법은 이익에 초점을 맞추고 있는 방법이다.

목표이익법을 채택하기 위해서 기업은 사업의 원가구조를 분석하여 손익분기점을 파악하고, 가격수준별 예상매출을 산출한 다음, 목표로 하는 이익을 달성할 수 있는 가격수준을 확정하는 단계를 거친다. 각 단계별로는 원가분석, 수요예측, 내부이익률 등의 측정자료가 필요하므로, 이런 자료의 확보가 어려운 기업은 목표수익률 방법을 채택하기 어렵다.

누구나 원하면 목표이익법을 택할 수 있는 것은 아니다. 목표이익을 정해놓으면 그것을 달성할 수 있는 능력이 있는 기업이 주로 목표이익법을 채택한다. 오늘날과 같이 글로벌 경쟁이 치열하고 불확실성이 높은 시대에 정해진 총수익을 그대로 달성할 수 있는 기업은 그다지 많지 않다. 이 접근방법을 택하는 기업들은 주로 시장에서 선도적 위치를 차지하고 있거나 매우 안정적인 산업에 속한 기업들에 국한될 수밖에 없는 것이다.

목표이익법은 기업의 경영을 안정적으로 이끌어 갈 수 있다는 점이 가장 큰 장점이다. 기대하는 총수익이 정해져 있으므로 확실한 자금계획과 투자계획을 수립할 수 있으며 이를 실행해 나갈 수 있기 때문이다. 또한 사회적으로 인정될 수 있는 접근방법이라는 장점도 있다. 원가가산법과 마찬가지로 원가에 입각한 가격결정방법이므로 원가구조의 공개 시에도 무리가 없다.

그림 9-5 원가중심의 가격결정방법과 가치중심의 가격결정방법

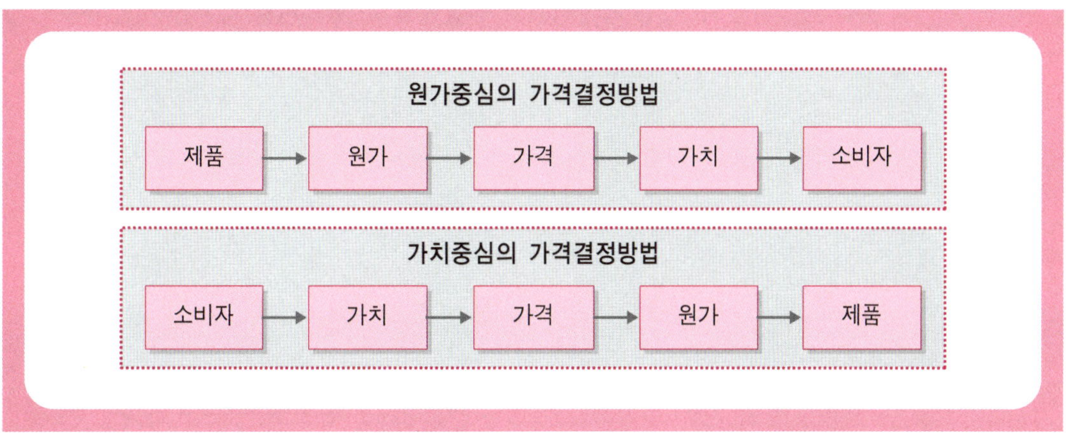

2. 가치중심의 가격결정

오늘날 기업들은 점차 가치중심의 가격결정방법을 많이 사용하고 있다. 이 방법은 소비자들의 제품에 대한 가치지각(value perception)에 바탕을 두고 가격을 결정하는 방법이다. 그러므로 기업이 그 제품을 생산하는 데 소요된 비용은 덜 중요하게 고려된다. 주로 시장 또는 소비자들이 인정해 주는 정도에 따라 가격을 결정하고 출시하는 방식이다.

가치중심의 가격결정방법은 가격결정 과정을 소비자들의 지각에서 시작한다. 소비자들이 대가로 지불하기 적절하다고 인식하는 가격수준을 판단하고 이 가격수준에서 제품을 생산할 수 있는지를 검토한다. 만약 기업의 원가구조가 이 가격수준을 합리화할 수 없다면 제품생산을 지속할 수 없다. 반면 원가구조가 소비자 가치수준보다 월등히 낮다고 하여도 가격을 인하할 이유는 없다. 〈그림9-5〉를 보면, 가치중심의 가격결정절차는 원가중심의 가격결정방식과 정반대의 과정을 거친다는 사실을 알 수 있다.

이 접근방법은 오늘날의 마케팅 컨셉트의 관점에서도 가장 적절한 가격결정방식이라고 할 수 있다. 소비자들이 인정해 주는 가격보다 높은 원가로 생산하는 기업은 시장에서 도태될 수밖에 없는 경쟁의 원리에도 맞는 방식이다. 반면 소비자들의 지각 이상으로 우수한 품질의 제품을 낮은 원가로 생산할 수 있는 기업은 초과적인 수익을 누릴 수도 있는 방식이기도 하다. 그 결과 소비자들의 생활의 질을 향상시킬 수 있는 기술혁신을 촉발시킬 수 있으며 신기술을 개발하는 기업에게는 엄청난 초과이윤을 가져다 줄 수도 있는 가격결정방법이다.

3. 경쟁중심의 가격결정

소비자들의 가치인식에 맞추어 기업이 제품가격을 결정하는 것이 적절하지만, 경쟁사가 존재한다면 자사만이 소비자들의 가치인식에 적응하였다고 보기는 어렵다. 여러 경쟁 제품의 품질이나 성능을 비교하여 소비자가 인식하는 가치가 달라지고, 그 결과 가격에도 차이가 발생하는 것이 일반적이다. 그러므로 가치중심의 가격결정방법에서도 경쟁 제품과의 가격비교는 필수적인 것이라고 할 수 있다.

그러나 경쟁사를 고려한다고 해서 경쟁중심의 가격결정방법이라고 할 수는 없다. 경쟁 제품의 가격을 고려한다고 하더라도, 기본적으로 제품의 시장가치를 기준으로 가격이 결정된다면 가치중심의 가격결정방법이라고 해야 할 것이다. 경쟁중심의 가격결정방법은 제품의 가치보다는 경쟁사의 가격을 중요한 가격결정기준으로 사용한다. 경쟁중심의 가격결정방법은 크게 두 가지로 나눌 수 있다.

1) 유사가격 결정

유사가격 결정방법(going-rate pricing)은 제품의 원가나 가치는 별로 고려하지 않고 경쟁 제품의 가격과 비슷한 수준으로 가격을 정하는 방법을 말한다. 이 때에는 경쟁 제품의 가격이 무엇보다도 선행하는 가격결정의 대전제로 존재하며, 기업은 이 가격수준을 기준으로 조금 더 비싸게 또는 조금 더 싸게 가격을 정하는 방법을 택한다.

유사가격으로 가격결정을 할 수 밖에 없는 이유는 몇 가지가 있다. 첫째, 과점시장에서 선도기업이 존재하는 경우에 추종기업들은 이런 방식을 따를 수 밖에 없다. 과점시장은 소비자의 수요보다는 경쟁자들의 경쟁균형에 의해 시장이 유지되는 특징을 지니고 있다. 이런 시장에서 선도기업은 시장을 지배하고 있다고 보아야 하므로 추종기업이 선도기업과 다른 가격을 책정할 경우에 시장에서 도태될 가능성이 높다. 국내 이동통신서비스시장에서 SK텔레콤이 가격을 정하면 다른 기업들은 이것을 기준으로 가격을 결정하는 방식이 이런 형태에 속한다.

둘째, 유사가격으로 가격을 결정할 수밖에 없는 다른 상황은 소비자들의 가격탄력성이 낮거나 알 수 없는 경우이다. 경쟁사와 다른 가격을 결정하더라도 소비자들이 이에 반응하지 않는다면 경쟁사와 유사한 가격으로 결정할 수밖에 없다. 특히 제품의 품질경쟁이 아니라 가격경쟁이 중심인 시장에서는 경쟁사의 가격을 기준으로 얼마나 더 낮출 수 있는지가 가격결정의 가장 중요한 관심사가 될 수밖에 없다.

2) 입찰가격 결정

사업이나 업종에 따라서는 가격이 입찰(sealed-bid)에 의해 결정될 수밖에 없는 경우도 있다. 입찰은 특정사업이나 공급에 대해 낮은 가격으로 입찰하는 기업이 계약을 하게 되므로 가격이 가장 중요한 변수가 된다. 입찰에 낙찰되어 어떤 사업이나 공사 · 공급권을 획득하더라도 너무 낮은 가격으로 낙찰이 되면 원가가 매출을 초과하여 손실을 볼 수도 있다. 그러므로 입찰은 최소의 마진 내에서 다른 입찰기업들과 가격경쟁을 벌이는 상황이 될 수밖에 없다.

때때로 발주자가 최저낙찰가격이라는 것을 잠정적으로 정해놓고 입찰을 시행하는 경우도 있다. 최저낙찰가격이라는 것은 발주자가 그 이하의 가격으로 사업계약을 맺을 경우에는 부실이 초래될 가능성이 높다고 보는 최저수준을 의미한다. 그러므로 이런 기준이 설정되어 있다면 그 이하의 가격으로 입찰한 기업은 계약에서 우선적으로 제외될 수도 있다.

대규모 사업에서는 낙찰이 되어 계약을 맺는 과정에서도 사업의 내용이나 가격에 대해 발주자와 계약자 간에 협상이 계속되는 것이 보통이다. 이렇게 협상을 통해 결정되는 가격결정방식을 협상가격(negotiation price)이라고 하는데, 입찰에서는 흔히 계약과정에서 협상가격으로 결정될 수밖에 없다.

9.4 전략적 가격결정

기업은 흔히 원가중심적, 가치중심적, 경쟁중심적 가격결정방식 중에서 하나의 접근방법을 채용하여 가격을 결정한다. 이것은 단지 기업이 전반적으로 채용하고 있는 큰 틀의 가격결정방법이다. 그 외에도 기업은 가격과 관련하여 수많은 전략적 결정과정을 거쳐야 한다. 전략적 제품가격 결정이란 제품의 원가, 소비자의 가치인식, 경쟁사의 가격을 고려하여 활용될 수 있는 가격범위의 기회를 발견하여 이를 적절히 활용하는 것을 의미한다. 여기에는 제품라인 가격결정(product line pricing), 선택사양 가격결정(optional-product pricing), 필수소모품 가격결정(captive-product pricing), 묶음가격 결정(pricing banding)을 포함한다.

1. 제품라인의 가격결정

일반적으로 기업들은 단일 제품만을 판매하는 것이 아니라 동일 제품라인 내에서 여러 제품을 생산하여 판매한다. TV제조회사는 13인치, 20인치, 30인치 또는 60인치 등 여러 품목들을 생산하여 판매하는 것이 보통이다. 이런 경우에 해당 기업의 당면과제는 각 품목들을 적정하게 판매할 수 있도록 가격을 결정하는 것이다. 대체로 TV의 화면크기별 종류는 세분시장별로 그 수요가 예측된 상태에서 생산하기 때문에 목표로 하는 세분시장들이 각각의 TV를 생산하도록 가격으로 안배하는 것이 바람직하다. 만일 대형화면의 TV가 소형화면의 TV에 비해 상대적으로 가격이 낮다면 소비자들은 대형화면의 TV를 구매하는 쪽으로 의사결정을 할 가능성이 높다. 이런 경우에 소형화면의 TV 생산을 위해 투입된 설계비와 설비투자 등의 회수가 어려워진다. 그러므로 소비자들이 특정품목으로 몰리지 않도록 적정가격을 산출하는 것이 중요하다.

대부분의 기업들은 경험적으로 각 품목별 적정가격의 수준을 알고 있고 시장에서도 이런 가격수준에서 제품들이 팔리고 있다. 제품라인의 가격결정에서 가장 어려운 점은 신제품을 출시하는 경우이다. 자동차산업에서는 각 배기량의 단계별로 시장이 형성되어 있지만, 3~5년을 주기로 신모델을 출시하여 소비자들의 관심을 끌어야 하는 특성을 갖고 있다. 이 때 신모델은 첨단장비를 장착하여 원가가 높아질 수밖에 없고 당연히 인상된 가격이 적용되는 경우가 많다.

이 때 문제가 되는 것은 배기량이 한 단계 높은 기존제품의 가격과 차이가 줄어들어 문제가 되기도 한다. 소비자들은 비싼 가격의 신모델을 구매하기 보다는 한 단계 높은 배기량등급의 구모델을 구매할지도 모른다. 이 때에는 이미 막대한 투자를 해놓은 신모델 차량의 투자비를 회수하지 못하는 상황이 올 수도 있다. 이런 문제를 피하기 위해 신모델의 가격을 너무 낮게 책정하면, 반대로 하위등급의 모델을 구매할 소비자들이 신모델을 구매함으로써 하위등급의 기존모델 매출이 크게 타격을 받을 수도 있다.

그러므로 동일 제품라인에서 복수의 품목을 생산하는 기업은 소비자들의 품질 및 가격지각에 대해 보다 더 심층적으로 검토하여 각 제품이나 품목별 판매량을 안배하는 가격결정을 해야 하는 것이다.

2. 선택사양 가격결정

가격경쟁이 치열해지고 소비자들의 수요가 다양화하면서 소비자들의 가격부담을 덜어주는 가격결정방법으로 도입된 것이 선택사양 가격이다. 선택사양 가격결정방법은 일찍이 자동차산업에서 일반화된 가격결정방식으로 이미 소비자들도 받아들이고 있다. 즉 자동차의 기본가격에 소비자들이 개별적으로 가격이 정해져 있는 선택사양을 선택함에 따라 가격이 증가하는 방식이다. 자동기어, 고급오디오, 알미늄휠, 에어콘 등이 차종에 따라 선택사양으로 제시되어 있고, 소비자들은 자신의 필요에 따라 원하는 사양을 선택하고 추가 대금을 지불한다.

최근에는 선택사양 가격결정방법이 아파트에도 적용되어 인테리어의 종류와 새시, 주방기기 등에 이 방법을 적용한다. 소비자들이 원치 않을 경우에는 사양을 선택하지 않음으로써 기본적인 인테리어만 제공받을 수도 있다. 불경기에는 마이너스 선택사양이라고 해서 아예 인테리어 자체를 선택하지 않고 소비자가 직접 시공하는 방법이 사용되기도 한다.

선택사양 가격결정방법은 기본적으로 소비자들의 구매부담을 줄여줌으로써, 제품의 판매를 증가시키는 데 초점이 있다. 그러므로 기본가격을 최저수준으로 낮추고 선택사양의 가격을 높여서 기본가격에서는 이익을 남기지 않고 주로 선택사양에서 이익을 보전하는 방법으로 많이 사용되고 있다.

3. 필수소모품 가격결정

선택사양 가격결정방법과 유사한 방법으로 기본제품의 가격을 낮추는 대신 기본제품을 사용하는 데 필요한 필수소모품의 가격을 높이는 가격결정방법이다. 선택사양 결정방법과 다른 점은 선택사양이 아니라 필수소모품의 이익을 확보하는 수단으로 활용하고 있다는 점이다. 물론 필수소모품을 자사가 독점적으로 공급하고 있는 상황에서만 가능한 가격결정방법이다.

이런 가격결정방법을 택하고 있는 제품은 의외로 많이 있다. 면도기와 면도날, 복사기와 복사기 부품 및 소모품, 카메라와 카메라 액세서리, 프린터와 잉크 등을 대표적인 예로 들 수 있다. 이런 제품을 생산하는 기업들은 기본제품의 가격을 낮게 책정하고 이 제품을 사용하기 위해서는 반드시 제품규격에 맞는 소모품이나 부품을 사용하도록 제품을 설계한다. 그렇지 않은 경우에는 기업의 이익원천이 위협을 받기 때문이다. 국내에서 잉크젯 프린터 잉크의 유사품 시비로 법정공방까지 벌였던 이유도 여기에 있다. 국내 잉크젯시장의 점유율이 높은 휴렛패커드(HP)나 엡슨(Epson)사의 입장에서는 고가의 잉크판매로 이익을 보전하는 전략에 치명적인 타격이 되는 국내업체들의 범용잉크 사용을 묵과하기 어려웠던 것이다.

4. 묶음가격의 결정

묶음가격이란 여러 종류의 제품을 묶어서 각각의 제품을 따로 구매할 때보다 낮은 가격으로 판매하는 방식을 말한다. 요즈음 많이 유행하는 컴퓨터본체+모니터+프린터의 가격을 900,000원으로 판매하는 경우가 대표적인 예가 된다. 묶음가격의 목적도 소비자가 필요로 하는 여러 종류의 제품을 싸게 제공함으로써 판매를 늘리려는 데 있다. 그러므로 상호보완적인 여러 업종의 제품을 묶어서 판매하는 방법이 더욱 확대되는 경향을 보이고 있다. 여행업계에서 호텔, 항공, 관광가이드, 현지교통 등을 묶어서 패키지 관광제품으로 판매하는 것이 그 예가 된다.

제품과 사용과정에서 발생하는 서비스를 묶어서 구매가치를 향상시키는 방법도 활용되고 있다. 최근에는 소비자들의 구매학습 수준이 높아지면서 제품 그 자체의 성능보다는 제품을 사용하면서 닥치는 문제까지 포함하는 종합적인 패키지를 중요시하는 단계에 도달하였다. 이런 단계에서는 소비자들도 제품에 부가되는 서비스에 대해 추가적인 비용을 지출할 용의가 있다. 그러므로 제품과 부가서비스를 패키지로 묶는 묶음가격 결정방법이 효과를 거둘 수 있다.

이미 사무기기시장에서는 제품과 유지보수계약을 패키지로 묶어서 가격을 책정하는 것이 보편화되어 있으며, 호텔업계에서는 객실사용, 식음료, 부대시설 사용을 패키지로 묶어서 가격을 책정함으로써, 시설의 회전율을 높이고 매출을 늘리고있다. 또한 벤츠와 같은 고급자동차 회사들은 소비자와 포괄적 자동차 관리계약을 맺고, 소비자가 벤츠를 타는 동안 발생할 수 있는 자동차에 관련된 모든 문제를 해결해 주는 대신 상대적으로 높은 가격을 책정하는 패키지 정책을 적용하고 있다.

이런 묶음가격전략은 이왕에 제공해야 할 부가적 서비스에 대해 제품과 묶어서 가격을 책정함으로써 매출을 증대시키고 시설의 활용도를 높이는 효과를 발휘한다. 그러나 이 전략은 제공되는 제품이나 서비스묶음 전체가격을 제시해야 하므로 총액이 부담되는 단점도 있다. 생활필수품이 아니거나 소비자들이 높은 가격으로 인해 구매에 부담을 느끼는 제품에 대해서는 묶음가격전략이 오히려 구매를 위축시킬 수도 있다.

9.5 전략적 가격 조정

미국 소매협회(national retail federation)에서 항상 낮은 가격(EDLP : every day low price)의 가격정책을 유지하는 대형마트들과 정상가격 판매와 할인가격 판매를 순환적으로 실시하는 대형마트들의 매출과 방문소비자숫자를 분석한 결과, 가격을 변동시킨 대형마트들의 매출과 방문소비자의 숫자가 약 15% 정도 높은 것으로 나타났다. 이 협회는 그 원인으로 가격의 변동이 소비자의 매장방문 유인을 제공한다는 평가를 내렸다. 소비자들은 낮은 가격이지만 언제나 동일한 가격을 받고 있는 점포보다는 방문할 때마다 가격의 변화가 있어서 구매할지 말지를 판단해야 하는 점포를 더 선호한다는 것이다.

이런 조사결과는 가격변동이 소비자들의 점포방문에 영향을 미친다는 사실을 나타낸다. 그러므로 기업들은 소비자들의 관심을 끌기 위해 촉진활동의 일환으로 가격변수를 많이 활용하고 있다.

1. 가격할인과 공제

기업들이 활용하는 가격할인의 방법은 셀 수 없이 많다. 극단적인 예로 어떤 제약회사는 수입된 영양주사제를 빨리 처분하기 위해 정상가격 10만 원짜리 영양주사제를 1병 구매하는 가격은 10만 원으로 정해놓고, 2병을 구매하면 15만 원, 3병을 구매하면 18만 원, 12병들이 한 박스를 구매하면 30만 원에 판매한 적이 있다.

이런 극단적인 예가 아니더라도 여러 가지 명목으로 가격을 할인해 주는 방법이 많이 사용되었다. 가격을 할인하는 이유로는 기업의 마케팅상 편의를 위한 것으로 현금회전과 카드수수료 절약을 위하여, 많은 수량을 구매하거나 비수기에 가격을 할인해 주는 경우도 일상적인 수단으로 볼 수 있다. 그 이외에도 유통업자들이 자사의 제품판매, 진열, 판매 관련 기록 등과 같은 제조업자가 원하는 역할을 해주면 반대급부로 가격을 할인해 주는 방식도 있는데, 이것을 기능할인 또는 거래할인이라고 한다.

또한 신 모델 구매시에 구 모델을 가져오면 그 가격을 할인해 주는 공제(allowance)도 가격할인의 다른 형태라고 볼 수 있다. 자연보호를 위해 폐건전지를 가져오면 건전지 가격에서 일부를 공제해 주는 형태도 있다.

2. 차별적 가격 조정

기업들은 구매하는 사람이나 제품, 장소에 따라 다른 가격을 적용하기도 한다. 이것을 차별가격이라고 하는데, 제품의 원가나 가치에는 차이가 없음에도 불구하고 다른 가격을 적용하는 경우에 차별가격이다.

- 사람에 따른 차별가격 : 고궁이나 대중목욕탕, 지하철, 시내버스, 열차 등과 같은 공공시설이나 기관에서는 제도적으로 어린이나 노인에 대해 낮은 가격을 정해놓고 있다. 민간기업에서도 기업의 정책에 따라 차별가격을 적용하기도 한다.
- 장소에 따른 차별가격 : 극장이나 공연장에서는 좌석의 위치에 따라 다른 가격을 적용하기도 한다. 물론 운동경기를 관람하는 운동장에서도 좌석의 위치에 따라 다른 가격을 적용한다. 그리고 호텔에서도 기본적으로 객실의 차이는 없음에도 방의 전망에 따라 다른 가격을 적용하는 것이 일반적이다.
- 시기에 따른 차별가격 : 시기에 따른 차별가격으로 가장 먼저 떠오르는 것은 비수기와 성수기의 관광지 가격차이이다. 이런 가격차별은 계절별 차이뿐만 아니라 주중과 주말, 하루 중 시간대에 따라서도 나타난다. 전화 통화료는 피크타임과 새벽시간 간에 3~ 4배의 가격차별을 실시하고 있다. 시기별 가격차별은 주로 서비스산업에서 많이 나타나는데, 비수기의 유휴시설을 줄이는 방안

으로 시행한다.

- **유통경로에 따른 차별가격** : 국내에서 대형마트가 중요한 유통기구로 등장하면서 동일한 제품을 유통경로별로 다른 가격을 받는 차별가격 정책을 택하는 기업들이 늘고 있다. 예를 들어 동일한 제품을 일반 소매상에 출고할 때 받는 가격과 대형마트에 출고할 때 다른 가격을 적용하는 사례가 늘어나고 있다. 물론 반품조건이나 구매량, 대금지불방법에 차이가 있기는 하지만 이 정도를 합리화할 수 있는 가격 차이를 넘어서고 있다. 또한 최근에 인터넷을 통한 유통이 늘어나면서 전자상거래를 통한 제품가격을 오프라인과 차별하는 사례도 늘어나고 있다.

가격차별이 가격전략의 일환으로 자주 활용되지만, 이런 방법을 활용하기 위해서는 몇 가지 주의해야 할 점이 있다. 첫째는, 법적으로 용인되어 있는 범위 내에서 이루어져야 한다는 것이다. 국가에 따라서는 인종별, 계층별, 연령별 가격차별을 금지하는 법을 시행하고 있는 경우도 있다. 사회관습상 가격차별에 대해 저항감을 유발해서는 곤란하다. 일반적으로 여러 국가에서 대학생에 대한 공공시설 이용에서 차별가격의 혜택을 제공하지만, 국내에서는 대학생 우대정책에 대한 반감으로 대학생 차별가격 적용의 범위가 크게 축소되어 있다. 두번째는, 차별가격으로 구매한 제품이나 서비스를 재판매할 수 없는 조건하에서 차별가격을 적용해야 한다. 차별가격의 적용을 받은 제품이나 서비스를 재판매할 수 있다면, 기업의 수익을 크게 해치고 정상적 가격으로 판매하고 있는 협력 유통업자의 저항을 부를 수 있기 때문이다.

3. 심리적 가격 조정

1) 가격- 품질관계를 이용한 가격 조정

가격결정에서는 가격이 소비자에게 미치는 심리적 효과를 고려하는 것도 필요하다. 제품에 따라서는 소비자들이 적정한 가격을 판단하지 못하거나 반대로가격을 제품의 품질을 판단하는 기준으로 삼는 경우도 많기 때문이다. 마케팅 분야에서는 가격과 품질의 관계에 대해 많은 연구가 이루어졌다. 물론 연구결과에서 소비자들이 고가격-고품질이라는 등식을 갖고 있다는 가설이 입증된 경우는 별로 없지만, 현실세계에서는 높은 가격의 제품이 품질도 좋다는 인식이 존재하는 것도 사실이다.

향수시장에서는 고급품과 중저가품에 대한 심리적 차별이 심하여 제품의 원가나 가치와는 상관없이 높은 가격을 받지 않으면 고급품으로 인정받지 못한다는 인식이 널리 퍼져 있다. 화장품, 고급브랜드 의류 등에서도 이런 현상이 자주 나타난다.

2) 준거가격을 이용한 가격 조정

심리적 가격결정에서 가장 중요하게 고려해야 하는 점은 소비자들이 제품의 가치에 대해 갖고 있는 적정가격의 기준이다. 물론 이 때의 적정가격은 원가나 실제가치와는 무관할 수도 있는 소비자들의 지각상의 적정성을 의미한다. 소비자들은 과거의 구매경험이나 현재의 구매상황을 종합하여 나름대로의 준거가격이라는 개념을 갖고 있다.

일상적으로 구매경험이 많은 제품에 대해서는 이런 준거가격이 객관적인 제품의 가치와 별로 차이가 없지만, 구매경험이 없는 제품이나 전혀 사용해보지 않은 제품에 대해서는 객관적인 가치와 상당히 큰 차이를 보이기도 한다. 기존에 없던 전혀 새로운 제품을 출시하는 기업들이 일반적으로 높은 가격을 책정하여도 잘 팔리는 경우는 소비자들의 가격-가치를 평가하는 기준이 미흡하거나 없기 때문일 수도 있다.

3) 단수가격 조정

단수가격(odd price)이란 소비자들이 가격을 싸게 지각하게 하기 위하여 가격의 끝자리수를 단수로 정하는 경우를 말한다. 980원, 29,900원 등으로 가격을 정하는 경우가 이에 해당한다. 이런 단수가격은 가격에 매우 민감한 주부들이나 높은 연령층의 소비자들을 대상으로 하는 제품에서 효과적일 수 있다.

단수가격 결정방법이 효과를 발휘하려면 기업의 이익감소를 최소화하면서도 소비자들에게는 가격이 싸다는 인식을 갖게 하는 수준으로 가격을 정할 수 있어야 한다. 이 방법은 가격이 비싸면 구매하지 않을 수 있는 제품라인에서는 소구효과가 없지만, 반드시 구매해야 하지만 어떤 브랜드를 선택해야 할 것인지를 결정하지 못한 소비자들에게 소구효과가 크다.

4. 촉진가격 조정

촉진가격(promotion price)은 기업이 제품의 판매를 촉진하기 위하여 일시적으로 제품의 가격을 통상적 가격보다 낮추어서 판매하는 경우에 해당된다. 유통업자들은 소비자의 방문을 유도하기 위해 인기품목을 선택하여 원가 이하의 싼 가격에 판매하기도 한다. 이것을 미끼제품이라고도 하는데, 소비자들이 미끼제품을 구매하기 위해 점포를 방문했다가 필요한 다른 물건들을 사게 되는 상황을 고려한 판매전략이다.

다른 형태의 촉진가격으로는 이벤트 행사를 열고 그 기간 동안 낮은 가격으로 제품을 판매하는 방법도 있다. 농수산물 특별판매 또는 백화점의 바겐세일 등이 여기에 해당된다. 직접적으로 가격을 깎아주지는 않지만 가격할인 효과를 나타내는 촉진가격의 유형으로는 융자알선, 보증제도, 무료 사후서비스(A/S) 등도 있다.

5. 리베이트

리베이트(rebate)는 소비자에게 구매금액의 일정액을 현금으로 되돌려주는 가격전략을 말한다. 리베이트는 특별한 촉진행사에 참여한 유통업자들이나, 구매에 영향력을 행사한 권유자들, 또는 소비자 본인에게 제공된다. 말하자면 자사 제품을 구매하도록 도와준 대가로 보면 된다. 예를 들어 자사의 옷을 추천해 준 패션코디네이터에게 그가 추천해서 판매된 매출액의 일정 비율을 현금으로 제공할 수 있는 것이다.

리베이트가 할인과 다른 점은 구매시점과는 시차를 두고 일정액을 돌려준다는 점이다. 소비자 입장에서는 결과적으로 할인과 별 차이는 없지만 기업의 입장에서는 회계처리상 유리한 점이 있고, 판매가격을 낮추지 않고 소비자들에게 부담을 덜어주는 효과를 발휘할 수 있다는 장점이 있다.

국내에서는 리베이트가 종종 뇌물로 인식되어 혼선을 일으키기도 한다. 기본적으로 이런 문제가 발생하는 원인은 가치관의 차이에서 비롯되는 것으로 볼 수 있다. 전문적 지식을 가진 전문가가 제품구매를 추천하는 경우에, 그 전문가가 추천의 대가를 받으면 추천한 의도를 의심하게 되는 윤리의식하에서 리베이트의 활용은 매우 주의해야 할 방법이다. 또한 조직체구매에서 리베이트가 구매부서의 비리로 연결되는 경우도 많으므로 신중을 기할 필요가 있다.

9.6 가격인하

가격할인이 정상가격을 그대로 유지하면서 특별한 혜택을 주는 방식인 데 비해, 가격인하는 정상가격 자체를 인하하는 것을 말한다. 요즈음 많이 나타나고 있는 의류제품이나 휴대폰의 가격인하는 가격할인과는 다른 것이다. 의류제품의 가격인하는 가격수준을 변동시킴으로써 총매출이나 순이익의 규모를 극대화하려는 노력의 일환이며, 휴대폰의 가격인하는 전화기 판매에 의한 이익은 감소시키는 대신 전화서비스의 사용자를 늘림으로써 이익률이 높은 전화서비스의 매출확대에 초점을 맞춘 가격전략이다.

패션의류제품의 가격인하 전략이 어떤 효과를 발휘하는지는 〈그림 9-6〉을 보면 알 수 있다. 그림에서 그래프 A는 일정한 시장가격으로 판매할 때 판매 가능한 가격과 판매량을 나타낸다. 그리고 그래프 B는 시기별로 가격을 인하하는 경

그림 9-6 패션의류의 가격인하 효과

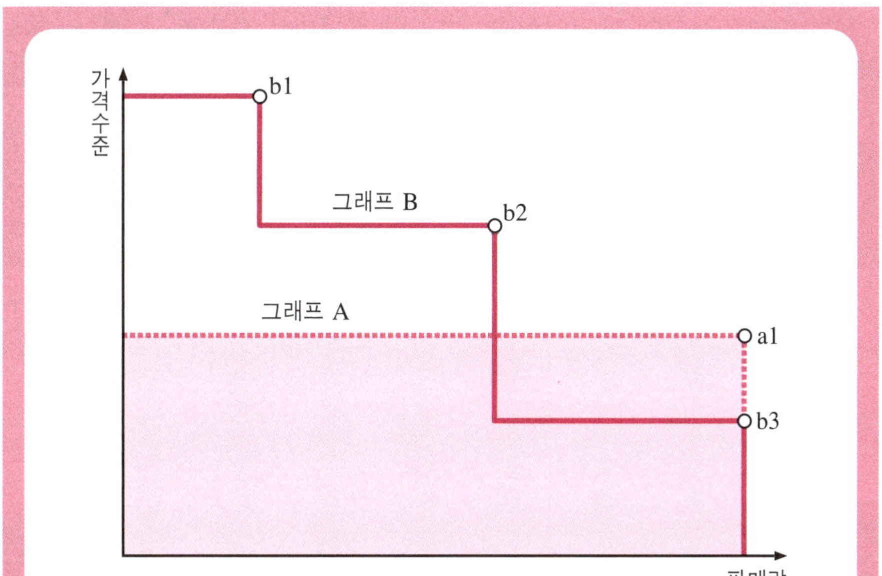

우의 판매량을 나타낸다.

패션의류의 가격인하를 두 번에 걸쳐 실시한다고 가정하면, 이 제품의 총매출액은 b1, b2, b3의 좌측 아래 면적의 합이 된다. 반면 일정한 가격을 유지한다고 가정하면 a1의 좌측 아래에 사선으로 표시된 면적이 총매출액이다. 그래프 A와 그래프 B가 만들어내는 면적을 비교해 보면, 그래프 B의 면적이 더 넓은 것을 알 수 있다. 주의할 점은 그래프 A의 가격은 시장가격이고, 그래프 B의 가격은 인위적으로 책정한 가격이라는 사실이다. 만일 그래프 B에서 인위적으로 높게 책정한 가격수준을 그대로 유지한다면 매출규모가 b1좌측의 면적크기에 국한되므로, 시장가격보다 매출이 낮을 수밖에 없다.

가격인하 전략은 단순한 제품의 품목에 국한되는 것이 아니라 장기간에 걸쳐 구조적으로 실행되기도 한다. 제품수명주기상 초기에는 높은 가격으로 제품을 판매하다가 성장기를 거쳐 성숙기에 도달하면서 점차 가격을 인하하는 경우는 가격인하의 전형이라고 할 수 있다. 다만 패션의류의 사례처럼 단기간에 걸쳐 인위적으로 가격을 인하하는 것이 아니라, 시장의 수요 및 경쟁구조에 의해 기업의 의도와는 상관없이 진행되는 것이라는 점이 다를 뿐이다.

제품수명주기의 단계에 따라 가격이 인하되는 이유는 경쟁에 있다. 경쟁사들은 차별적인 품질이나 낮은 가격을 무기로 시장에 진입한다. 그러므로 이미 시장에서 사업을 하고 있는 기업도 이에 맞추어 품질을 제고하거나 가격을 인하해야 한다. 경쟁이 심해질수록 기업들은 품질향상에도 불구하고 가격을 인하해야 하는 국면을 극복해야 한다. 선도기업이 가격인하를 지연시킬 수는 있지만, 경쟁심화에 의한 가격인하를 거스르기는 쉽지 않다.

일반적인 제품가격은 도입기 → 성장기 → 성숙기 → 쇠퇴기를 거치면서 초기 가격에 비해 크게 낮아지고, 이로 인한 혜택은 소비자들에게 돌아간다. 정부가 '공정거래위원회'와 같은 시장거래 감시기구를 두고 기업 간 공정한 경쟁을 유도하는 이유가 여기에 있다.

참고문헌

1. 송태복, 「가치가격과 경쟁」, 한남대학교 출판부, 2004.
2. 유필화, 「가격정책론」, 박영사, 1998.
3. Dolan, Robert J. and Hermann Simon, Power Pricing, Free Press, 1996.
4. Nagle Thomas T. and Reed K. Holden, The Strategy and Tactics of Pricing, Prentice-Hall, 2002.
5. Marn, Michael V. and Robert L. Rosiello, "Managing Price, Gaining Profit," Harvard Business Review, September~October 1992, pp. 84~94.

연구문제

1. 기업의 가격결정에 영향을 미치는 요소에 대해 설명하시오.
2. 기업이 선택할 수 있는 가격결정 접근방법에 대해 설명하시오.
3. 전략적 제품가격 결정사항에는 어떤 것들이 있는지 설명하시오.
4. 전략적 가격조정의 방법을 설명하시오.
5. 가격인하의 이유에 대해 설명하시오

제10장

유통경로 전략

10.1 유통경로의 개념과 필요성
10.2 유통경로의 구조
10.3 유통중간상의 유형과 기능
10.4 유통경로의 계열화
10.5 유통경로의 설계
10.6 경로갈등의 관리
10.7 물적 유통관리

시작하면서…

프랜차이즈 재창업, 갑질 대신 '건전한 파트너십'

최근 가맹본사의 가맹점에 대한 불공정거래행위, 이른바 '갑질' 문제가 사회적 이슈로 떠오르고 있다. 식자재 가격 부풀리기, 광고 및 프로모션 비용 떠넘기기, 불필요한 인테리어 비용 강요하기 등 가맹 본사가 우월적 지위를 악용해 가맹점에 대해 불공정 거래행위를 강요하는 경우 가맹 점주가 고스란히 부담을 떠안게 되는데 이를 견디지 못하고 가게 문을 닫는 경우가 속출하고 있기 때문이다.

하지만 갑질 횡포에 사업을 접고 다시 창업하는 자영업자들이라도 상당수는 여전히 수월하고 안정적인 운영이 가능한 프랜차이즈로의 재창업을 고려해 아이템을 물색하는 것으로 나타나고 있다. 전문가들은 음식점을 재창업할 경우 음식점이라는 대분류는 바뀌지 않고 메뉴를 변경해 창업하는 경우인 만큼 가맹점 지원에 대한 진정성을 가진 본사를 선별하는 일이 무엇보다 중요하다고 조언한다. 악덕 프랜차이즈 본사들의 횡포 가운데서도 내실 있고 진정성 있는 파트너십으로 가맹점 사업을 펼치는 이른바 '착한 프랜차이즈' 업체를 선정하자는 것이다.

캐주얼 분식 브랜드 '얌샘김밥'은 무엇보다 건전한 파트너십 형성을 위해 노력하는 브랜드로 꼽힌다. 모든 얌샘김밥의 가맹점주가 직접 본사 대표 번호로 전화해 요구 사항을 전달할 수 있으며 본사는 가맹점주들의 의견을 반영해 문제를 쉽고 빠르게 시정할 수 있도록 시스템을 구축하고 있다. 또한 올바른 가맹점 관리를 위해 매년 우수 가맹점 2군데를 선정하여 인센티브를 지급하고 있다. 특히 '얌샘김밥' 회기역점은 동종 업계에서 브랜드만 변경해서 성공한 사례로 주목 받는다. 기존에 운영하던 프랜차이즈 브랜드의 소홀한 관리에 실망한 후 얌샘김밥으로 재창업한 회기역 점주는 현재 얌샘김밥의 체계적이고 꼼꼼한 관리 덕에 높은 수익은 물론 본사의 꾸준한 지원을 보장받고 있다.

한편 얌샘김밥은 2001년 론칭 이래 전국 140여 개 가맹점 네트워크를 통해 사업을 이어오고 있는 믿을만한 프랜차이즈 업체로 1호점 얌샘 신길점을 비롯해 금호점, 남영점, 영등포역점등을 10년 가까이 운영하며 무리한 확장보다는 지속가능한 수익을 얻을 수 있는 가맹점 오픈에 주력하고 있다. 얌샘김밥은 자체 공장과 물류센터를 통해 80% 조리된 상태의 식자재를 원팩 형태로 합리적인 가격에 공급하며 가맹점주들의 원가 부담과 조리 시간에 대한 부담을 줄여주는 것은 물론 가맹점의 수익을 극대화 할 수 있도록 지원한다.

아시아경제, 2017. 6. 29.

10.1 유통경로의 개념과 필요성

1. 유통경로의 개념

유통경로(distribution channel)는 생산자로부터 소비자에게 제품과 서비스가 이전되는 과정에 개입하는 상호의존적인 조직과 개인을 통칭하는 의미로 사용된다. 유통경로를 구성하는 조직과 개인은 제조업자들로부터 공급받은 제품을 소비자에게 전달하는 단순한 역할을 수행하는 것이 아니라 제품에 새로운 가치를 추가하는 역할도 한다. 만일 유통경로가 존재하지 않는다면, 제조업자는 생산한 제품을 직접 소비자에게 배달해야 하며 소비자들은 필요한 제품을 찾아서 개별적으로 제조업자들을 찾아다녀야 할지도 모른다.

이런 이유로 유통경로의 존재는 제조업자에게는 자사의 제품을 소비자에게 전달하는 과업으로부터 자유롭게 하며, 소비자에게는 필요로 하는 제품을 찾아다녀야 하는 수고를 덜어주는 상징이라고 할 수 있다. 이에더해, 개별기업의 마케팅 관리자들은 소비자들이 자사 제품을 쉽게 이용할 수 있는 더욱 효과적이고 효율적인 유통경로구조를 구축하고자 노력한다. 마케팅 관리자는 다른 마케팅 믹스에 비해 유통경로의 신중한 관리를 필요로 하는데, 그것은 유통경로가 일단 구축되면 이를 변경하는 것이 용이하지 않고 경로구성원에 대한 통제가 비교적 어렵기 때문이다.

유통경로를 통한 제품 이전과정에 참여하는 경로구성원에는 제조업자, 중간상(intermediaries), 그리고 소비자들이 포함된다. 여기서 중간상은 유통경로상에서 제조업자와 소비자 사이에서 활동하는 조직이나 개인을 지칭한다. 중간상의 역할은 도매와 소매로 구분할 수 있다. 도매상(wholesalers)은 자신의 제품을 주로 다른 도매상, 소매상, 사업자에게 판매하는 중간상을 말하고, 소매상(retailers)은 주로 최종 소비자들에게 판매하는 중간상이다.

2. 유통경로의 필요성

유통경로가 존재해야 하는 이유는 중간상으로 인해서 마케팅시스템이 더 효율적으로 운영되기 때문이다. 중간상의 개입은 제조업자와 소비자 사이의 거래가 보다 효율적으로 이루어지도록 돕는 역할을 수행한다. 제조업자가 중간상을 이용하여 얻을 수 있는 이점은 다음과 같다.

① 제조업자는 중간상을 이용하여 거래의 경제성을 달성할 수 있다. 〈그림 10-1〉은 중간상 이용의 경제성을 잘 보여준다. 그림의 예에서 특정 제품을 생산하는 제조업자가 소비자와 직접거래를 하는 경우 총 9회(3×3)의 접촉이 필요하다. 그러나 중간상이 존재하면 제조업자와 소비자는 중간상과 거래가 이루어지므로 총 접촉 수는 6회(3×2)로 감소한다. 이와 같이 생산자–중간상–소비자 간의

그림 10-1 유통경로에 의한 거래 수의 감소

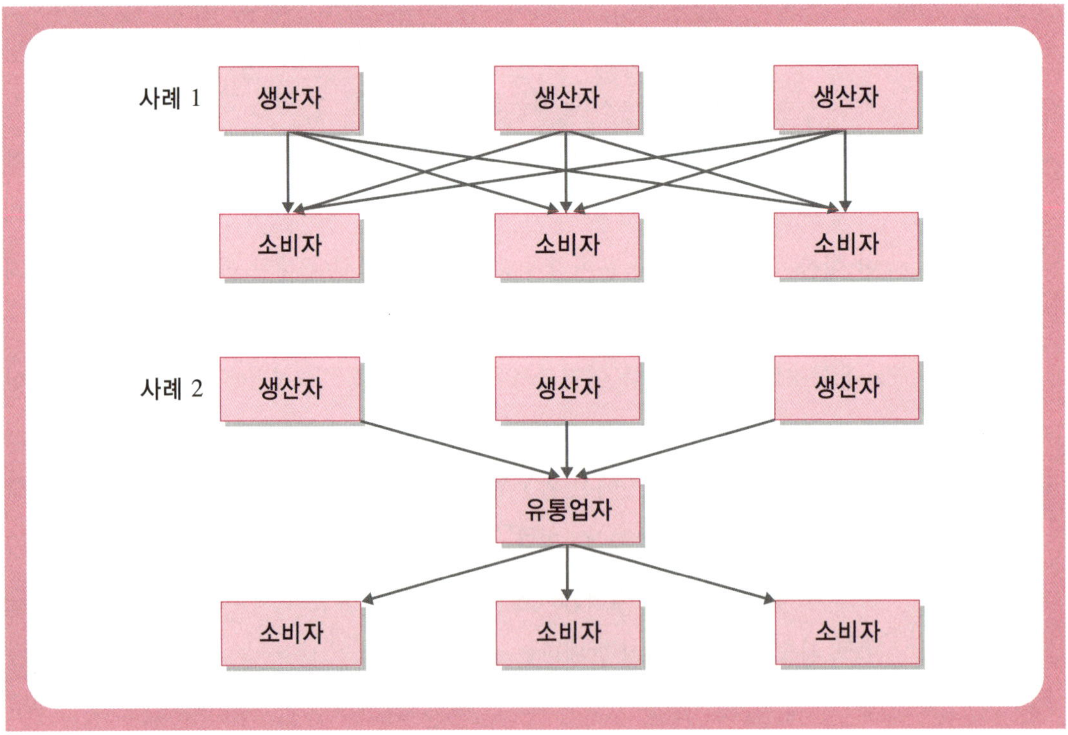

유통거래로 생기는 비용을 거래비용이(transaction cost)라 한다. 그림에서 보듯이 중간상은 거래횟수를 줄임으로써 거래비용을 줄여서 제조업자가 직접 소비자와 거래하는 경우보다 더욱 효율적인 유통경제를 달성할 수 있다. 그리고 중간상은 이러한 역할을 담당하는 대가로 유통마진을 얻게 된다.

② 경험, 소비자 정보 및 규모에 대한 전문성을 갖춘 중간상을 이용할 경우, 제조업자가 직접 판매하는 것 이상의 마케팅 효율을 올릴 수 있다.

③ 각 제조업자들은 도처에 있는 소비자에게 자사의 제품을 직접 판매하기 위해서는 거대한 자본을 투자하여 직접 유통하는 것보다 이 자본을 생산에 투자하여 더 큰 수익을 얻을 수 있다.

④ 중간상의 이용은 제조업자가 최종 소비자들과 직접 거래하는 것보다 이들에게 더 많은 시간효용, 장소효용 및 소유효용을 제공한다. 제조업자가 중간상을 이용할 경우 추가적인 비용이 발생하지만, 이러한 비용의 증가는 중간상이 제공하는 시간효용, 장소효용, 소유효용으로 상쇄된다. 시간효용은 소비자가 제품이나 서비스를 구매하기 원하는 시간에 유통경로가 자사의 제품과 서비스를 공급함으로써 발생된다. 장소효용은 소비자가 제품이나 서비스를 구매하기에 용이한 장소로 제품이나 서비스가 전달될 때 창출되는 효용이다. 소유효용은 제품이나 서비스가 제조업자에서 소비자로 이전되어 소비자가 제품이나 서비스를 사용하고 소비할 수 있는 권한을 갖는 것을 유통경로가 도와줌으로써 발생한다.

⑤ 중간상들은 각 제조업자의 제품을 수집하여 구색을 갖추고 있으므로 제조업자가 재고를 갖는 것보다 총재고가 감소되어 재고비용이 절감된다. 또한 소비자들은 제품 구색의 다양화로 구매의 폭이 넓어진다.

⑥ 유통경로는 제조업자를 대신하여 소비자에게 애프터서비스의 제공과 제품의

배달, 설치, 사용방법의 교육 등의 서비스를 제공한다. 따라서 제조업자는 직접 유통경로를 이용하는 경우보다 비용을 절감할 수 있다.

10.2 유통경로의 구조

유통경로는 산업이나 각 국가의 상황에 따라 다양한 형태를 띄고 있다. 일반적으로 유통경로의 형태는 제조업자가 생산하는 제품의 특성에 따라 소비재 유통경로와 산업재 유통경로로 나눌 수 있다.

1. 소비재 유통경로

소비재의 유통경로는 유통경로에 개입되는 중간상의 수에 따라 네 가지 유형으로 분류될 수 있다. 즉 제조업자가 소비자에게 직접 판매하는 경우, 소매상만 이용하는 경우, 도매상과 소매상을 이용하는 경우, 도매상, 중간 도매상, 소매상을 이용하는 경우로 분류된다. 일반적으로 제조업자들은 어느 하나의 유통경로만을 채택하는 것이 아니라 두 가지 이상의 복수 유통경로를 활용하여 자사의 매출증대를 꾀하고 있다.

2. 산업재 유통경로

산업재의 경우 생산자가 직접 소비자에게 판매하는 형태가 가장 흔하다. 이 경우 통상 생산업자의 판매원이 직접 소비자회사를 방문하여 상담을 벌인다. 제품이 기술적으로 복잡하고 소비자가 기술적 지원을 받아야 하는 경우나, 수는 적고 규

그림 10-2 소비재의 주요 유통경로

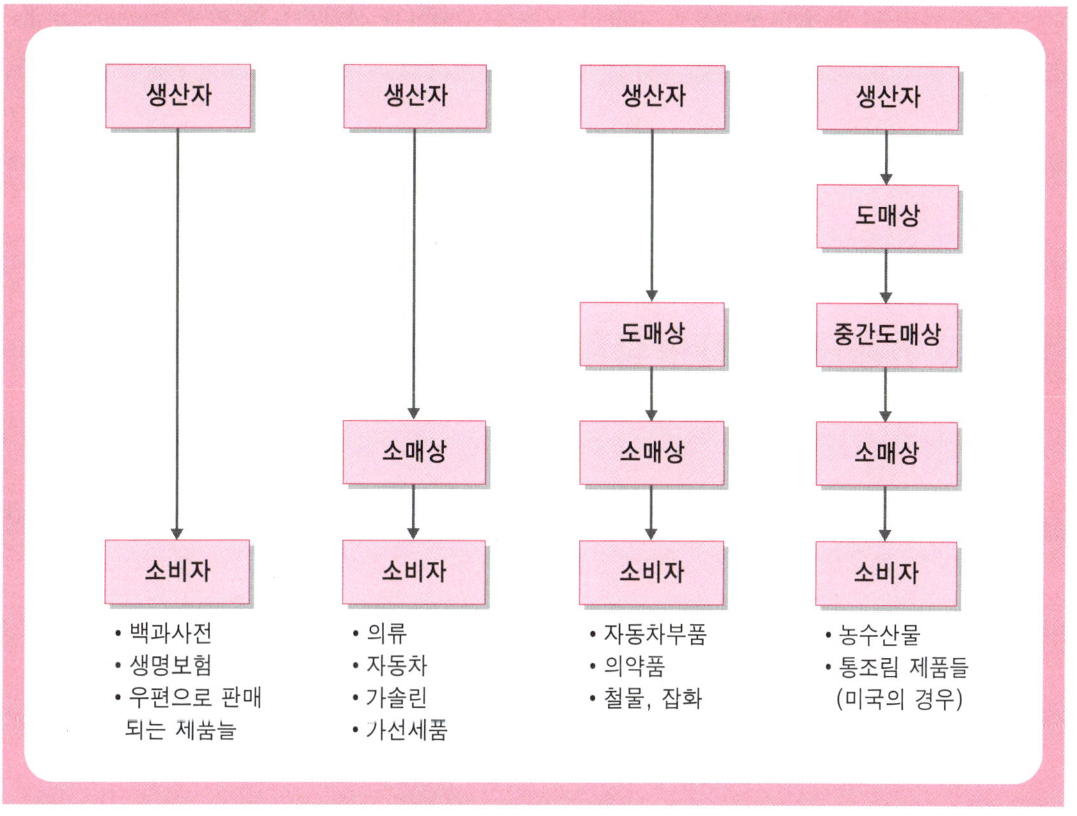

그림 10-3 산업재의 주요 유통경로

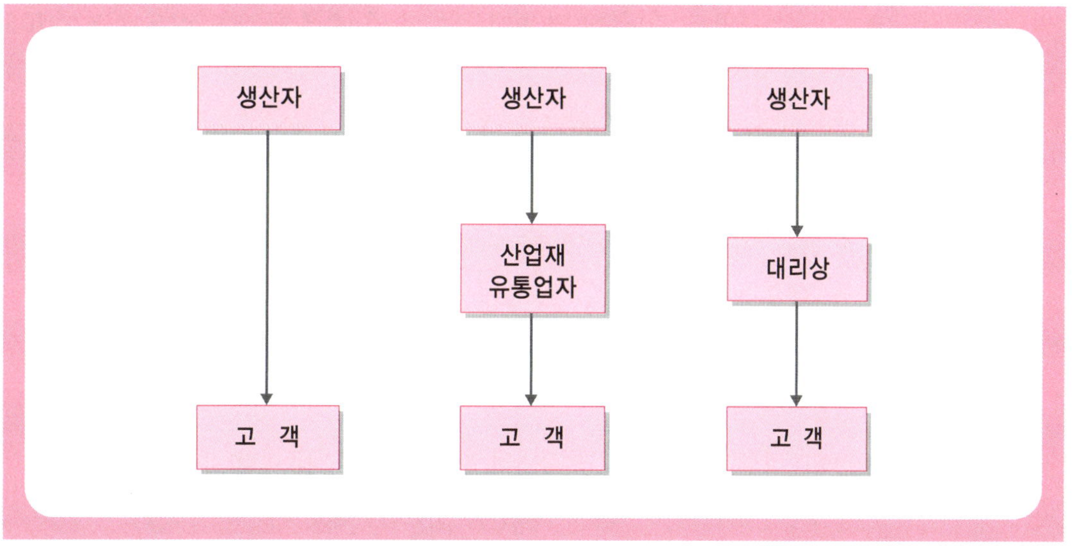

모는 큰 소비자회사들이 지리적으로 집중되어 있을 때 이 방법이 많이 사용된다 이 밖에도 도매상과 비슷한 기능을 수행하는 산업용품 유통업자(industrial distributor)나 대리상(agent)을 통하는 방법이 있다. 산업재 유통경로의 유형을 살펴보면 〈그림 10-3〉과 같다.

10.3 유통중간상의 유형과 기능

유통경로는 경로단계를 형성하는 중간상의 수에 따라 그 유형을 달리한다. 중간상들이 수행하는 기능에 따라 유통기관의 유형을 분류하면 다음과 같이 분류할 수 있다.

- 중간상 : 생산자와 최종 소비자 혹은 산업체 소비자 간의 중개역할을 수행하는 독립적 중간상이다.
- 상인중간상 : 제조업자로부터 제품을 구매하여 다시 소비자에게 판매하는 중간상으로서 제품에 대한 소유권을 가진다.
- 대리상 : 구매 및 판매활동의 거래상담 기능을 수행하는 중간상으로 제품에 대한 소유권은 가지지 않는다.
- 도매상 : 대량의 제품을 소매상이나 산업체 사용자 혹은 기관소비자를 대상으로 재판매를 전문적으로 수행하는 중간상으로서 제품에 대한 소유권을 가진다.
- 소매상 : 최종 소비자를 대상으로 판매활동을 하는 중간상이며, 제품에 대한 소유권을 가진다.
- 거간(broker) : 소비자 혹은 판매자의 중개역할을 수행하는 중간상으로서 소유권을 가지지 않는다.
- 판매대리점(sales agent) : 독립적 중간상으로서 제품이나 서비스의 판매활동기능만 수행하며 제품에 대한 소유권은 갖지 않는다.

■ 유통업자(distributor) : 도매중간상으로서 제조기업이 강력한 촉진지원을 해주는 선택적 혹은 전속적 유통업자이다.

■ 중개인(jobber) : 제조업자으로부터 제품을 구매하여 도매상이나 소매상을 대상으로 판매활동을 수행하는 중간상을 말한다.

■ 유통조성 대리상(facilitating agent) : 구매, 판매활동 및 소유권 이전 등의 기능보다는 유통활동을 간접적으로 지원해 주는 보조기관이다(예 : 수송회사, 창고업 등의 물류회사가 대표적임).

유통경로에서 행해지는 여러 기능의 흐름과 유통기관의 기능을 살펴보면 〈표 10-1〉과 〈그림 10-4〉와 같다.

표 10-1 유통경로기관의 기능

판매기능	최종 소비자 또는 산업체 소비자에게 제품판매를 촉진하는 기능
구매기능	사용 또는 재판매를 목적으로 판매자로부터 제품을 구입하는 기능
선별기능	제조업자가 만든 제품과 서비스의 선별과 소비자가 요구하는 구색 간의 불일치를 해소하는 기능으로 분류, 집적, 배분 및 구색형성의 과정을 포함함. • 분류 : 이질적 제품을 비교적 동질적인 별 제품단위로 나누는 과정 • 집적 : 다수의 공급업자로부터 제공받는 제품을 모아서 동질적인 대규모 상품들로 선별하는 과정 • 배분 : 동질적 제품을 분배, 소규모 로트의 제품별로 나누는 과정 • 상품구성형성 : 용목적이 서로 관련성이 있는 제품별로 모아서 분류하는 과정
집중화기능	다양한 곳에서 수집된 제품들을 한 장소로 모으는 기능
금융기능	거래의 촉진을 위하여 신용판매 또는 자금을 제공하는 기능
보관기능	양질의 고객서비스를 제공하기 위하여 제품을 보관하고 적절한 재고수준을 유지하는 기능
등급분류기능	제품을 품질수준에 따라 분류하는 기능
수송기능	제품이 제조된 곳에서 사용되는 곳으로 물리적으로 이동시키는 기능
위험부담기능	제품의 운송 및 소유와 관련된 위험을 부담하는 기능
시장조사기능	시장상황, 예상매출액, 소비자 추세 및 경쟁력 등과 같은 정보를 수집하는 기능

그림 10-4 유통경로에서 행해지는 여러 기능의 흐름

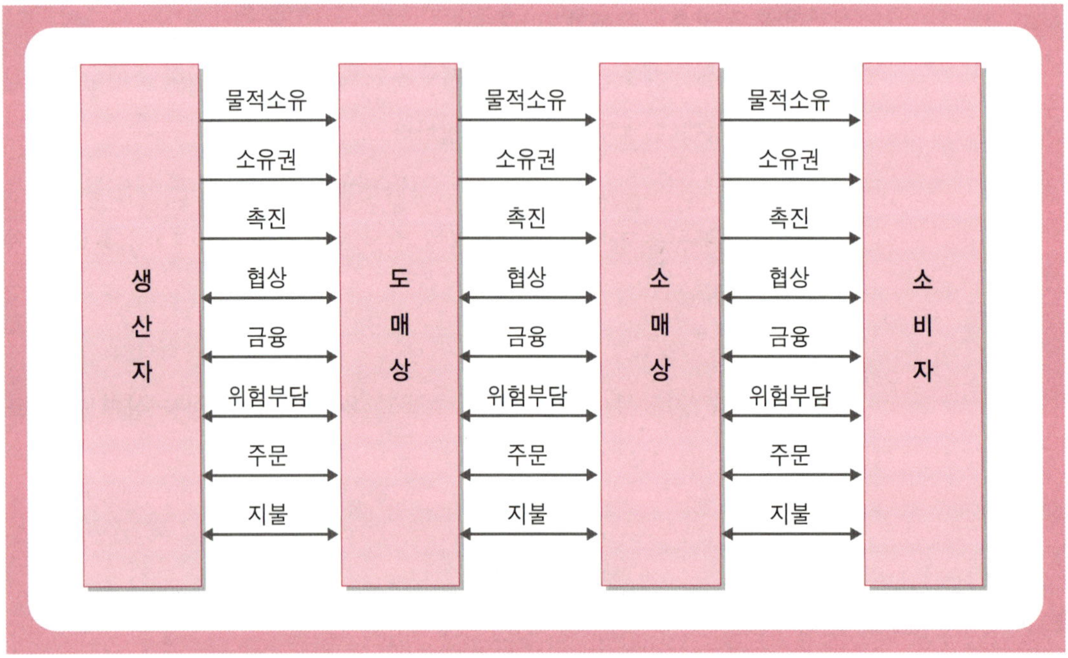

위에서 살펴본 중간상들은 크게 도매상과 소매상으로 분류된다. 따라서 아래에서는 도매상과 소매상의 유형과 그 기능들을 살펴보기로 한다.

1. 도매상

도매상이란 제품을 구입하여 소매상, 다른 도매상, 산업재 생산자에게 재판매하는 개인이나 조직체를 의미한다. 따라서 도매상은 최종 소비자와는 원칙적으로 거래하지 않으며, 거래를 하더라도 그 비중이 매우 적다. 도매상에는 매우 다양한 유형이 있으나 일반적으로 상인도매상, 대리도매상, 제조업자 영업점의 세 가지 유형으로 대별된다.

1) 상인도매상

상인도매상(merchant wholesaler)은 자신들이 취급하는 제품의 소유권을 가지며 제조업자와 소매상과는 독립된 사업체이다. 상인도매상은 크게 완전기능도매상(full-function or service wholesaler)과 한정기능도매상(limited-function or service wholesaler)으로 나누어진다.

(1) 완전기능도매상

완전기능도매상은 재고유지, 신용제공, 배달, 촉진 등 다양한 마케팅 기능을 제공하며, 취급되는 제품계열의 폭과 길이에 따라 일반도매상(general merchandise-ing wholesalers), 단일계열취급 도매상(single-line wholesalers), 전문도매상(specialty wholesaler)으로 구분된다.

(2) 한정기능도매상

한정기능도매상은 일부 마케팅 기능만을 수행하는 도매상으로, 현금판매도매상, 직송도매상, 트럭도매상, 선반도매상 등 다양한 형태의 도매상들이 있다.

- 현금판매도매상(cash-and-carry wholesaler) : 회전이 빠른 한정된 계열의 제품만을 현금으로 소매상에게 판매하며, 배달서비스를 제공하지 않는다.
- 직송도매상(drop shipper) : 제품을 재고로 가지고 있지 않으며, 소비자에게 직접 배달을 하지 않는다. 직송도매상은 소비자로부터 주문을 받으면 조건에 맞는 제조업자를 선정해 제조업자가 직접 제품을 운송하도록 한다. 그러나 주문 후 배달까지 제품의 소유권을 가지고 제조업자와 소비자를 위해 위험을 부담하게 된다. 주로 석탄, 목재, 중장비, 화학자재 등 부피가 큰 제품을 취급하고 있다.
- 트럭도매상(truck jobber) : 트럭에 제품을 싣고 다니며 판매하기 때문에 소비자에게 편의성을 제공한다. 판매와 배달을 결합한 도매상 형태이며, 우유, 과일 등

부패성이 높거나, 캔디, 담배, 스낵 등 회전성이 높은 제품을 주로 취급한다.

- 선반도매상(rack jobber) : 잡화점이나 슈퍼마켓에 비식품류 분야의 제품을 공급하는 도매상으로서 주로 미용관련 제품, 잡지, 레코드 등을 취급한다. 선반도매상은 이러한 제품들을 점포 내에 진열하고 제품의 가격을 정하는 등의 서비스를 제공하므로 소매상들의 재고유지 및 제품관리의 부담을 덜어준다. 이러한 선반도매상의 출현은 슈퍼마켓이 주로 식료품만을 취급하다가 비식료품을 추가하는 과정에서 부족한 경험과 지식을 보완해 줄 도매상의 필요성에 의해 발생되었다.

2) 대리도매상

대리도매상(agent wholesaler)은 제품의 소유권을 가지지 않고 마케팅 기능만을 수행하여 제조업자와 소비자 간의 거래를 용이하게 한다. 대리도매상은 마케팅서비스 기능을 제공한 대가로 수수료를 받는다. 대리도매상은 크게 브로커(거간, 중개인)와 대리인으로 나누어진다.

(1) 브로커

브로커(broker)는 판매자와 구매자 간의 제품매매가 원활히 이루어지도록 중개기능을 수행한다. 즉 판매자와 구매자의 요구조건, 가격수준 등에 관한 정보를 이들에게 제공하여 거래가 이루어지도록 연결한다. 브로커는 판매자와 구매자 양쪽으로부터 수수료를 받는다. 부동산, 보험 및 증권, 식료품 등의 분야에서 흔히 볼 수 있다.

(2) 대리인

대리인(agent)은 판매자와 구매자 중 한쪽을 대표하며, 이들과 지속적인 관계를 유지한다. 대리인에는 제조업자대리인, 판매대리인, 구매대리인, 수수료상인 등의 유형이 있다.

- 제조업자대리인(manufacturer's agent, manufacturer's representative) : 제조업자와의 계약에 의해 특정지역 내에서 제조업자의 제품들을 판매한다. 영업사원에 대한 비용을 충당하기 위해 비경쟁관계에 있는 제조업자들의 제품도 취급한다. 기계, 자동차부품 등의 산업용품이나, 의류, 카메라 등의 제품에서 흔히 볼 수 있다.
- 판매대리인(selling agent) : 제조업자의 제품에 대한 마케팅 활동을 대신 수행한다는 점에서 제조업자 대리인과 유사하지만, 석탄, 직물, 목재, 금속 제품업계에서 흔히 이용되는 도매상을 말한다.
- 구매대리인(purchasing agent) : 구매자와 장기적인 관계를 유지하면서, 구매자를 대신하여 제품구매, 검사, 창고보관 등의 기능을 수행하고, 구매자에게 제품을 운송한다.
- 수수료상인(commission merchant) : 생산자가 위탁한 제품을 보관 및 운송하며, 구매자에게 판매한 대가로 생산자로부터 수수료를 받는다. 주로 농산물시장에서 이용되는 대리도매상이 대표적인 예이다.

3) 제조업자 영업점

제조업자 영업점(manufacturer's sales branches or sales offices)은 제조업자가 소유 · 운영하는 도매상이다. 제조업자 영업점은 자신들이 직접 재고를 보유하여 소매상, 기타 도매상들에게 판매한다. 제조업자 영업점은 독립도매상이 소비자들에게 기술적 지원을 할 능력이 없거나 재고관리와 판촉활동을 직접 통제하고자 할 때 이용된다. 자동차정비, 농기구, 자동차, 건설자재분야에서 흔히 볼 수 있다.

표 10-2 소매상의 분류

점포분류에 의한 분류	소매상 믹스 전략에 의한 구분
점포 소매상	• 전문점 • 백화점 • 슈퍼마켓 • 편의점 • 슈퍼스토어 • 할인전문점 • 대형마트 • 양판장 • 아울렛 • 회원제 창고형 도소매업
무점포 소매상	• 자동판매기 • 직접마케팅 • 텔레비전 마케팅 • 사이버마케팅 • 방문판매

2. 소매상

소매상은 제품이나 서비스를 최종소비자에게 직접 판매하는 데 관련된 활동을 수행하는 상인을 말한다. 소매상은 유통경로의 마지막 단계에서 최종 소비자와 직접접촉을 한다는 측면에서 제조업자의 성과에 많은 영향을 미친다. 소매상의 유형은 매우 다양하며, 일반적으로 소매상이 점포를 소유하고 있는지의 여부에 따라 점포형 소매업과 무점포형 소매업으로 나누어진다.

1) 점포형 소매상

(1) 전문점

전문점(specialty store)은 취급되는 제품계열의 수(폭)는 한정되어 있으나 각 계열 내에서 매우 다양한 제품구성을 갖추고 있는 소매상을 말한다. 전문점의 경쟁우위는 전문적 제품구성과 높은 서비스에 있으며, 의류, 가구, 운동용품 등의 제품계열에서 주로 볼 수 있다. 남성복 전문매장인 에스에스패션, 청바지 전문매장인 게스, 내의 전문매장인 트라이, BYC 대리점, 이동통신대리점 등이 전문점의 예이다.

(2) 백화점

백화점(department store)은 의류, 가정용품, 잡화 등의 각종 제품을 부문별로 구성하여 소비자들이 일괄구매를 할 수 있도록 하고 주로 직영으로 운영하는 대규모 점포를 말한다. 백화점은 다양한 제품구성, 편리한 입지, 쾌적한 쇼핑환경, 일괄구매의 용이성 등의 장점이 있다.

(3) 슈퍼마켓

슈퍼마켓(supermarket)은 식료품, 일용품 등을 주로 취급하며 다양한 제품들을 낮은 마진으로 대량 판매하는 점포이며, 셀프서비스가 특징이다. 미국의 경우 슈퍼마켓은 다양한 신업태의 출현으로 성장이 둔화되고 있다. 따라서 슈퍼마켓은 이에 대한 대응방안으로 전통적인 식품중심에서 마진이 높은 비식료 품목을 취급하고 매장면적을 더욱 대형화하고 있다. 이와 함께 즉석제조 베이커리코너, 시식가용 식품, 신선한 생선과 야채, 조리된 포장식품 등의 제공을 통해 식품의 매출도 유지하려고 한다.

(4) 편의점

편의점(convenience store)은 식료품 위주의 제품회전율이 높은 편의품을 주로 취급하는 셀프서비스 방식의 소규모 점포이다. 편의점은 본사가 직영하거나 본사와 계약을 체결한 가맹점에 의해 운영된다. 편의점은 주로 주거지역이나 교통이 편리한 곳에 위치하고 있으며(입지의 편리성), 연중 무휴 24시간의 영업을 하며(시간의 편리성), 각 품목에 대해 소비자들이 신뢰할 수 있는 소수의 브랜드만을 취급하는(구색의 편리성) 특징을 가지고 있다.

(5) 슈퍼스토어

슈퍼스토어(superstore)는 종래의 슈퍼마켓에서 판매되는 식료품뿐만 아니라 일상적으로 빈번히 구매되는 비식료 제품도 취급함으로써 소비자의 모든 쇼핑욕구를 충족시키려는 중대형 점포를 말하는데, 이런 제품구성에 추가하여 생활에 필요한 세탁, 수선, 간이음식 판매 등도 한다.

(6) 할인전문점

한 가지 제품을 깊게 취급하여 한정된 제품군 내의 모든 제품을 할인점보다 훨씬 낮은 가격으로 판매하는 소매업태이다. 할인전문점(카테고리 킬러; category killer)의 특징은 한정된 제품군 내의 다양하고 풍부한 제품구성과 저가격이다. 할인전문점이 활성화된 분야로는 아동완구, 컴퓨터, 자동차용품, 스포츠용품 등이다.

미국의 유명완구업체 Toy's R'Us, 스웨덴의 IKEA(가구가정용품)가 세계적으로 유명한 카테고리킬러 업체이고, 국내에는 신발을 전문적으로 취급하는 ABC 마트와 슈마커, 유아용품의 맘스맘과 베이비파크, 건강 · 생활용품의 올리브영 등이 있다.

(7) 대형마트

대형마트(discount store)는 대중적이고 실용적인 생활용품을 철저한 셀프서비스 하에서 저가격으로 대량판매를 실시하는 소매업태를 말한다. 특히 식품과 일용잡화의 중저가 제품 중에서 회전율이 빠른 제품을 위주로 묶음판매나 박스판매를 실시한다. 대형마트의 특징은 저렴한 가격, 유명브랜드 판매, 셀프서비스, 건물임

대료가 저렴한 지역에 위치, 평범한 내부시설 등을 들 수 있다.

국내에서는 신세계이마트, 롯데마트, 삼성홈플러스, 이랜드킴스클럽 등이 대표적이다.

(8) 양판점

백화점과 대형마트의 중간형태로 규모는 백화점, 운영은 대형마트 형태를 취하며, 식료품, 의류, 잡화 등의 다양한 제품계열을 중저가로 판매하는 실용품 중심의 종합점이다. 제품구성 및 매장운영방식은 백화점과 유사하나 체인화를 통한 대량구매, 중간브랜드의 개발, 기획제품 개발 등을 통해 가격 면에서는 백화점보다 저렴하다는 장점을 가지고 있다. 국내에서는 한양유통, 해태마트 등이 대표적 양판점(GMS : general merchandising store)이었으나, 최근 경쟁력 상실로 인하여 다른 소매업태로 전환하였다.

(9) 아울렛

아울렛(outlet)은 제조업자의 상설할인매장으로써 다양한 재고품을 초염가로 판매하는 소매상이다. 여기서는 전문점이나 백화점에서 판매하고 남은 재고제품이나, 비인기 제품, 하자제품 등을 정상가에서 할인하여 판매한다. 주로 의류부문에서 발달했으며 우리나라에는 이랜드그룹이 운영하는 '2001 아울렛'이 대표적이며 롯데백화점도 매상 한 층을 의류 아울렛으로 운영하고 있다.

(10) 회원제 창고형 도소매업

회원제 창고형 도소매업(MWC : membership wholesale club)은 일정한 회비를 정기적으로 내는 회원에게만 정상적인 제조업자 브랜드들을 매우 저렴하게 판매하는 도소매업태이다. 회원제 창고형 도소매업은 회비를 받기 때문에 대형마트보다 더 할인된 가격으로 판매를 한다. 국내에서는 회원제가 다소 변형되어 비회원에게도 일정률만큼 가격을 높게 해서 구매자격을 주기도 한다. 코스트코, 이마트트레이더스, 롯데빅마켓 등이 여기에 속한다.

2) 무점포 판매

점포 내에서 판매가 이루어지는 것이 아니라 우편, 전화, 여러 전자매체를 통하여 거래하는 방식으로 통신판매, 방문판매, 홈쇼핑, 인터넷 판매, 자동판매기 등이 있다.

(1) 직접마케팅

직접마케팅(direct marketing)이란 다양한 매체를 이용하여 소비자들에게 제품정보를 제공함으로써 즉각적인 구매를 유도하려는 소매업태이다. 직접마케팅의 주요 유형들로는 통신(우편)판매, 텔레마케팅 등이 있다.

- 통신(우편)판매(direct-mail sellling) : 제조업자가 광고매체(우편으로 보내진 카탈로그)를 통하여 판매하고자 하는 제품 또는 서비스에 대한 광고를 하고 소비자로부터 통신수단(전화, 팩스, 편지 등)을 통해 주문을 받고, 제품을 우편을 통하여 배달을 하는 판매방식을 말한다. 국내에서는 황소의 눈, 더하우스, 메도산 등의 통신판매 전문업체들이 자체회원을 확보하고 우편으로 보내진 카탈로그를 통해 다양한 제품을 판매하고 있다.
- 텔레마케팅(telemarketing) : 전화로 소비자들에게 제품정보를 제공한 후 제품구매를 유도하거나, 소비자가 TV광고나 라디오 광고, 우편광고 등을 보고 수신자부담 전화를 이용하여 주문하는 소매유형이다.

(2) 방문판매

방문판매(house to house selling)란 판매원들이 소비자들의 가정을 직접 방문하여 제품을 판매하는 무점포형 소매업이다. 방문판매의 대표적 회사로는 화장품 회사, 가정용 학습교재회사, 다단계 판매회사 등이 있다. 다단계 판매방식이란 제품을 사용해 보고 이에 만족한 소비자가 스스로 판매원이 되어 주위의 사람들에게 제품사용을 권하며, 이들이 다시 판매원으로 전환되는 과정이 반복됨으로써 제품의 판매범위가 넓어지는 '무한연쇄 소매판매'의 유통기법이다.

이와 같은 방문판매는 점포 및 재고유지비가 들지 않는다는 장점이 있으나 높은 인건비를 지불해야 한다는 단점이 있다.

(3) TV 마케팅

TV 마케팅(television marketing)은 TV광고를 통해 제품구매를 유도하는 소매방식으로, 크게 직접반응광고를 이용한 주문방식과 홈쇼핑채널을 이용한 방식으로 나누어진다.

- **직접반응광고(direct response advertising)를 이용한 주문방식** : 30초에서 1분 정도의 제품정보를 제공하는 TV 스파트 광고나 증언 광고형식으로 된 30분짜리 다큐멘터리형의 인포머셜(informercials)를 방영하고 난 후, 무료전화를 이용하여 주문을 받는 방식이다.
- **홈쇼핑 채널을 이용한 주문방식** : 홈쇼핑 전문채널(home-shopping network)이 케이블TV에 가입한 시청자들에게 케이블TV를 통해 제품을 소개 · 설명하면, TV시청자들은 자신이 원하는 제품을 무료전화를 이용하여 주문하는 소매방식이다.

(4) 온라인마케팅

온라인마케팅(online marketing)은 컴퓨터라는 가상공간을 통하여 기업과 소비자들이 상거래를 하거나 정보를 교환하는 것을 말하며, 온라인마케팅 혹은 인터넷 마케팅이라고도 부른다. 최근 들어 폭발적으로 늘어난 인터넷 이용인구는 인터넷을 이용한 무점포 판매를 가능하게 만들었다. 전세계 어느 곳이든 시간과 공간을 초월하여 마음에 드는 제품을 화면의 주문요령에 의거하여 주문하고 신용카드 번호를 통해 대금결제를 치루고 나면 구매절차가 끝나는 인터넷을 이용한 전자마케팅의 거래규모는 급격히 증가하고 있다.

특히 소비자와의 쌍방향 커뮤니케이션이 가능한 인터넷의 월드 와이드 웹을 이용한 마케팅과 광고는 전세계의 소비자들에게 저렴한 비용으로 자사의 제품정보를 전달할 수 있게 만들었으며, 소비자들의 반응을 측정할 수 있게 만들었다.

(5) 자동판매기

자동판매기(automatic vending machine)는 점포를 통해 판매하기 어려운 장소와 시간에 제품을 24시간 구매할 수 있게 함으로써 소비자에게 편리함을 제공하는 무점포형 소매업태이다. 자동판매기의 이점은 24시간 판매, 셀프서비스이다. 그러나 빈번한 기계고장, 높은 도난율 등으로 인한 비용이 지불된다는 단점이 있다.

자동판매기는 담배, 음료, 스낵, 라면, 화장품, 서적, 레코드, 피자 등 다양한 편의품과 충동품을 주로 판매하고 있다. 우리나라의 자동판매기는 커피, 음료, 담배, 스낵, 기타 일상용품이 주류를 이루고 있다.

10.4 유통경로의 계열화

1. 수직적 마케팅시스템

수직적 마케팅시스템(vertical marketing system : VMS)이란 제품이 제조업자로부터 소비자에게 흐르는 과정의 수직적 유통단계를 전문적으로 관리하고 집중적으로 계획하는 유통망이다. 이러한 유통경로의 수직적 통합은 무질서하게 산재된 구성원들(제조회사 · 도매상 · 소매상)의 연계를 촉진시키고, 유통경로 내의 유통기관에 대한 통제력을 강화시켜 최대의 영향력을 발휘할 수 있도록 하여 시스템 전체 이익의 극대화를 달성시켜 준다.

수직적 마케팅시스템은 경로구성원들에 대한 소유권의 정도(수직적 통합의 주체가 누구냐)에 따라서 관리형, 계약형, 기업형 수직적 마케팅시스템으로 구분할

그림 10-5 수직적 마케팅시스템의 주요유형

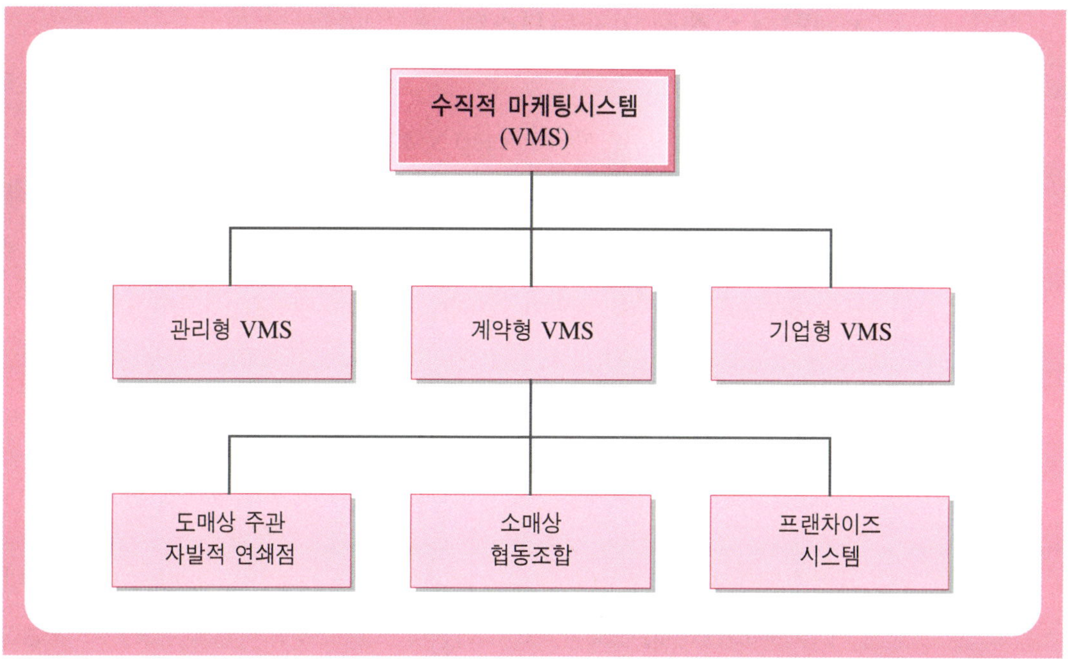

수 있다.

수직적 통합의 정도가 약한 관리형 마케팅시스템에서 매우 강한 기업형 마케팅시스템으로 갈수록 경로구성원에 대한 통제력은 증가하지만, 더 많은 투자가 요구되며 유통환경 변화에 대한 유연성이 약해진다. 〈그림 10-5〉는 수직적 마케팅시스템의 주요 유형을 보여주고 있다.

1) 관리형 수직적 마케팅시스템

관리형 수직적 마케팅시스템(administrative VMS)은 유통계열화에 참여하는 기관들 가운데서 규모와 명성으로나 리더의 위치에 있는 기업의 조정 내지 관리를 통하여 생산 및 유통의 수직적 단계가 통합화되는 방식을 말한다. 관리형 수직적 마케팅시스템의 경로구성원들은 일반적으로 개별적인 경로목표를 추구하며 그들을 함께 묶을 수 있는 공식적 조직을 가지고 있지는 않지만, 경로리더 역할을 하는 특정 경로구성원의 마케팅 프로그램을 중심으로 비공식적으로 협력함으로써 공동의 경로목표를 달성한다.

2) 계약형 수직적 마케팅시스템

계약형 수직적 마케팅시스템(contractual VMS)은 생산이나 유통활동에 있어서 상이한 수준에 있는 독립적 유통기관들이 상호이익을 위하여 계약을 체결하고 그 계약에 따라 수직적 계열화를 꾀하는 수직적 계열화를 말한다. 이러한 수직적 마케팅시스템에는 도매상주관 자발적 연쇄점, 소매상 협동조합, 프랜차이즈 등 세 가지 유형이 있는데, 이 중 가장 많이 채택되고 있는 것은 프랜차이즈 시스템이다.

(1) 도매상주도 자발적 연쇄점

도매상주도 자발적 연쇄점(wholesaler sponsored voluntary chain)이란 대규모 기업형 체인(regular chain)에 효과적으로 대응하기 위하여 도매상의 주도하에 다수의 소매상들이 연합하여 수직적 통합을 이룬 유통망을 말한다. 회원으로 가입한 소매상들은 공동구매와 공동촉진 등에 의해 규모의 경제를 얻을 수 있으므로, 대규모 기업형 체인과의 가격경쟁이 가능하다. 국내에서는 선경유통의 에스마트가 도매상주도 자발적 연쇄점의 한 예였다. 도매상인 선경유통과 슈퍼마켓인 에스마트 간에 계약을 맺고, 선경유통이 에스마트를 위해 대량구매, 점포관리 지도, 물류의 기능을 수행하였다.

(2) 소매상 협동조합

소매상 협동조합(retailer cooperative)은 중소 소매상들이 도매기능을 가진 공동소유의 조직체를 결성하여 이를 공동으로 운영하는 경로조직이다. 소매상이 협동조합을 구성하는 이유는 도매상주도 자발적 연쇄점과 마찬가지로 공동구매와 공동촉진을 수행함으로써 규모의 경제를 달성하려는 것이다. 국내에서는 전국 중소상인 연쇄점협회나 한국 슈퍼마켓 협동조합이 그 예이다.

(3) 프랜차이즈

계약에 의해 수직적으로 통합된 시스템에는 프랜차이즈 시스템(franchise system)이라고 하는 독특한 조직이 있다. 프랜차이즈란 사업자 혹은 본부(franchisor)가 타사업자 혹은 가맹점 사이에 계약을 체결하고 일정기간 동안 특정지역 내에서 자기의 브랜드, 상호, 사업운영방식 등을 사용하여 제품이나 서비스를 판매할 수 있는 권한을 허가해 주고, 가맹점(franchisee)은 그 대가로 초기 가입비와 매출액의 일정비율에 대해 사용료(royalty)를 지급하는 형태를 의미한다.

프랜차이즈 시스템은 최근에 가장 빨리 성장하고 있는 시스템인데, 그 이유는 이 시스템이 모회사와 가맹점이 갖고 있는 고민을 해결시켜 주기 때문이다. 모회사는 사업을 빨리 확장시키기에 필요한 자본과 인적자원이 부족한 때가 많다. 반면에 가맹점이 되고 싶어하는 쪽은 영업시스템을 갖추고 있지 못하고 시장에서 아무런 이미지도 없다. 이러한 상황에서 가맹점은 본부에 자본과 경영진을 제공하고, 본부는 가맹점들에게 자사의 영업시스템을 쓸 수 있게 해 주고 그들을 위해 판매촉진 · 훈련 등의 서비스를 제공하는 프랜차이즈 시스템은 양쪽에게 모두 매력이 있는 것이다.

국내에서는 피자헛, 맥도널드, 롯데리아 같은 유명한 패스트푸드 체인점뿐만 아니라, 커피전문점, 자동차 판매, 편의점, 자동차 대여업 등의 업계가 이러한 프랜차이즈 시스템을 도입하여 빠르게 성장하고 있다.

① 프랜차이즈의 유형

프랜차이즈 시스템은 다음과 같은 유형으로 나뉜다.

- 제조업자－소매상 프랜차이즈 : 제조업자가 프랜차이즈 본부가 되어 판매망을 확보하고 소매상들의 영업방법, 브랜드, 상호 등의 프랜차이즈를 개발하는 유형으로 스포츠용품, 의류, 전자 제조업자와 각각 프랜차이즈 계약을 맺은 의류대리점, 가전대리점, 스포츠용품 대리점 등을 예로 들 수 있다. 이 때 제조업자는 대리점에게 제조업자 브랜드를 판매할 수 있는 권리를 주며 대리점은 제조업자가 요구하는 판매 · 서비스 제공조건을 준수해야 한다.
- 제조업자－도매상 프랜차이즈 : 제조업자가 프랜차이즈 본부가 되어 도매상을 가맹점으로써 참여시킨 형태로 코카콜라, 펩시, 7UP 등을 그 예로 들 수 있다. 청량음료 제조업자는 음료수 원액을 생산하여 프랜차이즈 계약을 맺은 도매상에게 판매하며 도매업자는 원액에 물을 섞어서 병에 담은 후 완제품을 소매상에게 유통시킨다.
- 서비스기업－소매상 프랜차이즈 : 호텔이나 외식산업 등의 서비스산업에서 전문적으로 호텔 혹은 외식서비스를 개발하는 서비스업자가 전세계적으로 호텔이나 외식업체를 프랜차이즈 조직화하는 형태를 말한다. 하얏트(Hyatt), 쉐라톤(Sheraton), 맥도날드(McDonald's), 버거킹(Burger King) 등이 대표적인 예이다.
- 도매상－소매상 프랜차이즈 : 도매상이 프랜차이즈 본부가 되고 소매상을 가맹점으로 참여시킨 프랜차이즈 조직형태이다. 사무용품 기업인 오피스디포(Office DEPOT)는 사무용품 시장의 대표 소매상 체인 중 하나이다. 오피스디

포는 프랜차이즈 본부가 되어 전국적인 광고나 판촉활동을 실시하고, 오피스디포의 가맹점은 점포의 입지선정, 내외장식, 종업원 교육, 장비 및 물품 구입 등을 포함한 전반적인 영업 운영상의 지원과 조언을 받고 본부의 대량 구매력이나 교섭력의 이익을 누릴 수 있다.

② 프랜차이즈의 장점

프랜차이즈 시스템을 이용했을 경우, 본부는 다음과 같은 장점을 얻을 수 있다.

- 자사에서 직영점을 하는 것보다 자본과 인력이 절약된다.
- 가맹점들의 적극적인 영업을 기대할 수 있다.
- 협동광고 등의 규모의 이익실현 여지가 높다.
- 본부는 프랜차이즈 프로그램 개발에 몰두할 수 있다.

프랜차이즈 시스템이 가맹점에게 주는 장점은 다음과 같다.

- 본부의 교육 프로그램, 경영지도 등에 의해 사업경험 부족을 극복할 수 있다.
- 처음부터 지명도가 높은 경영활동이 이루어지므로 실패의 위험성이 적다.
- 본부의 일괄적인 광고를 통해 영향력이 큰 판매촉진의 수행이 가능하다.
- 제품의 품질에 대한 소비자들의 신뢰가 높아 판매에 유리하다.
- 본부가 기타 활동을 수행해 주므로 판매에만 전념할 수 있다.

③ 프랜차이즈의 단점

프랜차이즈 시스템을 이용했을 경우, 본부에게 주는 단점을 살펴보면 다음과 같다.

- 가맹점에 대한 계속적인 지도 · 원조가 필요하므로 많은 비용과 노력이 들어간다.
- 가맹점의 본부에 대한 의존 경향이 높아진다.

프랜차이즈 시스템을 이용했을 경우, 가맹점에게 주는 단점은 다음과 같다.

- 본부가 제공하는 서비스들은 경비항목으로써 가치산정이 어렵다.
- 가맹점 자체의 문제해결능력이나 경영노력을 등한시하기 쉽다.
- 본부는 시스템 전체의 효과를 생각해서 정책을 계획하기 때문에 가맹점의 실정에 맞지 않을 수 있다.

3) 기업형 수직적 마케팅시스템

기업형 수직적 마케팅시스템(corporate VMS)이란 유통경로를 구성하는 한 구성원이 다른 구성원을 소유하여 하나의 회사형태로 유통경로를 수직적으로 통합하는 유통계열화이다. 이러한 통합의 유형에는 제조업자가 중간상을, 통합하는 전방적 통합(forward vertical integration)과 반대로 유통업자가 제조업자 또는 제조업자가 원료 공급업자를 소유하여 생산기능이나 원료조달 기능을 통합하는 후방적 통합(backward vertical integration)의 두 가지 형태가 있다.

2. 수평적 마케팅시스템과 복수유통경로

1) 수평적 마케팅시스템

수평적 마케팅시스템(horizontal marketing system : HMS)이란 동일한 경로단계에 있는 두 개 이상의 기업들이 대등한 입장에서 공생 · 공영할 목적으로 자원과 프로그램을 결합하여 일종의 연맹체를 구성하는 형태이다. 수평적 시스템은 한 회사만으로 자본, 노하우, 생산 및 마케팅 설비를 모두 감당하기 곤란한 경우, 연맹관계를 형성함으로써 기업 간 상당한 시너지 효과를 기대할 수 있을 때, 위험을 회피하고자 할 때 주로 이용된다. 최근 국내에서도 수평적 마케팅시스템의 구축이 활발한데, 공동 브랜드 개발, 공동 상설전시판매장 운영, 공동 판매촉진 등이 좋은 예가 될 수 있다.

2) 복수유통경로

과거에는 대부분의 기업들이 단일시장에 판매하기 위해 하나의 유통경로를 이용하였다. 그런데 최근 들어 시장세분화가 가속화되고 다양한 유통경로의 활용이 가능하게 됨에 따라, 많은 기업들이 각 세분시장에 진출하기 위해서 둘 이상의 마케팅 경로를 함께 활용하는 복수유통경로(multi-channel marketing system)를 채택하고 있다. 예를 들어 삼성전자는 독립소매상(백화점, 대리점, 대형마트)등을 통해서 자사의 컴퓨터를 판매하고, 정부기관이나 학교 등의 대규모 조직체에 대해서는 자사의 영업사원을 통해서 직접 판매하기도 한다.

복수경로의 채택은 매출과 시장커버리지를 증대시키고 각 세분시장의 욕구에 맞는 유통경로를 갖춘다는 이점이 있다. 그러나 둘 이상의 유통경로가 경쟁하게 되므로, 이들에 대한 통제가 어렵고 동일한 소비자를 상대하는 복수의 유통경로 간에 경로갈등을 발생시킬 가능성이 높다.

10.5 유통경로의 설계

기업들이 선택하는 유통경로는 그 기업의 다른 모든 마케팅 의사결정에 큰 영향을 미친다. 따라서 제조업자의 마케팅 관리자는 유통경로를 선정할 때 신중을 기해서 효율적인 유통경로를 선정하여야 한다.

유통경로를 설계하는 과정은 〈그림 10-6〉과 같다.

그림 10-6 유통경로의 설계과정

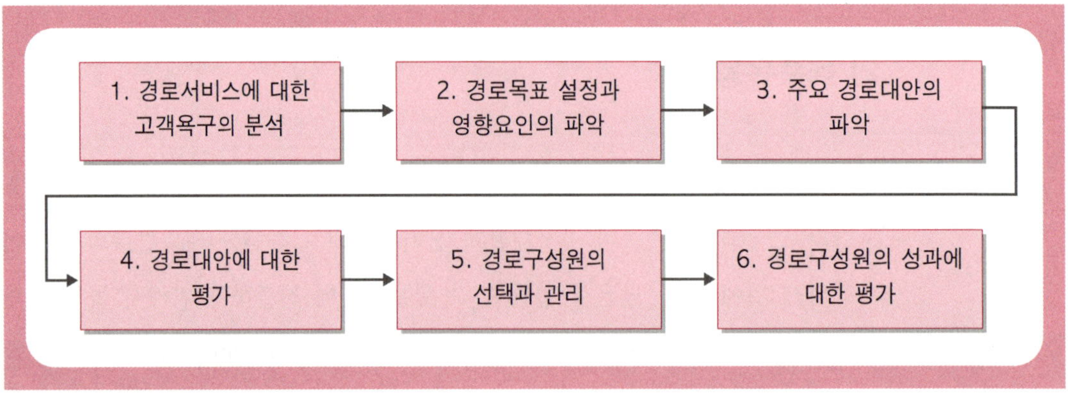

1. 소비자가 원하는 경로서비스의 분석

제조업자가 실시하는 유통경로 설계과정의 첫 번째 단계는 목표시장이 원하는 서비스와 이를 충족시키기 위해 각 경로구성원들이 제공해야 할 구체적 서비스가 무엇인지를 파악하는 것이다. 소비자가 유통경로의 구성원들로부터 기대하는 서비스를 분석할 경우 많은 요인이 포함되지만, 대체로 다섯 가지가 고객이 원하는 서비스를 분석하는 일반적 요인이다.

1) 대기시간의 단축

대기시간은 소비자가 제품이나 서비스를 주문한 후 그 제품 혹은 서비스를 받기까지 기다려야 하는 시간을 의미한다. 소비자들은 대기시간이 가능하면 짧기를 원할 것이다.

2) 제품구성의 다양성

한 유통경로가 갖추고 있는 제품구성이 다양할수록 소비자들은 그 경로가 제공하는 서비스의 수준에 만족한다고 할 수 있다. 예를 들어 의류종합매장과 같이 특정 유통경로 구성원이 다양한 제품구성을 제공할 경우, 소비자들은 일괄구매를 할 것이고, 그 결과 소비자들은 정보탐색비용과 교통비를 절감할 수 있게 된다.

3) 입지의 편리성

만일 소비자들이 제품을 살 수 있는 점포의 수가 많고, 지역적으로 골고루 분산되어 있을 경우, 소비자들은 점포를 방문하기 위해서 부담해야 하는 여러 가지 쇼핑비용(시간, 교통비 등)을 줄일 수 있다.

4) 최소구매단위의 크기

소비자는 자신이 소비하는 양에 적절한 크기의 제품수량을 구매하기 원한다. 이것을 최소구매단위의 크기(lot size)라고 하는데, 유통업자들은 판매단위를 크게 하기를 원하고 소비자는 구매단위를 작게 하기를 원한다. 만일 소비자들이 소량으로 제품을 구매하기 원한다면, 제조업자는 더 많은 도 · 소매상을 개입시켜 소비자가 원하는 수준의 구매단위로 제품을 분류하는 기능을 수행하여야 한다.

5) 서비스

소비자가 제품구입시 점포에서 제공하는 서비스의 정도는 소비자가 유통경로를 선택할 때 중요한 요인이다. 점포서비스에는 배달, 설치, 종업원의 친절, 신용카드 사용 등 다양한 항목들이 포함된다.

2. 경로목표의 설정

경로서비스에 대한 소비자의 기대를 파악한 다음에는 다양한 소비자의 기대 중 무엇을 어느 정도의 서비스 수준까지 충족시킬 것인가에 대한 경로목표를 결정해야 한다. 보통 소비자들이 원하는 서비스 수준에 따라 시장을 여러 개의 세분시장으로 나눌 수 있다. 그러므로 경로목표는 기업이 어떤 세분시장에 어느 정도의 서비스를 어떤 경로를 통해 제공한다는 내용을 담고 있어야 한다. 한번 설정된 경로목표는 장기적으로 다른 마케팅 믹스 요소에 영향을 미치므로 경로설계자는 보다 면밀히 검토하여 경로목표를 설정하여야 한다.

일반적으로 경로목표를 설정할 때 고려해야 하는 사항은 제품, 중간상, 경쟁사, 회사의 정책, 환경 등이 기업이 있다.

1) 제품의 특성

제품의 특성은 유통경로를 선정하는 데 매우 중요한 요인 중의 하나이다. 소비재는 소비자의 쇼핑습관에 따라 편의품, 선매품, 전문품으로 분류된다. 자사상품이 소비재의 세 가지 유형 중 어디에 해당되느냐가 경로설계에 많은 영향을 미친다. 예를 들어 소비자들은 편의품을 구매할 때 가장 가까운 점포에서 손쉽게 구할 수 있는 브랜드를 산다. 선매품은 일정수준의 서비스와 가격을 보장해 주는 매장에서 제품을 구매한다. 전문품은 특정전문점에서 구매한다.

만일 자사가 제공하는 제품이 썩기 쉬운 것이라면 신속한 공급을 위해 소비자에게 직접 유통하는 방법을 주로 써야 할 것이고, 제품이 표준화되어 제품 간의 차이가 적은 경우, 다수의 중간상을 이용하는 방안을 모색해야 할 것이다. 또한 비교적 고가의 제품과 복잡한 제조기술이 필요한 제품(최첨단 기자재)은 주로 직접 유통경로를 통해 소비자에게 판매해야 된다.

2) 중간상의 특성

일반적으로 각 중간상들은 각자 상이한 방법으로 촉진, 협상, 저장, 거래 및 신용을 취급하므로 경로설계자는 각 유형의 중간상들이 갖고 있는 장 · 단점도 세밀하게 검토한 후 경로설계를 하여야 한다.

3) 경쟁사의 특성

경쟁사의 유통경로는 자사의 유통경로 설계에 영향을 준다. 어떤 제품은 경쟁사가 주로 밀집된 지역에서 제품을 판매하는 전략이 유리할 것이다. 예를 들어 보석이나 시계와 같은 제품들은 소비자들이 주로 특정지역에서 주로 구매하는 경향을 갖으므로 경쟁사 제품이 밀집된 지역에서 제품을 판매하는 것이 유리하다. 반면에 후발기업의 경우, 이미 시장을 선점한 선발기업과는 다른 경로를 선택하는 것이 유리하다. 음료수 시장에서 후발주자였던 일화는 기존의 탄산음료수 제품들이 주로 소매상에서 판매되고 있었으므로 기존의 유통경로를 과감히 탈피하여 목욕탕 등의 특수한 유통경로를 개척함으로써 경쟁사와 차별되는 유통전략을 구사하였다.

4) 기업의 특성

기업의 크기, 기업의 정책, 충분한 자금력 등 기업의 특성은 유통경로 선택에 많은 영향을 미친다. 만일 특정기업의 인적 · 물적 · 재무적 자원이 풍부하다면 비용이 많이 들더라도 보다 많은 이익과 강력한 경로통제가 가능한 직접유통을 구축하려 한다. 반면 자원이 충분하지 못한 중 · 소기업들은 통제력을 어느 정도 상실하더라도 유용한 중간상을 이용할 것이다. 따라서 유통경로를 선택할 때에는 자사의 특성을 면밀히 분석한 후 이에 적합한 유통경로를 선택하여야 한다.

5) 유통환경적 특성

기업을 둘러싸고 있는 유통환경적 특성도 경로설계에 큰 영향을 미친다. 기업들은 불경기일 때는 가능하면 직접 유통경로와 같은 경제적인 방법으로 제품을 유통시키고자 한다. 특히 최근 유통시장의 개방화와 뉴라운드 협상과 같은 새로운 경영환경의 변화는 유통경로의 설계에 영향을 미치며, 유통근대화를 촉진하기 위한 유통산업 근대화촉진법, 도 · 소매업 진흥법, 화물유통촉진법, 판매거래에 관

표 10-3 유통경로 계획시 일반적인 고려요인

1. 소비자 특성	4. 경쟁사
• 소비자의 수	• 지역적 근접성
• 지역적 분산정도	• 판로에 따른 근접성
• 구매패턴	• 재무적 강점
• 판매방법에 따른 반응성	
2. 제품 특성	**5. 기업 특성**
• 소멸성	• 재무적 강점
• 부피	• 제품믹스
• 표준화 정도	• 과거의 유통경로 경험
• 요구되는 설비 및 유지서비스	• 현재의 마케팅 정책
• 단가	
3. 중간상 특성	**6. 환경적 특성**
• 이용가능성	• 경제적 조건
• 제품 또는 제품라인의 수용정도	• 법적 규제 및 제한
• 강점	
• 약점	

한 법률, 방문판매에 관한 법, 옥외광고물관리법 등 역시 경로설계에 영향을 미친다.

〈표 10-3〉은 유통경로를 설계할 때 일반적으로 고려해야 하는 요인들이다.

3. 경로대안의 결정

소비자의 서비스 수준과 기업의 경로목표가 설정된 후, 마케팅 관리자는 주요한 경로대안을 파악하고 개발하여야 한다. 제조업자는 제품의 성질이나 자사의 특성, 경쟁사 유통경로, 환경적 요인 등을 고려하여 유통경로에 참여시킬 중간상의 숫자를 어떤 규모로 할 것인지(경로 커버리지), 그리고 유통경로에 참여시킬 중간상의 유형과 길이를 어느 정도로 할 것인지(경로길이)를 결정해야 한다.

1) 경로 커버리지

일반적으로 유통경로의 커버리지(coverage)는 전속적 · 선택적 · 집약적 유통의 세 가지 유형으로 구분된다.

(1) 집약적 유통

집약적 유통(intensive distribution)이란 제조업자가 가능한 많은 소매상으로 하여금 자사의 제품을 취급하도록 하는 정책을 말한다. 주로 과자, 담배, 청량음료 등의 편의품을 제조하는 기업들이 자사 제품을 가능하면 많은 사람들에게 노출시켜 자사의 시장범위를 최대화하려 한다.

집약적 유통은 소비자들로 하여금 충동구매를 유발할 수 있고, 소비자 인지도를 증가시켜 주며, 소비자들에게 편의성을 제공해 준다는 장점이 있다. 반면, 집약적 유통의 단점은 제조업자의 마진이 작아지고, 재고비용과 증가하는 재주문의 수, 경로구성원에 대한 통제력의 어려움 등이다.

(2) 선택적 유통

선택적 유통(selective distribution)은 집약적 유통과 전속유통의 중간적 형태로서 제조업자가 일정지역에서 이미지, 입지, 경영능력 등의 여러 기준에서 일정수준에 있는 중간상들을 선별하여 이들에게만 자사의 제품을 취급할 수 있게 하는 유통정책이다. 이러한 전략은 소비자들이 구매 전에 브랜드들을 파악하고 이들을 비교 · 평가하는 특징을 가진 선매품에 적절한 유통전략이다.

선택적 유통은 제조업자가 집약적 유통에서와 같이 많은 점포에 대해 신경쓸 필요가 없으며, 중간상들과 긴밀한 관계를 맺고 그들이 자사 제품을 성의 있게 팔아줄 것을 기대할 수 있다. 따라서 집약적 유통경로보다 낮은 유통비용으로 점포들을 잘 통제할 수 있고, 전속적 유통의 경우보다 많은 소비자들에게 자사의 제품을 노출시킬 수 있다는 장점이 있다. 선택적 유통전략은 가전제품, 골프, 스키용구, 스테레오 등과 같은 선매품에 주로 적용된다.

표 10-4 집약적 유통, 선택적 유통, 전속적 유통의 비교

구분	집약적 유통	선택적 유통	전속적 유통
전략	가능한 한 많은 점포들로 하여금 자사 제품을 취급하도록 함	한 지역에 제한된 수의 점포들에게 판매권을 줌	한 지역에 하나의 점포에게 판매권을 부여
점포수	가능한 많은 점포	소수	하나
통제	제조업자의 통제력이 낮음	제안된 범위에서 제조업자의 통제가 가능함	제조업자의 통제력이 높음
제품유형(소비재)	편의품	선매품	전문품
소비재의 예	치약, 세제	가전제품	자동차

(3) 전속적 유통

전속적 유통(exclusive distribution)이란 각 판매지역별로 하나 혹은 소수의 중간상에게 자사 제품의 판매권을 부여하는 전략이다. 전속적 유통전략은 제품구매를 위해 적극적인 탐색을 하고 그 제품을 취급하는 점포까지 기꺼이 방문하고자 하는 특성을 가진 전문품에 적절한 전략이다.

전속적 유통의 장점은 정확한 판매예측으로 효율적인 재고관리가 가능하며, 소매업자에 대한 통제력을 확보할 수 있다는 점이다. 전속적 유통의 단점은 단일 유통경로를 거치므로 판매량이 제한되며, 소수 점포의 매출에 따라 회사의 성과가 결정된다는 점을 들 수 있다. 또한 제품을 취급하는 점포의 수가 적어서 소비자들이 제품을 구매하려고 해도 구매 못하는 경우가 있을 수 있다. 전속적 유통전략은 자동차, 보석, 고급의류와 같은 전문품에 주로 적용된다.

2) 유통경로길이

유통경로의 길이는 기업이 제공하는 제품이 몇 단계를 거쳐서 소비자에게 전달되는지를 의미한다. 경로길이의 관점에서 소비재의 유통경로는 제조업자 → 소비

자, 제조업자 → 대형소매상 → 소비자, 제조업자 → 도매상 → 소매상 → 소비자, 제조업자 → 도매상 → 중간도매상 → 소매상 → 소비자의 네가지 유형으로 분류할 수 있다. 이런 경로유형 중에서 자사의 제품에 적합한 유통경로를 선택함으로써 자연히 경로길이가 결정된다. 만일 제품의 신선도 유지가 중요하다면 짧은 유통경로를 택하는 것이 바람직하고, 저가의 표준화된 제품이라면 긴 유통경로가 유리하다.

3) 경로대안의 평가

경로커버리지와 경로길이와 관련된 유통경로의 대안들을 개발하였다면, 이들의 매력도를 평가하여 장기적인 경로목표를 잘 충족시킬 수 있는 대안을 선택해야 한다. 각 경로대안의 평가에 사용되는 평가기준에는 경제성, 통제력, 환경적응성 등이 있다.

(1) 경로대안의 경제성

경로대안의 경제성에 대한 평가는 각 경로대안으로부터 기대되는 판매수준과 판매하는 데 드는 비용을 추정하는 것으로 나누어진다. 먼저 마케팅 관리자는 자사의 영업사원을 이용하는 직접 유통경로와 중간상을 활용하는 간접 유통경로로부터 기대되는 매출수준을 비교해 보아야 한다.

기업이 어떤 유통방식을 이용하느냐에 따라 판매량과 유통에 들어가는 비용이 다르다. 기업은 먼저 어떤 방법을 쓰면 판매가 어느 정도 될 것인가를 가늠해 보아야 한다. 비용의 경우 대체로 직접 유통경로를 활용할 때 비교적 많으나 매출량에 비례해서 늘어나는 변동비는 상대적으로 적다. 반면에 간접유통경로를 많이 활용할 수록 이들을 유지하는 고정비는 적게 들지만 중간상들은 자사의 판매원들보다 더 많은 판매수수료를 받기 때문에 변동비는 상대적으로 더 빨리 증가한다.

〈그림 10-7〉은 경로대안별로 매출과 판매(유통)비용 간의 관계를 보여준다. 그림에서 알 수 있는 것처럼 매출액이 A 미만일 것으로 예상될 때는 간접 유통

그림 10-7 직접유통경로와 간접유통경로의 유통비용 및 매출액 비교

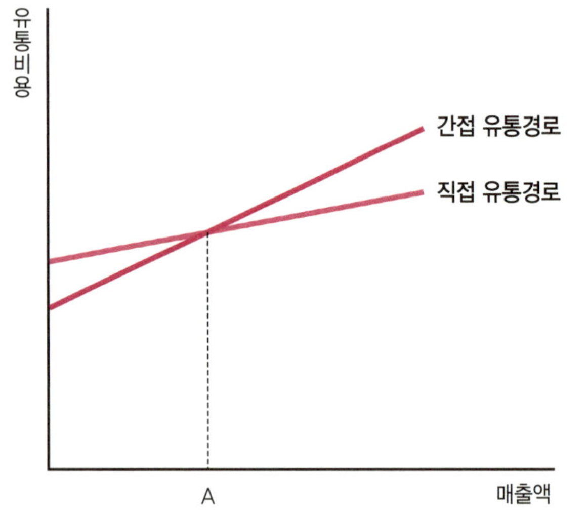

경로을 이용하는 것이 나을 것이고, A보다 많을 것 같으면 직접 유통경로가 더 나을 것이다. 대체로 소규모 회사들이나 대규모 회사라도 작은 판매구역에서 제품을 팔 때는 중간상을 통하여 판매하는 간접 유통경로가 일반적이다.

(2) 경로대안에 대한 통제력

마케팅 관리자는 제조업자가 유통경로에 있는 구성원들을 얼마만큼 통제할 수 있느냐에 대해서도 고려해야 한다. 일반적으로 간접 유통경로는 직접 경로보다 경로활동에 대한 통제가 어렵다. 왜냐하면 중간상은 그 자체가 독립된 사업체이며, 특정 제조업자의 제품을 팔기보다는 자사에 이익을 많이 가져다 주는 제품을 파는 데 더 관심이 있기 때문이다. 따라서 중간상들은 거래규모가 큰 기업들의 제품에 판매노력을 집중하거나, 특정 거래기업의 판촉활동에 비협조적일 수 있다. 또한 중간상들은 제조업자가 공급하는 제품을 기술적인 세부사항에 대해 잘 모르고, 제조업자가 제공하는 판매촉진을 위한 여러 가지 자료도 잘 활용하지 못하는 때가 많다.

(3) 경로대안의 환경적응성 정도

유통경로를 선정할 때 고려해야 하는 또 하나의 요인으로는 변화하는 환경에 대응하여 제조업자가 적응하는 능력이다. 예를 들어 제조업자는 대리상과 대리점계약을 할 때 계약기간을 5년 이상의 장기간으로 해야 할 경우가 있는데, 이 기간 동안에 우편판매와 인터넷 등의 다른 유통경로를 이용하는 것이 더 효과가 있는 상황이 발생할지도 모른다. 따라서 유통경로를 설계할 때는 유통환경의 변화에 대한 대응력도 고려해야 한다.

4. 경로구성원의 선택

각 경로대안들을 비교 · 평가하여 가장 바람직한 경로대안이 결정되면, 마케팅 관리자는 자사의 목표시장이 요구하는 경로서비스를 가장 잘 제공할 능력이 있는 중간상들을 선택해야 한다.

일반적으로 제조업자가 보다 나은 중간상들을 선택하는 데 고려하는 평가기준들에는 요구되는 재고수준과 소비자 신용을 제공할 수 있는 신용능력, 중간상의 활동력, 인품, 신뢰 등의 명성, 영업사원의 규모와 질, 전문화된 판매능력과 영업경험, 취급하는 제품들의 수와 특성, 조직의 탄력성 및 기동성, 수익성과 성장잠재력을 보이는 좋은 입지, 자사 제품의 판매에 정력을 투입할 능력과 자세, 제조업자와의 협력 정도 등이 있다.

5. 경로구성원의 관리방안 수립

중간상의 선정이 끝났으면 마케팅 관리자는 선택된 중간상들이 자사 제품의 판매를 위해 최선을 다하도록 계속적으로 동기부여를 해야 한다. 일반적으로 제조업자는 중간상들의 협력을 얻기 위해 긍정적 동기부여수단인 높은 마진, 특별 가격할인, 프리미엄 제공, 협동광고지원금, 진열지원금 등과 같은 방법을 활용하고 있다. 그러나 때에 따라서는 긍정적인 방법과는 상반되는 부정적 동기부여수단인 마진의 삭감, 제품인도의 지체, 거래관계의 종식 등의 방법을 활용하기도 한다.

한편 어떤 기업들은 전문적으로 관리되는 수직적 마케팅시스템의 구축을 통해 중간상들과 장기적인 협력관계를 형성하려고 한다. 각 제조업자들은 중간상들과 공동으로 머천다이징 목표, 머천다이징 전략, 판매원 교육, 광고 및 판촉활동을 계획함으로써 수직적 마케팅시스템의 한 구성원이 되는 것이 그들에게 많은 이익을 실현됨을 확신시키고자 한다.

기업은 판매수량, 평균재고 수준, 소비자에게 제품인도시간, 제조업자와의 협력 정도, 파손품에 대한 처리, 대 고객서비스 정도 등의 측면에서 장기적으로 중간상의 실적을 검토 후, 높은 성과를 보인 경로구성원에 대해서는 보상하고, 실적이 나쁜 경로구성원에 대해서는 지원책을 강구하거나 새로운 경로구성원으로 대체하여야 한다.

10.6 경로갈등의 관리

유통경로는 여러 경로구성원들이 공통의 목표를 달성하기 위해 상호의존적 관계로 구성된 시스템이다. 그런데 서로 다른 목표를 가진 경로구성원들은 각자 자신의 이익을 극대화하기 위해 노력하며 자사와 직접 거래하는 경로구성원과의 관계에만 주로 관심을 가진다. 이 때 구성원들 간에 상호의존성이 커질수록 특정 경로구성원이 다른 경로구성원들의 목표와 마케팅 활동에 관여할 가능성이 높으며, 그 결과 경로구성원들 간의 갈등도 커지게 된다.

그러므로 각 제조업자들은 유통경로를 결정하였으면, 자사와 함께 일할 중간상과의 긴밀한 협조를 통하여 경로 전체의 효율을 높은 수준으로 유지하기 위해 노력해야 된다. 만일 경로구성원들 간에 이해의 상충으로 인해 경로갈등이 발생한다면, 개별 경로구성원 및 경로전체의 성과는 감소하게 된다. 따라서 경로선도자는 경로구성원들 간의 협력을 최대화하고 갈등을 최소화할 수 있도록 적절한 경로갈등 관리전략을 수립하여야 한다.

1. 경로갈등의 유형

경로구성원들 간의 의견 불일치는 각 경로구성원들이 수행해야 할 과업을 수행하지 않을 때 발생되며 이로 인해 경로갈등(channel conflict)이 야기된다. 이러한 경로갈등에는 수평적 갈등과 수직적 갈등이 있다.

- 수평적 갈등(horizontal conflict) : 유통경로의 동일한 단계에서 발생하는 갈등을 의미하는 것으로 소매상과 소매상끼리 혹은 도매상과 도매상 간의 갈등을 예로 들 수 있다.
- 수직적 갈등(vertical conflict) : 유통경로 상에서 서로 다른 단계(예: 제조업자 대

도매상, 도매상 대 소매상)에 있는 구성원 사이에서 발생하는 갈등을 의미한다. 수직적 갈등은 비슷한 제품을 취급하는 다른 종류의 소매상들 사이에서도 생길 수 있다. 예를 들면 동일한 제품을 판매하는 백화점과 대형마트가 서로 경쟁하는 경우가 이에 속한다. 이러한 유통경로상의 갈등발생 이유는 유통경로 구성원들의 목표가 일치하지 않고 상호이해가 부족하며 의사소통이 결여되었기 때문이다.

2. 경로갈등의 영향효과

일반적으로 갈등은 바람직하지 못하다거나 역기능적인 효과를 지니는 것으로 인식하기 쉬우나, 경로갈등은 경로구성원들 간의 관계를 발전시키고 경로성과를 높이는 순기능적 효과와 경로구성원들 간의 관계를 악화시키는 역기능적인 효과를 동시에 지니고 있다. 경로구성원들이 경로갈등을 어떻게 해소하고 관리하느냐에 따라 순기능적인 효과 혹은 역기능적인 효과가 발생될 수 있는 것이다. 현실적으로 갈등이 없는 유통경로는 존재하지 않으며, 어느 정도 경로구성원들 간에 갈등이 존재하는 경로조직이 더 높은 경로성과를 보일 수 있다.

많은 경우 갈등이 유통경로에 부정적인 영향을 미치는 이유는 이의 해결과정에서 강압적 경로파워의 사용과 같은 부적절한 메커니즘이 활용되기 때문이다. 그러므로 경로선도자는 유통경로 내의 갈등을 제거하는 것보다는 적절한 해결 메커니즘을 통해 적절한 수준에서 이를 유지 · 관리하는 데 보다 많은 노력을 기울여야 한다.

3. 갈등해결 메커니즘

유통경로의 효율성을 증대시키기 위한 효율적인 갈등해소 방안은 초조직적 방법, 상호침투, 중재자(mediator)의 이용, 협상과 교섭의 네 가지 형태로 구분된다.

■ 초(超)조직적 방법 : 갈등해결을 위해 거래쌍방의 개별적 목표이상의 상위목표를 설정하거나, 제3자를 통한 중재나 재정의 방법을 이용하는 방법을 의미한다. 일반적으로 초조직적인 방법은 경로구성원 간에 어느 정도 공존의식과 일체감이 형성되어 있는 경우에만 효과적이다. 그러므로 초조직적 방법은 주로 기업형 경로, 계약형 경로, 관리형 경로와 같은 수직적 마케팅시스템에서 중요한 갈등해소방법이다.

■ 상호침투 : 기존의 조직 내 정책결정구조에 새로운 요소를 투입하는 호선이나 인력교환 등을 통해 거래상대방과의 상호작용을 증가시킴으로써 갈등을 해결하는 방법을 말한다. 유통경로에 있어 호선은 경로의사결정에 거래쌍방이 자신 혹은 자신의 대표를 선임하여 참여하는 공식적 방법과, 특정 제조업자의 의사결정에 딜러들이 자문위원회 등을 통해 간접적으로 참여하는 방법이 활용된다.

■ 중재자 : 산업 · 제품에 대한 지식이나 경영기법을 가지고 있는 전문인을 파견하여 갈등을 해결하는 방법이다. 이러한 중재자의 예로는 전자산업에 있어 공장전문가, 식품산업에 있어 기업연락관, 자동차산업에 있어 경영관리전문가 등을 들 수 있다.

■ 협상(bargaining)과 교섭(negotiation) : 의존도가 낮은 유통경로형태에서 갈등해결을 위해 가장 보편적으로 활용되는 방법이다. 경로갈등 해결을 위해서 사용하는 방안은 힘(power)의 행사와 양보를 적절하게 혼용하여 사용하는 전략이 필요하다. 협상을 통해 합의점에 이르기 위해서는 상대방으로 하여금 더 이상의 양보가 불가능하다는 인식을 가지게 하는 것이 중요하다. 이러한 인식은 상호신뢰가 조성되어 있는 경우에 가능하다.

10.7 물적 유통관리

기업들은 제조업의 물류비용이 갈수록 증가함에 따라 효율적인 물적 유통관리가 중요한 의사결정의 영역으로 대두되고 있다. 최근 물류관리에 있어서 영향을 주고 있는 기업의 외적 요인으로는 교통의 정체와 시설 부족의 화물 적체 등으로 인한 물류비 부담을 가중시키고 있다는 점이다. 또한 기업의 내적 요인으로는 고객 욕구의 다양화 추세에 따른 다품종 · 소량 · 다빈도 등의 배송체계 도입으로 운송 효율의 저하와 안전 재고량의 증가를 유발시켜서 물류비용의 상승 원인으로 작용하고 있다는 것이다. 따라서 기업은 물류관리의 환경 변화에 따른 유통비용의 상당부분을 차지하고 있는 물류비용을 절감함으로써 기업의 경쟁력과 새로운 이익원이 될 수 있도록 하는 전략이 매우 중요하다. 본 절에서는 물적 유통의 개념, 물류환경의 트렌드, 물적 유통시스템의 기능 등을 살펴보고자 한다.

1. 물적 유통의 개념

미국 물류관리협회(The Council of Logistics Management)에 의하면, 물적 유통(physical distribution)이란 "원자재, 재공품, 완제품 및 관련 정보를 발생 지점에서 소비지점까지 효율적이고 효과적으로 흐르도록 계획 · 실시 · 통제하는 과정"으로 정의되며, 시장로지스틱(market logistics)이라고도 불린다. 물적 유통은 판매를 위해서 생산지에서 소비지까지 제품이 이동되는 과정을 관리하는 보다 협의의 개념인 반면에 로지스틱스는 조달, 생산, 판매활동에 수반되는 물적 흐름을 통합적으로 관리하는 보다 광의의 개념으로 사용된다.

물적 유통 또는 로지스틱스의 핵심은 공급업자로부터 최종사용자에게 이르기까지의 부가가치 흐름인 공급연쇄를 관리하는 것이다. 그러므로 로지스틱스의 주요 과업은 공급연쇄를 구성하는 공급자, 구매담당자, 마케팅관리자, 경로구성원 그리고 고객들이 수행하는 활동을 조정하는 것이다.

물적 유통의 목표는 기업이 최소의 물류비용으로 최고의 고객서비스를 제공하는 것이다. 그러나 이것을 동시에 달성한다는 것은 매우 어렵다. 먼저 최소의 물적 유통비용은 저렴한 운송수단, 보다 적은 양의 재고, 소수의 창고 등에 의해 달성될 수 있지만 이것은 낮은 고객서비스를 초래한다. 또한 최고의 고객서비스 제공은 더 많은 재고의 보유, 최선의 운송수단, 더 많은 창고를 필요로 하므로 이것은 모두 유통비용의 상승을 의미한다. 따라서 마케팅관리자는 고객서비스 향상과 물류비 절감 중에서 어느 부분에 더 중점을 두어야 할 것인가를 고려해야 하며, 물류시스템을 구성하는 여러 물류활동의 수행과정에서 발생되는 비용을 최적화하는 전략이 필요하다.

2. 물류환경의 트렌드

최근 물류환경의 큰 흐름은 고객의 서비스 욕구 증가, 통합 물류시스템의 구축, 시장의 글로벌화, 물류시간의 단축 등을 들 수 있다.

1) 고객의 서비스 욕구 증가

과거에 기업들은 제품의 고품질과 호의적인 브랜드 이미지를 가지고 경쟁우위를 획보할 수 있었다. 그러나 이제는 이러한 유형적인 요소뿐만 아니라 서비스에 대한 고객의 욕구가 점차 증가하고 있다는 것을 인지해야 한다. 따라서 기업은 고객이 원하는 물류서비스 수준을 파악하여 경쟁사보다 더 나은 물류서비스를 제공해야 한다.

기업이 고려해야 하는 주요 서비스는 다음과 같이 3가지로 설명할 수 있다. 첫째, 재고이용가능성은 기업이 충분한 재고를 보유하여 고객이 주문할 때 즉시 공급이 가능한지를 말하며, 재고이용가능성이 높을수록 고객만족이 증가한다. 둘째, 서비스제공능력은 신속한 주문처리와 배달로 고객의 서비스요청에 유연하게 대처할 수 있어야 한다는 것이다. 셋째, 서비스의 질(quality)은 선적된 제품을 손상 없이 배달하거나 불량품을 신속하게 처리하는 등의 물류서비스를 수행하여 고객의 기대를 충족시킬 수 있는 능력을 말한다.

2) 통합 물류시스템의 구축

최근의 추세는 기업의 물류관리를 시스템적 관점에서 물류활동을 전개해 나가는 통합 물류시스템을 도입하는 것이다. 통합물류는 기업 내의 물류활동인 판매물류, 생산물류, 조달물류 등을 연결하여 하나로 통합하는 것에서 한 걸음 더 나아가 납품사, 고객, 물류 관련 제3자와의 전략적 제휴를 통해 물류의 효율성을 실행하고자 하는 것이다.

롯데면세점은 물류를 효율적으로 관리하고 생산성 및 고객서비스를 향상시키기 위해 물류센터를 건립하고 설비, 장비도입, 정보시스템 등을 구축해 2007년 통합 물류센터를 오픈했다. 롯데면세점의 통합물류센터 구축은 물류비를 절감하는 것은 물론 물류 효율성 및 생산성이 향상되는 결과를 얻게 되었다.

3) 시장의 글로벌화

최근 기업은 시장과 경쟁의 범위가 글로벌화됨에 따라 기업들이 전 세계로부터 자재와 부품을 조달하고, 생산함으로써 세계시장을 상대로 제품을 판매하고 있다. 따라서 기업의 경쟁우위확보는 세계적인 시장을 상대로 최적화할 수 있는 생산 및 물류시스템 전략의 개발이라고 할 수 있다.

스웨덴의 패션의류 H&M(Hennes & Mauritz)은 패션감각이 돋보이는 의류를 저렴한 가격에 판매하여 고객들로부터 큰 인기를 얻고 있다. H&M의 모든 상품은 본사가 있는 스톡홀름에서 95명의 디자이너들이 디자인하고, 생산은 원가절감을 위해 방글라데시, 중국, 터키 등 전 세계 21개국에서 아웃소싱하고 있다. 이러한 업체들과의 긴밀한 협력으로 H&M은 디자인에서 완제품이 나오기까지 걸리는 시간이 불과 3주일밖에 되지 않는다고 한다. 따라서 이 기업의 제품은 치열한 시장경쟁에서 우위를 유지할 수 있는 것이다.

4) 물류시간의 단축

기업이 마케팅활동을 펼치고 있는 시장에서의 경쟁은 더욱 치열해지고, 제품수명주기는 점점 짧아짐에 따라 제조업체 및 도소매상들은 공급자들에게 정시 배송을 요구하며, 최종소비자가 원하는 시간과 장소에서 원하는 제품을 구매하기를 원한다. 따라서 기업들은 거래처로부터 갈수록 짧은 물류리드타임을 요구하고 있다. 물류리드타임은 고객주문의 접수로부터 배달에 이르기까지 소요되는 시간으로 인식되어 왔으나 최근에는 리드타임의 범위를 원자재의 조달, 생산, 최종고객에게로의 배송에 소요되는 시간으로의 확대가 요구되고 있다.

3. 물적 유통시스템의 기능

물적 유통시스템은 관련된 기능들의 집합으로 구성되며, 〈그림 10-8〉은 어떤 기능들이 서로 어떻게 관계를 맺고 있는가를 잘 나타내 주고 있다. 물적 유통시스템의 목적을 효과적으로 달성하기 위해서는 이 기능을 제대로 관리해야 한다. 또한 물류관리자는 어떤 식으로 주문을 처리할 것이며(주문처리과정), 지역적으로 어디에 상품을 위치시킬 것이며(창고 및 입지), 어떠한 수단을 통해서 운반할 것인가(수송), 제조업자의 공장이나 창고 안에서 자제를 어떻게 취급할 것인가(자재취급) 그리고 생산자 · 중간상 · 소비자를 연결하기 위해 어떤 종류의 정보시스템이 필요한지에 관한 의사결정을 내려야 한다.

그림 10-8 물적 유통 기능들 간의 관계

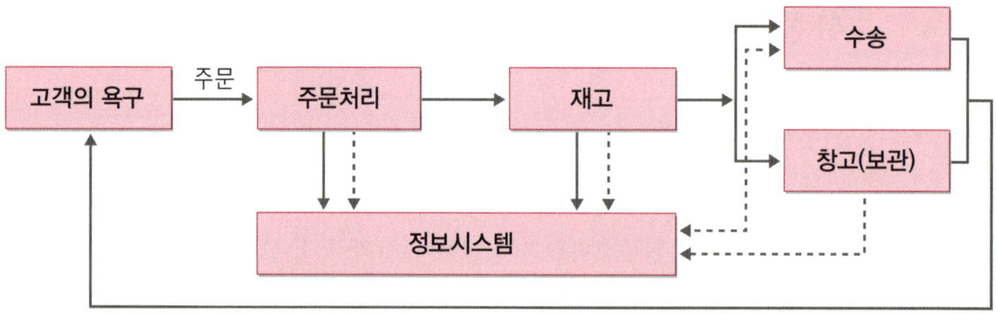

점선: 정보의 흐름을 의미함. 가령, 주문은 정보시스템에 입력되며, 수송자료가 정보시스템에 입력되면 이에 따라 수송지시가 이루어짐

1) 주문처리(order-processing)

주문처리란 판매주문 정보를 수집하여 분석하고 전달하는 등의 여러 가지 활동을 포함하는 것이다. 물적 유통은 고객의 주문으로부터 시작되며, 신속하고 효율적인 주문처리는 이익증대와 고객만족을 실현할 수 있다. 주문처리에는 영업사원, 고객에 의해 작성된 주문서를 창고에 보내고, 화물표를 작성하고, 신용상태를 조사하는 것 등이 포함된다. 창고에서 주문확인서가 작성되고, 주문한 제품이 고객에게 배달되면 주문처리과정은 마무리된다. 물류관리자는 주문→선적→대금청구서 발행 등의 주문과정을 신속하게 처리하기 위해 컴퓨터를 사용한다.

최근에는 오프라인 기업들의 온라인화가 이루어지면서 인터넷에서 고객을 대상으로 실시간 고객관계관리(e-CRM)를 하는 과정에서 주문처리를 하고 있다. 따라서 단순히 주문을 처리하는 것뿐만 아니라 고객의 행동과 성향을 분석해서 고객만족을 극대화하고 궁극적으로 실시간 일대일 마케팅을 실현하고자 한다. 이것은 소매상의 주문만을 처리하는 시스템이 아니라 제품정보, 판매정보, 재고정보 등을 포함하는 소매상의 판매내력을 정보로 제시함으로써 소매상의 향후 계획수립에 도움이 되도록 하는 것이다.

2) 재고(inventory)

재고란 수요에 대응하기 위해 제품의 재고를 준비해 두는 것으로 어떻게 하면 총재고비용을 최소화하면서 동시에 고객의 수요와 고객서비스를 만족시키는가 하는 것이 핵심이다. 또한 재고관리의 목적은 필요로 하는 상품을 고객이 원하는 시기에 갖고 있으면서 재고부족이 발생하지 않도록 통제하는 것이다.

재고관리의 의사결정에는 주문량의 결정과 재주문 시점에 대한 결정이다. 먼저, 주문량의 결정에서는 과다한 재고유지에 따른 높은 비용과 품절에 따른 판매기회 상실 간에 균형이 유지되어야 한다. 또한 재주문 시점의 결정에서는 주문처리비용과 재고유지비용 간에 균형이 이루어져야 한다.

재고비는 재고유지비, 주문비, 재고부족비 등으로 구성된다. 첫째, 재고유지비는 일정 기간 동안 생산된 상품을 유지하는 데 드는 비용으로 화재, 도난보험료, 창고사용료, 재산세 등이 포함된다. 둘째, 주문비는 재고를 보충할 때마다 발생되는 비용으로 주문처리비, 발송비, 자재취급비 등이 포함된다. 셋째, 재고부족비는 고객의 수요보다 재고량이 적을 때 발생되는데, 고객들은 가능한 빨리 제품을 공급받기를 원하므로 재고부족으로 인한 주문의 취소는 판매와 이익의 상실과 부정적인 기업이미지를 유발하게 된다. 따라서 기업의 재고관리자는 재고비용을 고려하여 재주문량, 재주문시기, 안전재고량 등을 결정해야 한다.

3) 창고(warehousing)

물류에서의 저장기능은 생산과 소비가 이루어지는 시점과 장소가 일치하지 않기 때문에 필요한 것이다. 기업은 최적의 저장창고 수를 결정해야 하며, 여러 지역에 많은 저장창고가 위치할수록 고객에 대한 제품배달이 보다 신속하게 이루어질 것이다. 그러나 많은 입지의 확보는 창고운영비를 증가시키므로 기업은 유통비용과 제공될 고객서비스의 수준 간에 균형을 맞추어야 한다. 창고 유형별 특징을 보면 다음의 〈표 10-5〉와 같다.

표 10-5 창고 유형의 특징

창고 유형	특징
개인 창고 (private warehouses)	• 고객의 수요를 충족시키기 위해 정기적으로 대량의 제품을 저장해야 할 경우에 주로 사용 • 개인창고 소유에는 고비용이 부담이 됨.
임대 창고 (public warehouses)	• 창고운영에 따른 큰 부담을 원하지 않을 때 이용 • 수요의 불확실성이나 계절에 따른 수요변동으로 인해 재고 유지에 신축성이 요구될 경우에 이용
유통센터 (distribution center)	• 단순한 제품저장보다는 제품의 효율적 이용을 위해 설계 • 대규모, 고도로 자동화된 창고로써 여러 공장과 공급업자들로부터 보내진 제품들을 고객의 주문에 따라 신속하게 배달될 수 있도록 설계
자동화 창고 (automated ware-houses)	• 중앙컴퓨터의 통제 하에 최신의 자재취급시스템을 갖춘 창고 • 소수의 종업원으로 운영 가능 • 컴퓨터를 통한 주문처리, 지게차, 로봇 등의 최신 운반도구를 이용한 제품이동이 가능 • 인건비 절감, 파손과 도난의 방지, 재고관리의 향상 등의 효과

4) 수송(transportation)

어떤 수송수단을 선택하는가에 따라 상품가격, 배달의 효율성, 인도 시의 제품상태 등이 달라질 수 있으며, 고객만족에 영향을 줄 수 있다. 중요한 수송수단에는 철도, 트럭, 해상, 항공, 파이프라인 등을 들 수 있다.

첫째, 철도(rail road)는 가장 널리 이용되고 있는 수송수단으로 대용량 상품(석탄, 모래, 농·임산물)의 장거리 이동 시에 부피가 큰 화물을 저렴하게 수송할 수 있다.

둘째, 트럭(truck)은 신속하고 다양한 서비스를 비교적 저렴하게 제공할 수 있는 수송수단으로 전체 화물수송에서 차지하는 비중이 증가하고 있다. 트럭운송은 제품 공급루트와 배달시간을 계획하는 데 매우 신축성이 있으며, 상품의 택배서비스가 가능하며, 대부분의 소비재 수송과 고가치 상품의 단거리 수송에 이용된다.

셋째, 해상운송(water carriers)은 대용량, 저가치, 부패하지 않는 상품(모래, 석탄, 원유, 광석 등)을 운반하는 데 경제적이지만 가장 속도가 느린 수송수단이다.

넷째, 항공수송(airways)은 신속한 서비스의 제공이 가장 큰 이점이지만, 단위거리 당 비용이 가장 높은 수송수단이다. 부피가 작지만 가치가 매우 높거나 신속한 서비스를 필요로 하는 제품에 가장 적절하며, 부패성 상품(꽃), 고가치 저용량 상품(보석) 등을 수송하는 데 많이 이용된다.

다섯째, 파이프라인(pipeline)은 가스, 원유, 화학물 등을 산지에서 소비지까지 장거리 운송하는 데 효율적인 수송수단이지만, 일부 제품들만이 파이프라인을 통해 운송된다는 점에서 서비스 제공범위가 매우 제한되어 있다.

최근 화물수송에서의 콘테이너화 추세에 따라 두 가지 이상의 수송수단을 함께 이용하는 기업들이 늘어나고 있으며, 〈표 10-6〉은 5가지 수송수단의 상대적 특징을 보여주고 있다.

표 10-6 수송수단의 상대적 특성

수송수단의 특징	철도	트럭	해상운송	파이프라인	항공
속도	3	2	4	5	1
이용의 용이도	2	1	4	5	3
신뢰도	3	2	4	1	5
수용능력	2	3	1	5	4
이용빈도	2	5	1	3	4
단위당 비용	3	4	2	1	5
파손	5	4	2	1	3

5) 정보시스템(information system)

물적 유통관리를 보다 효율적으로 관리하기 위해서 컴퓨터를 사용한 정보시스템을 도입하는 기업들이 증가하고 있다. 컴퓨터의 급속한 발전은 주문처리, 창고보관, 재고통세, 수송관리 등의 통합적 관리를 위한 물류관리시스템의 신속성과 효율성을 지속적으로 향상시키고 있다.

물류선진국들은 통합물류의 실행을 최근 QR시스템(Quick Response System : 신속반응시스템)을 적극적으로 도입하고 있다. QR시스템은 고객이 원하는 시간과 장소에 필요한 제품을 공급하기 위한 물류 정보시스템을 말한다. 신속반응시스템은 미국의 패션의류업계가 수입의류상품의 급속한 시장잠식에 대한 방어목적으로 개발되었다. 미국 의류업계는 디자인 개발에서부터 주문, 생산, 매장에서의 판매에 많은 시간이 소요되고, 바이어의 사전구매결정에 따라 막대한 재고부담비용이 발생한다는 것이 커다란 문제점을 지적되었다. 그래서 이러한 부분들 개선하기 위해 의류업계는 섬유업계, 직물업계, 제조업계, 소매업자 간의 제휴를 바탕으로 QR시스템을 도입함으로써 시간의 단축에 의한 신속한 제품공급과 재고감축의 효과를 가져올 수 있었다고 한다.

참고문헌

1. 김광규,「전략적 유통기업의 경영」, 형설출판사, 2001.
2. 김태현,「Supply Chain Management : 개념과 사례」, 박영사, 1999.
3. 방희석, 이규훈,「물류관리론」, 동성사, 1999.
4. 안광호, 조재운, 한상린 공저(2011), 유통원론(제2판), 학현사.
5. 안광호, 하영원, 유시진, 박흥수 공저(2018), 마케팅원론, 학현사.
6. 안광호, 한상린,「유통원론」, 학현사, 2005.
7. 이우용, 정구현, 이문규 공저(1999), 마케팅원론, 형설출판사.
8. 임영균, 안광호, 김상용 공저(2015), 고객지향적 유통관리(제3판), 학현사.
9. Stern, Louis W. and Adel. I. El-Ansary, *Marketing Channel*, 4th ed., Prentice-Hall, 1992.

연구문제

1. 유통경로의 개념과 필요성을 설명하시오.
2. 소비재와 산업재의 유통경로를 설명하시오.
3. 도매상의 종류와 기능을 설명하시오.
4. 점포형 소매상에 대해 설명하시오.
5. 무점포 소매상의 종류를 설명하시오.
6. 수직적 마케팅시스템에 대해 설명하시오.
7. 프랜차이즈의 종류와 장 · 단점을 설명하시오.
8. 유통경로의 설계과정을 설명하시오.
9. 경로갈등의 유형과 해결방안을 설명하시오.

제11장

마케팅 커뮤니케이션 전략

11.1 마케팅 커뮤니케이션의 의미

11.2 마케팅 커뮤니케이션 전략의 수립

11.3 광 고

11.4 인적 판매

11.5 판매촉진

11.6 대중관계(PR)

시작하면서…

사양길 걷던 잡지산업, 디지털 콘텐츠로 재탄생

최근 광고 시장에서 중요한 트렌드는 단순히 광고의 노출량에 무게중심을 놓고 마케팅 예산을 집행하는 기업이 점점 감소하고 있다는 것이다. 특히 마케팅 예산이 많지 않은 중소형 기업에서 이런 특징은 더욱 두드러지게 나타난다. 이런 추세는 디지털광고, 특히 모바일광고의 성장과 무관하지 않다.

디지털광고 시장이 성숙해지면서 기업들은 광고 노출량 기반의 광고비 산정 방식인 CPM(광고를 1000번 노출하는 데 사용된 광고 비용)보다는 CPC(광고를 클릭한 횟수당 광고 비용), CPA(소비자가 광고주가 원하는 특정 행동을 취할 때 지급하는 광고 비용) 등의 방식을 택하면서 비용효율을 더 챙기고 있다.

디지털광고 시장도 이에 맞춰 진화하고 있다. 이런 디지털광고 트렌드 속에서 더욱 중요해지고 있는 것이 바로 '콘텐츠'다. 한편으론 빅데이터를 활용한 타기팅(Targeting)으로 광고효율을 높이기 위한 기술의 진화가 이뤄지고 있지만, 결국 '콘텐츠'가 부실하다면 광고주가 원하는 마지막 퍼즐을 맞추지 못한다.

최근 모바일에서 활발히 접할 수 있는 네이티브애드(Native AD)도 결국 소비자가 사용하는 플랫폼에서 광고 같지 않게 소비자가 자발적으로 소비하는 콘텐츠처럼 보여주기 위한 의도로 만들어진 광고 형태라고 할 수 있다. 피키캐스트 같은 소셜미디어 플랫폼은 다양한 콘텐츠와 함께 자연스럽게 광고 콘텐츠를 녹여 보여주는 대표적인 콘텐츠 플랫폼이라고 할 수 있다. 일방적으로 제품의 정보를 전달하기보다 제품에 또 다른 스토리를 입힘으로써 소비자들이 큰 거부감 없이 개인의 관심사에 따라 광고 콘텐츠를 즐길 수 있게 구성하고 있다.

디지털광고의 성장과 함께 콘텐츠의 중요성이 점점 커지면서 눈여겨볼 매체는 바로 잡지다. 잡지 광고는 그 효과를 숫자로 환산하기 어려워서 하향세에 접어들었다는 의견이 많다. 그러나 디지털광고 시대에 잡지사가 변화하는 모습을 관심 있게 지켜보는 사람 역시 많지 않다. 톱스타가 표지를 장식하고 콘텐츠만 잘(?) 만들면 서점에서 잡지가 불티나게 팔리던 호황을 재현하기는 쉽지 않겠지만, 이미 잡지는 그들의 무기인 콘텐츠를 보다 효율적이고 돋보이게 노출할 수 있는 방법들을 찾아가고 있다. 글과 사진으로 보여줬던 콘텐츠는 최근의 디지털 시대 추세에 맞춰 영상으로 만들기 시작했고, 종이 잡지뿐만 아니라 포털사이트, SNS 채널 등을 통해 독자들과 소통하고 있다. 또 영상 제작 프로덕션들과 제휴를 맺고 디지털 콘텐츠 전문 에디터를 확충하며 영상 콘텐츠를 강화하기 시작했으며, 페이스북이나 인스타그램 등 SNS 폴로어 확보를 위해 상당한 공을 들이고 있는 것이다.

최근 SK매직 '매직 로스팅오븐'의 통합마케팅커뮤니케이션 캠페인(IMC 캠페인)은 이러한 잡지 콘텐츠의 변화를 확인할 수 있는 사례라고 할 수 있다. 잡지사에서 제품의 특장점을 알리는 캠페인의 기획 의도에 맞춰 적합한 셀럽(Celeb)을 선정하고 빽빽한 글로 기사를 쓰는 대신, 동영상 콘텐츠 및 카드뉴스를 제작했다. 이 콘텐츠는 페이스북, 인스타그램 등 SNS 채널을 포함한 다양한 플랫폼을 통해 확산됨으로써 소비자가 자연스럽게 SK매직이 알리고자 하는 정보를 습득하게 할 뿐 아니라 직접 이벤트까지 참여해 소통할 수 있게 했다.

잡지의 콘텐츠가 디지털화하면서 자연스럽게 잡지 콘텐츠의 IMC 마케팅 또한 활발해지고 있다. 물론 과거에도 잡지와 오프라인 프로모션을 연계한 다양한 형태의 IMC 마케팅을 진행했지만, 이제는 명확한 효과 측정이 가능한 통합 IMC 캠페인 설계가 가능해졌으며 이 캠페인의 연장선으로 판매까지 이어지는 콘텐츠 기반의 커머스(Commerce) 캠페인까지 가능하게 됐다. 화장품 전문 브랜드인 에스티로더와 패션 매거진 마리끌레르의 협업으로 진행됐던 '마리끌레르 러브에디션' 캠페인은 에스티로더 신제품 립스틱을 띄우기 위해 신제품 립스틱과 스와로브스키 크리스털로 특별 제작한 목걸이를 '러브(LOVE)'라는 테마로 묶어 패키지로 구성했다. 또 인기 연예인이 이 제품을 사용하며 한껏 매력을 뽐내는 모습을 담아 동영상 콘텐츠 및 화보로 제작하고 자연스럽게 확산되도록 했다.

소비자들이 스스로 찾아 보게끔 콘텐츠화한 것은 물론 더 나아가 오픈마켓과 협업을 통해 자연스럽게 구매까지 이어지도록 설계한 캠페인이다. 잡지사와 브랜드의 컬래버레이션은 노출량, 이슈 메이킹을 넘어 제품 자체가 콘텐츠가 될 수 있도록 연결시킨 의미 있는 시도였으며, 앞으로 잡지 콘텐츠가 나아갈 큰 방향성을 보여준 캠페인이라고 할 수 있겠다. 이처럼 콘텐츠를 기반으로 하는 다양한 시도는 앞으로 광고 생태계에 작지 않은 변화를 가져올 것이다.

특히 디지털 변방인 오프라인 콘텐츠 회사와 디지털 플랫폼 간 제휴는 더욱 활발해질 것이며, 웹페이지의 넘쳐나는 디스플레이 광고를 대체할 수 있는 디지털 마케팅의 대안이 될 수도 있을 것이다. 조금의 변화에도 무궁무진한 가능성과 다양함을 보여줄 앞으로의 광고를 눈여겨보자.

매일경제, 2017. 4. 21.

11.1 마케팅 커뮤니케이션의 의미

1. 마케팅 커뮤니케이션이란?

마케팅 커뮤니케이션(marketing communication)은 촉진(promotion)이라고 부르기도 하는데, 소비자들에게 자사 제품이나 서비스를 알리고 장점을 설득하여 구매를 유도하는 목적으로 추진된다. 전반적인 마케팅 활동이 궁극적으로 소비자들의 구매를 유도하기 위해 시행되지만, 그 중에서 마케팅 커뮤니케이션은 기업이 소비자들과의 의사소통을 통해 이미지, 태도, 구매 등을 설득하는 활동에 중점을 둔다.

촉진활동에 대해 가장 관심을 갖고 노력하며 계속 발전시켜 온 것은 다름 아닌 기업이었다. 기업은 제품이나 서비스의 판매를 통해 판매를 하고 이를 통해 이익을 창출해야 생존하고 성장할 수 있었기 때문이다. 기업의 매출증대를 위해서는 제품, 가격, 유통이라는 마케팅 믹스를 잘 활용하는 것도 중요하지만, 궁극적으로 소비자들에게 자사의 제품이나 서비스를 구매하도록 설득하는 것이 필요하다. 그러므로 기업은 경험을 통해 수많은 촉진기법들을 개발해 왔다. 이런 기법들을 종합정리하면 촉진믹스라고 할 수 있는 광고, 인적 판매, 판매촉진, 대중관계(public relations : PR)로 나눌 수 있다.

2. 커뮤니케이션 과정

사람 간의 커뮤니케이션은 전달하는 사람과 전달받는 사람 간에 의견이 전달되는 과정으로 이해할 수 있다. 이런 전달과정은 여러 단계를 거치게 된다.

먼저 발신자는 자신의 의견을 나름대로의 표현(부호화)으로 수신자에게 나타내고, 이 표현은 전달하고자 하는 뜻(메시지)을 담아서 발신자가 정한 수단(매체)을 통해 수신자에게 전달된다. 메시지를 전달받은 수신자는 이것을 자신의 방식으로 해석하여(해독화) 그 뜻을 이해한다. 수신자는 자신이 이해한 결과에 의해 반응을 보이고, 경우에 따라서는 발신자에게 자신의 의견을 나타낸다(피드백). 발신자에게서 출발하여 수신자가 반응과 피드백을 나타내는 과정에는 다양한 잡음들이 개입될 가능성이 있으며, 잡음의 개입에 따라 발신자의 의견이 정확하게 수신자에게 전달되지 않을 수도 있다. 이런 커뮤니케이션의 과정을 좀더 구체적으로 이해하기 위해서는 커뮤니케이션 과정에 개입되는 구성요소들에 대한 이해가 필요하다.

그림 11-1 커뮤니케이션 과정

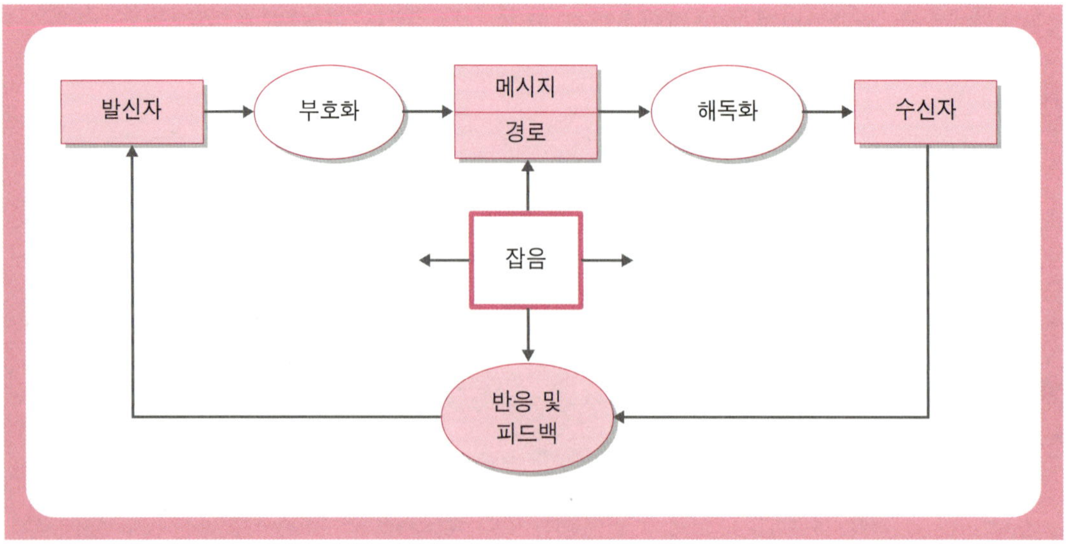

3. 커뮤니케이션의 구성요소

1) 발신자

커뮤니케이션 과정에서 출발점은 발신자이다. 발신자는 메시지를 만들어서 송신하는 주체이다. 그러므로 커뮤니케이션 과정에서 정보의 원천이 된다. 발신자가 메시지를 만들어서 발신하는 이유는 자신의 의사를 수신자에게 정확히 전달하는 데 있으므로, 수신자가 충분히 이해할 수 있는 내용과 방법으로 메시지를 생산하는 것이 일차적인 과제가 된다. 그리고 생성된 메시지를 수신자가 쉽게 접근할 수 있는 경로를 통하여 전달하는 것도 중요한 과제이다. 따라서 마케팅에서의 발신자는 소비자에게 자신의 제품이나 서비스에 관한 정보를 전달하고자 하는 기업이 된다.

2) 부호화 및 메시지

부호화(encoding)는 발신자가 수신자에게 전달하고자 하는 의미를 기호나 심벌을 통해 나타내는 것을 말한다. 즉 전달하고자 하는 정보나 뜻을 언어적 · 시각적 · 청각적 수단을 동원하여 표현하는 것을 의미한다. 그리고 부호화를 통해 완성된 전달하고자 하는 내용이 메시지(message)가 된다. 그러므로 메시지는 부호화를 통해 완성된 발신자가 전달하고자 하는 정보나 의견이라고 할 수 있다. 커뮤니케이션이란 발신자의 뜻을 수신자에게 전달하는 것이 목적이므로 부호화를 통해 메시지에서 완성된 표현은 수신자가 쉽게 이해할 수 있거나 사전에 약속된 방법으로 이루어지는 것이 바람직하다.

3) 커뮤니케이션 경로

커뮤니케이션 경로(communication channel)는 발신자가 수신자에게 메시지를 전달하기 위해 사용하는 수단을 말한다. 사람들은 다른 사람들과 의사소통하는 수단으로 직접대화, 편지, 전화, 이메일 등 다양한 커뮤니케이션 경로를 이용한다. 동일한 메시지라도 경로특성으로 인해 수신자에게 다른 느낌이나 감정을 유발하는 경우가 많으므로, 사람들은 커뮤니케이션하고자 하는 목적이나 내용에 따라 가장 효과적인 경로를 선택하여 이용한다.

4) 해독화 및 수신자

해독화(decoding)는 수신자가 메시지를 해석하여 그 의미를 이해하는 것을 의미한다. 효과적인 커뮤니케이션에서는 수신자가 메시지를 발신자의 의도대로 해석하여 그 의미를 이해하게 된다. 그러나 실제로는 발신자의 의도가 수신자에게 충분히 전달되지 못하는 경우가 많다. 그것은 커뮤니케이션 과정에 개입되는 잡음 때문이기도 하지만, 발신자와 수신자의 경험영역의 차이 때문이기도 하다. 경험영역이란 사람들이 살아오면서 축적된 경험, 가치, 태도 등을 의미하는데, 부호화 및 해독화에도 그 사람의 경험영역이 큰 영향을 미친다. 그러므로 발신자와 수신자의 공통 경험영역이 크다면 발신자의 부호화와 수신자의 해독화가 일치하는 정도가 높아서 메시지의 전달효과가 커진다.

마케팅 커뮤니케이션에서 주요 수신자는 소비자가 된다. 그러므로 기업이 메시지를 제작할 때는 그 대상이 되는 소비자들의 경험영역에 대한 이해가 선행되어야 한다. 소비자들의 경험영역에 잘 부합하는 광고는 커다란 반향을 일으키기도 하지만, 그렇지 못하면 소비자들의 관심도 끌지 못할 뿐만 아니라 왜곡된 의미로 전달되어 역효과를 내기도 한다. 또한 소비자들의 경험영역이 다르다는 점도 주요 고려대상이다. 소비자들은 성별, 나이, 소득, 교육수준, 주거지역 등에 따라 경험영역이 다른 경우가 많으므로, 기업이 커뮤니케이션하고자 하는 목표청중을 분명하게 구분하는 것이 필요하다. 기업이 대상으로 하는 소비자들이 상이한 경험영역을 갖고 있다면, 유사한 경험영역을 가진 소비자들끼리 그룹화하여 각 그룹별로 상이한 방법으로 커뮤니케이션하는 것이 효과적이다.

5) 잡 음

잡음(noise)은 커뮤니케이션 과정에서 메시지의 전달효과를 약화시키거나 왜곡시키는 방해요소이다. 커뮤니케이션 과정에서 발생하는 잡음의 종류에는 발신자와 수신자 간의 경험영역의 차이에서 발생하는 의미소음, 수신자의 기분이나 상태로 인해 발생하는 내적 소음, 전화나 타인의 방문 같은 외적 소음, 그리고 경쟁사의 광고나 선전과 같이 자사의 커뮤니케이션을 방해하는 경쟁적 소음 등이 있다.

6) 반응과 피드백

발신자의 메시지에 대해 수신자가 반응하는 형태는 매우 다양할 수 있다. 수신자는 자신의 경험영역에 비추어 메시지에서 전달하고자 하는 정보나 의견에 대해 긍정적 반응을 보일 수도 있고 부정적 반응을 보일 수도 있다. 또한 수신자는 긍정 또는 부정의 강도에서 차이를 보일 수 있다. 자신의 경험영역에 비추어 관심도가 높은 사항에 관한 메시지에는 높은 긍정 또는 부정반응을 보이는 반면, 관심도가 낮은 사항에 대해서는 반응을 보이지 않을 수도 있다. 따라서 기업은 소비자들의 관심을 끌고 긍정적 반응을 유도하기 위해 목표청중들이 좋아하는 유명 연예인을 광고모델로 활용하는 것이다.

수신자의 반응들 중에서 발신자에게 다시 전달되는 반응을 피드백(feedback)이라 한다. 피드백은 수신자가 자발적으로 발신자에게 의견을 전달함으로써 이루어질 수도 있지만, 발신자인 기업이 소비자들의 반응을 조사함으로써 이루어질 수도 있다. 피드백 과정을 통해 기업은 커뮤니케이션 활동이 소비자들에게 자신이 원하는 대로 전달되었는지에 대해 평가할 수 있다. 만일 기업의 커뮤니케이션 활동이 원하는 목적을 달성하지 못한 경우에는, 그 원인에 대한 분석과 이를 해결할 수 있는 방안을 수립하는 과정으로 연결된다.

11.2 마케팅 커뮤니케이션 전략의 수립

마케팅 커뮤니케이션 전략은 기업의 마케팅 전략에 입각하여 수립되는 하위 단계의 전략이라고 할 수 있다. 그러므로 우선적으로 마케팅 전략에서 설정한 마케팅 목적, 목표시장, 마케팅 믹스 등을 검토하는 것이 필요하다.

그림 11-2 마케팅 커뮤니케이션 전략의 수립

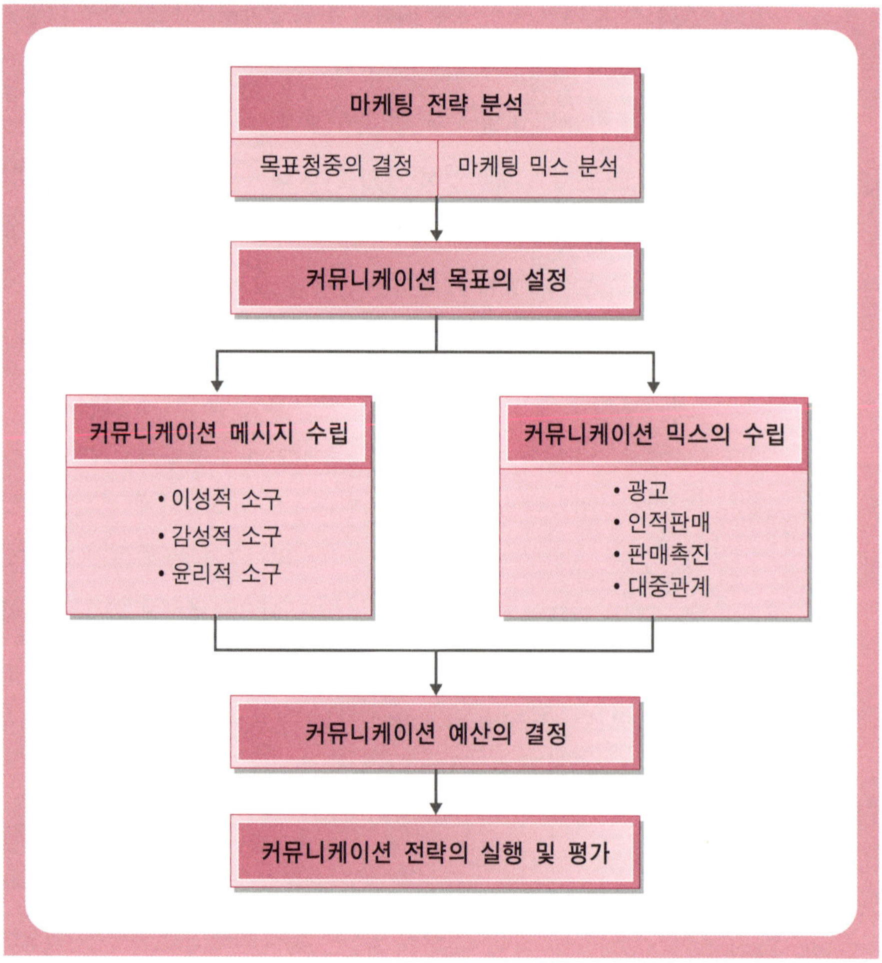

그리고 광고, 인적 판매, 판매촉진, 대중관계 등의 마케팅 커뮤니케이션 믹스를 구성하는 요소들은 소비자들에게 커뮤니케이션하는 방법이나 효과면에서 차이가 있다. 이런 구성요소들을 잘 조합하면 기업에서 전달하고자 하는 내용을 효과적으로 전달할 수 있다.

마케팅 커뮤니케이션 전략의 설계는 기업의 마케팅 전략에 입각하여 커뮤니케이션 수단들을 상호보완적으로 잘 활용하기 위한 계획의 수립을 의미한다. 그러므로 전략수립 초기 단계에서부터 마케팅 전략과의 일관성, 커뮤니케이션 수단 간의 보완성을 고려하는 것이 중요하다.

1. 마케팅 전략 분석

1) 목표청중의 커뮤니케이션 특성 파악

마케팅 커뮤니케이션에서 목표청중은 시장세분화를 통해 선택된 목표시장을 의미한다. 기업의 마케팅 전략 수립에서 핵심적인 내용은 STP 전략의 수립에 있다. 그 첫 번째 단계인 시장세분화의 절차에서 세분시장별 프로파일을 파악하는 단계가 있었음을 기억할 것이다. 이 프로파일의 내용에 커뮤니케이션과 관련된 소비자들의 특성들이 포함된다.

목표시장 소비자들의 매체습관, 라이프스타일, 사회적 교제 등에 관한 정보는 촉진믹스를 구성하는 데 필요한 자료가 된다. 가능하면 목표청중들의 커뮤니케이션 특성에 관한 자료를 많이 축적할수록 효과적인 마케팅 커뮤니케이션 전략을 수립하는 데 도움이 된다.

2) 마케팅 믹스 분석

STP 전략에 의해 기업의 포지셔닝 전략이 수립되면, 이의 후속 절차로써 마케팅 믹스 프로그램이 수립된다. 마케팅 커뮤니케이션 전략은 마케팅 믹스 프로그램의 일환으로 수립되는 것이므로, 마케팅 믹스의 다른 구성요소인 제품, 가격, 유통과 연계를 통해 시너지 효과를 낼 수 있도록 수립되어야 한다.

2. 커뮤니케이션 목표의 설정

기업이 마케팅 커뮤니케이션을 하는 궁극적인 이유는 매출증대에 있다. 커뮤니케이션 수단 중에는 판매촉진활동처럼 직접적으로 매출을 증대시키는 효과를 발휘하는 것도 있다. 그러나 광고, 인적 판매, 대중관계, 구전 등 대부분의 촉진수단들은 직접적인 판매증대 효과보다는 소비자들의 관심을 유발하거나 호의적인 태도를 형성하여(커뮤니케이션 효과) 장기적으로 판매를 증대시키기 위해 활용된다. 또한 각 커뮤니케이션 수단들은 독특한 특성을 갖고 있으므로 이에 대한 고려도 필요하다.

3. 커뮤니케이션 메시지의 수립

커뮤니케이션 목표가 정해지면 커뮤니케이션 메시지를 수립한다. 커뮤니케이션 메시지 수립단계는 기업의 기본적인 커뮤니케이션 내용을 결정하는 단계인데, 메시지의 주제가 수립되어야 메시지를 가장 잘 전달할 수 있는 커뮤니케이션 수단을 선택할 수 있다.

반면 소비자들에게 전달하고자 하는 구체적인 메시지 내용은 커뮤니케이션 수단이 결정된 다음에 각 수단의 특성에 따라 구현된다. 그러므로 커뮤니케이션 메시지의 수립과 커뮤니케이션 믹스의 수립은 병행적으로 이루어지는 것이 일반적이다.

커뮤니케이션 메시지를 수립하기 위해서는 어떤 내용으로(메시지 내용), 어떤 논리적 설득방식으로(메시지 구조), 어떤 심벌을 활용하여(메시지양식) 소비자를 설득할 것인지를 결정해야 한다.

1) 메시지 내용

메시지의 내용은 목표청중을 설득하기 위해 메시지에서 무엇을 말할 것인지에 관한 것을 의미한다. 기업은 기대하는 반응(인식, 이미지, 태도, 구매)을 획득하기 위해 목표청중에게 지속적으로 일관되게 자신의 주장을 커뮤니케이션하게 되는데, 이런 일관된 주장 또는 화두를 소구점(appeal point)이라고 한다.

- **이성적 소구법(rational appeal)** : 기업이 대상으로 하는 목표청중들이 합리적인 사고방식에 입각하여 구매의사결정을 하는 경우에, 커뮤니케이션 메시지는 이성적인 판단에 소구하는 것이 좋은 효과를 낼 수 있다. 이런 경우에 소비자들이 갖고 있는 품질에 대한 관념을 고려하여 자사 제품의 편익 또는 속성을 강조하는 내용을 커뮤니케이션 메시지의 내용으로 삼을 수 있다.
- **감정적 소구법(emotional appeal)** : 제품에 따라서는 이성적인 소구법이 적합하지 않는 경우도 있다. 그리고 이성적 소구가 소비자들에게 저항감을 줄 수도 있다. 패션의류의 마케팅 커뮤니케이션에서 이성적인 접근방법으로 품질을 강조하는 것은 소비자들에게 감흥을 줄 가능성이 낮다. 오히려 감성적인 접근방법으로 소비자들의 감성적 품질인식을 강조하는 것이 더 좋은 효과를 낼 수 있다. 패션의류뿐만 아니라 화장품, 과자류의 커뮤니케이션 메시지도 전형적으로 이런 접근방법을 사용하고 있다.
- **윤리적 소구법(moral appeal)** : 소비자들의 윤리적 기준에 소구하는 메시지를 전달하는 방법이다. 사회적으로 바람직하다고 생각하는 환경보호, 여성의 권리 인정, 사회적 약자의 보호, 사회적 봉사 등과 같은 주제에 초점을 맞추어 기업의 이미지를 연결시키는 것이 윤리적 소구법의 대표적인 방법이다. '신문을 대신 던져주는 데 6초, 무거운 짐을 대신 들어주는 데 30초, 후배에게 커피를 타주는 데 하루에 1분 투자하여 살맛나는 세상을 만듭시다' 같은 광고가 대표적이다.

2) 메시지 구조

메시지를 작성할 때에는 몇 가지 결정해야 할 구조적 사항이 있다.

첫째, 메시지에서 결론을 내릴 것인지 그렇지 않다면 결론을 청중들의 몫으로 남겨둘 것인지에 대한 결정이다. 메시지에서 자사 제품이 좋다는 식의 결론을 내린다면 청중들이 거부감을 느낄 가능성이 있다. 반면 결론을 제시하지 않고 간접적인 정보의 제시를 통해 청중들에게 결론을 내리게 한다면 기업의 커뮤니케이션에 관심이 낮은 청중들은 그냥 흘려지나가서 효과가 떨어질 우려가 있다.

둘째, 메시지에서 결론을 제시하는 구조를 택하기로 하였다면, 메시지의 앞부분에서 제시할 것인지(두괄식) 또는 뒷부분에서 제시할 것인지(미괄식)를 결정해야 한다. 청중들은 하나의 광고를 보더라도 처음부터 끝까지 동일한 주의를 기울이는 것은 아니다. 그러므로 메시지를 제시하는 흐름에서 처음이든 뒷부분이든 강조점을 두는 것이 유용하다. 메시지의 서두에 결론을 제시한다면 청중의 주의를 끌어들이는 효과가 있고, 메시지의 후미에서 결론을 제시한다면 메시지 제시가 끝난 후에도 기억에 남기는 효과가 있다.

셋째, 메시지 구조에서 자사 제품의 긍정적인 면만 부각시킬 것인지 긍정 및 부정적 측면을 동시에 부각시키는 양면적 논의를 제시할 것인지에 관한 것이다. 청중들이 기업에 대해 관심이 높지 않거나 긍정적인 태도를 갖고 있다면 긍정적인 측면만 강조하는 메시지 구조가 효과적이라고 한다. 또한 청중들의 교육 정도가 높지 않은 경우에는 일면적 구조가 효과적이라는 연구도 있다. 반면 청중들의 태도가 부정적이거나, 관심이 높은 제품, 그리고 학력이 높은 경우에는 양면적인 메시지 구조가 효과적이다. 물론 이 경우에도 부정적 내용의 강도는 긍정적 내용에 비해 상당히 낮은 수준에서 다루어지는 것이 좋다.

3) 메시지 양식

메시지 양식(message format)은 메시지를 표현하는 방식을 의미한다. 여기에는 메시지를 청중들에게 효과적으로 전달하기 위해서 동원되는 모든 공감각적인 수단들이 모두 포함된다. TV광고를 통해서 메시지를 전달하는 경우에는 TV에서 구현할 수 있는 모든 표현방법, 예를 들어 모델의 모습, 동원되는 제품의 모양, 색깔, 음향, 배경 등 모든 구성요소들을 어떤 방식으로 배열하여 스토리로 제시할 것인지에 관한 사항들을 의미한다. 반면 판매원의 방문을 통해 메시지를 전달할 경우에는 판매원의 복장, 태도, 목소리, 사용도구, 설명의 내용 등이 메시지 포멧을 구성하는 요소가 된다.

4. 커뮤니케이션 믹스의 수립

커뮤니케이션 메시지의 수립과 동시에 목표청중들에게 메시지를 전달하는 수단인 커뮤니케이션 수단을 선택한다. 커뮤니케이션 수단으로는 광고, 인적 판매, 판매촉진, 대중관계 등이 사용되지만, 그 이외에도 다양한 방법을 개발할 수 있다.

오늘날 이론적으로 정착되어 있는 커뮤니케이션 믹스의 구성요소들은 광고(advertising), 인적 판매(personal selling), 판매촉진(sales promotion), 대중관계(public relation : PR) 등이다. 커뮤니케이션 믹스를 구성하는 수단들은 기업의 필요와 시대의 변화에 따라 각각 발전되어 왔다.

1) 광고

광고는 동시에 많은 소비자들에게 알리는 방법으로 널리 사용되고 있다. 오늘날에는 수많은 기업들이 여러 종류의 제품을 생산하고 있으므로 소비자들이 어떤 종류의 제품이 시장에 출시되어 있는지 알지 못하는 경우가 많다. 소비자들이 제품의 구체적인 특징이나 품질을 알기는 더욱 어렵다. 이런 문제를 해결하기 위해 사용되는 커뮤니케이션 수단이 광고인 것이다. 광고를 통해 기업은 제품의 존재를 알리고 제품에 관한 정보를 소비자들에게 전달하며, 소비자들이 기업이나 제품에 대해 좋은 이미지를 갖도록 유도한다.

광고는 메시지를 매체를 통해 청중에게 전달하는 것이라고 할 수 있는데, 광고의 매체는 TV, 라디오, 신문, 잡지, 기타 매체로 나눌 수 있다. 광고매체의 종류에 따라 광고의 특성이 달라질 수 있다.

(1) TV광고

TV매체를 이용하는 광고는 움직이는 행동, 색상, 소리 등을 통하여 입체적으로 메시지를 전달할 수 있으므로 광고의 전달효과가 가장 탁월하다. 그리고 TV시청이 소비자들의 주요 오락활동이므로 광고를 통해 여러 사람에게 동시에 메시지를 전파할 수 있는 장점이 있다. 청중 한 사람당 광고전달비용을 따져 보면 TV매체가 가장 저렴하다는 장점도 있다. 그래서 신제품 출시를 알리거나 브랜드 이미지를 구축하기 위해 TV광고를 많이 이용한다.

TV매체는 단점도 있다. 빠른 시간 내에 여러 사람들에게 접근할 수 있지만, 청중들에게 구매를 설득하는 효과는 약하다는 점이다. 15초 내지 30초 정도의 짧은 시간 동안 제품의 구매를 설득하기 어렵고, TV시청자들이 광고에 대해서는 주의를 기울이지 않거나 거부감을 느끼는 것도 TV광고 효과를 떨어뜨리는 이유이다. TV광고는 엄청난 비용이 소요되는 점도 단점이다. 국내에서도 15초 단위의 TV광고를 한 번 하는 데 수백만 원씩 소요되고 주단위 또는 월단위로 광고시간을 매입하는 것이 보통이므로, 대기업이 아니면 접근하기가 어렵다.

(2) 라디오광고

전파매체인 라디오는 단순히 음향을 통한 광고를 한다는 점에서 TV광고보다는 광고효과가 떨어진다는 평가를 받고 있다. 시각과 청각을 동시에 사용하여 받아들인 자극이 훨씬 기억에 잘 남는다는 연구결과를 보더라도 라디오광고의 효과가 낮다는 점은 쉽게 이해할 수 있다. 요즈음은 라디오 청취자의 숫자가 많지 않다는 점도 라디오광고의 매력을 떨어뜨리는 요인이다.

반면 라디오광고는 청취자의 계층이 TV보다 분명하다는 점이 장점으로 작용한다. 기업에서 목표로 하는 청중들이 아닌 사람들에게 광고메시지가 전달되는 것은 의미가 없을 뿐만 아니라 오히려 거부감을 일으켜서 역작용이 발생할 수 있다는 것이다. 라디오광고는 프로그램에 따라 주부층, 직장인, 청소년층 등으로 분명하게 청취자가 분리되므로 오히려 목표청중 도달효과가 높다는 장점이 있다. 그리고 자동차를 이용하는 시간이 길어지면서 차내에서 라디오방송을 듣는 청중이 많아지고 있으므로, 이런 상황에 맞는 광고는 매우 효과적이라는 연구보고도 있다.

(3) 신문광고

인쇄매체인 신문은 독자들이 주의를 기울여 읽어야 하는 특성을 가지고 있으므로, TV나 라디오와는 달리 독자들의 관심도가 높다는 장점이 있다. 그리고 신문 구독자 수도 많으므로 빠른 시간 내에 많은 사람들에게 광고메시지를 전달할 수 있다는 장점도 동시에 갖고 있다. 전파매체에 비해 신문이나 잡지와 같은 인쇄매체가 갖고 있는 가장 큰 장점은 독자들을 설득할 수 있는 자세한 내용의 메시지를 전달할 수 있다는 점이다. 인쇄매체의 설득메시지는 문자로 기호화된 메시지이므로 독자의 기억에 오래 남는다는 장점도 있다.

(4) 잡지광고

잡지광고도 인쇄매체의 특성을 갖고 있으므로 독자들의 주의력 집중이 전파매체보다 높다는 장점이 있다. 그리고 신문매체보다는 인쇄의 질이 선명하고 광고문안이나 그림의 배치가 자유롭고 자세한 설명이 가능하다. 잡지광고의 다른 장점은 광고의 수명이 전파매체나 신문에 비해서도 길다는 점이다. 신문의 수명은 하루에 지나지 않지만 잡지는 일주일에서 한 달 이상으로 수명이 길다. 잡지는 일반인을 대상으로 하는 것으로부터 매우 전문적인 독자를 대상으로 하는 것까지 종류가 매우 다양하므로 목표청중에게 정확하게 도달하는 광고에 적합하다는 평가도 받고 있다. 다른 매체에 비해 비용도 상대적으로 저렴하므로 전문적인 제품을 생산하여 소수의 전문적인 소비자들에게 판매하는 중소기업들이 광고하기에 적합한 매체이다.

(5) 기타 매체

광고의 4대 매체라고 일컫는 TV, 라디오, 신문, 잡지매체를 제외한 모든 광고매체를 기타 매체라고 통칭한다. 신문에 끼우거나 길거리에서 나누어주는 전단, 건물옥상에 세운 광고탑, 교통수단이나 교통시설물에 부착하는 교통수단광고, 벽면이나 알림판에 붙이는 포스터, 애드벌룬, 비행선광고, 전광판, 네온사인, 간판, 광고차량, 프로스포츠선수의 용품 등 소비자들에게 노출이 가능한 모든 방법이 광고매체가 될 수 있다.

2) 인적 판매

인적 판매는 판매원 판매라고 부르기도 하는데, 판매원 또는 영업사원이 직접 소비자들을 대상으로 제품의 구매를 설득하는 판매과정이다. 광고가 소비자들에게 제품의 존재나 이미지를 알리는 기능에 그치는 반면, 인적 판매는 제품의 장점을 설득하거나 구매를 유도하는 기능까지 한다. 그리고 광고는 다수의 청중에게 일방적으로 정보를 전달하는 방식에 그치지만 인적 판매는 소비자와 상호 의사소통을 통해 소비자의 요구를 반영하고 개인별 특성에 맞게 설득작업을 할 수 있다는 장점이 있다. 판매원들은 반복적으로 소비자들과 접촉하면서 상호 의사소통을 통해 소비자와 친밀한 관계를 유지하고 소비자의 문제를 해소해 주는 역할도 하므로 소비자관계를 구축하는 중추적인 기능을 한다.

최근에 강조되고 있는 장기적 소비자관계의 구축에 인적 판매가 가장 적합한 방법으로 재조명되고 있다. 과거 고압적 판매방식으로 소비자들에게 심어져 있는 나쁜 이미지를 불식하고 새롭게 인적 판매방법을 적용할 수 있는 시대적 요구가 증가하고 있는 것이다.

3) 판매촉진

판매촉진은 소비자들의 관심을 유발하여 빠른 시간 내에 판매를 증대시키기 위한 커뮤니케이션 수단을 말한다. 이를 위해 소비자들을 강하게 자극할 수 있는 대대적인 행사를 개최하거나, 구매욕구를 불러일으키기 위해 직접적인 혜택을 제공하기도 한다. 예를 들어 경연대회를 개최하거나, 파격적으로 가격을 할인하거나, 연예인을 초청하여 판매행사를 벌이는 것 등이 이에 해당한다. 그 이외에도 고가의 사은품을 제공하거나, 할인쿠폰을 증정하는 방법도 사용된다.

4) 대중관계

기업은 자신이 행하는 사회적 기여 활동을 기업광고, 홍보(publicity) 등을 통해 사회전반에 알리는 노력을 적극적으로 벌임으로써 대중관계 효과를 확대하고자 한다. 기업광고는 기업의 소비자들뿐만 아니라 일반대중을 대상으로 기업의 긍정적인 이미지를 심기 위해 광고하는 것을 말하는데, 주로 TV나 신문과 같이 대중들에게 널리 노출되는 매체를 이용한다.

홍보는 사업활동이든 사회활동이든 기업에서 일어나는 긍정적인 사항을 기사화하는 것을 의미한다. 대중들은 상업적인 광고에 대해서는 무관심하거나 거부감을 갖고 있지만 TV나 신문의 기사에 대해서는 신뢰하는 경향이 있으므로, 홍보활동이 훨씬 효과적인 대중관계의 방법이 될 수 있다.

5. 커뮤니케이션 예산의 설정

기업이 마케팅 커뮤니케이션을 실행하려면 이를 위한 예산을 할당해야 한다. 이에 따라 연간 커뮤니케이션 지출계획이 수립될 수 있다. 그러나 마케팅 커뮤니케이션 예산이 얼마나 되어야 적정한지에 대해서는 판단이 쉽지 않다. 현장의 마케팅 관리자들도 커뮤니케이션 예산의 규모를 정하기 어려우며, 예산을 투입한 커뮤니케이션 효과에 대해서는 더더욱 판단하기가 어렵다고 호소를 하는 설정이다. 그럼에도 불구하고 기업들은 나름대로의 방식으로 예산을 설정한다. 일반적으로 사용되는 커뮤니케이션 예산의 설정방법은 가용자원법, 매출액기준법, 경쟁사기준법, 목표과업법 등이 있다.

1) 가용자금법

가용자금법(affordable method)은 기업이 사용할 수 있는 자금을 모두 마케팅 커뮤니케이션에 할당하는 방법이다. 이 방법은 동원가능한 자금을 마케팅에 투입하는 긍정적 측면도 있지만, 기업이 달성하고자 하는 커뮤니케이션 목표 또는 전략과는 상관없는 예산설정방법이다. 그럼에도 불구하고 마케팅 지향적 기업에서는 많이 활용하고 있다.

2) 매출액비율법

매출액비율법(percentage-of-sales method)은 기업에서 가장 많이 사용하고 있는 방법으로 당해 연도 예상 매출액 또는 전년도 매출액의 일정비율을 마케팅 커뮤니케이션에 투입한다. 이 방법의 장점은 기업의 매출의 변동에 따라 촉진예산이 증감하기 때문에 기업의 자금운용이 편리하다는 점이다. 또한 경영자층들이 마케팅 커뮤니케이션 예산과 매출, 제품가격, 제품단위당 이익과의 관계에 대해 지속적으로 생각하도록 연결시키는 효과가 있다. 또한 경쟁사도 이러한 수립방법을 사용할 가능성이 높으므로 자연스럽게 경쟁사의 촉진공략에 대응하는 효과를 발휘할 수 있다.

3) 경쟁사기준법

경쟁사기준법(competitive-parity method)은 경쟁사의 촉진예산과 비교하여 자사의 촉진예산규모를 결정하는 방법이다. 이 방법은 기업 간의 경쟁관계가 매출이나 시장점유율 등 마케팅 성과를 좌우할 정도로 첨예한 산업에서 주로 사용된다. 즉 시장의 경쟁구조가 과점적 경쟁관계를 이루고 있을 때 주요 경쟁사 간에 사용되는 촉진예산설정법이다.

이 방법은 첨예한 경쟁관계하에서 주로 사용되므로, 경쟁사의 공략을 방어하는 데 효과적인 방법이다. 그러나 이 방법은 경쟁관계에 있는 기업들 간의 촉진경쟁을 가열시켜서 촉진예산을 증폭시키는 부작용을 낳을 수 있는 단점이 있다.

4) 목표과업법

목표과업법(objective-and-task method)이란 마케팅 커뮤니케이션의 목표를 설정하고 이 목표를 달성하기 위해 수행해야 할 과업을 결정한 후에 이에 필요한 촉진 지출을 합산하여 촉진예산을 설정하는 방법이다. 이 방법은 마케팅 커뮤니케이션에서 실제로 수행해야 할 활동에 입각하여 예산을 편성하므로 가장 논리적인 예산설정방법이다.

그러나 실무적으로 목표과업법을 적용하는 것은 쉬운 일이 아니나. 커뮤니케이션 목표를 구체적으로 결정하였다고 하여도, 어떤 커뮤니케이션 과업을 통해 그 목표를 달성할 수 있는지, 그리고 어떤 규모의 예산지출이 필요한지를 판단하는 것이 어려운 것이다.

6. 커뮤니케이션 결과의 평가 및 피드백

마케팅 커뮤니케이션을 실시한 후에는 반드시 그 효과를 분석하여 다음의 커뮤니케이션에 반영하는 것이 필요하다. 기업에서는 마케팅 커뮤니케이션이나 촉진을 위해 많은 예산을 투입하는데, 그 효과에 대한 평가와 피드백이 제대로 이루어지지 않는다면 예산의 효과적 사용에 역행하는 것이라고 할 수 있다.

커뮤니케이션 결과는 목표청중들의 자사 또는 브랜드에 대한 인지도, 이미지, 태도, 만족도, 충성도 등의 변화를 통해 파악할 수 있다. 기업이 신제품을 출시하면서 첫 번째 연도에는 인지도 80%, 선호도 40%의 커뮤니케이션 목표를 설정하였다면, 촉진활동의 결과 이 목표가 달성되었는지를 평가하는 것이 필요하다. 평가결과 인지도가 90%에 달하였지만 선호도는 20%에 그쳤다고 한다면, 인지도를 초과달성한 이유와 선호도가 미달한 원인의 분석이 필요하다.

11.3 광고

광고란 '광고주가 유료의 비인적 매체를 통하여 자신의 아이디어, 제품, 서비스 등을 제시하고 촉진하는 과정'이라고 할 수 있다. 오늘날의 시장은 단순히 좋은 제품을 생산하여 공급하는 것만으로 자사의 제품을 판매하기는 어려운 상황이다. 수많은 경쟁사들이 다양한 제품을 마케팅하고 있는 오늘날의 시장에서는, 경쟁사에 앞서 소비자에게 자사 제품에 관한 정보와 설득을 진행하지 않고는 성공을 기대하기 어려워졌다. 특히 많은 경쟁사로 인해 만성적인 공급과잉 상태에 처해 있는 시장상황에서는 아무리 우수한 품질의 제품이라도 소비자들에게 충분히 커뮤니케이션하지 않으면 시장에서 도태되기 쉽다.

광고의 특성을 살펴보면 다음과 같다. 첫째, 광고는 광고주가 대가를 지불하고 시행하는 커뮤니케이션 방법이다. 공익광고의 경우에는 매체와의 협의를 통해 무료로 방송시간이나 신문여백을 할당받을 수 있다. 그러나 일반적으로 TV나 신문, 잡지 등에 게재되는 기업이나 제품에 관한 광고는 유료이다. 기업은 각 매체별 광고비용을 고려하여 자사에 맞는 광고매체와 메시지를 선택하는 것이 필요하다. 둘째, 광고는 목표청중을 대상으로 한다. 마케팅 커뮤니케이션 계획은 목표청중을 대상으로 수립된다. 그리고 각 매체별로 시청하거나 구독하는 사람들의 특성이 다르다. 그러므로 자사가 정한 목표시장을 가장 잘 커버하는 매체들을 선택하여 광고를 할 필요가 있다. 기업의 목표시장을 모두 커버하기 위해서는 복수의 광고매체를 활용해야 하는 것이 일반적이다. 셋째, 광고는 비인적 커뮤니케이션 수단이다. 광고는 전파 또는 인쇄매체 외에도 교통수단, 포스터 등 다양한 방법으로 커뮤니케이션할 수 있지만, 이런 수단들이 비인적 매체라는 특징을 갖고 있다. 그러므로 광범위한 소비자들에 짧은 시간에 도달할 수 있는 장점도 있지만, 충분한 내용이나 설명을 담을 수 없는 한계도 있다.

1. 광고 관리 과정

광고는 마케팅 커뮤니케이션에 포함되는 활동이므로 광고의 관리과정은 기본적으로 마케팅 커뮤니케이션 관리과정과 동일하다. 그러나 광고의 범위가 비인적 대중매체로 국한되므로 이에 따른 독특한 특징들이 나타난다. 광고의 메시지는 광고매체에 적합하도록 제작되어야 하므로 짧은 시간이나 제한된 지면에 전달하고자 하는 내용을 함축하여야 하며, 표현방식도 글이나 그림, 심벌 등을 이용하여야 한다. 또한 전달하는 매체도 대중매체나 교통수단, 포스터 등으로 제한된다.

이런 특징으로 인해 광고의 관리과정도 마케팅 커뮤니케이션 과정에 비해 제한

그림 11-3 광고 관리의 과정

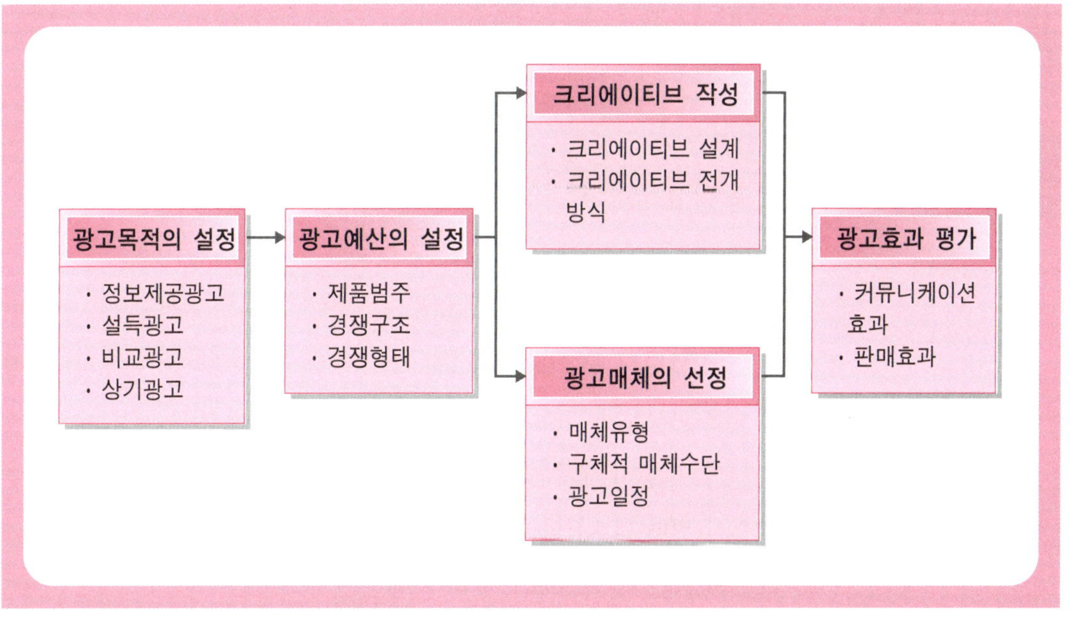

된 범위에서 진행된다. 그 과정을 보면 광고의 목적이 우선적으로 설정되고 이에 필요한 예산이 설정된다. 그리고 광고매체를 고려한 메시지 또는 광고프로그램이 제작되고 매체를 선정한다. 광고를 실시한 후에는 광고효과에 대한 평가가 이루어진다.

1) 광고 목적의 설정

광고관리과정의 첫 번째 단계는 광고목적을 설정하는 것이다. 광고계획을 수립하기 위해서는 사전에 STP 전략에 따라 목표시장 선정과 포지셔닝, 그리고 마케팅 믹스가 개발되어 있어야 한다. 광고는 촉진활동의 일환이고 촉진활동은 마케팅 전략에 입각하여 이루어진다. 그러므로 광고의 목적은 촉진목적과 일관성을 지녀야 하며, 촉진목적은 마케팅 목적의 하위목적으로서 성격이 갖추어져야 하는 것이다.

광고목적은 광고관리과정에서 후속단계인 광고메시지와 매체결정, 그리고 광고 프로그램의 효과를 평가하는 기준으로도 활용된다. 그러므로 광고목적의 설정은 전반적인 광고관리과정에 직접적인 영향을 미치는 의사결정이다. 광고목적의 설정단계에서 그 성격이 불분명하거나 오류가 있으면 광고관리 전반에 악영향을 미칠 수 있으므로, 광고환경에 대한 충분한 검토와 분석을 통해 광고목적이 설정되어야 한다.

(1) 정보제공 광고

소비자가 자사 제품에 대해 알지 못하고 있다고 판단이 되면, 우선적으로 기업이나 제품에 관한 정보제공광고(information advertising)를 실행하는 것이 좋다. 정보제공을 통해 소비자들의 인지도를 높이는 것이 장기적으로 자사 제품을 구매하도록 하는 첫걸음이 되기 때문이다. 기업들은 신제품의 출시에 맞추어 이에 대한 인지도를 높이기 위해 대대적인 정보제공광고를 하기도 한다.

(2) 설득광고

소비자들이 자사 제품을 인지하고 있고 상당한 지식도 갖고 있다면, 긍정적 태도를 유도하기 위한 설득광고(persuasive advertising)가 필요하다. 자사 제품이 제공하는 편익을 설명하는 이성적 설득과 긍정적 감정을 유발하는 감성적 설득이 모두 가능하다. 특히 브랜드 간 경쟁이 치열할 경우에는 비교광고가 큰 효과를 발휘할 수도 있다.

(3) 비교광고

설득광고 중에서 경쟁사 제품과의 직접비교를 통해 소비자로 하여금 자사 제품의 선택을 설득하는 광고를 비교광고(comparative advertising)라고 한다. 비교광고는 비교를 통한 강점 제시로 인해 메시지의 전달강도가 높은 경우가 많다. 그러므로 강한 설득효과를 발휘할 수도 있지만 강한 반발에 직면할 수도 있다.

(4) 상기광고

소비자에게 자사 제품을 지속적으로 기억시키기 위해 시행하는 광고를 상기광고(reminder advertising)라고 한다. 소비자는 모든 브랜드에 대해 관심을 갖지 않기 때문에 지속적으로 광고하지 않으면 브랜드는 소비자의 기억에서 사라진다. 만일 소비자가 브랜드에 대해 긍정적 태도를 갖고 있다면 이런 심리상태를 최대한 연장시키기 위해 상기광고를 지속적으로 하는 것이 필요하다. 소비자의 구매시점에 노출된 상기광고는 자사 제품을 선택하는 효과를 발휘할 수 있다.

2) 광고예산의 설정

광고예산의 설정은 앞에서 설명한 마케팅 커뮤니케이션 예산의 설정과 동일한 방식으로 이루어진다. 즉 가용자금법, 매출액비율법, 경쟁사기준법, 목표과업법의 예산책정방법이 적용된다. 다만 예산의 설정에서 마케팅 커뮤니케이션 전체에 관한 경우와는 달리 직접적으로 광고에 관련되는 사항들에 대해 고려하는 것이 필요하다.

- 제품에 대한 광고의 영향 정도 : 소비자에 대한 광고의 영향은 산업이나 제품범주에 따라 차이가 있다. 소비재는 산업재에 비해 광고의 영향이 크다. 그리고 소비재 중에서도 과자류, 포장식품, 생활용품 등은 광고의 영향을 많이 받는 것으로 알려져 있다. 반면 가구, 주방용품, 자동차 등과 같이 제품을 직접 비교하면서 구매하는 제품들은 광고의 영향 정도가 상대적으로 낮은 것으로 나타나 있다.
- 시장에서의 경쟁구조 : 시장에서 다수의 기업들이 경쟁하고 있거나 독점적으로 경쟁하고 있는 경우라면 광고의 필요성이 크게 높지 않다. 그러나 비슷한 규모의 소수기업이 과점형태로 경쟁하고 있을 때에는 광고지출의 필요성이 높은 것이 일반적이다. 과점경쟁에서는 엇비슷한 제품으로 경쟁적으로 소비자를 설득하기 위해 치열한 경쟁을 하는 것이 일반적이므로 광고의 역할이 커진다.
- 경쟁의 형태 : 마케팅 커뮤니케이션도 시장상황의 변화에 따라 중점적인 수단이 달라질 수 있다. 때로는 광고가 중심수단으로 사용되기도 하고 판매촉진이 중심이 되기도 한다. 이에 따라 광고예산의 할당이 달라질 수 있다. 국내 냉장고 시장에서 삼성과 LG는 냉각속도, 절전, 신선도 등을 강조하는 광고경쟁을 치열하게 전개하다가, 대리점에서의 이벤트에 중점을 두는 판매촉진경쟁으로 전환하였다. 그리고 고급형 냉장고 출시에 맞추어 다시 치열한 광고경쟁으로 옮겨갔다가 최근에는 디자인 및 시스템화를 통한 차별화경쟁으로 전환하였다.

3) 광고크리에이티브의 작성

광고에 많은 예산을 투입한다고 해서 좋은 광고효과를 얻을 수 있는 것은 아니다. 광고에서 가장 핵심적인 결정사항은 크리에이티브(creative)의 설계와 전개방식이다. 광고메시지는 목표청중의 주의를 이끌고, 흥미를 유발할 수 있어야 하며, 구매와 관련된 욕구를 유발할 수 있도록 설계하는 것이 필요하다. 목표청중들의 준비단계가 행동을 유발할 수 있는 수준에 도달했다면 구매행동을 촉구하는 메시지도 효과적일 수 있다.

(1) 크리에이티브의 설계

광고크리에이티브는 광고에서 메시지를 전달하기 위해 활용하는 인물, 스토리, 대사, 장면 등을 총체적으로 나타내는 표현이다. 크리에이티브를 작성하기 위해서는 우선적으로 핵심아이디어를 개발하는 것이 중요하다. 그리고 이 아이디어를 전달할 수 있는 소구점을 정하고, 효과적으로 소구하기 위한 크리에이티브의 설계를 진행한다.

① 핵심아이디어는 광고물을 제작하는 두 주체라고 할 수 있는 카피라이터와 제작을 담당하는 프로듀서(제작진)의 합작으로 창출된다. 카피라이터와 프로듀서는 핵심아이디어를 발견하기 위해 제품의 특징, 소비자들의 선호, 경쟁자의 광고크리에이티브, 해외 사례 등 다양한 정보와 자료를 수집하여 활용한다. 그리고 아이디어 개발을 위해 브레인스토밍(brain storming), 표적집단면접(FGI : focus group interview), 전문가 조언 등을 통해서 아이디어를 창출한다. 핵심아이디어가 개발되면 이 아이디어를 소비자들에게 강렬하게 전달할 수 있는 소구점을 설정한다.

② 소구점은 기업에서 전달하고자 하는 광고메시지를 효과적으로 전달하기 위한 강조점이라고 할 수 있는데, 소비자들이 구매를 통해 획득할 수 있는 편익을

중심으로 설정하는 것이 일반적이다.

③ 바람직한 소구점의 특징은 첫째, 소비자들에게 중요한 것이어야 한다. 크리에이티브에서 강조하는 소구가 소비자들이 중요하게 생각하는 것이 아니라면 광고를 보는 청중들은 주의나 관심을 기울이지 않을 것이다. 둘째, 소비자들에게 믿음을 주는 것이어야 한다. 메시지의 소구가 과장되어 보이거나 비현실적이면, 소비자들은 광고에 대해 부정적 반응을 보일 가능성이 높다. 셋째, 광고의 소구는 독특해야 한다. 소비자들이 광고에 접했을 때 소구가 새롭거나 신선하지 않다면 관심을 가지지 않을 뿐만 아니라 기억에 남지도 않을 것이다.

광고메시지의 핵심아이디어와 소구점이 정해지면 크리에이티브를 작성하기 위한 설계가 진행된다. 크리에이티브의 설계란 카피의 작성, 스토리의 전개, 등장인물의 결정, 배경화면 및 음악의 선택 등을 의미하는데, 이런 항목들의 설정을 통해 전반적인 크리에이티브의 골격이 정해진다.

(2) 크리에이티브의 전개방식

크리에이티브의 설계가 완성되면 종합적으로 광고물을 제작하기 위한 전개방식이 정해진다. 크리에이티브의 전개방식은 광고메시지를 완결적으로 표현하는 방식을 의미하는데, 중요한 것은 어떤 전개방식으로 설정되더라도 핵심아이디어와 소구점이 부각되어야 한다는 점이다. 또한 소비자의 관심과 흥미를 유발시킬 수 있어야 한다. 많은 광고에서 활용되는 크리에이티브의 전개방식은 다음과 같다.

- 생활의 단면 : 일상적인 생활에서 제품사용의 장면을 보여주는 것이다. 청소용품 광고에서 집안의 여러 곳을 청소하면서 잘 닦이는 것을 보여주는 장면 등이 이에 해당한다.
- 라이프스타일 : 제품이 특정 라이프스타일의 소비자에게 적합하다는 것을 강조하는 것이다. 신용카드 광고에서는 카드를 사용하는 사람들의 라이프스타일을

통하여 소비자들의 가입을 유도한다.

■ 환상 : 제품의 용도나 사용에 대해 환상을 조성시키는 것이다. 여성용 화장품이나 패션의류의 광고에서는 환상적인 분위기의 전개방식을 통하여 아름다움을 나타낼 수 있음을 강조한다.

■ 무드 : 사람들이 감성적으로 젖어들 수 있는 아름다움, 사랑 등의 분위기를 불러 일으키는 방식이다. 예를 들어 초콜릿 광고에서는 10대의 감성에 소구하는 사랑, 이별, 아픔 등의 분위기를 통해 초콜릿의 맛을 상상하게 하는 전개방식을 많이 사용한다.

■ 뮤지컬 : 사람들이나 만화 주인공들로 하여금 제품의 소개나 메시지를 노래로 전달하는 방식이다. 뮤지컬 전개방식은 고급예술에 대한 인기를 광고에 활용한 것으로서, 뮤지컬에 대한 관심이 높은 서구사회에서 많이 활용하는 방식이다.

■ 상징적 캐릭터 : 브랜드를 상징하는 캐릭터를 통하여 소비자에게 소구하는 방식이다. 미국 담배 브랜드인 말보로는 마초이미지의 카우보이를 통해 말보로 브랜드의 퍼스넬리티를 강조하는 광고를 한다.

■ 전문성 : 제품기술과 품질이 경쟁 제품에 비해 우수함을 강조하기 위해 자사의 경험과 전문성을 강조하는 전개방식이다. 광동제약은 자사의 우수한 우황청심환을 강조하기 위해 '30년 최씨고집'을 강조하였고, 롯데칠성은 오래 전부터 사이다를 생산해온 전통과 전문성을 내세웠다. 때로는 타사보다 우수한 품질을 강조하기 위해 생산공정의 품질관리와 생산노하우를 광고에 등장시키기도 한다.

■ 과학적 증거 : 과학적 증거자료를 제시함으로써 자사 제품이 타사 제품보다 우월하다는 것을 보여주는 전개방식이다. 정수기회사들은 정수기의 필요성을 주장하기 위해 수돗물의 불순물을 걸러서 보여주는 광고전개방식을 택하였다. 또한 공기청정기 회사들도 깨끗하지 못한 공기를 강조하기 위해 필터에 걸러진 먼지를 보여주는 광고를 하고 있다.

■ 증언 : 전문가나 소비자들이 제품의 성능이나 편익에 대해 증언을 하게 하는 전개방식이다. 의약품 또는 건강보조식품 등의 광고에서 많이 활용하고 있다.

4) 광고매체의 선정

광고크리에이티브가 계획 및 작성되면 이것을 전달할 광고매체를 선정한다. 매체 선정을 위해서는 도달범위와 빈도 및 효과의 결정, 매체유형의 선정, 구체적 매체의 결정, 광고일정의 결정 등으로 이루어진다.

(1) 도달범위, 빈도, 강도의 결정

매체를 선정하기 위해서는 우선 광고목적을 성취하는 데 필요한 도달범위, 빈도, 강도의 수준을 결정할 필요가 있다. 이것들은 광고가 목표청중들에게 전달되는 정도를 나타내는 평가인 지표가 된다. 이런 지표들이 구체적으로 정해져야 자사의 광고목적에 맞는 최적 매체를 선택할 수 있다.

- 도달범위(reach) : 일정기간 동안 목표청중의 몇 %에게 광고가 도달되도록 할 것인가를 결정하는 것이다. 도달범위는 동일한 사람이 광고에 노출되는 횟수에는 상관없이 광고에 노출되는 모든 사람의 숫자 또는 비율로 나타낸다. 올해의 광고목적으로 70%의 도달범위를 정하였다면, 이것은 목표청중 중에서 70%의 소비자들에게 광고를 노출시키는 것을 의미한다.
- 빈도(frequency) : 일정기간 동안 평균적인 목표청중에게 몇 회 정도 광고메시지를 노출시킬 것인가를 의미한다. 만일 하나의 매체로 목표청중을 모두 커버하지 못한다면 복수의 매체에 광고를 해야 하는데, 이 때에는 복수의 매체에서 광고하는 모든 횟수를 매체숫자로 나누어서 산정한다.
- 강도(impact) : 1회의 광고노출로 획득할 수 있는 영향 정도를 의미한다. 광고의 강도는 매체의 종류에 따라 차이가 있다. 일반적으로 TV를 이용한 광고는 시각과 청각을 동시에 활용하기 때문에 라디오보다 광고강도가 크다고 본다. 그리고 동일한 TV매체라도 각 방송국마다 시청률이나 신뢰성에서 차이가 있으므로 광고강도에서 차이가 있다. 이런 광고강도의 차이는 동일한 시간대의 광고비용 차이에 반영되어 있는 것이 일반적이다.

(2) 매체유형의 선정

광고주는 광고목적으로 도달범위, 빈도, 강도의 수준을 설정하고, 이의 달성을 위해 매체유형(media type)과 구체적 매체들을 선택 · 조합하여 매체믹스를 구성한다.

(3) 구체적 매체수단의 선정

매체유형이 결정되면 비용면에서 유용한 매체수단을 선정한다. 구체적 매체수단의 선택은 직접 광고를 내보낼 TV방송채널, 신문, 잡지를 선택하는 것을 말하는데, 이 때에는 다양한 항목들을 참고할 필요가 있다. TV채널 선택에서는 해당채널의 전반적인 평판, 주요 프로그램, 지역별 연계방송망, 시간대 및 프로그램별 시청률과 비용, 주요 광고주 등을 고려할 필요가 있다. 신문의 경우에는 발행부수, 주요 구독층, 배포지역, 광고물의 크기 및 위치별 비용, 광고색상 시현 정도 등을 고려해야 한다. 잡지를 이용하는 경우에는 신뢰성, 권위, 구독자의 지역적 분포와 직업별 분포, 편집기조, 리드타임, 심리적 효과 등도 고려할 필요가 있다.

(4) 광고일정의 결정

광고를 위한 매체믹스를 결정하면 구체적인 광고일정을 정하는 일이 남았다. 소비자들은 광고에 노출된 이후 오랫동안 기억하지 못하기 때문에 기업의 마케팅 커뮤니케이션 특성에 따라 광고의 일정을 조정할 필요가 있다. 기업은 연간 광고예산을 광고캠페인 기간별로 나누어서 집행하는데 그 방식은 다양하다.

- 지속형 : 광고캠페인 기간 동안 고르게 광고한다. 일정기간 동안 간격을 두고 격일 또는 매주 TV에 광고를 하는 방식이다. 소비자들이 이미 잘 알고 있는 브랜드라면 이런 방식이 가장 효과적이라고 알려져 있다.
- 계절형 : 계절형 제품의 광고에서는 제품의 성수기가 시작될 때부터 집중적으로

광고를 한다. 일반적으로 에어컨, 선풍기, 온풍기, 난로, 아이스크림, 청량음료 등의 계절제품 광고에서 자주 이용하는 방식이다.

- 주기형 : 광고캠페인 기간 동안 일정한 간격을 두고 광고한다. 주기형 광고집행은 잘 알려진 제품을 소비자에게 지속적으로 상기시키기 위해 사용한다. 과자류, 라면류 광고에서 자주 볼 수 있는 광고방식이다. 지속형과 함께 소비자들의 기억을 상기시키는 효과가 높다고 알려져 있다.
- 집중형 : 일정기간을 정해 집중적으로 광고를 집행하는 방식이다. 짧은 기간 동안 집중적으로 광고를 함으로써 붐을 조성하거나 강한 기억을 남기기 위해 사용한다. 주로 신제품을 출시하거나 새로운 광고 캠페인을 시작할 때 활용하는 방식이다.

5) 광고효과 평가

광고효과의 평가는 광고관리과정의 마지막 단계로써 광고캠페인을 통해 기업의 커뮤니케이션 의도가 성공적으로 목표청중에게 전달되었는지를 판단하는 과정이다. 광고효과의 평가를 통해 광고주는 애초에 설정한 광고목적이 달성되었는지, 그렇지 않다면 그 원인이 무엇인지를 판단할 수 있다. 평가의 결과는 다음의 광고캠페인에 반영한다.

광고효과의 평가는 평가대상과 시기에 따라 커뮤니케이션 효과조사와 판매효과조사, 사전조사와 사후조사로 나눌 수 있다.

(1) 커뮤니케이션 효과 측정

커뮤니케이션 효과 측정이란 광고목적을 목표청중에 대한 커뮤니케이션에 목적을 두었을 때, 그 목적이 달성되었는지를 평가하기 위해 실시하는 조사이다. 커뮤니케이션 광고란 광고주가 소비자의 구매행동을 직접 촉구하기 위한 것이 아니라 인식, 이미지, 태도의 변화 또는 인식, 지식, 좋아함, 선호, 확신 등을 변화시키는 데 목적을 둔 광고를 의미한다. 커뮤니케이션 광고를 시행하기 전에 광고제작진은 효과가 높은 광고물 제작을 위해 반복적으로 사전 테스트를 한다.

(2) 판매효과 측정

광고가 판매에 미치는 효과를 파악하는 것은 커뮤니케이션 효과를 측적하는 것보다 훨씬 어렵다. 판매는 광고 이외에도 시장상황 및 다른 마케팅 믹스(제품특성, 가격, 유통 등)의 영향도 많이 받기 때문이다. 광고 이외에 판매에 영향을 미치는 요소들이 소수이거나 통제가능할 때에는 광고의 판매효과 측정이 가능할 수도 있다.

광고의 판매효과 측정은 전년도의 판매액 및 광고지출액과 해당연도의 자료를 비교하여 추정할 수 있다. 그러나 그 정확성은 신뢰하기 어려우므로 참고자료로 사용하는 것이 적절하다.

11.4 인적 판매

1. 인적 판매의 의의

1) 인적 판매의 개념

인적 판매는 소비자들과 쌍방적 대화를 통하여 판매하고자 하는 제품이나 서비스를 제시하여 소비자의 필요, 욕구, 그리고 선호를 환기시키고, 구매저항을 줄이고 구매행동을 유발시키는 설득적 의사소통과정이다. 인적 판매는 판매원이 중심이 되어 제품의 판매를 촉진하는 마케팅 커뮤니케이션 수단을 의미한다. 그러므로 인적 판매를 위해서는 소비자의 문제해결에 도움을 줄 수 있는 훈련받은 판매원이 필요하다. 훈련된 판매원은 다른 마케팅 커뮤니케이션 수단과는 차별화된 접근방법을 통해 소비자의 문제를 전문적으로 해결해 줄 수 있다.

(1) 인적 판매의 장점

■ 개별 소비자에게 각각 필요한 서비스와 정보를 충분히 제공할 수 있다.

■ 쌍방 커뮤니케이션으로 인해 판매자와 소비자 사이에 발생하는 의견차이를 조율하고 협상할 수 있다.

■ 인적 판매는 확인된 소비자를 파악하여 체계적으로 접근하므로 광고에 비해 효율적이다.

■ 소비자의 의견을 반영하기 쉽다.

(2) 인적 판매의 단점

■ 판매원은 한정된 숫자의 소비자에게만 접근이 가능하므로 수많은 소비자에게

커뮤니케이션하기는 어렵다.

- 인적 판매는 고비용 커뮤니케이션 수단이다. 인적 판매는 비용면에서 매우 비싸다고 할 수 있는 판매원을 활용하고 판매원이 접촉할 수 있는 소비자의 숫자도 한정적이다. 그러므로 대중매체를 이용하는 광고에 비해 소비자 1인당 커뮤니케이션 비용이 고가이다.
- 판매원에 대해서는 과거 경험으로 부정적 이미지를 갖고 있는 소비자들이 많다. 소비자들은 판매원의 진실성 결여, 일방적 설득, 즉각적 구매강요 등의 경험을 갖고 있는 경우가 있다. 이런 경우 모든 판매원에 대해 부정적 감정을 가질 수 있다.

2) 인적 판매의 활용

인적 판매는 역사적으로 인건비가 저렴한 국가에서 중요한 마케팅 커뮤니케이션 수단으로 활용된다. 다음과 같은 경우에는 인적 판매가 효과적일 수 있다.

(1) 소비자가 확신이나 구매단계에 도달해 있는 경우

소비자들이 준비단계 모형상에서 인식, 좋아함, 선호의 단계에 있다면, 광고나 기타 다른 커뮤니케이션 수단을 통해 폭넓게 정보를 제공하고 낮은 수준의 설득을 진행하는 것이 긍정적 이미지나 태도를 갖게 하는 데 효과적일 수 있다. 그러나 소비자가 자신의 문제해결을 위해서는 자사 제품이 최적이라는 확신을 갖게 하거나 구매를 촉발하기 위해서는 인적 판매가 효과적인 수단이 된다. 판매원이 직접 소비자의 문제를 상담하고 상세한 정보를 제공할 뿐만 아니라 소비자의 판단을 도와줌으로써 원활한 자사 제품 구매를 유도할 수 있기 때문이다.

(2) 제품수명주기상의 도입기

예전에 없던 신제품이 시장에 출시되었을 때 소비자는 신제품의 필요성이나 가치를 깨닫지 못하는 경우가 많다. 이런 경우에는 신제품이 소비자의 어떤 문제를 해결해 줄 수 있는지, 또는 소비자의 생활에서 어떤 가치를 갖는지 등에 대해 구체적인 정보제공 및 설득이 필요하다. 판매원은 소비자들과의 대화를 통해 이런 내용에 대해 충분히 설득할 수 있는 중요한 수단이다. 특히 제품의 조기확산을 위해 혁신자와 의견선도자들을 집중적으로 공략할 필요가 있을 때에는 인적 판매의 역할이 더욱 중요하다.

(3) 전문적 서비스가 필요한 제품

제품의 설치나 운영에서 전문적인 서비스가 요구되면 필수적으로 서비스요원의 투입이 필요하다. 이런 경우에는 서비스요원을 겸하는 판매원의 활용이 성공적일 수 있다. 정수기업체들은 정수기의 설치와 지속적 관리, 그리고 필터교체에 서비스요원이 필요하므로, 인적 판매를 핵심적인 촉진수단으로 삼고 있다. 또한 복사기업체들도 복사기 설치와 사용방법 설명, 그리고 정기점검 및 수리가 필요하므로 인적 판매 방식을 중심적인 촉진수단으로 활용하고 있다.

(4) 산업재 시장

대부분의 산업재 회사들은 판매조직을 중심으로 마케팅 활동을 한다. 산업재는 소비재와는 달리 소비자의 숫자가 많지 않고 심층적인 제품정보 및 서비스를 필요로 하므로 인적 판매가 필수적이다. 산업재 판매원들은 정기적으로 소비자를 방문하여 제품을 소개하고 장점을 설득하여 주문을 받는다. 그리고 직접 배달이나 사후서비스를 담당하기도 한다. 소비자를 대상으로 광고를 많이 하는 제약산업도 실제로는 인적 판매에 의존하는 대표적인 산업이다. 약품판매원은 약품에 대한 전문적인 지식을 갖추고 병원과 약국을 정기적으로 방문하여 자사약품을 촉진한다.

(5) 고가의 소비재

가격이 매우 비싼 고급제품을 구매하는 소비자 숫자는 많지 않다. 이런 소비자들을 대상으로 대중매체를 이용한 광고를 하는 것은 효과가 낮다. 또한 고가의 제품을 구매하는 소비자는 이에 상응하는 수준의 판매원과 상담하고 질높은 서비스와 조언을 받기를 원한다. 그러므로 고가제품의 마케팅 커뮤니케이션 수단은 거의 인적 판매에 의존할 수밖에 없다. 고가제품의 판매는 A급 상권에 입지한 고급점포를 통해 이루어지는데, 이런 점포의 점포관리자가 핵심적인 판매원 역할을 한다. 고급패션의류, 인테리어용품, 가구 등이 이런 범주에 들어간다.

2. 인적 판매의 과정

현대적 세일즈맨십(salesmanship)을 갖춘 판매원은 소비자가 커뮤니케이션을 수용하고 자신의 의사결정을 위해 충분한 정보와 판단의 근거를 확보할 수 있도록 조언자로서의 역할을 충실하게 하는 사람이다. 이들은 소비자를 만나기 전부터 필요한 준비를 하고 제시할 정보와 설득의 근거를 마련하는 등의 노력을 한다. 그러므로 판매원은 단순히 판매활동을 하는 것 이상의 많은 노력을 투입한다. 이들의 활동을 단계별로 살펴보면 다음과 같다.

1) 가망소비자 파악

판매원은 소비자를 만나기 전에 접촉할 소비자에 대한 충분한 정보를 수집하는 것으로 활동을 시작한다. 주어진 시간과 노력의 범위 내에서 가장 효과적으로 판매하려면 소비자파악이 선행되어야 한다. 소비자파악에서 중요한 것은 누가 우리 소비자가 될 수 있는지, 특정소비자가 제품이나 서비스에 대한 욕구를 가지고 있는지, 구매를 위해 자금을 지불할 용의가 있는지, 구매하고 결정할 권한이 있는지 등을 파악하는 것이다.

그림 11-4 인적 판매의 과정

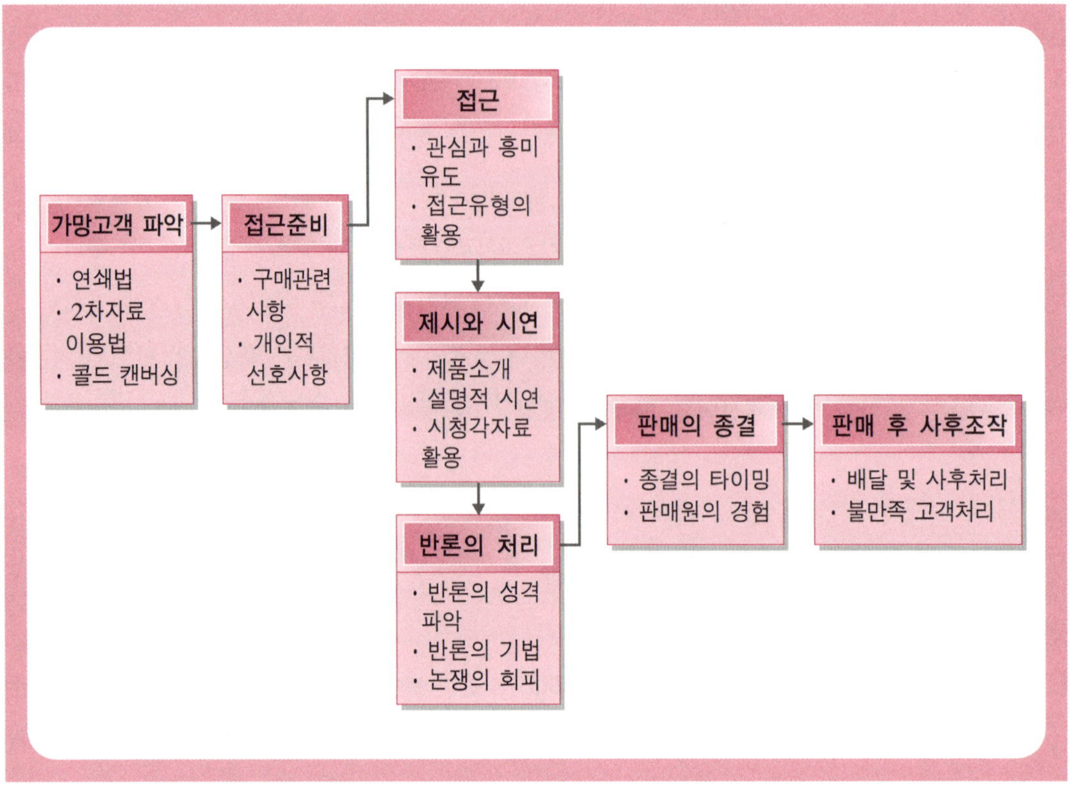

2) 접근준비

접근준비는 가망소비자를 선정하고 이들과 실제로 접촉하기 전에 소비자에 관해 필요한 정보를 수집하는 단계이다. 소비자의 과거구매자료, 거래선 등을 파악하고 판매하고자 하는 제품에 관한 소비자의 지식수준 등도 파악한다. 물론 소비자의 개인적 관심이나 선호 등도 원활한 접근을 위해 파악해야 할 자료이다.

이러한 정보수집이 필요한 이유는 첫째, 잠재소비자에 대한 추가적인 정보수집을 통해 잠재소비자의 개별적인 평가가 가능하다. 둘째, 선별된 소비자들에게 접근할 효율적인 방법과 소비자에게 사용할 판매전략의 수립에 도움이 된다. 셋째, 소비자에 대해 많이 알수록 판매원들의 자신감이 증가한다. 이 단계에서 수집하여야 할 소비자에 대한 정보의 유형은 소비자의 인구통계학적 특성을 비롯한 소비자의 욕구, 개성, 구매스타일, 구매능력, 구매결정권한 소유여부 등이 있다. 만약 조직구매자라면 조직의 구매결정자, 구매량, 구매빈도, 신용도, 현공급자에 대한 만족도 등의 정보를 수집할 필요가 있다.

3) 접 근

판매원이 잠재적 소비자와의 상담을 하기 위하여 접근하는 단계로써, 판매원의 인사, 자기소개, 회사소개로부터 시작하여 방문용건을 설명하고 상담의 분위기를 조성할 때까지의 과정을 말한다. 접근단계는 약 30초 정도의 짧은 시간에 끝나지만, 이 시간이 소비자에게 신뢰를 받을 수 있는지 여부를 좌우하며 후속적으로 판매의 성패가 결정된다고 할 수 있다. 접근단계에서는 판매원이 처음으로 소비자와 접촉하는 초기단계인데, 이 단계에서 소비자의 주의를 끌고 흥미를 유발시킴으로써 제품에 대한 관심을 유발시키는 것이 필요하다. 소비자가 판매원과의 첫 대면에서 받은 인상은 상담의 성공에 상당한 영향을 미치므로, 판매원은 접근단계에서 긍정적 분위기를 형성하도록 창의성을 발휘해야 한다.

4) 제시와 시연

제시와 시연은 소비자와 대화를 통하여 판매하고자 하는 제품의 설명 및 사용방법, 가격 등에 관하여 설명하고, 시범을 보이는 단계이다. 이 단계에서는 소비자의 문제점을 제시하고 해결책으로써 제품의 유용성을 강조하게 되는데, 본격적인 제품정보의 제공과 설득을 통해 소비자가 자사 제품에 대해 관심을 갖게 만드는 것이 주목적이다.

판매원은 제품의 구매를 통해 소비자에게 이익이 되는 점을 중점적으로 설명하고, 소비자의 마음에서 자사 제품을 중심적 대안으로 자리잡도록 해야 한다. 또한 소비자의 구매의사결정에 긍정적인 영향을 미치도록 노력한다. 이를 위해서 제품을 소개하는 데 필요한 시청각 자료나 실물 등을 활용하는 것도 좋다.

5) 반론의 처리

판매원이 자사의 제품에 관한 정보를 제공하거나 편익을 설명하는 과정에는 필수적으로 소비자의 반론이나 회의 등과 같은 소비자의 구매저항에 직면하게 된다. 이런 의견이 제시될 때 판매원은 소비자의 반론을 적절히 처리하는 것이 필요하며, 동시에 구매와 관련된 다양한 불확실성을 제거하는 기회로 활용해야 한다.

소비자의 저항을 해소시키기 위해서는 판매원의 설득 및 협상능력이 요구된다. 소비자의 반대의견을 효과적으로 처리하기 위한 출발점은 소비자의 진정한 마음을 파악하는 것이다. 판매원은 소비자가 전반적으로 자사 제품에 대해 거부할 의사를 갖고 있는 것인지, 아니면 부분적으로 불만스러운 점을 제시하는 것인지를 파악할 필요가 있다. 전반적인 거부일 경우에는 일단 철수하여 다음 방문을 추진하거나 제품의 본질적 필요성을 다시 설명하는 제시와 시범의 전반적 과정을 반복하는 노력이 필요하다. 소비자가 부분적으로 불만스러워 하고 반대의견의 근거가 미약할 때는 객관적인 근거를 제시하여 소비자를 설득할 수 있다.

6) 판매의 종결

소비자의 반론도 해소되어 소비자의 구매의사가 확인되면 해당 판매를 종결하는 단계로 넘어간다. 판매의 종결은 구두로 소비자의 품목선택을 유도하거나, 주문서를 작성하는 등의 행위를 통해 판매를 완료하는 것을 의미한다. 판매를 성공적으로 종결짓기 위해서는 타이밍 선택의 기술이 필요하다. 일반적으로 제품에 대한 소비자의 흥미가 가장 고조된 시기가 판매를 종결짓는 가장 좋은 시기이다. 그러나 소비자의 구매호기심이 고조되지 않았거나 흥미가 상실된 상황에서 종결을 유도하는 행위는 오히려 소비자의 거부감을 불러일으킬 수도 있다.

소비자의 정확한 의사표현이 없다면 소비자의 구매의사 여부에 대해 알아내는 것은 무척 어려운 일이다. 따라서 이 경우에는 소비자의 행동, 질문, 말씨, 몸짓 등을 통해 간접적으로 구매의사를 파악하는 것이 필요하다. 판매원은 많은 판매경험을 통해 소비자의 구매의사를 판단하는 능력을 갖출 수 있다.

7) 사후조치

판매가 이루어졌다고 하여 소비자와의 관계가 모두 끝난 것은 아니다. 오히려 판매 후가 더 중요할 수도 있다. 만일 소비자가 구매를 통해 만족하였다면 반복구매 및 긍정적 구전을 통해 새로운 소비자까지 확보할 수도 있을 것이다. 반면 소비자의 불만족이 확인된다면 그 이유와 해결책을 수립하여 불만을 해소해야 할 것이다. 더 이상 자사와 거래하지 않겠다는 소비자를 분석해 보면, 구매를 통해 가졌던 불만보다는 사후조치가 충분치 않은 결과에 기인함을 알 수 있다.

3. 판매원 관리

인적 판매를 담당하는 인력을 통칭하여 '판매원'이라고 한다. 일반적으로 회사에서는 영업사원이라고 부르기도 한다. 그 외에도 판매대행자, 소비자담당자, 판매컨설턴트, 판매엔지니어, 마케팅대행자 등 다양하게 불린다. 오늘날에는 이들의 역할도 매우 다양하다. 직접 소비자를 방문하여 상담하고 주문을 받는 판매원, 기술적인 컨설팅을 하면서 소비자에게 필요한 제품이나 서비스를 판매하는 판매컨설턴트, 매장에서 소비자를 맞이하는 매장판매원, 전화를 통해 판매하는 텔레마케터 등이 대표적이다. 병원에서 환자를 맞이하고 상담하는 의료코디네이터도 넓은 의미에서 판매원으로 볼 수 있다.

1) 판매원의 모집 및 채용

현대적 의미에서 세일즈맨십은 '소비자 또는 구매예상자가 자신에게 가장 적합한 제품 또는 서비스를 구매할 수 있도록 설득하는 능력'이라고 할 수 있다. 즉 단순한 판매기술을 가진 판매원이 아니라 소비자의 문제를 찾아서 필요한 해결책으로써 적합한 제품이나 서비스를 제시할 수 있는 능력이 있어야 한다는 것이다. 이를 위해서는 판매기술 이외에도 성숙한 인격과 창조적으로 문제를 해결할 수 있는 능력도 갖추어야 한다.

기업이 인적 판매를 성공적으로 활용하기 위해서는 우수한 판매원을 육성하는 것이 중요하다. 이를 위해서는 잠재적 자질을 가진 판매원을 채용하는 것이 중요하다. 부적절한 판매원을 채용하게 되면 판매효과성을 저하시키는 것은 물론, 판매원 교육비용 및 판매소요비용의 낭비라는 손해를 입게 한다. 또한 판매원 본인을 위해서도 판매원 채용은 중요하다.

2) 판매원의 교육 및 훈련

잠재적 자질이 우수한 판매원을 선발하였다 해도 판매원으로서 좋은 성과를 기대하려면 기업에서 능력개발에 필요한 교육훈련을 수행해야 한다. 점차 첨단화하는 제품의 특성과 학습된 소비자 증가로 인해, 제품이나 소비자에 관한 교육이 특히 강조된다. 뿐만 아니라 인적 판매는 소비자와의 지속적 관계에 의해 판매를 증대시켜 나가는 접근방법이므로, 관계유지에 필요한 교양과 지적 배경을 확충하는 교육도 필요하다. 최소한의 매너에서부터 다양한 대화소재를 이끌 수 있는 지성도 갖추어야 한다.

또한 판매원은 기업을 대표하여 소비자와 접촉하므로 이들의 인격과 신뢰성은 기업의 신용과 명성에 직결된다. 따라서 판매원으로서의 제 기능을 수행할 수 있도록 인성도 교육 및 훈련에서 고려하여야 할 것이다.

그림 11-5 판매원 관리의 과정

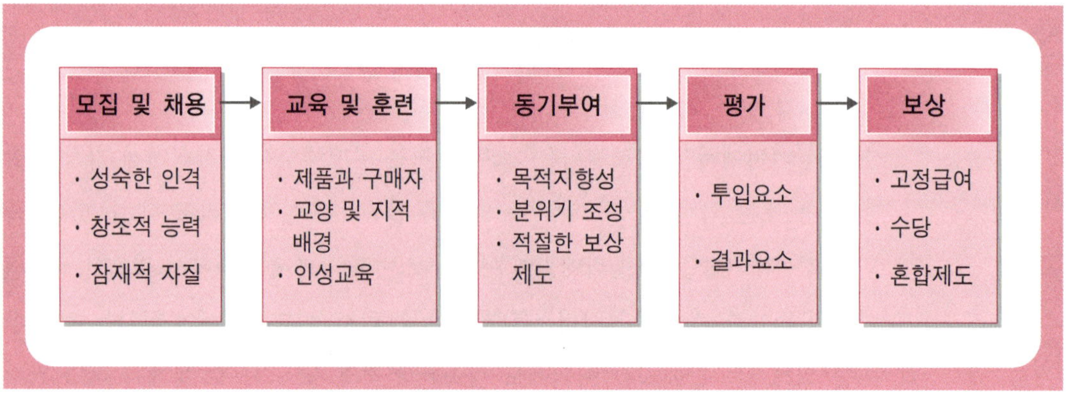

3) 판매원의 동기부여

기업은 판매원의 판매성과를 높일 수 있는 적절한 동기부여 수단을 찾는 것이 필요하다. 판매원의 직무에 대한 동기부여 요인으로 가장 우선적인 것이 판매원 개인의 특성이다. 판매원 본인이 판매원 업무에 대해 올바른 역할인식을 하고 있는지, 그리고 판매업무를 통해 자신의 발전을 추구하는 목적지향성을 갖고 있는지가 중요한 동기부여가 될 수 있다. 기업측면에서는 기업에서 판매원을 중요시하고 존중하는지, 그리고 판매원 활동에 협조적인 업무설계와 분위기가 조성되어 있는지도 동기부여의 중요한 사항이다. 또한 판매원의 성과에 대해 적절한 보상이 제공될 수 있는 금전적 · 비금전적 보상체계가 수립되어 있는지도 중요한 동기부여 수단이 된다. 이런 동기부여체계가 종합적으로 작용하여 긍정적인 판매원 성과를 유도한다.

4) 판매원의 평가

판매원의 평가는 판매원 관리에 있어 중요한 과업이다. 판매원이 맡은 일을 충실히 했는지 정기적으로 확인할 필요성이 있다. 이를 위하여 판매원으로부터 보고를 받거나 판매원에 관한 정보를 수집하고 분석하는 과업이 필요하다. 판매원에 대한 평가는 그 기준이 명확해야 하며 객관적으로 납득할 수 있는 항목으로 구성되어야 한다.

판매원에 대한 평가는 투입요소와 산출요소로 나눌 수 있다. 판매원 평가를 위해 단일기준을 적용하는 경우는 드물고 다양한 기준들을 복합적으로 활용하는 것이 일반적이다. 투입요소로는 총 방문횟수, 처리한 불만사례 수, 통제불가능한 업무시간 손실비율, 판매 후 후속접촉횟수, 시연 횟수 등을 주로 사용한다. 산출요소로는 매출액, 매출이익, 신규소비자 숫자, 참여유통업자의 숫자, 상실소비자의 숫자, 핵심소비자의 증가비율, 소비자불만사례 숫자, 유통업자의 판매 · 재고비율 등을 주로 사용한다.

5) 판매원 보상

기업은 판매원의 실적에 따라 금적적 보상과 비금전적 보상의 형태로 보상을 제공한다. 금전적 보상은 고정급여, 수당 등 금전적으로 제공되는 수단이며, 비금전적 보상이란 개인적인 성취감, 인정받고 싶은 욕구, 승진, 귀속의식 등과 같은 보다 고차원적인 보상이라 할 수 있다.

보상체계를 설정하기 위해서는 보상수준과 보상방법에 대해 사전에 결정을 해야 한다. 보상수준이란 판매원이 일정기간 동안 받는 전체금액을 의미하며, 보상방법이란 보상을 해주는 기준설정을 의미하는데 금전적인 보상방법에는 다음과 같은 것이 있다.

(1) 고정급여(salary)

판매원에게 정기적으로 일정액의 금액을 지불하는 방법으로, 관리자 입장에서는 산정이 용이하고 관리비용이 적게 들며, 판매원 입장에서는 안정적 수입의 보장이라는 장점이 있다. 반면 판매원의 금전적 보상에서 고정급여의 비율이 높아지면 적극적인 활동을 유도하는 동기부여가 낮아진다는 문제점도 있다.

(2) 수당(commission)

판매원 개인의 판매량이나 이익에 비례하여 금전을 지불하는 방법이다. 이 방법은 판매원의 판매실적에 따라 변동하므로 판매증대를 위해 판매원을 자극하는 효과적인 수단이 될 수 있다. 이런 보상체계를 택하는 경우에는 판매원 활동에 대해서는 전적으로 자유재량으로 부여하고 결과만으로 임금수준을 결정한다.

(3) 혼합제도

고정급여제도와 수당제도를 혼용하는 방법으로 보수의 일부는 고정적인 월급으로 지급하고 나머지는 판매성과에 따라 수당으로 지급하는 방법이다. 이 방법은 판매원들에게 일정수준의 재정적 안정성을 제공하면서 추가수입을 위한 노력을 유인하는 효과를 낳는다. 그러나 판매비용의 예측이 어렵고, 관리상의 어려움이 있다는 단점도 있다.

11.5 판매촉진

마케팅 커뮤니케이션 믹스 중에서 가장 주목을 받는 수단이 광고와 인적 판매라고 할 수 있다. 그러나 최근에 경쟁이 치열해지면서 판매촉진의 가치에 대한 인식이 강화되고 있다. 기업들은 광고에 지출하던 촉진예산의 일부를 판매촉진으로 전환하는 경향이 나타나고 있다. 그 이유는 첨예한 매출 및 수익경쟁에서 직접적으로 매출을 일으킬 수 있는 판매촉진에 지출하는 것이 효과적이라는 데 있다.

1. 판매촉진의 의의

1) 판매촉진의 정의

판매촉진이란 소비자의 구매를 촉진시키기 위한 마케팅 커뮤니케이션 활동으로써 광고, 인적 판매, PR활동을 제외한 대부분의 촉진활동을 말한다. 이렇게 판매촉진의 개념을 광범위하게 설명하는 것은 수많은 판매촉진활동들이 가능하기 때문이다. 대표적으로는 진열, 전시회, 이벤트, 보조금 지급 등 일상적으로 수행되지 않는 판매활동을 지칭한다. 그러나 창의적 아이디어에 의해 고안된 다양한 판매촉진방법들이 동원될 수 있다.

판매촉진을 광고와 인적 판매를 보조하는 도구와 기술을 만들어내고 적용, 확산시키는 활동으로 그 목적은 판매원, 유통업자, 거래점이 특정브랜드를 판매하려는 욕구를 증대시키고 소비자로 하여금 그 브랜드를 구매하도록 하려는 것이라고 설명할 수도 있고, 판매원, 유통업자, 최종소비자에게 제품에 대한 부가적 가치나 유인을 제공하는 직접적인 유인행위라고 할 수도 있다.

2) 판매촉진의 장 · 단점

판매촉진은 단기적인 판매효과를 목적으로 진행하는 프로그램으로써 다른 마케팅 커뮤니케이션 프로그램과의 시너지를 통해서 소정의 목적을 달성할 수 있다. 반면 조심스럽게 활용하지 않는다면 다른 프로그램에서 축적된 커뮤니케이션 효과를 잠식하는 결과를 가져올 수도 있다. 예를 들면 광고 및 인적 판매를 통해 형성된 제품에 대한 고급이미지를 판매촉진에서의 가격할인으로 크게 손상될 위험성도 갖고 있다. 이런 기회와 위험을 파악하기 위해서는 판매촉진의 장 · 단점을 살펴보는 것이 필요하다.

(1) 판매촉진의 장점

① 유통업자나 소비자에게 무료 또는 낮은 부담으로 제품이나 사은품을 획득할 수 있는 기회를 제공하기 때문에 브랜드나 유통업자에 대한 우호적 태도를 형성할 수 있다.

② 소비자에게 구매를 설득하는 효과가 있기 때문에 광고나 인적 판매에서 형성된 설득효과에 더하여 부가적인 설득효과를 나타낼 수 있다.

③ 즉각적인 구매행동을 촉발시킬 수 있는 효과적인 유인방법이다. 일반적으로 판매촉진은 구매시점에서 이루어지므로 다른 커뮤니케이션 수단에 비해 빠른 매출효과를 나타낼 수 있다.

④ 활용할 수 있는 수단이 많다. 광고나 인적 판매는 시간이나 공간의 제약으로 전달할 수 있는 메시지의 유형이나 매체가 한정될 수밖에 없지만, 판매촉진은 다양한 형태의 수단을 사용할 수 있으므로 점포나 소비자의 요구에 적합한 촉진활동을 할 수 있는 여지가 많다. 또한 기대효과와 다른 상황이 나타날 경우에는 즉시 중단할 수도 있다.

⑤ 직접적으로 신제품의 시험사용을 유도할 수 있는 수단이다. 판매촉진은 소액할인, 샘플, 경품 등을 통하여 소비자들의 구매위험을 감소시키면서 시험사용을 촉진할 수 있다. 소비자들로 하여금 신제품을 직접적으로 경험하게 함으로써 빠른 확산을 유도할 수 있는 수단이 된다.

(2) 판매촉진의 단점

① 판매촉진은 다른 커뮤니케이션 수단을 기반으로 보충적으로 사용하는 것이므로 단독으로 사용되는 경우에는 효과가 낮을 수 있나. 광고를 통해 판매촉진을 알리는 노력을 병행해야 효과가 있고, 인적 판매도 판매촉진 프로그램과 협력하여야만 효과를 거둘 수 있다.

② 판매촉진은 당시의 시장상황에 맞추어 단발적으로 실시하므로 창의적 아이디어 개발이 필요하다. 동일한 판매촉진 프로그램이 재사용된다고 하더라도 제한적일 수 밖에 없다. 그러므로 프로그램의 개발에 소요된 시간 및 자금은 회수가 쉽지 않으며, 설비 및 자재도 재활용이 쉽지 않다.

③ 판매촉진의 빈도가 높을 경우 브랜드 이미지를 손상할 수 있다. 즉 유명 브랜드의 판매촉진은 소비자들에게 긍정적 기회를 제공하는 것으로 인식된다. 그러나 판매촉진의 빈도가 많아지면 소비자들의 인식에 변화가 생길 수 있다. 즉 '비인기 품목', '재고처리', '싸구려 제품' 등과 같은 좋지 못한 이미지를 형성할 수 있다. 또한 지나친 판매촉진은 기업의 수익구조에 악영향을 미

칠 수도 있다.

④ 판매촉진은 경쟁사의 모방이 용이하고 업계의 판매촉진 경쟁을 촉발시킬 수도 있다. 판매촉진의 수단은 손쉽게 모방할 수 있으며 단기간의 준비를 통해 실행할 수 있다. 경쟁사들이 즉각적으로 동일한 판매촉진수단으로 대응한다면 그 효과가 크게 감소할 수 있다. 또한 경쟁적인 판매촉진은 동종 기업 간의 경쟁을 유발하여 상호간 수익성이 악화되는 문제점도 있다.

⑤ 판매촉진으로 새로운 충성고객을 확보하기는 어렵다. 브랜드 충성도가 강한 소비자는 판매촉진 여부에 따라 그들의 구매패턴을 변경할 가능성은 높지 않다. 다만 충성고객에게서는 판매촉진기간에 맞추어 구매를 미루거나 앞당기는 구매선행 및 지연효과(lead and lag effect)만 나타난다.

2. 판매촉진 프로그램의 개발

판매촉진을 효과적으로 실행하려면 마케팅 관리자는 판매촉진과정을 종합적으로 관리해야 한다. 판매촉진과정도 마케팅 커뮤니케이션 과정 관리와 동일한 과정을 거친다. 우선 판매촉진목표를 설정하고, 판매촉진수단을 선정하는 것이 필요하다. 그리고 판매촉진 프로그램을 개발하고, 그 프로그램을 실시하고 효과를 측정한다.

이런 과정은 마케팅 커뮤니케이션 과정과 동일하므로 설명을 생략한다. 다만 효과적인 판매촉진 프로그램을 개발하기 위해서 마케팅 관리자는 다음과 같은 사항을 결정해야 한다.

1) 유인의 크기

마케팅 관리자는 판매촉진에 의한 유인(incertive)수준을 결정하여야 한다. 판매

그림 11-6 판매촉진의 크기에 따른 소비자 반응의 변화

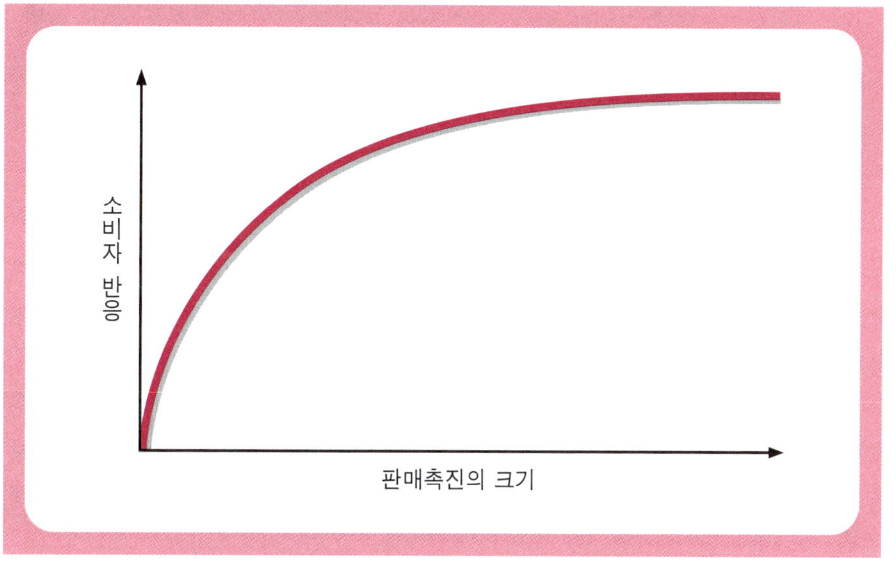

촉진이 효과를 얻기 위해서는 소비자들의 관심과 참여를 유도해야 한다. 이를 위해서는 일정수준 이상의 유인이 제공되어야 한다. 판매촉진에서 제공하는 유인의 크기가 증가할수록 프로그램에 관심을 갖고 참여하는 수준은 증가한다. 그러나 이에 따른 판매촉진비용도 증가하므로 기업에서 정한 판매촉진의 목표에 적정한 수준의 유인이 제공되어야 한다.

〈그림 11-6〉에서 볼 수 있듯이, 유인의 크기에 대한 소비자의 반응수준은 유인이 증가할수록 체감적으로 감소하는 2차함수의 특성을 갖는 것이 일반적이다. 그러므로 적정수준의 유인을 정하는 것이 쉬운 과업은 아니다. 이를 위해서는 마케팅 커뮤니케이션 프로그램과 판매촉진목표를 고려하는 것이 필요하다.

2) 참여의 조건

마케팅 관리자는 판매촉진에 참여할 목표집단을 결정해야 한다. 판매촉진의 대상은 선택된 일부 소비자집단이 될 수도 있고, 모든 소비자가 될 수도 있다. 다만

마케팅 관리자는 판매촉진의 목표에 비추어서 어떤 소비자를 대상으로 할 것인지를 결정해야 한다. 소비자를 대상으로 빈 포장지를 갖고 오면 추첨을 하여 제품을 주는 행사를 하기도 하고, 구매와 상관없이 퀴즈에 응모하면 당첨자에게 제품을 주기도 한다. 신용카드회사들은 특정기간 동안 일정금액 이상을 구매한 소비자들을 대상으로 추첨을 통해 사은품을 제공하는 행사를 한다.

3) 배포방법

판매촉진 프로그램을 알리고 배포하는 방법도 중요한 결정사항이다. 판매촉진을 알리는 방법은 다양하다. 전국적인 판매촉진행사를 실시한다면 대중매체를 통해 광고를 하는 것도 효과적이며, 지역적인 행사를 실시한다면 점포의 전단지 또는 지역매체광고를 활용할 수도 있다.

판매촉진수단의 배포방법도 다양하게 활용할 수 있다. 할인쿠폰을 배포하는 방법은 포장에 인쇄를 할 수도 있고, 우편을 통해 배달할 수 있으며, 인쇄광고를 통해서도 배포될 수 있다. 각각의 배포방법에 따라 노출 및 도달범위가 달라지고 비용에서도 차이가 있다.

4) 판매촉진기간

판매촉진기간도 중요한 결정사항이다. 판매촉진기간이 짧으면 소비자들에게 충분히 전달되지 않아 많은 참여를 유도하는 데 한계가 있고, 기간이 너무 길면 소비자들에게 당장 구매해야 한다는 심리적 자극효과가 떨어진다. 제품에 따라 효과적인 판매촉진기간이 달라지지만 적정 판촉기간은 제품의 1회 평균 구매주기로 본다. 또한 촉진빈도는 선진국 기준으로 분기당 3주 정도가 적정하다.

5) 판매촉진시기

판매촉진의 시기 및 일정을 수립하는 과정은 사전에 충분한 협의와 공동작업이 필요하다. 판매촉진의 시기는 생산부서, 판매부서 및 유통업자와의 협의에 의해 정해질 수 있기 때문이다. 시장상황에 따라서는 연간 마케팅 계획에 포함되지 않은 비계획 판매촉진이 실시될 수도 있는데, 이런 경우에도 관련부서와의 협조가 무엇보다 중요하다.

그림 11-7 판매촉진 프로그램의 개발

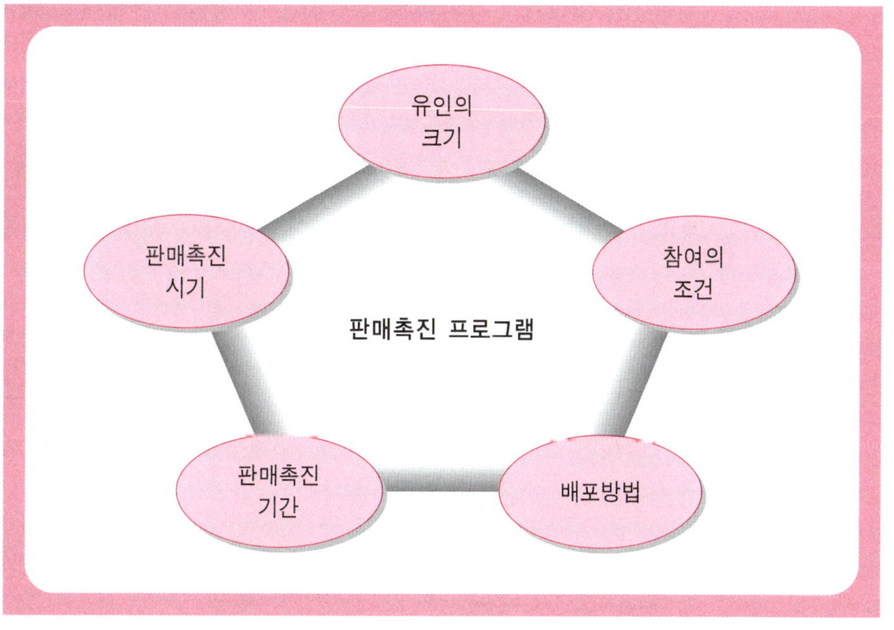

3. 유통업자 판매촉진

유통업자 판매촉진이란 제조업자가 유통업자의 구매를 자극하기 위해 실시하는 마케팅 커뮤니케이션의 한 형태라고 할 수 있다. 이 때 유통업자의 구매를 자극한다는 목적에는 판매저항의 제거라는 부차적인 목적도 포함된다. 넓은 관점에서 보면, 제조업자가 자사의 마케팅 전략을 설득하여 유통업자로 하여금 적극적으로 협력하게 하는 데 목적이 있다. 동시에 유통업자의 경영기반을 강화시켜서 효과적으로 수요를 창출하는 데 그 궁극적인 목적이 있다고 할 수 있다. 제조업자가 유통업자에게 실시하는 판매촉진의 유형으로는 다음과 같은 것들이 있다.

1) 리베이트

리베이트(rebate, kickback)는 가장 많이 구사되는 유통업자 판매촉진의 전형이다. 유통업자에 대해 인도가격을 할인해 주지는 않지만 유통업자가 지불한 대금의 일정비율을 일정기간 경과 후에 환급해 주는 방식의 판매촉진방법이다.

- 수량 리베이트 : 가장 그 사용빈도가 높으며 일명 누진 리베이트라고도 일컬어지는 것으로 판매점의 구매량에 따라 지불되는 리베이트이다.
- 목표달성 리베이트 : 일정한 기간이 시작되기 전에 판매목표를 설정해 놓고 그 달성비율에 따라 지불되는 리베이트이다.
- 계절 리베이트 : 계절변동이 심한 제품에 대해 계절 전의 빠른 시기에 구매 또는 인수했을 때 지불되는 리베이트를 말하며 조기 리베이트라고도 한다.
- 지불촉진 리베이트 : 조기에 대금을 지불할 때 제공하는 리베이트로써 일종의 할인에 해당된다고 할 수 있다.
- 협력 리베이트 : 여러 가지 방식으로 제조업자에게 협력하는 유통업자에게 지불되는 리베이트이다.

2) 콘테스트

콘테스트(dealer contest)란 유통업자, 특히 소매업자를 서로 경쟁시켜 우수한 성과를 낸 업체에게 제품, 금전 등을 시상하는 판매촉진방법의 한 형태이다. 이 방법은 일정기간을 정하여 유통업자들의 실적을 평가하여 시상하는데, 신제품의 판매를 촉진하기 위해 사용하는 경우가 많다.

- 판매 콘테스트 : 단순한 판매량에 의한 콘테스트, 일정기간 동안의 판매량 콘테스트
- 진열 콘테스트 : 진열방법, 진열수량, 진열매대 넓이의 콘테스트

- **점포 콘테스트** : 제조업자가 제공한 POP광고나 유통업자의 장치를 사용한 점포 내 장식의 우수성 콘테스트
- **세일즈기술 콘테스트** : 유통업자 판매원을 대상으로 설득기법, 견적작성, 제품 지식, 제품포장기술, 계산 등 세일즈기술을 경쟁시키는 콘테스트
- **아이디어 콘테스트** : 유통업자 판매원을 상대로 제품네이밍, 캐치프레이즈, 제품사용방법, 논문이나 체험담 등을 경쟁시키는 콘테스트

3) 행사초대

유통업자 또는 그 직원을 대상으로 각종 행사에 초대함으로써 자사 제품에 대한 관심과 판매를 유도하는 판매촉진방법이다. 제조업자가 실시하는 신제품발표회, 사은송년회, 캠페인 설명회, 학술발표회, 회사견학 등에 초대하기도 하고, 다른 기관에서 실시하는 행사에 참여할 수 있도록 지원하기도 한다.

행사초대는 그 형태가 매우 다양하지만 연중 정해진 기간 없이 유통업자별 횟수나 금액을 기준으로 지원하는 것이 일반적이다. 유통업자의 판매원 개인을 대상으로도 실시할 수 있으며 매우 효과적인 판매촉진수단으로 알려져있다.

4) 유통업자 광고지원

① 구매시점광고

POP광고(point-of-purchase advertising)라고 부르기도 하며, 소비자들이 구매하는 매장에서 구매를 유도하기 위해 각종 광고물을 게시하거나 설치하는 것을 말한다. 구매시점광고는 소비자가 구매하는 시점과 장소에서 제품에 대한 전시와 광고를 함으로써 즉각적인 효과를 거둘 수 있다. 구매시점광고의 형태는 매우 다양하게 나타난다. 간판, 윈도우 디스플레이, 현수막, 포스터, 배너, 행거, 모빌, 가격표시사인, 제품명시, 광고태그, 카탈로그, 팜플렛, 윈도우스티커, 진열대, 깃발, 사인보드, VCR 방영 등이 대표적이다.

② 광고 및 판매촉진 지원

유통업자가 실시하는 여러 가지 광고물 제작 및 판매촉진활동에 소요되는 물품 및 비용의 일부를 제조업자가 지원해 주는 것을 말한다. 대표적인 예로는 지역매체를 이용한 광고지원, 판촉물 및 전단지 제작지원, 표준간판 설치, 행사용 차량도색, 지역행사 지원, 제품협찬 등을 들 수 있다. 제조업자는 유통업체의 지역 판매촉진행사를 지원함으로써, 유통업자와의 협력을 확대하고 장기적인 신뢰관계를 형성하는 기회를 가질 수 있다.

5) 유통업자 경영지도 및 교육

① 유통업자 경영지도

유통업자의 경영과 관련된 재고관리, 회계처리, 구매관리 등 경영전반에 걸쳐 조언과 지도를 해주는 지원활동을 의미한다. 대규모 제조업자는 협력관계에 있는 중소규모 유통업자를 대상으로 지도활동을 해주는 것이 일반적이다.

- 유통업자의 경영지도
- 유통업자의 경영진단
- 전문 컨설턴트를 통한 유통업자 지도 및 진단 지원

② 유통업자 교육

유통업자의 소유자, 관리자 및 종업원을 대상으로 경영의 합리화, 세일즈맨십의 향상 등을 위한 교육, 훈련을 실시하는 것이다. 교육의 방법은 다양하게 시행할 수 있는데, 단일 유통업자를 대상으로 하기도 하고 여러 유통업자 인력을 모아서 실시하기도 한다.

- 경영 및 실무교육과 세미나
- 경영사례발표회
- 비지니스게임

■ 모델점포 견학

③ 협력 유통업자 회의

협력 유통업자 회의를 개최함으로써 제조업자와 유통업자 또는 유통업자 간의 의사소통을 도모하며 연대의식을 고양시키기 위해 실시한다. 일반적으로 연초의 전략회의를 시작으로 분기별로 실시한다. 이를 통해 유통업자의 판매의식을 고취시키고 애로요인을 수렴하고 해결할 수 있다.

협력 유통업자 회의에서는 구체적으로 업계의 동향과 분석, 이에 대한 제조업자의 방침, 생산 및 공급상황 설명, 신제품의 소개와 설명, 판매나 광고캠페인 계획발표 등이 다루어진다. 그리고 제조업자의 고위경영진이 참석하여 유통업자의 의견, 희망, 문의사항 등을 수렴하고 상담하는 것도 중요한 활동사항이다.

4. 소비자 판매촉진

소비자를 대상으로 하는 판매촉진은 구매를 촉진하기 위해 소비자들에게 직접 소구하는 활동이다. 제조업자가 직접 소비자를 대상으로 판매촉진을 시행하는 경우도 있지만, 유통업자 판매촉진과 함께 소비자 판매촉진을 시행하는 것이 보통이다.

1) 샘플

샘플(sample)이란 소비자에게 특정 제품을 소량으로 포장하여 무료로 제공하는 것을 말한다. 샘플은 방문, 우편, 점포, 가두, 광고물 등의 다양한 방법으로 배포할 수 있다. 샘플을 가장 많이 활용하는 화장품업계는 제품생산량의 상당 부분을 샘플로 배포한다. 샘플은 신제품 출시에서 효과적으로 활용한다. 샘플은 효과적인 동시에 가장 비용이 많이 소요되는 판매촉진수단 중의 하나이다. 또한 샘플 제공은 저가의 구매빈도가 높은 생활용품에 적절한 판촉수단이라고 할 수 있다.

2) 쿠 폰

쿠폰(coupon)은 특정 제품을 구매할 때 소비자가 할인혜택을 받을 수 있도록 함으로써 구매를 유인하는 판매촉진방법이다. 쿠폰은 우편을 이용하거나, 제품포장에 끼워 넣거나, 잡지나 신문광고에 삽입하는 방법으로 배포할 수 있다. 쿠폰은 성숙기 시장에서 판매증대에 효과적이라고 알려져 있지만, 도입기나 성장기 제품의 조기사용을 유도하는 데도 효과적이다.

쿠폰은 제품뿐만 아니라 서비스업에서도 폭넓게 활용하고 있는 판매촉진방법인데, 할인의 수준을 정하는 것이 중요한 의사결정사항이다. 할인폭이 크면 많은 소비자를 유인할 수 있지만 수익성에 부담을 준다. 반면 할인폭이 작으면 판매촉진수단으로써의 매력을 상실할 수 있다. 전문가들은 쿠폰으로 15~20%의 할인혜택을 주는 것이 효과적이라고 한다.

3) 리베이트

리베이트(rebate)란 소비자가 제품을 구입할 당시에는 정상가격을 지불하지만, 구매 후 일정기간이 지난 후에 구매확인을 통해 일부 금액을 되돌려주는 판매촉진방법이다. 제조업자는 구매점포의 기록, 구매확인서 우편송부 등을 통해 구매를 확인하고 우편으로 구매가격의 일부를 송금한다. 리베이트는 구매확인 및 송금 등 번거로운 절차가 필요하므로 돌려주는 금액이 상당한 크기가 될 때 효과가 있다. 그러므로 자동차, 가전제품, 가구 등과 같이 제품가격이 상당히 높은 제품의 판매촉진에 주로 활용된다. 기업으로서는 제품의 판매가격을 할인해줌으로써 발생하는 할인기대효과를 차단하고 회계처리상의 이점도 있으므로, 할인보다는 리베이트를 선호하는 경향이 있다.

4) 가격할인

가격할인(discount)이란 판매촉진기간 동안 제품의 가격을 할인해 주는 수단을 의미한다. 가격할인은 잠재소비자의 구매를 증가시키거나 경쟁사의 판매촉진활동에 대한 대응수단으로 활용된다. 가격할인을 통해 비소비자에게 구매를 유도할 수 있고, 경쟁사가 신제품을 시장에 출시할 때 가격할인으로 기존소비자의 구매전환을 막을 수도 있다. 가격할인은 정가에서 할인된 가격을 표찰 또는 포장에 표시하여 시행한다. 가격할인은 단기적 판매촉진에 가장 효과적인 방법이지만, 소비자의 할인기대심리를 부추기거나 단순히 소비자의 구매시기만 앞당기는 결과만 초래할 수도 있음을 고려해야 한다.

5) 프리미엄

프리미엄(premium)이란 소비자가 제품을 구매하면 무료 또는 저렴한 가격으로 물품을 제공하는 것을 말하며 사은품이라고도 한다. 프리미엄으로 제공하는 품목은 동일한 제품일 수도 있고 다른 제품일 수도 있다. 전형적인 프리미엄 방식은 하나를 사면 하나를 더 주는 방식(1+1)이다. 이 방식은 결과적으로 가격할인의 효과를 나타내지만, 정상가격으로 하나의 제품을 구매하면 나머지 하나는 무료라는 개념이므로 가격할인과는 다른 방식의 판매촉진수단이다.

6) 경 품

경품(prize)이란 특정 제품을 구매하면 추첨을 통해 상당한 가치를 가진 제품을 탈 수 있는 기회를 부여하는 방식이다. 사은품행사가 소비자 모두에게 조그마한 보상을 제공하는 판매촉진행사라고 한다면, 경품행사는 소수의 소비자에게 가치가 큰 보상을 몰아서 제공하는 행사라고 할 수 있다. 그러므로 경품으로 내거는 품목은 소비자들이 누구나 원하는 고가의 제품이어야 한다.

7) 보너스팩

보너스팩(bonus pack)은 여러 개의 제품을 묶어서 저렴한 가격에 판매하는 방식이다. 이 때 팩에 포함되는 제품은 동일제품일 수도 있고 다른 제품일 수도 있다. 동일한 제품을 묶어서 판매하는 경우에는 개당 가격은 낮아지므로 가격할인 효과가 있지만, 묶여진 개수만큼 구매해야 한다는 단점이 있다.

보너스팩의 판매촉진효과는 다른 종류의 제품을 묶어서 판매할 때 기업에게 이득이 크다. 보너스팩에 인기품목과 비인기품목을 묶어서 판매함으로써 비인기품목 재고처리를 할 수도 있다. 또는 소비자에게 필요한 몇 개의 품목을 묶어서 판매함으로써 매출증대효과를 기대할 수 있다.

8) 구매시점 시연 및 무료시용

구매시점 시연 및 무료시용은 유통업자와의 협력을 통해서 활용할 수 있는 판매촉진방법이다. 신제품이나 비인기품목의 판매촉진에 흔히 사용되는 방법인데, 주로 포장식품의 판매에서 많이 활용한다. 대형 백화점이나 대형마트에서 직접 요리를 하면서 제품의 용도와 특징을 소비자들에게 직접 보여주고 맛을 보게 하는 행사를 자주 볼 수 있다. 이런 행사의 목적은 소비자에게 품질을 확인해 보도록 함으로써 구매와 관련된 인지적 위험을 줄이는 데 있다.

11.6 대중관계(PR)

1. 대중관계의 의의

1) 대중관계의 범위

대중관계는 직접적인 소비자가 아닌 기업 관련 이해관계자, 사회기관 및 단체, 정부기관, 그리고 일반대중을 대상으로 기업에 대한 호의적인 이미지를 형성하고 유지하기 위한 마케팅 커뮤니케이션 수단이다. 대중관계에는 기업의 구성원을 대상으로 실시하는 내부마케팅, 기업 관련 이해관계자를 대상으로 실시하는 투자자관계, 언론기관을 대상으로 실시하는 홍보, 정부 및 입법부를 대상으로 실시하는 로비활동, 사회단체 및 일반대중을 대상으로 하는 사회적 공헌활동 및 스폰서십 등이 모두 포함된다.

2) 대중관계의 중요성

기업이 사회단체 및 일반대중과의 관계를 중요시 하게 된 것은 역사적 배경이 있다. 사회단체 및 일반대중이 기업활동에 영향을 미칠 수 있다는 인식을 갖게 된 것은, 기업의 규모가 커지고 사회적 영향력이 증대되면서 기업과 사회 간에 각종 갈등과 논란이 불거지면서라고 할 수 있다. 기업의 규모가 커지고 이익의 축적이 진행되면서 사회단체 및 대중은 기업에 대해 이익의 사회환원을 기대하게 되었다. 또한 기업활동으로 인해 사회에 미치는 부정적 영향을 자발적으로 해소하는 노력을 요구하였다. 그러나 이윤동기에 의해 움직이는 기업은 이러한 사회적 요구에 둔감하였고, 결과적으로 사회적 갈등 및 저항을 유발하는 부정적 결과를 초래하였다.

기업에 대한 사회의 요구는 첫째로, 사회적 책임을 요구하는 단계로 발전하였다. 사회에서는 기업이익의 일부를 사회적 약자를 위한 지원으로 돌려줄 것을 요구하였고, 또한 기업에서 일상적으로 발생하는 해고에 대해서도 일정부분 책임질 것을 요구하였다. 사회단체들은 사회의 빈부격차도 산업화와 경제발전에 의해 확대되므로 일부 기업의 책임이 있다고 강조한다.

둘째, 기업의 영리활동에 의해 나타나는 부정적 현상에 대한 문제해결도 요구하였다. 대표적인 이슈가 소비자보호 문제였다. 기업의 제품이나 서비스를 구매한 소비자들이 구매 및 사용과정에서 발생하는 불량품, 신체손상, 건강침해 등에 대해 기업에서 책임질 것을 요구한 것이다. 이런 이슈에 대한 기업의 소극적 대응은 결과적으로 대규모 소비자 보호운동을 촉발시켰고 기업의 입장에서도 부담이 되는 사회적 제도 및 법률제정으로 이어졌다.

셋째, 사회는 기업활동으로 인해 필수적으로 발생되는 환경문제를 기업 스스로 해결할 것을 요구하였다. 제품이나 서비스의 설계에서 환경영향을 고려하게 되면 원가의 상승을 피할 수 없다는 기업의 인식은, 사회적 관점에서는 수용하기 어려

그림 11-8 대중관계의 대상과 수단

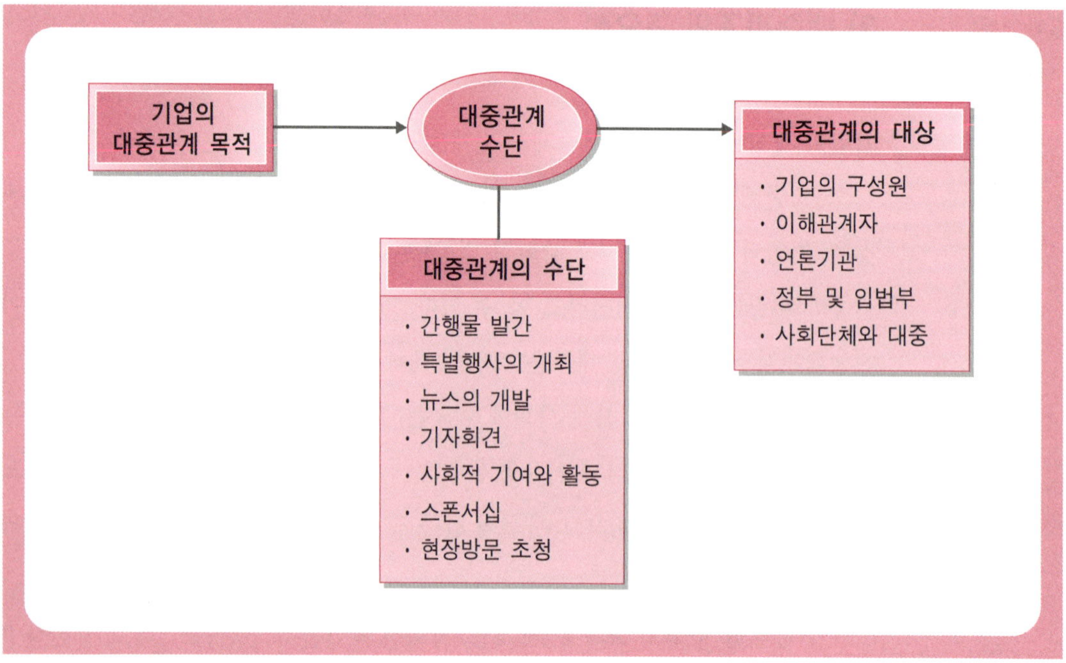

운 변명에 지나지 않는 것으로 받아들여졌다. 마찬가지로 사회에서는 각종 환경보호운동과 법률의 규제로 대응하였다.

2. 대중관계의 대상

1) 기업의 구성원

기업의 구성원은 실질적으로 기업의 이해관계자, 언론기관, 정부기관, 및 사회단체와 접촉하는 실무적 담당자가 되기도 하고, 퇴근 후에는 일반대중의 일원으로서 생활한다. 이들이 근무 중에 또는 퇴근 후에 행하는 행위에 기업에 대한 만족감과 자부심을 심어주는 것이 자신있는 커뮤니케이션의 밑바탕이 된다는 중요성이 여기에 있다. 구성원의 만족감은 기업의 보상 및 복리후생제도, 업무분위기, 윤리성 등 다양한 수단으로 증진시킬 수 있다. 또한 기업내부의 공식적 · 비공식적 커뮤니케이션을 활성화시키는 것이 무엇보다 중요하다. 기업은 사내회보, 사내 컴퓨터네트워크, 사내공시 등을 통해 기업에 관한 정보를 구성원들에게 알려줌으로써, 이들이 자부심을 갖고 대중관계요원으로서 외부에 커뮤니케이션할 수 있도록 유도할 수 있다.

2) 이해관계자

기업의 이해관계자 중에서 가장 중요한 사람들이 주주와 투자자이다. 또한 금융기관, 산업분석가, 신용평가기관 등도 중요한 이해관계자이다. 이들은 기업의 경영상황에 대해서 궁금해 하고 나름대로 평가를 하는 집단이다. 그러므로 이들에게 기업의 경영실태와 전망에 관한 정보를 제공하고 긍정적 평가를 유도하는 것이 이들을 대상으로 하는 투자자관계의 본질이다. 기업은 투자자관계를 위해 정기적인 기업실적 보고서를 발간하고, 투자자 설명회 등을 개최하고, 필요시 면담이나 자료를 제공한다.

3) 언론기관

기업은 대중매체를 통해 일반대중에게 기업에 관한 기사를 제공할 수 있다. 대기업들은 대중매체를 이용한 광고를 실시하고 있지만, 대중관계에서는 광고를 통해서가 아니라 TV나 신문, 잡지의 기사를 통해 일반대중에게 커뮤니케이션 한다. 이렇게 기업에 관한 정보를 기사로 전달하기 위한 활동을 홍보라고 한다. 대중들은 TV나 신문 기사에서 기업의 사업착수, 신기술 개발, 신제품 출시 등의 내용을 알 수 있다. 대중들은 광고에 비해 기사에 대해 훨씬 높은 신뢰를 보내므로 이 방법은 매우 효과적인 커뮤니케이션 수단이다.

4) 정부 및 입법부

정부와 입법부는 기업의 중요한 대중관계 대상이 된다. 범위를 넓힌다면 공공기관과 사법부도 포함될 수 있다. 이들은 기업활동에 대해 규제범위를 정하고 실행하는 기관이므로 기업으로서는 사업의 확장과 변경에 있어서 이런 기관들이 정하는 규제의 제한을 받는다. 그러므로 기업에게 유리한 규제의 설정이나 불리한 규제를 회피하기 위해 직 · 간접적인 로비를 하고 싶어한다.

5) 사회단체 및 일반대중

기업에 대한 일반대중의 다양한 요구는 주로 사회단체를 통해 표출되는 것이 현대사회의 특징이다. 그러므로 기업은 사회단체를 통해 일반대중에 대한 긍정적 여론 조성을 할 수 있다. 일반대중의 다양한 요구를 반영하여 수많은 종류의 사회단체가 활동을 하고 있다. 기업의 경영상 부정활동을 감시하는 단체에서부터 환경보호, 소비자보호, 예술단체, 학술단체, 사회복지단체에 이르기까지 매우 광범위한 사회단체들이 활동하고 있다.

기업이 사회단체와 협력하는 수단은 이런 단체의 활동을 금전적으로 지원하는 사회적 기여와 직접 활동에 참여하는 사회적 활동으로 나누어진다. 그리고 이것을 합쳐서 사회적 공헌이라고 한다. 사회단체에 대한 기업의 공헌은 주로 사회적 기여에 치중되지만, 최근에는 적극적으로 사회적 활동에 나서기도 한다.

3. 대중관계의 주요 수단

1) 간행물 발행

기업은 대중의 인식과 태도에 영향을 주기 위해 간행물을 발간할 수 있다. 기업 보고서, 브로슈어, 시청각자료, 사보 및 잡지의 발간이 이에 해당된다. 그 외에도 설립자의 경영철학을 다룬 책자의 발행을 지원할 수도 있고, 제품 관련 동호인을 위한 잡지발간 등도 이런 범주에 들어간다.

2) 특별행사 개최

특별한 행사를 개최하여 기업이나 자사 제품에 대한 주의를 환기할 수도 있다. 기업의 이해관계자를 대상으로 하는 투자설명회, 자동차회사들의 신차발표회, 제품이나 기업관련 동호인들의 전시전람회 개최 등이 이에 해당한다. 또한 대중을 위한 미술전시회, 음악연주회 등을 개최하기도 하고, 국제적인 스포츠행사를 개최하고 무료 초대권을 배포하기도 한다.

3) 뉴스의 개발

기업, 제품, 종업원에 관한 흥미있는 기사를 제공함으로써 대중과의 거리를 가깝게 할 수도 있다. 이를 위해서는 기사거리의 발굴과 동시에 기사가 매스컴에 실리도록 연계하는 능력도 필요하다. 이런 활동은 주로 기업의 홍보부에서 담당하는데 지속적인 매스컴 관계와 기사소재 개발을 통해 대중의 관심을 유지하는 것이 중요하다.

기사소재로는 기업활동뿐만 아니라 대중들의 관심이 높은 건강생활, 사회적 활동, 취미생활, 동호회 활동, 애국심 고취활동 등에 관련된 사내외 주제를 개발할 수 있다.

4) 기자회견

기업의 중요한 사건이나 행사에 관해서는 기자회견을 통해 대중의 관심을 환기할 수도 있다. 사회적 파장이 큰 신기술 개발, 신제품 출시, 경영정책의 선포 또는 변경, 사회봉사의 선포, 다른 기업의 인수합병 등과 같은 사건은 기자회견의 이슈가 될 수 있다. 기자회견은 매스컴의 뉴스나 기사로 등장하여 기업에 대한 대중의 이미지와 기억에 영향을 줄 수 있다.

5) 사회적 기여와 활동

건전한 사회운동에 기부하거나 직접 참여함으로써 일반대중들에게 우호적인 기업이미지를 형성할 수 있다. 즉 환경보호운동, 미아찾기운동, 도서관이나 탁아소 건립, 심장병 어린이돕기 등 사회적으로 긍정적 이미지를 유도할 수 있는 활동을 후원하거나 적극 참여하는 것은 장기적으로 기업에 우호적인 여론을 형성하여 궁극적으로 자사 제품의 매출증대와 기업활동에 대한 지원을 유인할 수 있다.

6) 스폰서십

기업이 기업과 직접 관련이 없는 행사를 개최하는 것은 부담이 크다. 그러므로 대부분의 경우에 기업은 스폰서로서 역할을 한다. 각종 사회단체들이 주최하는 행사를 후원함으로써 행사가 실패했을 때 떠안게 되는 부담도 덜 수 있다. 기업의 스폰서십은 다양한 분야에서 가능하다. 대표적으로는 예술 및 학술분야, 연예분야, 스포츠분야로 나눌 수 있다. 기업은 전람회, 음악회, 연극 등을 후원할 수 있고 학술진흥을 위해 연구나 학술 커뮤니티를 지원할 수도 있다.

7) 현장방문 초청

현장방문은 공장이나 시설물 현장에 기자나 일반대중을 초청하여 생산공정, 기계설비, 작업현장, 개발과정 등에 관하여 소개하는 행사이다. 이런 행사는 기업에 관심을 갖고 있는 관련 단체나 대중에게 현장에서 긍정적 정보를 제공하고 눈으로 확인하게 함으로써 매우 큰 효과를 낸다. 다만 참여자의 숫자가 제한적일 수밖에 없다. 기자들을 초대하는 경우에는 구체적인 정보를 제공하는 프레스킷(press kit)을 배부함으로써 효과를 극대화할 수 있다.

4. 홍 보

홍보(publicity)는 대중관계의 수단 중의 하나이면서도 다른 대중관계 활동을 대중에게 전달하는 창구의 역할도 한다. 그러므로 마케팅 커뮤니케이션에서 대중관계와 별도로 취급하기도 한다. 홍보는 매스컴을 통한 보도가 중요하므로 매스컴의 보도원칙에 적합한 자료를 발굴하여 보도기관에 제공하는 활동이다. 매스컴을 활용한다는 측면에서 홍보와 비견되는 광고는 기업이 원하는 방식으로 제작된 메시지를, 대가를 지불하고 원하는 시간대에 전달한다. 반면 홍보는 무료이지만 매스컴에서 원하는 방식의 자료를 매스컴에서 원하는 프로그램에 포함시켜 전달하는 방식이다.

기업의 입장에서는 신뢰성 있는 기사를 통해 대중에게 기업과 제품에 관해 알리려고 하고, 매스컴은 경제와 기업에 관한 기사를 발굴하여 전달하는 입장을 갖고 있다. 이 양자간의 이해관계가 맞아 떨어져서 홍보라는 커뮤니케이션 수단이 성립하는 것이다. 그러므로 장기적으로 홍보가 성공하려면 기업과 매스컴의 상호이해와 신뢰가 전제되어야 한다. 기업에서 제공하는 홍보용 자료가 극히 과장되거나 허위로 판명되는 경우에는 언론기관의 불신과 관계단절을 유발할 수도 있다.

참고문헌

1. 김동훈, 안광호, 유창조, 「마케팅 커뮤니케이션관리」, 학현사, 2001.
2. 이두희, 「광고론」, 박영사, 1997.
3. 한민희, 장대련, 「광고경영론」, 학현사, 1994.
4. Aaker, David A., Pajeev Batra, John G. Myers, *Advertising Management*, 4th ed., Prentice-Hall, 1992.
5. Belch, George E., and Michael A. Belch, *Introduction to Advertising and Promotion*, 3rd. ed., Irwin, 1995.
6. Churchill, jr., Gilbert A., Neil M. Ford, and Orville C. Walker, jr., *Sales Force Management*, 4th ed., Irwin, 1993.
7. Engel, James F., Martin R. Warshaw, and Thomas C. Kinnear, *Promotional Strategy*, 8th ed., Irwin, 1994.
8. Shimp, Terence A., *Advertising, Promotion, and Supplemental Aspects of Integrated Marketing Communications*, 4th ed., The Dryden Press, 1997.
9. Stanton, William J., Richard H. Buskirk, and Rosann L. Spiro, *Management of a Sales Force*, 8th ed., Irwin, 1991.

연구문제

1. 커뮤니케이션 과정에 대해 설명하시오.
2. 마케팅 커뮤니케이션 계획 수립의 절차에 대해 설명하시오.
3. 커뮤니케이션 메시지의 내용과 구조에 대해 설명하시오.
4. 마케팅 커뮤니케이션 믹스(촉진믹스)에 대해 설명하시오.
5. 마케팅 커뮤니케이션 예산설정방법을 설명하시오.

6. 광고효과의 평가방법을 설명하시오.
7. 인적 판매의 중요성과 장 · 단점에 대해 설명하시오.
8. 인적 판매가 효과적인 상황에 대해 설명하시오.
9. 인적 판매의 과정에 대해 설명하시오.
10. 판매촉진의 특성과 장 · 단점을 설명하시오.
11. 유통업자 판매촉진의 수단을 설명하시오.
12. 소비자 판매촉진의 수단에 대해 설명하시오.
13. PR의 중요성에 대해 설명하시오.

제5부
마케팅 활동의 조직, 실행, 통제

제12장 마케팅 활동의 조직, 실행, 통제

제12장

마케팅 활동의 조직, 실행, 통제

12.1 마케팅 활동의 조직

12.2 마케팅 활동의 실행

12.3 마케팅 활동의 통제

시작하면서…

"측정 없이는 성공도 없다"…디지털화가 실패하는 이유

CEO는 기업 성장을 위해 디지털 전략을 빨리 추진해야 한다는 사실을 잘 알고 있다. 하지만 이를 위해서는 기업에 디지털이 어떤 의미가 있는지 정확하게 이해해야 한다. IT에 대한 정의와 핵심 성과 평가 기준을 세우고 사업의 방향을 설정하도록 CIO가 지원해야 한다.

CEO의 관점에서 디지털 기술은 매출과 수익을 증대시키는 핵심 엔진이며, CIO가 새로운 고객 대상의 기능을 혁신 및 개발할 수 있도록 역량을 발휘하는 주요 매개체이다. 그러나 실제로는 CEO 대부분이 디지털에 대한 일관된 정의가 없고 절반 정도가 디지털 노력에 대한 성공 평가 기준을 갖고 있지 않아 관련 노력이 실제로 얼마나 효과가 있는지 측정하기 어렵다.

가트너의 애널리스트 마크 라스키노가 2016년 4분기에 CEO 388명을 조사한 결과를 보면, 디지털 기술에 대한 CEO의 정의는 컴퓨터로 자동화된 '종이를 쓰지 않는' 서비스(90년대 정의)부터 전자 상거래 및 디지털 마케팅(2000년대 초 정의), 사물인터넷(IoT), 인공 지능 및 블록 체인 기술을 포함한 최신 디지털 툴까지 다양하다. 이러한 불일치는 디지털 비즈니스 노력의 성공 자체를 위협할 수 있다.

◆ 정의와 성과 측정 지표 없으면 실패한다

라스키노는 "어떤 일이 일어나고 있는지 정량화 할 수 없다면 디지털 비즈니스의 실험적인 시도를 확대할 수 없다. 또한 어떤 일이 진행되는지 (정확한 목표와 구체적인 수치를 근거로) 정량화 하려면, 먼저 IT에 대한 정의를 확실히 해야 한다. 그래야 변경 사항을 결정하고 핵심성과 지표(KPI)를 적용할 수 있다"라고 말했다.

물론 '닭이 먼저냐 달걀이 먼저냐' 모호한 상황이 있다. 특히 CEO가 CIO를 통해 디지털 노력을 적극 추진하는 경우가 이에 해당한다. 적절한 지침과 명확한 전략이 없다면 CIO는 비즈니스 전략에 완전히 부합하기 힘들다. 그러면 실패할 위험을 무릅쓰고 무리한 진행을 하게 되며, 결국 일자리를 잃게 된다.

디지털 전략에 착수하는 것은 짜증나는 일이 아니다. 되려 야심과 자신감 있는 CIO에게는 기회가 될 수 있다. 판매에서부터 고객 만족과 참여와 같은 더 세분화 된 KPI에 이르기까지, 디지털로 진행된 성과에 대한 측정 기준을 세울 방법을 찾으면 CIO로서 가장 큰 업무 성과를 낼 수 있기 때문이다.

라스키노는 "이제는 CEO가 디지털 비즈니스에 대한 목표를 높여야 한다. 그리고 성공에 대한 측정 기준과 KPI를 상세하게 설정, 추적해 비즈니스의 변화를 이끌 수 있도록 CIO의 도움을 받아야 한다. 궁극적으로 모두가 전략에 동의해야만 전체적인 변화를 달성할 수 있다"라고 말했다.

◆ CEO의 디지털 통찰력이 향상되고 있다

아무리 안 좋은 상황에서도 한 가지 긍정적인 측면은 있다. 디지털을 도입하려는 CEO의 의지가 높아지고 있다는 점이다. 일부 CEO의 디지털에 대한 구식 정의와 표현방식을 감안하더라도(하지만 해당 기술을 직접 보면 무엇인지 알고 있다), 응답자의 42%가 디지털 트렌스포메이션을 시작했다고 응답했다. 56%는 디지털 비즈니스를 개선해 이익이 증가했다고 답했다.

설문조사에 참여한 CEO 대부분은 디지털 비즈니스에서 발생한 이익을 곧장 재투자하고 있다고 답했다. 요컨대 디지털 비즈니스에서 더 많은 수익을 창출하기 위해 더 많은 투자를 하고있는 셈이다.

더 나간 기업도 있다. 제너럴 일렉트릭(GE)의 제프 이멜트 및 포드 자동차의 마크 필드를 포함해 설문에 응한 CEO의 22%는, 디지털을 기업 경영의 중심에 놓고 있다. 제품과 서비스 그리고 비즈니스 모델을 디지털 방식으로 전환하고 있다. 디지털은 기업의 차별화된 핵심 능력이 되고 있다. 예를 들어 GE는 소프트웨어와 알고리즘 기반의 '디지털 트윈' 모델을 사용해 제트 엔진과 기타 중장비의 가상 버전을 만들었다. 포드는 자율 주행 및 자사의 차량 공유 서비스 플랫폼인 '라이드헤일링(ride-hailing)'을 개발하면서 IT 실행 방식을 개선했다.

한편 또 다른 20%의 CEO는 '디지털 우선' 접근법을 택하고 있다. (마이크로소프트의 CEO 사티아 나델라가 취임 시 첫 번째 공식으로 밝힌 전략이지만) 이제는 CIO의 직무 서약처럼 된 '모바일 우선, 클라우드 우선' 방침에서 볼 수 있듯, 디지털 우선은 새로운 비즈니스 프로세스 또는 모바일 앱 형태로 첫번째 서비스 버전을 만드는 것을 의미한다. 궁극적으로, 진정한 디지털 트렌스포메이션은 위에서 주도하고 아래로 전달되며, CIO와 공동으로 진행하며, 비즈니스 전반에 확산되는 경우에만 큰 성과를 낼 수 있다.

라스키노는 "CIO는 CEO가 디지털 비즈니스를 위한 성공 측정 기준을 만들 수 있도록 도와야한다. 이를 위해 먼저 기억해야 할 것이 있다. '정량화 하지 않은 것을 확장할 수 없으며, 정의하지 않은 것을 정량화 할 수 없다'는 것이다. 또한 스스로 질문해야 한다. 우리에게 '디지털'이란 무엇인가? 우리는 어떤 종류의 성장을 추구하는가? 제1 순위 성과 측정 기준은 무엇이며 어떤 KPI를 변경해야 하는가와 같은 질문이다"라고 말했다.

CIO Korea, 2017. 4. 24.

12.1 마케팅 활동의 조직

기업은 마케팅 기능을 수행할 마케팅부서를 설계해야 한다. 소규모 기업은 몇 사람만으로도 시장조사, 판매, 광고, 고객서비스 등의 마케팅 활동을 수행할 수 있지만, 규모가 커지면 자체적으로 마케팅 계획을 수립하고 마케팅 활동을 실행할 수 있는 마케팅 전문가를 고용해서 마케팅부서를 조직하는 것이 좋다.

1. 마케팅부서의 변천

기업 내의 다른 모든 조직과 같이 마케팅 조직도 시대의 변천과 함께 발전해왔다. 물론 구체적인 발전단계는 기업에 따라 다르지만, 일반적으로 마케팅 조직은 다음과 같은 단계를 거쳐 발전해왔다.

1) 제1단계 : 단순한 판매부서

이 단계에서는 판매부서만이 존재하고 마케팅부서는 별도로 존재하지 않는다. 판매부서는 대개 임원급 관리자의 지시를 받는다. 그는 판매원을 관리하거나, 몇 가지 판매활동을 수행한다. 판매부서 안에는 마케팅 기능을 담당하는 직원은 없으며, 필요할 때에는 외부의 도움을 받아 운영하게 된다. 이 단계는 주로 소규모 기업들에게 자주 나타나는 경향이 있다.

2) 제2단계 : 보조적인 마케팅 기능을 갖춘 마케팅부서

이 단계에서는 판매부서 안에 마케팅 기능을 전담하는 직원들이 채용된다. 이 단계는 기업의 규모가 확대됨에 따라 특정한 마케팅 기능을 추가하거나 또는 강화해야 할 때 나타나는 구조이다.

3) 제3단계 : 판매부서에서 독립된 마케팅부서

기업이 지속적으로 성장하게 되면 마케팅 기능, 즉 시장조사, 신제품개발, 광고, 고객서비스 등에 대해 투자를 늘리게 된다. 그러나 판매부서 임원은 여전히 판매에 대해서만 많은 시간과 주의를 기울이게 된다. 결국 경영자는 비교적 독립적인 마케팅부서를 조직하는 것이 경영자가 기업의 기회와 문제를 보다 균형적인 관점에서 볼 수 있는 이점을 인식하게 된다. 이 단계에서는 판매와 마케팅이 별개의 부서로 조직되며, 서로 긴밀하게 업무를 수행하게 된다.

4) 제4단계 : 단일책임자 아래에서의 마케팅부서와 판매부서

이 단계에서 판매부서와 마케팅부서는 다시 단일 책임자 아래로 들어간다. 이렇게 된 배경에는 판매부서와 마케팅부서 사이에 자주 발생되는 갈등이 내재되어 있다. 마케팅부서는 주로 계획을 세우는 업무를 수행하고, 판매부서는 주로 이 계획을 실행하는 업무를 수행하기 때문에 마케팅부서와 판매부서는 서로 긴밀하게 상호 협조해야 하지만, 실제로는 그렇지 못한다.

이처럼 마케팅부서와 판매부서 사이에 갈등이 자주 발생되고, 이 갈등수준이 과도하게 되면 두 부서 간의 갈등이 원활하게 조정될 수 있도록 단일 책임자 아래에 두게 된다.

2. 마케팅부서의 조직방법

마케팅 기능을 수행할 마케팅부서를 설계할 때 유의해야 할 점은 기업의 규모가 크든 작든 간에 마케팅 조직은 자사의 마케팅 목표를 가장 효과적으로 달성할 수 있는 규모와 특성을 가질 수 있도록 조직해야 한다는 점이다. 기업들이 가장 일반적으로 활용하는 마케팅 조직의 유형은 다음과 같다.

1) 기능별 조직

기능별 조직(functional organization)은 마케팅 조직의 유형 가운데 가장 일반적인 것으로 분야별 전문가들에 의해 마케팅 활동이 수행된다. 〈그림 12-1〉을 보면 마케팅 조직은 마케팅 관리부서, 마케팅 조사부서, 광고 및 판촉부서, 판매부서, 그리고 신제품부서를 포함하고 있다. 이외에도 고객서비스부서나 마케팅 계획부서, 물적 유통부서 등을 추가할 수 있다. 기능별 조직은 관리가 단순하다는 장점을 가지고 있지만, 제품의 종류가 많아지고 시장이 커질수록 효율성이 낮아진다는 단점도 있다.

2) 지역별 조직

제품을 전국적으로 판매하고 있는 기업은 판매원을 지역별로 조직화하는 경우가 많다. 지역별 조직(geographic organization)은 전국을 지역판매부서, 구역판매부서, 지구판매부서 등의 산하부서를 나누어 조직하여 운영할 수 있다. 판매원들에게는 각자가 활동할 지역을 할당하여 최소한의 교통시간과 비용으로 소비자를 상대할 수 있도록 한다는 이점을 가지고 있다.

그림 12-1 기능별 마케팅 조직

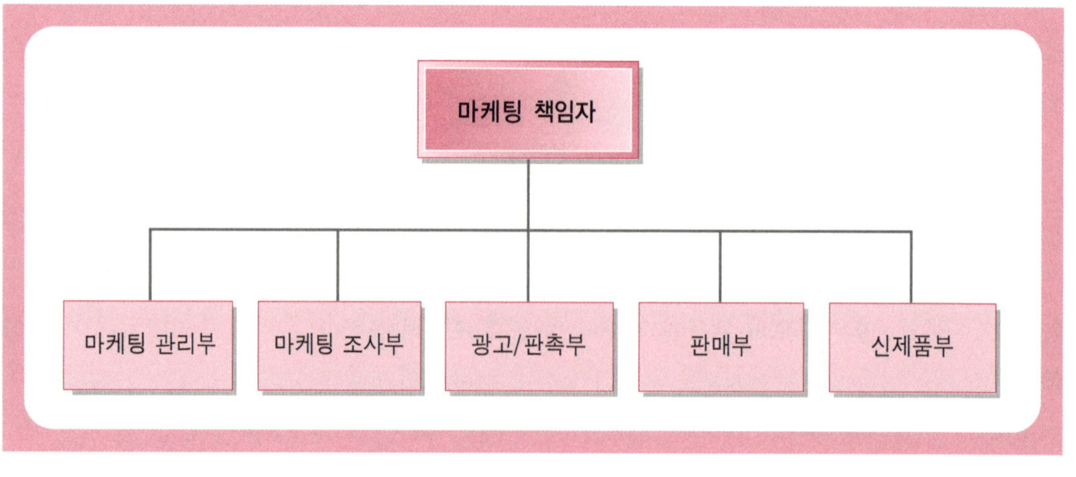

3) 제품관리 조직

제품관리 조직(product management organization)은 다양한 형태의 제품 및 서비스를 생산하는 기업이 활용한다. 제품관리자는 특정 제품이나 서비스에 대한 포괄적인 전략과 마케팅의 실행계획을 수립하고 집행하는 역할을 담당한다. 따라서 시장의 변화를 신속하게 인식하고 반응할 수 있다는 장점이 있다.

4) 시장관리 조직

하나의 제품라인을 여러 다양한 시장(소비자시장, 산업체시장, 정부시장, 해외시장)에 판매하는 기업은 시장의 상이한 욕구와 선호성향을 파악하여 시장 특성에 적합한 마케팅 활동을 수행하여야 한다. 시장관리 조직(market management organization)은 이런 기업이 채택하는 조직구조이다. 시장관리 조직은 제품관리 조직과 유사한 형태를 갖고 있다. 시장관리자는 자신이 책임지고 있는 시장에서의 판매와 이윤극대화를 위해 장기계획과 연간계획을 수립하고, 마케팅 조사, 광고 등의 기능이 원활하게 수행될 수 있도록 한다.

3. 마케팅부서와 다른 부서들 간의 관계

한 사업부의 모든 기능은 기업의 목적을 달성할 수 있도록 조화롭게 운영되어야 한다. 따라서 마케팅 계획을 차질 없이 실행하려면 마케팅 부서뿐만 아니라, 기업 내의 다른 부서들의 협력도 필요하다. 그러나 부서 간의 협력이 언제나 만족스럽게 이루어지지는 않는다. 마케팅이 소비자의 관점을 강조하는 것처럼, 다른 부서들은 그들의 과업도 더욱 중요하다고 강조한다. 다른 부서들은 자신이 소비자의 관심사를 충족시키는 일에 결부되는 것을 거부할 수도 있다. 〈표 12-1〉은 마케팅부서와 다른 부서들이 지향하는 중요한 차이를 보여주고 있다.

표 12-1 마케팅부서와 다른 부서들 간의 갈등

부서	각 부서의 강조점	마케팅부서의 강조점
기술 개발부	· 기초적 조사 · 본질적인 품질 · 기능적 특성	· 응용 조사 · 지각적 품질 · 판매상 특성
구매부	· 제품라인이 좁음 · 표준적인 부품 · 원재료 가격 · 경제적인 단위생산량 · 주기적 간격으로 구매	· 제품라인이 넓음 · 비표준화된 부품 · 원재료의 질 · 재고부족 없는 많은 단위생산량 · 소비자의 욕구에 따라 즉시 구매
제조부	· 장기간의 생산 준비시간 · 소수 모델을 장기간 제조 · 모델 변경을 안함 · 표준부품 주문 · 조립 용이 · 평균적 품질통제	· 단기간의 생산 준비시간 · 여러 모형을 단기간 제조 · 빈번한 모델 변경 · 소비자의 주문에 따른 주문 · 미학적 외형 · 세밀한 품질통제
운영부	· 담당자 편의성 · 통상적인 성향 · 기본적 서비스	· 소비자 편의성 · 기분 좋은 성향 · 특별한 서비스
재무 관리부	· 지출에 대한 엄격한 합당성 · 제한된 예산 · 비용을 충당하는 가격결정	· 지출에 대한 직관적인 주장 · 욕구변화에 대처하는 유연한 예산 · 시장개발을 도모하는 가격결정

4. 창의적인 마케팅 조직의 수립

많은 기업들은 실제로 시장 지향적이거나 소비자 지향적이지 않다. 즉 기업들은 스스로 제품 또는 판매 지향적이라는 사실을 인식하기 시작하였고, 자신을 진정한 시장 지향적 기업으로 재조직하려고 시도하고 있다. 그러나 모든 구성원들에게 "소비자를 생각하라"고 주장한다고 해서 그 과업이 쉽게 달성되는 것은 아니다. 그 변화는 직무와 부서에 대한 정의, 책임, 인센티브 및 관련성의 변화가 이루어져야 가능하다.

시장 지향적 및 소비자 지향적 기업을 창조하고자 희망하는 경우, 최고경영자

는 다음과 같은 변화 과정을 거쳐야 한다.

① 상위 경영팀들이 소비자 집중적이 되어야 할 필요성을 인식하게 한다.
② 상위 마케팅담당자와 마케팅 특별임무팀을 임명한다.
③ 외부의 도움과 지침을 받는다.
④ 기업 내의 보수 측정과 체계를 변경한다.
⑤ 강력한 마케팅전문가를 고용한다.
⑥ 강력한 내부 마케팅 훈련 프로그램을 수립한다.
⑦ 현대적인 마케팅 계획 시스템을 구축한다.
⑧ 매년 마케팅의 탁월성을 인식시키는 프로그램을 수립한다.
⑨ 부서 중심에서 과정 · 성과 중심으로 변환한다.
⑩ 구성원에게 권한을 이양한다.

12.2 마케팅 활동의 실행

마케팅 실행(marketing implementation)이란 마케팅 계획에 따라 임무를 부여하고, 그 부여된 임무가 계획에서 세운 목표를 성취할 수 있는 방법대로 실행될 수 있도록 하는 과정이다. 잘 세운 전략도 그것이 적절하게 실행되지 못한다면 별 의미가 없을 것이다. 마케팅 전략이 마케팅 활동은 무엇이며, 왜 그런 활동을 하는가를 설명한다면, 마케팅 실행은 누가, 어디서, 언제, 어떻게 실행하는가를 설명한다. 전략 수립자는 하부조직에게 전술적인 실행임무를 부여한다는 점에서 전략과 실행은 매우 밀접하게 연결되어 있다.

보노마(Bonoma)는 마케팅 프로그램을 효과적으로 실행하는 데 영향을 미치는 4가지 기술을 확인하였다.

- 어떤 문제를 인식하고 진단하는 기술 : 마케팅 프로그램이 기대치를 이행하지 못했을 경우, 성과가 저조한 것이 잘못된 전략의 결과인지, 아니면 잘못된 실행의 결과인지 원인을 진단한다.
- 해당 문제가 존재하는 기업의 수준을 평가하는 기술 : 실행의 문제는 3가지 수준, 즉 마케팅 기능, 마케팅 프로그램, 마케팅 방침에서 발생할 수 있다.
- 마케팅 계획을 실행하는 기술 : 마케팅 프로그램을 성공적으로 실행하기 위해서 마케팅관리자의 실행기술이 필요한데, 그 기술로는 예산을 할당하는 기술, 효과적인 조직을 수립하는 조직화 기술, 그리고 다른 사람들로 하여금 업무를 수행하도록 동기부여 하는 상호작용 기술이 있다.
- 실행의 결과를 평가하는 기술 : 마케팅관리자는 마케팅 활동의 결과를 조사하는 평가기술이 필요하다.

오늘날 기업들은 마케팅 운영을 보다 효율적으로 하기 위해 노력하고 있으며, 또한 마케팅 투자에 대한 결과가 보다 측정 가능하도록 노력하고 있다. 마케팅 비용은 기업의 총운영예산 중 20~40%를 차지할 수 있다. 기업들은 수많은 실행과정에서 막대한 낭비가 발생하고 있다고 인식하고 있다. 즉 너무나 많은 회합이 오랫동안 계속되고, 많은 서류를 검토하는 데 과다한 시간이 소요되고, 승인을 얻는 데 많은 시간이 지체되며, 또한 부품 공급업자 동반자들과 협력하기가 어렵다는 것을 인식하고 있다.

기업들은 자신들의 마케팅 재원에 대한 관리를 향상시키기 위해 정보기술을 이용하고 있다. 즉, 기업들은 마케팅 과정에 대한 보다 적절한 순서, 마케팅 자산에 대한 적절한 관리, 그리고 마케팅 예산에 대한 보다 적절한 배분 등이 필요하다. 특정한 반복적인 과정들은 자동화될 수 있다. 이러한 추진요인은 마케팅 예산관리, 기업 마케팅 관리, 그리고 마케팅 자동화 시스템과 같은 명칭 하에서 수행되고 있다.

12.3 마케팅 활동의 통제

마케팅 통제(marketing control)란 마케팅 전략 및 계획이 어떻게 실행되고 있는지 그 결과를 측정 · 평가하고, 마케팅 목표가 달성될 수 있도록 시정조치를 취하는 활동을 말한다.

목표와 성과 사이에 상당한 차이가 발생한 경우에는 그 원인을 찾아내고, 그 차이를 줄이기 위한 시정조치가 필요하다. 시정조치에는 계획을 실행하는 방법을 변경하거나, 기업이 환경변화에 적절하게 대처하였는지를 검토해야 한다.

마케팅 통제는 <표 12-2>에 요약된 것처럼 연간계획 통제, 수익성 통제, 효율성 통제, 그리고 전략적 통제로 구분할 수 있다.

표 12-2 마케팅 활동의 통제 유형

통제 유형	주요 책임자	통제의 목적	구체적 수단
연간계획 통제	· 최고경영층 · 중간경영층	계획된 결과의 달성 여부 검토	· 판매분석 · 시장점유율 분석 · 매출액 대비 마케팅 비용분석 · 재무분석 · 마케팅적 통제
수익성 통제	· 마케팅 통제자	기업이 이익을 올리고, 상실한 부문 검토	수익성 · 제품 · 지역 · 소비자 · 세분시장 · 유통경로 · 주문규모
효율성 통제	· 직계 및 스태프 관리자 · 마케팅 통제자	지출효율성, 마케팅 비용의 영향을 평가 및 개선	효율성 · 판매원 · 광고 · 판매촉진 · 유통경로
전략적 통제	· 최고경영층 · 마케팅 감사자	시장, 제품 및 경로와 관련해 최선의 마케팅 기회의 활용여부 검토	· 마케팅 효과성 · 마케팅 감사 · 마케팅 탁월성 검토 · 기업의 윤리적 및 사회적 책임 검토

1. 연간계획 통제

연간계획 통제의 목적은 기업의 연간계획에 맞는 판매, 이윤 및 기타 목표들을 달성했는지 확인하는 것이다. 그 핵심은 목표관리로서 4단계로 되어 있다.

- 경영자는 월별, 분기별 목표를 설정해야 한다.
- 경영자는 시장에서의 성과를 추적 · 조사해야 한다.
- 경영자는 심각한 성과 차이의 원인이 무엇인가를 결정해야 한다.
- 경영자는 목표와 성과 사이의 차이를 줄이기 위해 시정조치를 강구해야 한다.

마케팅관리자는 마케팅의 성과를 검토하기 위해서 판매분석, 시장점유율분석, 매출액 대비 마케팅 비용분석, 재무분석, 마케팅적 통제 등의 지표를 사용한다.

1) 판매분석

판매분석은 목표판매액과 비교하여 실제판매액을 측정하고 평가하는 것이다. 예를 들어 특정 제품을 A, B, C의 3개 지역에 판매하고, 각각의 기대판매량은 1,500개, 500개, 2,000개로서, 총 4,000개라고 하자. 그런데 실제 판매량은 각각 1,400개, 525개, 1,075개였다. 예컨대 A는 기대판매량에서 7% 미달, B는 5% 초과, C는 46% 미달이다. 즉 C가 가장 큰 어려움에 직면하고 있다. 관리자는 어떠한 가정이 이러한 성과를 설명할 수 있는지를 알기 위해서 3개 지역을 검토해야 한다.

2) 시장점유율분석

해당 기업이 경쟁사와 비교하여 얼마나 잘 수행하였는지를 알아보기 위해서 자사의 시장점유율을 검토해야 한다. 시장점유율(market share)이란 특정제품의 시장에서 다수의 경쟁사 중에서 특정기업이 차지하고 있는 매출액의 비율을 말한다. 시장점유율은 어떤 산업 또는 시장에서 특정기업의 경쟁력과 위치를 반영한다.

3) 매출액 대비 마케팅 비용분석

연간계획 통제는 기업이 판매목표를 달성하기 위해 지나치게 자금을 지출하고 있는지를 확인하는 것이다. 여기에서 검토해야 할 주요 비율은 매출액 대비 마케팅 비용의 비율이다.

- 매출액 대비 판매원 비용
- 매출액 대비 판매촉진비
- 매출액 대비 판매관리비
- 매출액 대비 광고비
- 매출액 대비 마케팅 조사비

4) 재무분석

기업의 결산서 중 대차대조표와 손익계산서는 마케팅 의사결정에 유용한 정보를 풍부하게 담고 있다. 기업의 재무상태를 나타내는 여러 가지 비율을 계산하면, 산업평균, 경쟁사, 그리고 해당 기업의 과거 성과를 쉽게 비교할 수 있다.

(1) 유동성 비율

유동성(liquidity)이란 기업이 단기채무를 갚을 수 있는 능력을 가리킨다. 유동성을 평가하기 위하여 자주 사용하는 비율은 유동비율과 당좌비율이다. 유동비율은 기업이 단기부채를 갚을 수 있는 전반적인 능력을 측정하는 항목이다. 당좌비율은 유동자산 중에서 가장 현금화하기 어려운 자산인 재고자산을 유동자산으로부터 빼줌으로써 유동비율보다 더 엄격한 기준을 적용하는 셈이다. 즉 당좌비율은 기업이 단기부채를 갚는 데 즉시 동원할 수 있는 자산만을 포함시킨 것이다.

만약 어떤 기업이 유동성에 문제가 있다면, 광고비를 늘린다든지 마케팅조사를 실시한다든지 신제품을 개발한다든지 하는 활동들은 제한될 수밖에 없다.

■ 유동비율 = 유동자산/유동부채

■ 당좌비율 = (유동자산 − 재고자산)/유동부채

(2) 자산관리 비율

자산관리 비율은 기업이 자산을 얼마나 잘 관리하는지를 평가한다. 마케팅과 직접 관련된 항목에 재고자산 회전율과 총자산 회전율을 들 수 있다. 재고자산 회전율이 낮다면, 기업의 자금이 재고에 너무 많이 묶여 있다는 것을 의미하게 된다. 총자산 회전율 역시 재고자산 회전율과 동일하게 해석한다.

■ 재고자산 회전율 = 판매된 제품원가/재고자산

■ 총자산 회전율 = 매출액/총자산

5) 마케팅적 통제

마케팅적 통제는 주로 소비자들로부터 수집된 자료들을 기초로 성과를 측정하고, 목표와의 차이를 분석하고, 개선방안을 제시하는 것을 의미한다.

(1) 소비자만족도 조사

소비자 중심적 기업에게 소비자만족은 목표이자 마케팅 도구이다. 오늘날 기업들은 자사의 소비자만족 수준에 특별히 관심을 가지고 있다. 왜냐하면 소비자들이 인터넷을 통해 다른 사람들에게 제품의 품질에 대해 좋은 소문뿐 아니라 악담도 퍼뜨리기 때문이다.

(2) 신규 소비자의 획득률 및 유지율

기계, 공장, 건물, 토지 같은 것만이 기업의 자산이 아니라, 높은 충성도를 갖고 있는 소비자야말로 기업의 중요한 자산이라고 할 수 있다. 효과적이고 효율적인 마케팅 활동을 통해서 신규소비자의 획득율과 기존소비자의 유지율이 올라간다면, 소비자의 생애가치도 높아질 것이다.

(3) 소비자의 생애가치

장기적으로 소비자 수익성을 극대화하기 위해 소비자의 생애가치의 개념을 파악해야 한다. 소비자의 생애가치란 소비자가 평생 구입할 것으로 예상되는 미래의 이익흐름에 대한 현재의 가치를 나타낸다. 즉 기업은 적절한 할인율을 적용해 기대되는 수익에서 소비자를 끌어들이고, 판매하고, 서비스를 제공하는 데 여기에서 미래에 소비자로부터 기대되는 이익비용을 차감하여 산출한다.

(4) 브랜드 자산

브랜드 자산(brand equity)은 제품과 서비스에 부여되는 부가적인 가치이다. 즉 브랜드 자산은 소비자들이 해당 브랜드와 관련해 생각하고, 느끼고, 행동하는 방법에서 반영될 뿐만 아니라, 해당 브랜드가 창출하는 가격, 시장점유율 및 수익성으로도 반영될 수 있다.

2. 수익성 통제

기업이 지속적으로 성장하기 위해서는 수익성을 확보해야 한다. 따라서 기업은 다양한 제품이나 지역, 소비자집단, 세분시장, 유통경로, 주문규모별 수익성을 측정해야 한다. 이러한 정보는 특정 제품이나 마케팅 활동이 확대, 축소, 혹은 철수되어야 하는지의 여부를 결정하는 데 도움을 준다.

수익성 분석은 총원가법과 공헌마진법에 따라 이익을 계산하여 목표와 비교하고, 차이가 발생하는 원인을 분석하는 것을 말한다.

1) 총원가법에 의한 이익

총원가법(full-costing approach)은 특정 제품을 제공하는 데 투입된 모든 원가를 매출액으로부터 감하여 산출한다. 예를 들어 어떤 기업에서 판매하고 있는 제품이 30,000원씩 100개가 팔려 총 300만 원의 매출액을 올렸다고 가정하자. 그런데 이 제품을 제공하는 데 직접 들어간 매출원가 100만 원을 제하면 총 200만 원의 매출총이익이 발생한다. 그리고 판매관리비 150만 원을 제하면 총 50만 원의 이익이 발생한다. 여기에는 재료비와 같이 확실히 해당 제품에 포함된 원가는 물론, 사장의 급여와 같이 특정 제품에 얼마나 들어갔는지 확실하지 않은 원가도 포함된다.

총원가법에 의하여 제품 각각의 이익을 계산하면, 매출액이 기업의 모든 비용을 커버하고 있는지를 알 수 있게 된다. 즉, 제품 각각이 이익을 내고 있다면 기업의 매출액이 모든 비용을 커버하고 있는 셈이 된다.

2) 공헌마진법에 의한 이익

공헌마진(contribution margin)이란 매출액에서 변동비를 제하고 남는 금액을 말한다. 이것을 공헌마진이라고 부르는 이유는 매출액에서 변동비를 제하고 남은 금액이 고정비를 커버하는 데 공헌할 수 있는 금액이기 때문이다. 이렇게 이익을 계산하는 것을 공헌마진법이라고 부른다.

공헌마진을 계산하기 위하여, 먼저 원가를 변동비와 고정비로 구분한다. 변동비는 생산량 또는 판매량에 따라 변동하는 원가를 말한다. 주로 재료비와 생산라인 근로자의 인건비 등이 여기에 속한다. 고정비는 생산량 또는 판매량에 따라 변동하지 않는 원가를 말한다. 주로 광고비, 고객서비스비, 일반관리비 등이 여기에 속한다.

이렇게 구분된 원가를 기초로 공헌마진을 계산한 결과는 다음과 같다. 매출액 300만 원에서 변동비 150만 원을 제하면 공헌마진은 100만 원(100만 원/300만원×100=33.3%)이 된다. 제품의 단위당 가격이 30,000원일 경우, 이 중 9,900원(=30,000원×33.3%)은 고정비를 지원하는 데 기여하게 된다.

3. 효율성 통제

효율성 분석은 최소의 투입(input)으로 최대의 산출(output)을 확득하려는 행위를 말하며, 마케팅 활동의 결과 얻어진 성과를 그 활동에 투하된 비용과 비교하여 측정하게 된다. 즉 효율성=수익/비용으로 산출한다.

1) 광고 효율성

광고는 효율성을 측정하는 것이 상당히 어렵다. 그러나 다음과 같은 지표를 이용하여 효율성을 검토할 수 있다.

- 매체수단에 의해 도달된 1,000명 목표고객당 광고비
- 각각의 인쇄매체수단에 대해 대부분을 주지 · 보고 · 연상하고, 읽는 청중의 비율
- 광고내용과 광고 효율성에 대한 소비자의 의견
- 해당 제품에 대한 태도를 전후로 측정
- 광고로 자극을 받은 후 문의횟수
- 문의 1건당 비용

2) 판매원 효율성

다음과 같은 지표를 이용하여 담당 지역 내 판매원의 효율성을 검토한다.

- 판매원당 1일 평균 판매방문횟수
- 접촉별 평균 판매방문시간
- 판매방문별 평균 수입액
- 판매방문별 평균비용
- 판매방문별 접대비용
- 100건 판매방문별 주문비율
- 기간별 신규소비자 수

- 기간별 상실소비자 수
- 총 매출액의 백분율로서 판매원비용

3) 판매촉진 효율성

판매촉진은 소비자의 관심과 제품시용을 권장할 수 있는 많은 방법들을 포함하고 있다. 판매촉진의 효율성을 높이기 위해서 각각의 판매촉진에 소요되는 비용과 매출액에 미치는 효과를 조사해야 한다. 또한 다음의 자료를 검토하여 상이한 판매촉진의 결과를 분석하고, 원가에 비해 가장 효과적인 판매촉진 프로그램을 개발하도록 제품관리자에게 조언할 수 있다.

- 특별가격으로 판매한 매출액의 비율
- 총판매액 대비 전시비용
- 청구한 쿠폰의 비율
- 전시 결과로 문의한 횟수

4) 유통경로의 효율성

재고통제, 창고위치, 수송방법 등을 향상시키기 위해 여러 가지 평가지표를 이용하여 유통경로의 효율성을 검토해야 한다.

- 판매비율당 로지스틱스 비용
- 정확하게 이행된 주문비용
- 적시에 배송된 비율
- 잘못된 청구 횟수

4. 전략적 통제

기업은 자사의 전반적인 마케팅 목표와 효과성을 비판적으로 검토해야 한다. 그래서 기업은 시장에 대한 전략적인 접근방법을 주기적으로 재평가할 필요가 있는데 이를 위해 마케팅 효과성 평가와 마케팅 감사를 이용할 수 있다.

1) 마케팅 효과성 평가

마케팅 효과성은 마케팅 지향성이 추구하는 속성, 즉 소비자철학, 통합적 마케팅 조직, 마케팅 정보의 충분성, 전략적 지향성 및 운영 효율성을 기업이 표현하는 정도에 따라 상이하게 나타난다. 〈표 12-3〉에는 상기한 5가지 속성에 기반을 둔 마케팅 효과성 평가표가 제시되어 있다. 이 평가표는 각 사업부의 마케팅관리자와 다른 관리자들이 각 질문에 대해 응답하고, 그 결과 점수를 합산하게 된다. 이 평가표를 이용하여 주요한 마케팅의 취약점을 시정할 수 있다.

2) 마케팅 감사

마케팅 효과성 평가표를 이용하여 마케팅의 취약점을 발견하면, 마케팅 감사라고 하는 보다 철저한 연구를 수행해야 한다. 마케팅 감사(marketing audit)란 문제가 되는 분야와 기회를 결정하고 기업의 마케팅 성과를 향상시키기 위한 행동 계획을 제시한다는 관점에서 기업의 마케팅 환경, 목표, 전략, 활동을 포괄적, 시스템적, 독립적 및 주기적으로 검토하는 것이다. 마케팅 감사의 특징은 다음과 같다.

(1) 포괄적 검토

마케팅 감사는 소수의 문제 분야가 아니라, 사업부에 따라 모든 주요 마케팅 활동에 대해 수행하는 편이 좋다. 예를 들어 판매원의 과다한 이직률은 잘못된 판매원의 훈련 또는 잘못된 보상이 아니라, 취약한 제품과 촉진에 대한 징후일수도 있다. 즉 포괄적인 마케팅 감사는 상시적으로 기업의 마케팅 문제에 대한 근원적인 원천을 밝히는 데 유용하다.

(2) 시스템적 검토

마케팅 감사에는 조직의 거시적 및 미시적 마케팅 환경, 마케팅 목표와 전략, 마케팅 시스템, 특정한 마케팅 활동을 포괄하는 일련의 진단단계가 포함되어 있다. 감사는 가장 필요한 개선방안을 지적해준다. 개선방법에는 조직의 전반적인 마케팅 효과성을 개선하기 위한 장 · 단기 조치를 포함한 수정조치 계획이 포함되어 있다.

(3) 독립적 검토

일반적으로 최적의 감사는 외부의 감사자들이 수행하는 경우가 많다. 외부 감사자들은 객관성을 가지고 있으며, 또한 여러 산업분야에 대해 폭넓은 경험이 있고, 해당 업계에 대해 매우 잘 알고 감사에만 치중함으로써 다른 여타 부문에 시간을 낭비하지 않는다.

(4) 주기적 검토

전형적으로 마케팅 감사는 판매가 하락한 후에, 판매원의 사기가 저하된 후에, 기업의 다른 문제가 발생했을 때 수행된다. 기업들은 문제가 발생하지 않을 때에는 자주 그들의 마케팅 활동을 검토하지 않기 때문에 위기에 처하게 된다. 주기적인 마케팅 감사는 문제가 있는 기업뿐만 아니라 건전한 기업에도 도움을 줄 수 있다.

표 12-3 마케팅 효과성 평가표

1. 소비자철학
(1) 경영층은 선정된 시장의 요구와 욕구를 충족하는 방향으로 경영되어야 한다는 것의 중요성을 인식하고 있는가?
(2) 경영층은 다른 세분시장에 대해 다른 제품과 마케팅 계획을 개발 · 적용하려 하는가?
(3) 경영층은 사업부의 계획수립에 있어서 총체적 마케팅 시스템 관점(공급업자, 유통경로, 경쟁사, 소비자 및 환경)을 취하고 있는가?
2. 통합적 마케팅 조직
(4) 주요 마케팅 기능은 고도의 수준에서 마케팅 통합 및 통제가 되고 있는가?
(5) 마케팅 경영층은 연구개발, 제조, 구매, 물적 유통 및 재무부문의 경영자와 갈등 없이 잘 협조하고 있는가?
(6) 신제품 개발과정은 잘 조직화되어 있는가?
3. 마케팅 정보의 충분성
(7) 소비자, 구매영향 요인, 경로 및 경쟁업자에 관해 최근에 실시한 마케팅 조사 시기는 언제인가?
(8) 경영층은 각 세분시장, 소비자, 지역, 제품, 경로 및 주문규모에 따른 판매 잠재량과 수익성을 얼마나 잘 알고 있는가?
(9) 상이한 마케팅 비용의 비용 효과성을 측정하고 향상시키는 데 노력을 하고 있는가?
4. 전략적 지향성
(10) 공식적인 마케팅 계획은 어느 정도 행해지는가?
(11) 현재 마케팅 전략의 질적 수준은 어떤가?
(12) 경영층의 상황대응적 사고와 계획의 정도는 어떤가?
5. 운영 효율성
(13) 최고경영층은 마케팅 전략을 하위층에 잘 전달 · 시행하고 있는가?
(14) 경영층은 마케팅 자원을 잘 확보 · 활용하고 있는가?
(15) 경영층은 현장에서의 사태진전에 신속하고 효과적인 대응능력을 나타내는가?
총 평점
각 문항에 체크를 하고 평점을 합계한다. 총점은 30점이며 평가기준은 다음과 같다.
0~5 : 비효율적   11~15 : 보통   21~25 : 아주 좋음
6~10 : 빈약   16~20 : 좋음   26~30 : 매우 우수함

표 12-4 마케팅 감사 내용

Ⅰ. 마케팅 환경감사
거시환경
A. 인구 동태적 요인 1. 어떤 주요 인구 동태적 동향과 추세가 기업에 기회나 위협을 줄 수 있는가? 2. 이러한 동향과 추세에 기업은 어떠한 활동으로 대처하는가?
B. 경제적 요인 1. 소득, 물가, 저축 및 자연자원 및 에너지의 가격과 수급전망은 어떤가? 2. 이러한 동향과 추세에 기업은 어떠한 활동으로 대처하는가?
C. 환경적 요인 1. 기업이 필요로 하는 자연자원 및 에너지의 가격과 수급전망은 어떤가? 2. 공해와 환경보전 사이에서 기업의 역할에 대한 관심은 어떤가? 기업은 이에 대하여 어떠한 조치를 취하였는가?
D. 기술적 요인 1. 제품 및 생산과정 기술상 어떠한 주요 변화가 진행 중인가? 이러한 기술적 변화에서 기업은 어떠한 위치에 놓여 있는가? 2. 현재의 제품에 대체될 만한 것은 어떤 것인가?
E. 정치적 환경
1. 마케팅 전략과 전술에 영향을 미칠 법률의 변경은 없었는가? 2. 마케팅 전략에 영향을 주는 공해방지, 균등한 고용기회, 제품안전성, 광고나 가격통제 등에 관한 규제 측면에서 어떠한 움직임이 있는가?
F. 문화적 환경 1. 기업 및 기업이 생산하고 있는 제품에 대한 일반공중의 태도는 어떠한가? 2. 소비자의 라이프스타일과 가치관이 어떻게 변화하고 있으며, 이것이 마케팅 전략에 영향을 미칠 것인가?
과업환경
A. 시장 1. 시장규모, 성장, 지역별 유통분배 및 이익에 변화가 있는가? 2. 주요 세분시장은 어느 것인가?
B. 소비자 1. 소비자의 욕구와 구매과정은 어떠한가? 2. 기존 및 예상되는 소비자들은 경쟁사와 비교하여 해당기업의 명성, 품질, 서비스, 판매원 및 가격을 어떻게 평가하고 있는가? 3. 각각의 다른 소비자 세분시장들은 어떻게 구매결정을 내리는가?
C. 경쟁업자 1. 주요 경쟁업자는 누구인가? 그들의 목적과 전략적 취약점과 장점, 시장점유율과 규모는 어떠한가? 2. 해당제품에 대한 앞으로의 경쟁과 대체품에 대한 추세는 어떠한가?

D. 유통과 판매상
1. 소비자에게 제품을 가져가는 주요 유통경로는 무엇인가?
2. 유통경로별 효율수준과 성장잠재성은 어떠한가?

E. 공급업자
1. 생산에 필요한 주요 원료의 수급전망은 어떠한가?
2. 공급업자들 사이에 어떠한 추세가 발생하고 있는가?

F. 마케팅 조성기관 및 마케팅 전문기관
1. 수송 서비스, 창고설비 및 자금 조달원천의 이용가능성의 전망과 비용 추세는 어떠한가?
2. 광고대행사와 마케팅 조사 기업은 효율적으로 대행활동을 하고 있는가?

G. 공중
1. 어떠한 공중이 기업에게 특별한 기회나 문제를 던져 주는가?
2. 이들을 효율적으로 다룰 수 있는 조치를 취하고 있는가?

II. 마케팅 전략감사

A. 기업의 사명
1. 기업의 사명이 시장 지향적 관점에서 명확히 기술되고 있는가? 실현가능한 것인가?

B. 마케팅 목적과 목표
1. 기업의 목표와 마케팅 목표는 마케팅 계획과 성과를 측정하는 지침이 될 수 형태로 되었는가?
2. 마케팅 목적은 경쟁상의 지위, 주어진 자원 및 기회에 비추어 적절한가?

C. 전략
1. 마케팅 목표를 달성하기 위한 분명한 마케팅 전략을 경영자가 제시할 수 있는가? 그 전략을 확신시킬 수 있는가? 그 전략이 제품수명주기, 경쟁사의 전략 및 경제 상태에 대해 적절한가?
2. 해당기업이 시장세분화에 대해 최적의 기준을 사용하고 있는가? 세분시장을 평가하고 최상의 세분시장을 선정할 확고한 기준이 있는가? 해당기업은 각 목표세분시장에 대해 분명하고도 정확한 프로필을 마련하였는가?
3. 해당기업은 각 목표세분시장에 대한 효과적인 포지셔닝 전략과 마케팅 믹스를 수립하였는가? 마케팅 자원은 마케팅 믹스의 각 요소에 최적으로 배분되었는가?
4. 마케팅 목표를 달성하기 위한 예산은 충분한가? 혹은 과도한 예산을 산정하지는 않았는가?

III. 마케팅 조직감사

A. 공식적 구조
1. 마케팅 담당 부서장은 소비자만족에 영향을 미치는 기업 활동에 대해 충분한 권한과 책임이 있는가?
2. 마케팅 활동이 기능별, 제품별, 세분시장별, 최종 사용자별 및 지역별로 적절하게 체계화되어 있는가?

B. 기능의 효율성
1. 마케팅과 판매활동 간에 원활한 커뮤니케이션과 업무활동 관계가 이루어지고 있는가?
2. 제품관리 시스템이 갖추어져 효율적으로 운용되고 있는가? 제품관리자는 독자적으로 이익계획을 세울 수 있는가, 아니면 판매계획만 수립할 수 있는가?
3. 훈련, 동기유발, 감독 및 평가를 필요로 하는 마케팅 요원이 있는가?

C. 타 부문과의 협조 효율성
1. 마케팅부문과 주의를 기울여야 하는 제조, 연구개발, 구매, 재무, 회계 및 법적인 입무 긴에 이떤 문제가 있는가?

Ⅳ. 마케팅 시스템 감사

A. 마케팅 정보 시스템

1. 마케팅 일상정보 시스템은 소비자, 예상잠재소비자, 중간상과 판매상, 경쟁사, 공급업자 및 여러 공중들과의 관점에서 시장의 발전상태에 대한 정확하고 충분하며 시기적절한 정보를 제시하고 있는가?
2. 기업의 의사결정자가 충분한 마케팅 조사를 요구하며, 그 조사결과를 사용하고 있는가?
3. 기업은 시장의 측정방법과 판매예상량을 측정하는 최적의 방법을 이용하고 있는가?

B. 마케팅 계획 시스템

1. 마케팅 계획 시스템이 잘 인식되고, 또한 효과적으로 사용되는가?
2. 마케팅관리자가 의사결정 지원 시스템을 이용하고 있는가?
3. 판매목표와 판매할당은 계획 시스템에 따라 설정되고 있는가?

C. 마케팅 통제 시스템

1. 통제절차는 연차계획목적을 달성하는데 적합한 것인가?
2. 제품별, 시장별, 지역별 및 유통경로별 수익성을 정기적으로 분석하고 있는가?
3. 마케팅 비용과 생산성은 정기적으로 그 타당성이 검토되고 있는가?

D. 신제품 개발 시스템

1. 신제품 아이디어를 수집 · 창출 · 평가하기 위한 조직통제가 형성되고 있는가?
2. 새로운 아이디어에 투자하기 전에 충분한 개념 조사와 사업성 분석을 하고 있는가?
3. 출시 전에 충분한 제품 테스트와 시장시험을 하는가?

Ⅴ. 마케팅 생산성 감사

A. 수익성 분석

1. 제품별, 시장별, 지역별 및 유통경로별 수익성은 어떤가?
2. 어떤 사업단위를 착수, 확대, 축소, 철수하는 등의 조치가 취해져야 하는가?

B. 원가-효율성 분석

1. 어떤 마케팅 활동에 과도한 비용이 지출되고 있는가? 비용을 절감시킬 방법은 없는가?

Ⅵ. 마케팅 기능 감사

A. 제품

1. 제품라인의 목적은 무엇인가? 그것은 건전하며 현재의 제품개열은 그러한 목적에 부합되는가?
2. 제품라인을 하향, 상향 및 양방향으로 확대할 것인가, 축소할 것인가?
3. 어느 제품을 없애고, 어느 제품을 추가할 것인가?
4. 당사와 경쟁사의 제품품질, 특성, 스타일, 브랜드명 등에 대한 소비자들의 태도와 그들의 지식정도는 어떠한가? 제품전략과 브랜드전략 중 어느 분야에 대한 개선이 필요한가?

B. 가격

1. 가격결정 목적, 방침, 전략 및 절차는 어떤가? 가격은 어느 정도까지 비용, 수요 및 경쟁기준에 따라 적절하게 설정되고 있는가?
2. 소비자들은 현재의 가격수준을 제품의 지각가치와 관련하여 적절하다고 느끼고 있는가?
3. 경영자가 수요의 가격탄력성, 경험곡선 효과, 경쟁사의 가격 및 가격결정방침에 대해 알고 있는가?
4. 가격방침이 유통 업자와 판매상, 공급업자 및 정부 법규의 요구사항과 어느 정도 조화를 이루고 있는가?

C. 유통

1. 유통의 목적과 전략은 무엇인가?
2. 시장도달 범위와 이에 대한 서비스는 충분한가?
3. 유통경로 구성원, 즉 유통업자, 판매상, 제조업자의 대리상, 중개인, 대리상 등은 어느 정도로 효율적인가?
4. 유통경로의 변경을 고려하고 있는가?

D. 광고, 판촉, 홍보 및 직접 마케팅

1. 광고목적은 무엇이며 그것은 적합한가?
2. 광고비는 적절히 쓰이고 있는가?
3. 광고주제와 문안은 효과적인가? 소비자와 공중은 광고를 어떻게 생각하는가?
4. 적절한 광고매체가 선정되었는가?
5. 내부와 광고요원은 적합한가?
6. 판매촉진 예산은 적당하며, 견본, 쿠폰, 전시 판매시연과 같은 판매촉진 도구가 효과적이며 충분히 사용되고 있는가?
7. 공중관계 담당자들은 능력이 있고 창의적인가? 직접 마케팅, 온라인 및 데이터베이스 마케팅을 충분히 사용하고 있는가?

E. 판매원

1. 판매원의 목적은 무엇인가?
2. 기업의 목적을 달성하는 데 있어 판매원의 규모는 충분한가?
3. 판매원은 지역별, 시장별 및 제품별과 같은 적절한 전문화 원리에 따라 편제되고 있는가? 현장판매원을 지도할 만큼 충분하게 판매 관리자가 있는가?
4. 판매원에 대한 보상수준과 보수체계는 적절한 인센티브와 보상을 제공하고 있는가?
5. 판매원의 사기, 능력 및 노력의 수준은 높은가?
6. 판매할당 및 성과평가 절차는 합리적인가?
7. 경쟁업자의 판매원에 비해 당사의 판매원들은 어떠한가?

3) 마케팅 탁월성 검토

기업들은 높은 성과를 낸 사업부의 최상의 실적과 비교하여 그들의 성과를 평가하기 위하여 또 다른 도구를 사용할 수 있다. 〈표 12-5〉에 제시된 내용은 저조, 양호 및 탁월한 사업과 마케팅 실행 간의 차이를 나타낸다. 경영자들은 해당 사업이 해당된다고 지각하는 곳에 표기할 수 있다. 그 후 나타난 내용의 결과로써 해당 사업의 약점과 강점을 파악할 수 있다. 즉 내용의 결과는 기업이 시장에서 실제로 누느러시게 표출되는 연출자가 되기 위해 지향해야 할 점을 정확하게 보여준다.

표 12-5 마케팅 탁월성 검토 : 최상의 실행

저조	양호	탁월함
제품추구적	시장추구적	시장추구적
대중시장지향	세분시장지향	적소시장지향 및 소비자지향
제품제공	보완제품 제공	소비자해결방안 제공
평균적인 제품품질	평균보다 양호	탁월함
평균적인 서비스 품질	평균보다 양호	탁월함
최정제품 지향적	핵심제품 지향적	핵심역량 지향적
기능 지향적	과정 지향적	결과 지향적
경쟁사에 대응	경쟁사를 벤치마킹	경쟁사를 앞지름
공급업자 탐색	공급업자 선호	공급업자와 동반자
판매상 탐색	판매상 지원	판매업자와 동반자
가격추구적	품질추구적	가치추구적
평균적인 속도	평균보다 양호	탁월함
계층적	네트워크	팀워크
수직적 통합	수평적 조직	전략적 제휴
주주 추구적	이해관계자 추구적	사회지향 추구적

4) 기업의 윤리적 및 사회적 책임 검토

경영자는 기업이 실제로 윤리적 및 사회적으로 책임 있는 마케팅을 실천하고 있는지를 평가해야 한다. 우리들은 사업의 성공과 계속적으로 소비자와 기타 이해관계자들을 만족시키는 것은 사업과 마케팅의 활동이 높은 기준을 채택하고 그것에 맞추어 실행하는 것과 밀접하게 연결되어 있다. 세상에서 가장 존경받는 기업들은 그들 자신이 아니라, 사람들의 관심사를 서브하는 데 필요한 강령을 지키고 있다. 사업의 실천은 자주 공격 대상이 되곤 한다. 그 이유는 사업의 상황이 통상적으로 애매모호한 윤리적인 딜레마를 가지고 있기 때문이다.

기업가의 책임에 대한 〈표 12-6〉 미국마케팅학회(AMA)의 윤리강령을 살펴보는 것도 의미가 있을 것이다.

표 12-6 미국마케팅학회(AMA)의 윤리강령

American marketing Association의 회원들은 윤리적 · 전문가적 행위에 전념한다. 회원들은 아래에 제시된 주제에 관련되는 이러한 윤리강령에 서명하는데 동조하여 왔다.

마케팅 관리자의 책임

마케팅 관리자들은 그들의 행동에 의한 결과에 대해 책임을 져야 하며, 또한 그들의 의사결정, 권고사항 및 조치들이 모든 관계되는 공중들, 즉 소비자, 조직체 및 사회 모두를 확인 · 규명하고 서브하며, 또한 만족시킬 수 있도록 수행하는데 모든 노력을 다해야 한다.

마케팅 관리자들의 전문가적 행위는 아래 사항을 준수해야 한다.

1. 전문가적 윤리에 대한 기본적 규율 : 의도적으로 해를 입히지 않도록 하기 위해
2. 모든 적용되는 법률과 규제를 준수함
3. 그들의 교육, 훈련 및 경험을 정확하게 표현함
4. 이러한 윤리강령을 능동적으로 지원, 실천 및 촉진함

정직과 공정

마케팅 관리자는 아래 기준에 따라 마케팅 전문직업의 성실함, 존경 및 위엄을 유지하고 향상시킴

1. 소비자, 구성원, 공급업자, 유통업자 및 공중들을 서브하는 데 정직함
2. 관련되는 모든 측들에게 미리 고지하지 않고 이해관계 사항에 관한 갈등에 의도적으로 참여하지 않음
3. 마케팅 교환에 대해 일상적, 관습적 또는 법적 보상에 따라 지급하고, 수령하는 것을 포함하여 적절한 수수료 지급계획을 수립함

마케팅 교환과정상에 관련되는 측들의 권리와 의무

마케팅 교환과정의 참여자들은 아래 사항을 기대할 수 있다.

1. 제공되는 제품과 서비스는 안전하고, 당초에 의도했던 용도에 적합하다.
2. 제공되는 제품과 서비스에 대한 커뮤니케이션은 사기적이 아니다.
3. 모든 참여자들은 재무적 및 기타 사항에 대한 그들의 의무를 신의적으로 이행하려고 한다.
4. 적절한 내적 방법이 구매와 관련된 불만사항을 적절하게 조정할 수 있으며, 또한 보상 할 수 있도록 마련되어 있어야 한다.

상기의 모든 것은 어떠한 제한적인 것이 없이 마케팅관리자에 대한 아래의 책임을 포함하고 있다는 사실을 이해해야 한다.

제품개발과 제품관리 분야

1. 제품 또는 서비스 용도와 관련되는 실질적인 위험을 밝힘
2. 제품을 실질적으로 변화시키거나 또는 소비자의 구매 의사결정 영향을 미치는 제품 구성부품의 대체품을 확인 · 규명함

촉진분야

1. 거짓 및 오도적인 광고를 하지 않음
2. 고압적인 조작(속임수) 또는 오도적인 판매전술을 거부함
3. 사기와 속임수(조작)를 사용하는 판매촉진을 하지 않음

유통경로분야

1. 불법적인 이용을 목적으로 제품의 이용 가능성을 조작하지 않음
2. 마케팅 경로에서 위압적인 강제행위를 하지 않음
3. 재판매업자가 제품을 취급하는 선택권에 대해 부당한 영향력을 발휘하지 않음

가격결정분야

1. 가격담합을 하지 않음
2. 약탈적 가격결정을 행하지 않음
3. 어떤 구매와 관련되는 정가를 공개함

마케팅 조사분야

1. 조사를 행한다고 가장하여 판매나 기금모금을 하지 않음
2. 적절한 조사 자료의 삭제 및 잘못 제시하지 않음으로써 조사의 성실함을 유지함
3. 외부의 단골소비자와 공급업자를 취급함

조직체적 관련성

마케팅관리자는 그들의 행동이 조직체적 관련성에 관해 다른 사람들의 행동에 어떻게 영향을 미치는가를 알아야 한다. 마케팅관리자는 다른 사람들, 즉 구성원, 공급업자 또는 소비자들과의 관련성에서 비윤리적인 행동을 하도록 위압적인 강제행위를 요구하지 않으며, 고무하지 않으며, 또는 이용해서는 안 된다.

1. 특권이 없는 정보에 관련하여 전문가적 관련성을 조성하는 데 비밀성과 익명을 적용한다.
2. 시기적절하게 계약과 상호의견의 일치를 얻는 데 그들의 의무와 책임을 다함
3. 전체적 또는 부분적으로 다른 사람의 작품(업적)을 이용하지 않으며, 이러한 업적을 그들 자신의 것처럼 제시하거나 또는 원작자 및 소유자의 동의나 보상이 없이 그것을 직접적으로 이용하지 않음
4. 다른 사람의 조직을 부당하게 빼앗거나 손상시키는 방법으로 개인적인 부를 극대화하기 위해 상황을 이용하려고 조작하지 않음

이러한 윤리강령의 준수사항을 위반하였다고 밝혀진 AMA 회원들은 그들의 회원권이 일시 중지되거나 취소될 수도 있다.

참고문헌

1. 박찬수, 「마케팅원리」, 법문사, 2010.
2. 서영준 옮김, 「마케팅 매트릭스」, 럭스 미디어, 2007.
3. 윤훈현 옮김, 「마케팅관리론(제13판)」, 피어슨 코리아, 2009.
4. Philip Kotler, Wiliam Gregor, William Rodgers, "The Marketing Audit Comes of Age", Sloan Management Review, Winter, 1998, pp.49-62.
5. Philip Kotler, Kevin Lane Keller, "Marketing Management, 13th", Prentice Hall, 2009.

연구문제

1. 전략적 마케팅 관리과정을 설명하시오.
2. 마케팅 관리를 위한 마케팅 조직에 대해 설명하시오.
3. 생산부서와 마케팅부서는 어떤 문제로 갈등관계에 있는지 설명하시오.
4. 마케팅 프로그램을 효과적으로 실행하는 데 영향을 미치는 기술에 대해 설명하시오.
5. 마케팅 활동의 통제에 대해 설명하시오.

Index 찾아보기

가

가격 28
가격인하 301
가격탄력성 273
가격할인 295
가용자금법 376
가치 118
감정적 소구법 369
개방유기체 81
개성 118
거시환경 84
경쟁사기준법 376
경쟁전략 57
경제적 환경 90
경험곡선의 효과 59
계약형 수직적 마케팅시스템 326
고객지향성 36
공급업자 85
공헌마진 442
관리형 수직적 마케팅시스템 326
관여도 107
광고 361
교환 21
구매 후 부조화 109
구매의사결정과정 104
구전 109
구축(build)전략 55
규모의 경제 59
기능별 조직 452
기능전략 59
기술적 환경 91
기업사명문 52
기업전략 51
기업형 수직적 마케팅시스템 330

나

내적 탐색 106
노출 111

다

다각화 57
단수가격 299
대량마케팅 177
대중 88
대중관계 375
도매상 312

라

라이프스타일 119
레이블링 250
리베이트 300

마

마케팅 감사 445
마케팅 개념 36
마케팅 관리 철학 32
마케팅 근시안 33
마케팅 부서 433
마케팅 실행 435
마케팅 조사 143
마케팅 중간상 86
마케팅 커뮤니케이션 361
마케팅 통제 437
마케팅 23
매출액비율법 376
목표과업법 377
목표이익법 286
묶음가격 294
문화 121
문화적 환경 94
미시환경 83

바

반응전략 251
배송포장 248
범위의 경제 280
보스턴 컨설팅 그룹 54
브랜드 자산 441
브랜드 확장 216
브랜드 215
브랜드 충성도 216
브랜드 이미지 221
비교광고 381
비차별적 마케팅 전략 196

사

SWOT 분석 63
사업 포트폴리오 53
사회계층 121
사회적 마케팅 개념 39
상기광고 371
상인도매상 315
생산 개념 32
선매품 238
선제전략 252
선택적 유통 337
설득광고 381
소매상 312
소비자행동 103
소비자 87
소유효용 41
수요 20
수직적 마케팅시스템 325
수평적 마케팅시스템 330
스키밍 전략 283
시간효용 41
시장 22
시장개발 56
시장관리조직 433
시장세분화 178
시장점유율 438
시장침투 56
시험마케팅 255
신제품 개발 251
신제품 마케팅 256
실제제품 237

아

1차자료 148
1차포장 248
2차자료 148
2차포장 248
AIO 분석 183
완전기능도매상 315
외적 탐색 106
욕구 19
원가가산법 285
원가우위 전략 58
유기체 80
유동성 439
유사가격 결정 289
유지 전략 55
유통 29
유통경로의 설계 331
윤리적 소구법 369
인구통계적 환경 89
인적 판매 374
입찰가격 결정 290

자

자연적 환경 91
장소효용 41
전략사업단위 54
전략적 계획 49
전문품 238
전속적 유통 338
정보제공광고 380
정보효용 41
정치적 환경 93
제품 개념 33
제품 20
제품 · 시장 확장 그리드 56
제품개발 56
제품믹스 241
제품속성 240
제품수명주기 302
제품원가 279
제품의 개념 236
조직체시장 122
주의 112
준거가격 298
준거집단 120
지각 122
지역별 조직 432
집약적 유통 337
집중 전략 58

차

차별적 가격 조정 296
차별적 마케팅 전략 197
차별화 우위 전략 58
철수 전략 55
촉진 30
촉진가격 299
총원가법 442
침투전략 283

카

커뮤니케이션 믹스 371
콘테스트 408
쿠폰 412

타

태도 115
통합적 노력 37

파

POP광고 409
판매 개념 34
판매관리비 281
판매부서 430
판매원 관리 397
판매촉진 401
편의품 237
편익 186
폐쇄유기체 81
포지셔닝 221
필요 19

하

학습 117
한정기능도매상 315
핵심제품 237
혁신 · 확산이론 256
형태효용 41
홍보 421
확장제품 237

저자약력

• 김미현

(현) 동서울대학교 경영학부 부교수(경영학박사)

주요경력

서울여자대학교 대학원 졸업

저서

품질경영론(공저, 2007), 북코리아
서비스경영론(공저, 2009), 삼영사
국제시장경영론(2010), 에듀컨텐츠

• 박철주

(현) 삼육대학교 경영학과 교수(상학박사)

주요경력

일본 게이오 대학원 졸업(상학박사)
미국 University of Tennessee at Martin 경영학과 교환교수
일본 교토대학 경제학부 교환교수

저서

Critical Thinking(2005, 번역), 21세기북스
유통원리(2008, 번역), 형설출판사
유통기업컨설팅(2009), 무역경영사
사업계획서 완전정복(2020), 형설출판사

• 손준상

(현) 대진대학교 경영학과 교수(경영학박사)

주요경력

현대경제사회연구원 책임연구원
대한주택공사부설 주택연구소 선임연구원
대진대학교 기획처장

저서

전략적 마케팅계획(1998), 도서출판 노보
마케팅관리(공저, 1999), 박영사
마케팅(공저, 2000), 법문사

• 이원일

(현) 대전보건대학교 의료경영과 교수(경영학박사)

주요경력

(사) 유통경영학회 부회장
(사) 한국세무회계학회 수석부회장
(재) 충남테크노파크 바이오센터 마케팅지도 심사 및 자문의원
대전보건대학교 취창업·대외협력센터장
대전보건대학교 창업보육센터장

저서

의료서비스마케팅(공저, 2020), 보문각

마케팅원론

초 판 1쇄 발행 / 2020년 3월 27일
개정판 1쇄 발행 / 2023년 2월 27일
개정판 3쇄 발행 / 2025년 8월 29일

공저 김미현 · 박철주 · 손준상 · 이원일
발행처 형설출판사
경기도 파주시 회동길 37-23 · 전화 (031) 955-2361～4 · 팩시밀리 (031) 955-2341
발행인 장진혁
등록 라-제9호 · 1962년 5월 1일
홈페이지 http://www.hyungseul.co.kr
e-mail hs@hyungseul.co.kr

정가 33,000원

ISBN 978-89-472-8643-5 93320

개정판 principle of marketing

마케팅원론

MEMO

MEMO